EDITORS ON EDITING:

What Writers Need to Know About Editors Do

编辑人的世界

[美] 杰拉尔德·格罗斯 主编

齐若兰 译

北京出版集团公司

北京十月文艺出版社

新经典文化股份有限公司
www.readinglife.com
出　品

致所有默默无闻的编辑们，

过去的，现在的，以及将来的：

这是写给你们的赞歌。

致所有已出书、未出书的作者：

这本书将指引你们更好地理解编辑的艺术与技巧。

To unsung editors everywhere,

past, present and furture:

May these pages sing your praises

To published and unpublished

writers everywhere:

May these pages guide you

to a better understanding of the art

and craft of the editor

目录 Contents

第二部　编辑实务课

编者序

一个编辑老兵的省思

格罗斯

《编辑人的世界》自一九六二年初次问世至今，已经过了三十个寒暑；而修订版在一九八五年出版后，迄今也已七年了。你现在拿在手中的，不仅仅是前两个版本的最新修订版，因为它只保留了之前版本中的一篇文章，有三十二篇是特别为这个修订版而撰写的，另有五篇是从未在旧版中出现过的。就此而言，本书完全是编辑艺术和技巧之标准读本的全新版本，在全美出版、写作课程及作家研讨会中得到广泛使用。

由于经常为这类作家研讨会上课，我很清楚作家多么渴望能和编辑保持一种愉快、有效、充满创造力的关系。因此，我希望新版《编辑人的世界》把焦点放在作者需要了解的、与编辑工作相关的事情上。许多作者对编辑如何处理自己的稿件有很多误解，他们不知道编辑会怎样润色；也不清楚该如何与编辑互动，换句话说，在编辑过程中，双方该对彼此抱有什么期望；而在交稿之后，不明确自己对作品还拥有哪些权利同样令他们感到不安。很多作者根本不知道策划编辑、文稿编辑和文字编辑各自做些什么，如何去做。他们不明白为什么有些稿子会被接受，有些却被退稿。如此种种，不实的假设和传言简直不胜枚举。因此，为了清楚呈现编辑和作者之间本应充满创意、技巧，且相互信任的共事方式，我希望新版《编辑人的世界》能为作者揭开编辑工作的神秘面纱，也希望能让大家明白，编辑是一群热情献身于工作、富于爱心的专业人士。他们热爱作者，愿意竭尽全力协助作者找到最有效的表达方式，与最广泛的读者保持联系。

为此，我采取了与编前两版相同的方法编辑本书，直接向出版界的顶尖编辑邀稿——他们不仅具有一流的编辑艺术修养和专业技能，而且懂得如何把工作热情和专业知识传达给读者。比如写《制造悬疑——编辑犯罪小说》的凯文（Ruth Cavin），写《窥探人性阴暗面——编辑真实犯罪故事》的斯派塞（Charles Spicer），写《观察入微的探索者——文稿编辑》的韦克斯曼（Maron L. Waxman），《编辑大众市场平装书的苦与乐》的作者帕克（Mel Parker），以及写《与小出版社共舞——回归传统出版方式》的沃克（Scott Walker）。

这些顶尖的专业人士以深刻的洞察力和坦率的笔触，道出编辑专业所需的特殊要求和技巧。我们希望不管对新作家还是成名作家来说，他们的文章都同样务实，可被奉为圭臬，因此特要求他们着重以实例说明编辑实务中各种不同的方式：从建议作者修改开头或结尾，到想方设法为角色注入新生命；润饰文稿，使艰涩难懂的文句变得易读；或是厘清一段回忆、一段畅想或一场梦境的描述；又或者是加快小说节奏，妥善安排情节等。

这三十八篇文章为作者提供了面对手稿时种种问题的解决方法，引导他们了解出版的各个环节，从创意构想，到策划、组稿、文字加工，直至正式出版和其他后续工作。我希望这一堂简短翔实的编辑课，能让作者在与编辑打交道的任何一个环节都充满信心、清楚状况并高效互动。

除了为读者提供深入细致的编辑实务外，本书也选录了有关编辑理论、编辑的社会责任以及编辑与社会的关系等富有启发性、甚至争议性的文章。如威廉斯（Alan D.Williams）针对“什么是编辑？”做出的独特解答；阿伦森（Marc Aronson）在《从拍卖会到电子盛会——编辑学在美国的演变》一文中，言简意赅地描述了美国编辑发展史；韦德（James O'Shea Wade）的《做得好，还要做得对——编辑工作的伦理道德》探讨了一个很重要却很少被讨论的层面；霍华德（Gerald Howard）在《典范在夙昔——珀金斯精神死了吗？》中，修正了他对美国编辑和出版状况的总体看法；马雷克（Richard Marek）撰文剖析了“编辑应如何选书”；丹尼（Michael Denneny）与沃尔夫（Wendy M. Wolf）则分别从非虚构类和虚构类图书的角度，探讨了政治立场对编辑和作者的影响这个颇具争议性和爆炸性的议题；集作者、编辑、经纪人身份于一身的柯蒂斯（Richard Curtis）则抛出了一个极富煽动性的问题——“我们真的需要编辑吗？”

王尔德（Oscar Wilde）有一句名言：“除了诱惑，我什么都能抗拒。”在写这篇序时，我比以往任何时候都更能体会这句隽语中蕴含的智慧。我决定不再抗拒回顾我编辑生涯中的诱惑。一九九三年恰逢我从业四十周年，自一九五三年从纽约市立学院毕业，进入西蒙－舒斯特出版公司（Simon & Schuster）工作以来，编辑是我第一份工作，也是唯一的事业选择。因此，身处事业发展的分水岭，我想暂时停下脚步，谈一谈自己多年来笃信的编辑理念。

1

刚入行时，我总听经纪人抱怨编辑承担的工作太多。记得他们总是告诫我：“年轻人，假如你一开始就不看好这本书，那就根本不该买下它的版权。”时至今日，许多经纪人和作者都乐意和内行的编辑合作，因为这样的编辑很在意书的好坏，也懂得如何策划主题和内容，把作者的意图和水准以最好的方式呈现出来。

当我还是个新编辑时，西蒙（Henry Simon）和魏赫姆（Donald A.Wollheim）就经常教导我如何策划和编辑一本书。下班后，他们常常留在办公室，私下传授我许多基本的编辑技巧。这是师徒制的最佳典范，是以轻松、充满关爱的方式进行的。如今出版业的步调已快得几乎没有时间，也没有机会让年轻编辑体验这种学徒生涯。我并非就此断言策划和组稿已是失传的艺术，但无可讳言，这些技艺已经越来越罕见了。或许这正是评论家越来越经常地批评某些书根本没被好好编过，或编得太差的原因。我衷心希望出版界恢复使年轻时的我获益良多的师徒制，无论是出版商、编辑，还是经纪人，都会因此从中获益，而作者会受益最多。

然而，最好的编辑并不是改动最多或最少，而是恰到好处地让作者的才华发挥得淋漓尽致，使作品放出最耀眼的光彩，引来如潮佳评，从而提高作者的职业声誉和自我认同，吸引广大的目标读者群，以使作者信心满满笔耕不辍，源源不断地发挥创造力。

2

编辑与作者究竟谁“拥有”这部作品，应该听从谁的判断之类的问题，已有很多人讨论过，当双方不得不面对这种两难的局面以致情势恶化时，无疑是令人遗憾的。但我认为在任何情况下，编辑都必须牢记，双方所讨论的作品是由作者写的，编辑必须尊重作者的决定，这才是正确而公正的做法。我们可以把出版社看成“参议院”，大家可就作者的稿件展开辩论，编辑可以也应该提出“建议”，但始终要征得作者的“同意”。在编辑工作完成前，作者顶多是把稿件出租给编辑。换句话说，作者是赋予作品生命的人，编辑则是接生婆，他们的职责是让一部快乐而健康的作品在出版的世界里顺利诞生。

3

我深深相信，也一再提议，我们应以革命性的方式来肯定编辑催生一部作品的贡献。可自传奇人物珀金斯（Maxwell E. Perkins）时代起，人们就认为编辑应该退身幕后、隐姓埋名，协助作者创造出完整作品。当然，很多时候心存感激的作者会在扉页肯定编辑的努力与贡献，但更多时候编辑依然默默无闻。为什么编辑就得当无名英雄呢？每一本书的封面照例都会署上设计师、插画家、摄影师的名字，为什么独独编辑要隐姓埋名？为什么不能把编辑的名字印在封面或版权页上呢？编辑的贡献不比封面设计师或摄影师少，而且往往不止一位编辑参与（可能因为有人离职或需要团队合作），那么所有参与者都应署名其上。这个想法是正确且合理的，已到该付诸实现的时候了吗？还是编辑应继续隐身幕后？利用为本书作序的机会，我发起了这场讨论，并非常乐意听到来自经纪人、编辑、作者和出版商的意见。我想，破除编辑署名禁忌的时候到了。

4

已有很多文章讨论过编辑对作者、出版商、读者以及图书本身应负的种种责任；却很少有人论及编辑该如何维护其职业操守，即忠于自己在政治、道德、伦理、社会和美学上的信念。我不相信一位无所坚持的编辑真能对作者、出版商、读者乃至书本身善尽职守。在我漫长的职业生涯中，曾数次接到严重违背自己的政治和社会理念的工作，那时，我通常都会加以婉拒，将作者或经纪人引荐给另一位更能认同那些作品的编辑。

我绝不是在提倡任何形式的出版内容审查制度，我忠实地拥护言论自由，并认为任何看来微不足道的言论审查都会像癌细胞一样转化扩大为极权主义，而终将不可避免地扼杀民主。但我也很清楚，我想在夜晚安心入睡，早上醒来时坦然面对镜中的自己，和妻儿相伴时也能毫无愧意。如果编辑工作严重违反自己的立场和信念，我将无法面对自己，更无法为作者和出版社编好这本书。永远要记得，人生苦短（你要明白，这是我在将近耳顺之年时说的话），因此忍受任何在智力、生理或心理上的自我折磨都是不值得的。还要记住，永远会有其他人愿意出版被你拒之门外的作品。

5

每年我都参加许多作家会议，在关于编辑和出版的研讨会后，总会有听众提出一个无法回避的问题："编辑和作者的理想关系应该是什么样子？"我的回答往往和以下原则相距不远：作者和编辑之间应该是友好的合作而非对立关系，是共生而非寄生。简单地说，双方应是互助互利的。

作者必须明白，编辑是激励、鞭策自己，有时甚至是逼迫自己达到创作巅峰的必要力量。编辑具备作家鲜有的创造力、批判性思维、超然的眼光以及作者应该善加利用的卓越表达能力。他们能够诊断出手稿的优缺点，开具正确的处方；就像医术高明的内科医生能够凭X光片看出患者胸部或肺部的毛病，然后决定采取哪种治疗方式一样。作者应该对这种编辑才能怀有敬意，肯定其创造性，同时从中获益。

编辑则应牢记，先有作者的努力才有编辑的发挥余地。没有作者创作的稿件,编辑纵有再高超的才能也毫无用武之地。在任何时候、任何情境下，编辑都不能企图以自己的语言习惯来编辑作品。他们必须学会依照作者的语言、思维和观点来工作，否则就会面对永无止境的挫败感，而且很有可能形成与作者之间充满敌意、效率低下的合作关系，结果只会编出品质不佳的书。

编辑与作者的最佳关系应是相互肯定、相互尊重、相互欣赏的，并且在才能上互补，只有这样才能造就上乘之作。

读完上述内容后，大家应该清楚我编选这本书的用意了：我希望帮助编辑了解如何与作者合作，同时也希望作者能够了解与编辑之间的合作关系。

十六岁时，我就立志成为一名编辑，而且从那时起就一直很幸运地能和许多当代最出色的编辑人共事。我尊重我的同事，也越来越喜欢他们，许多人在多年后和我成为好友，而我始终念兹在兹的是如何发掘和培养下一代编辑。未来能否存在消遣性、重要性、知识性兼具的文字，尤其是三者兼具的好书，能否出现充满热情且不断进步的作者，完全仰赖现在和未来几年中编辑人的直觉、才华与艺术技巧。因此，当我说“文化前途很大程度上系于编辑人，正如其系于作者一样”时，并非言过其实。

着手写这篇序文时，我苦思良久，想要找出准确的字眼来总结四十年来我对编辑工作的情感。但后来才明白，我在图书和作者的世界中体会到的乐趣和投入的热情，与一九八五年版序文中所表达的并无二致，在一九六二年的初版中也或有涉及。我相信，直到编辑生涯终结，甚至也许直至生命的最后一天，这种感觉都不会改变。

我希望这本书能吸引许多才华横溢、富有创造力的优秀人才投身编辑行业。不过并不是每个人都适合从事这项工作，正如吉尔伯特（W. S. Gilbert）先生所言：“关于这件事，没有任何置喙的余地。”对于充满挫败感的作者而言，编辑他人作品可能是一种极大的痛苦，并且会压抑自己的创造力；而对那些声称“只读好书”，却不了解、不关心读者品位和阅读趋势的阅读爱好者，编辑经历可能反而会使他们原有的憧憬痛苦地幻灭。有些年轻人以为编辑工作就是不断穿梭在绚丽的鸡尾酒会中，与文学巨匠把酒言欢，或是毫无节制地一掷千金，只要让他们当几个月的编辑，这种误解就会烟消云散了。

谈过编辑的种种“不能”后，我们也应明白，一旦适应了编辑工作的要求、职责和一连串乏味单调的日常事务，这其实是一份能让人获益良多的职业——和作家一样，它充满创造力、想象力，带给人满足感。有些编辑甚至会说：“比当作家更棒。”

在我漫长的从业生涯中，我一直沉醉其中，有时激情澎湃，偶尔沮丧失望，但从不觉得沉闷，就像一个不断受到激励的学生，在这个世界最大、课程多样的大学里，永无止境地学习。每本书的编辑过程都让我学到前所未有的丰富知识；出版业让我结识了许多才能出众、令人难忘的人物，他们有些是我的同事，有些是我的作者。编辑不同图书的经验和从好作者手中拿到好书的快乐大大满足了我对创造性地表达自我的需求。时至今日，每当看到辛苦编辑一年甚或两年的图书终于付梓，我内心仍有难以言喻的喜悦。看着它，我会想起这一切源于午餐时的构想、粗略的写作大纲，或是某章的草稿。是我扶助它从萌芽到开花结果，从大纲和最初的章节成长为一本备受瞩目的长销书，我为自己的贡献感到自豪。身为编辑，我从来不曾丧失这种全力以赴的精神和自豪感，并希望能永远如此。

我全情投入这本《编辑人的世界》，希望借此表达我对编辑行业最真挚的感情。初出茅庐之时，我就深深地爱上了这个行业，在历经四十年的喜悦、满足、悲伤和挫折之后，这份热爱仍有增无减。每当开始阅读新的出版提案，埋首于一本新的小说，或是听说了一位极富才华的新作家时，我仍和过去一样迫不及待、雀跃不已。希望本书在现在和未来都能激发出编辑同样的喜悦和热情。更希望读完本书的朋友能意识到，作者和编辑的关系不一定是相互对立的，事实上，互助合作会让双方都获益良多。最后，希望普通读者能从书中真正领会，作者和编辑都愿意为出版事业倾注无数时间和才华的种种复杂而难以言喻的情愫。

一九九二年十月

于纽约哈德逊河畔的克罗顿

第一部

编辑理论课

Chapter 1
第一章

什么是编辑？

威廉斯 Alan D. Williams

现任编辑顾问的威廉斯在多家出版社做过编辑和管理者，以主编身份在维京出版社（Viking）任职二十年之久。他曾在格罗夫－韦登菲尔德出版社（Grove Weidenfeld）做发行人，对虚构类和非虚构类图书都有所涉猎，也曾和伯林（Isaiah Berlin）、斯蒂芬·金（Stephen King）、威克（Tom Wicker）、默多克（Iris Murdoch）、福赛斯（Frederick Forsyth）、戈迪默（Nadine Gordimer）及谢德（Charlie W. Shedd）等知名作者合作。

“编辑在扮演什么样的角色？好书的搜猎者？不断找碴的治疗师？化腐朽为神奇的魔术师？对作者来说，什么样的编辑才是最好的？一个编辑最有效的工作方法是什么？无论作者还是编辑，都应认真审视上述问题。到底何谓编辑？威廉斯幽默而中肯地给出了他心目中的答案。事实上，以上所说不过是编辑的一小部分职责而已。

作为编辑，任何一个角色都无法逃避吗？是的，但千万不要以为他们都是闷闷不乐的受虐狂。事实上，在不同人面前扮演不同角色，正是编辑工作的乐趣和挑战。“如果编辑拿起一部作品时没有丝毫期待，或许就不该继续待在这一行。”

每个人眼中的编辑都有不同面貌，因此我们几乎无法用寥寥数语来概括“什么是编辑”。此外，编辑的分类方式简直不胜枚举，如个性、体型、背景、兴趣，甚至像眼睛颜色这样毫无意义的特征都可成为分类标准。如果外在形式的分类令人迷惑，那么我们不妨从作者对编辑恐惧或期望、厌恶或欣赏、鄙视或尊敬的种种素质着手吧。

出版社编辑基本上同时扮演着三种不同角色。首先，他们必须多方搜寻，挑选可以出版的好书；第二，他们还得进行编辑（没错，不管你听说多少编辑面临财务压力、受到财团的无情干预，以及商业目的压倒文学品位等种种事情，他们依然要做书稿编辑工作）；第三，他们在作者和出版社之间，扮演着“雅努斯”[①]的角色，在作者面前代表出版社，在面对出版社时又代表作者。

编辑的首要角色——搜猎者，是他能否建立声誉获得发展的最关键因素。尽管每位作者收到编辑的拒信时，都会深感屈辱，但编辑的职责本就不是毕恭毕敬地接纳每一部被交到手中的作品。编辑渴望拿到好书，如果拿起一部作品时没有丝毫期待，或许他就不该继续待在这一行了。无论筛选的过程延宕多长（据统计，每五十份初稿或出版提案中只有一份会被接受），职业生涯中最振奋人心的时刻总是发现一本好书，或买下一部好作品时。

①雅努斯（Janus），罗马神话中的双面神。——编者注

作者都知道自己是如何被发掘的，但并不清楚编辑们搜寻的触角伸得有多长。经纪人自然是首先跃入脑海的，事实也正是如此。过去五十年中，百分之八十以上的大众图书都是由经纪人代理的。众所周知，找到一位好经纪人和找到一个好出版商同样困难，因此，胸怀大志的作者就面临着“先有鸡，还是先有蛋”的难题。但是不要忘了，经纪人有许多潜在的市场出路，而编辑只是其中一种，因此经纪人比编辑掌握着更多的出书机会，也更具才干。

曾经有一位著名出版商在办公室墙上挂了一幅精美的刺绣，上书：“出版商和经纪人的关系，恰如利刃之于喉咙。”这已是许多年前的事。如今编辑每天都要花很多时间和经纪人打交道，我们不应该再把这种交往看成是宿敌间的决斗，反之，如果把编辑和经纪人看作三角形的两个支点，那么作者自然就是那个顶点了。没有任何一位编辑的交际图能覆盖所有经纪人，经过一段时间的交往，双方都会倾向选择曾合作成功、更为志同道合的对象。是的，双方的关系往往通过已被滥用的商业午餐来建立，因为这时候不会被电话或传真干扰。

当然，编辑撒下的网必须比纽约和加州的经纪人圈子更大。作家会议、写作班、大学校园、文学杂志和通俗杂志、旗下作家认识的其他作家、为挖掘新人进行的国内外旅行以及外国出版商——这些都只是编辑需要耕耘的一部分。运气自然不可或缺，但促成编辑与作者的碰面，直至签订版权协议也需要一些合乎逻辑的“意外”。拿我来说，不过因为在大学城居住多年，就结识了好几位令人赞赏的作家。值得一提的是，作者一旦开始出书，往往就会在出版商建议下很快地签订一位经纪人，因此，经纪人也在扮演着搜猎者的角色。

特别值得一提的是那些由编辑构想生发的作品，尤其是非虚构类图书。出版圈里常有传言：某位作家正在寻找创作灵感，而某位编辑正好握有适合的传记题材或当下热门的争议性话题，或者是编辑已有最初的构想，正在试着寻找适合的作家继续生发。麦克米伦出版社（Macmillan）的编辑斯科特（Cecil Scott）建议的写作题目后来演变成著名作家塔奇曼（Barbara Tuchman）的作品《八月炮火》（*The Guns of August*），便是一个很著名的例子。系列作品是诱使作者签下意外之约的又一法宝，它们往往出自编辑或出版商创意无穷的头脑。著名编辑爱泼斯坦（Jason Epstein）在双日出版社（Doubleday）任职时，因开创了一种全新的出版形式“大众平装书”而备受赞誉。

的确是有编辑会议、带来惊人灵感的论坛、雅典式的交谈、相互的支持，但同样有诽谤中伤、哗众取宠、看似恭维实则不加掩饰的奚落。这些秘密会议通常很短，严格来说非常令人厌烦。但除了必不可少的日程议题和会议记录外，正如众人皆异，每个出版社的编辑会议也大不相同。从高层正式做决定的会议，到让相当一部分人参与谈论行业八卦的自由会议，无论性质如何，编辑会议都以自己独有的特性来界定编辑，尤其是根据编辑选择在会议上呈现什么提案、建议和观点。共同之处在于，编辑会议会谈论很多有关出版社的情况，关于给编辑部门和编辑个人施加的重压、给予的信赖、做决定的过程、出版社的风气和斗志。与会者本质上很谨慎，除了邀请营销部、版权部、公关部和其他部门的同事，理论上只许编辑参加，将来有望合作或有抱负的作者若想知道更多关于出版社的内幕，只能自己细心查访。

编辑的第二个角色是扮演不断找碴的治疗师或化平凡为神奇的魔术师。无论你怎样看待，编辑所做的或者说应做的，是作者的亲友、甚至配偶都没有能力或不愿去做的事。他需要逐字逐句地仔细阅读作品，给出详尽而坦率的评价和中肯的修改建议。这时，编辑就化身第一位真正客观的读者，他不仅要为作者提供建设性的帮助，也在无形中道出了将来书评家、读者和市场对这本书（尤其是非虚构类作品）可能的反应，为作者提供修改依据。

编辑应该向作者提出两个基本问题：你是否在表达心中所想？你是否尽力表达得清晰圆满？也许乍看会觉得这两个问题太过狭窄，只要思考得略为深入，就会发现它们几乎涵盖了一切——词句是否拗口、冗繁，主人公是否有莫名其妙的行为破坏小说的张力等等。所有这些都需要经过广泛的、无拘无束的讨论，而所有负责任的编辑都会认同，作者才是最终的决断者；正如知道何时提修改建议一样，知道何时放手也是非常高明的编辑技巧。

这一切是否都能在平和友好、有建设性的气氛中进行？当然不是，就像谈恋爱时总不免会有争执，当编辑感觉迟钝、蛮横专制或作者固执己见、听不进别人意见时，往往会导致版权数度易手，无法成功出版。不过这类人终究会得到教训，因为再也没有人愿意和他们合作。更本质的问题是，到底现在还有愿意全心投入、勤勤恳恳的编辑吗？至少我相信，尽管商业压力与日俱增，家庭式出版社日渐式微，读者口味迅速变化，科学技术日新月异，但还是能找到尽忠职守的好编辑。我们无法把选书编辑的努力和最终的出版物分隔开来，就像无法将血肉和骨头完全剥离一样。由此看来，尽管经济形势、工作环境和安逸程度都大不如前，编辑人仍然一如既往地热爱工作，否则就不会选择这个行业了。

编辑的审美趣味本质上要不拘一格，对非虚构类图书来说更是如此。有个聪明人曾不无揶揄地说："一个优秀编辑可以就任何话题和你谈上五分钟，但再多一分钟，他们就什么也说不出来了。"如果想成为一个好编辑，兴趣广泛绝对比主修任何科目（包括语文）都重要。一个公开的秘密是，只要很有技巧地问新作者几个问题，他们就被唬住了，以为你懂得很多；另一方面，一段时间之后，大多数编辑都会慢慢发展自己热衷的领域，不管是马匹、歌剧、马戏、伟大的战役、运动、烹饪还是园艺。这就需要消息灵通的作者自己来选择志同道合的编辑了。

功能之三——扮演双面人占据了编辑大部分的办公时间，因此他们在下班后才真正有空进行阅读和编校，而且大都是在晚上和周末。我得重申：你必须热爱这项工作才能做下去。永无休止的报告、通信、电话、开会、商业早餐、午餐、晚餐、公司内外的大小约会等等，都让马不停蹄地协调作者和出版社关系的编辑如一扇快速转动的旋转门。

和出版商打交道时，编辑是作者的首要支持者。起初是编辑对这个小说或选题感兴趣，然后是出版社通过方案，谈判合约，进入文稿编辑、校对、印制直到销售和新闻发布等具体出版流程。其间，编辑通常会尽量让相关人士多方参与。这样做有双重目的：一是令出版社同事对这本书和作者产生兴趣；二是让作者看到，出书不只靠编辑一人之力，而是许多专业人士通力合作的结果。另外，世界不会按理想状况运转，假如遇到作者拖稿、财务危机或其他各种复杂的意外状况，以致无法完全按照合约规定的进度出书时，也需要编辑出面为作者辩护。

编辑面临的最重要的挑战，是能否清楚而有说服力地表述一本书的优点。解释出版理由，确定图书基调，编辑报告、书目、封面勒口文案直到新闻稿，都要靠编辑最初的表述。对大多数编辑来说，撰写文案才是真正的苦差事——同让一段新颖动人的广告语在每年五万多本新书中脱颖而出相比，编辑一份糟糕的稿子可能还有趣得多。每年两至三次的订货会也是编辑的一大考验，满怀热情的编辑必须在一群面有疑色的销售代表前卖力地说明新书的卖点，这真比撰写报告还要痛苦百倍。

如果编辑要向作者传达出版社的意见，就得扮恶人了。有时，编辑必须一遍又一遍地向作者解释为什么出版社不能在《纽约时报书评》(*The New York Times Book Review*)上为他的新书刊登全版广告、无法在书中放彩色图片、无法批准巡回宣传的差旅费、无法同意任何没有把握收回或出版社负担不起的支出，以及其他一些无法应允的小小要求——经济学在此刻看来真是一门阴暗的学问。隐藏其后无法忽略的声音是：一家出版社要同时面对很多作者，无论时间、精力或资源都必须好好分配，就像一夫多妻制并不公平，却是某种生活现实。当出版社为某位作者或某部作品付出了额外的心力，如文字编辑熬夜加班，宣传文案灵光闪现，或拓展出预期之外的特殊渠道时，编辑有责任将这一切告诉作者。

假如我们试图厘清编辑人在美国扮演的角色却略过斯克里布纳之子出版社（Charles Scribner's Sons）的珀金斯，就像撰写一部航空简史，却全然不提莱特兄弟一样荒谬。因为编辑过海明威（Ernest Hemingway）、菲茨杰拉德（F. Scott Fitzgerald）、沃尔夫（Thomas Wolfe）和其他名家的著名作品，珀金斯已是家喻户晓。每当有人提到他的名字，总会引起一片“后继无人”的感叹。几乎没有编辑认为自己能与珀金斯比肩，但说句公道话，假设珀金斯活在今天，他可能也得心不甘情不愿地在哄骗经纪人、竞标版权、发掘新人、不时分心处理各种琐事上耗去很多时间，而无法好好编辑手边的稿件。可以说，今天的珀金斯必将更加辛苦。

尽管如此，珀金斯仍是编辑行业不朽的典范。只要是对编辑行业或编辑与作家的关系略感兴趣，都应该读一读《编辑写给作者的信：珀金斯书信集》(*Editor to Author: The Letters of Maxwell E. Perkins*)。信中传达的温暖语调、流利的口才、对作者的高度理解、温和而有说服力的建议，都是值得后辈仿效的典范。英国评论家康诺利（Cyril Connolly）在谈及沃尔夫和珀金斯的文章中，对编辑不吝赞美："显而易见，美国的出版人是一支高度敬业的团队：他们忠诚、宽厚、极其勤勉；他们所做的一切都是为了作者或倾心的作品，而非攀附权贵；他们知道如何让自己成为遍体鳞伤也不改初衷的信徒、律师、审计师、巫师……"[①]事实的确如此。

另一方面，正如萨尔（Mort Sahl）所说，未来编辑的角色必然会发生改变。财务压力会迫使出版社逐渐增加外编以缩减全职编辑的人数。今后我们需要的编辑究竟更多还是更少其实是个见仁见智的问题。一方面，普通人的语言水平逐步退化，不肯在精确地遣词造句上花功夫，加上文字处理机的广泛使用，意味着有必要做更多的编辑工作；另一方面，"谁在乎这些"的声浪也未曾削减。

亚德利（Jonathan Yardley）在近期发表的一篇长评中说，科技终将入侵编辑部。这也是很多人一直以来共同的疑问，为什么编辑工作不完全靠电脑完成呢？关键在于，只要编辑工作依然是建议性而非强制性的过程，就必须留下清晰的修改痕迹。在创作或改写自己的作品时，文字处理机无疑是老天的恩赐，但对待别人的文稿，毫无痕迹的修改就会显得失礼并造成混淆。从这个角度来看，除非未来出现更经济、更易操作的软硬件，容许编辑在页面空白处评注、标示删改等，否则在纸稿上用便利贴注明修改建议还是比用电脑修改更实用可行。无论如何，编辑人仍将沉浸在编辑工作所带来的欢乐与悲伤、满足与挫折之中，希望他们在幕后的默默努力会为即将诞生的图书带来确实的改变。

---

①乔瓦诺维奇（William Jovanovich），《现在，巴拉巴斯》（*Now Barrabas*），纽约：哈珀－罗出版社（Harper & Row），1964 年，第 79－80 页。——原注

Chapter 2
第二章

从拍卖会到电子盛会
——编辑学在美国的演变

阿伦森 Marc Aronson

阿伦森是亨利·霍尔特青少年书系的资深编辑，身负为中学生和年轻读者编辑非虚构类“多元”读物的重任，尤其擅长将原本为成人写作的专业作家引进少儿出版领域。他目前在纽约大学进修博士学位，同时在该校出版研究院讲授出版史课程，他的博士论文便是关于布劳内尔（William Crary Brownell）和当代出版史的。和他合作过的作家有布鲁克斯（Bruce Brooks）、科瑞塔·金（Coretta Scott King）、森京子（Kyoko Mori）等。

“本文探讨了美国编辑对社会、文化和经济等方面产生的影响。阿伦森的文章信息丰富、趣味盎然，深具启发性，引领读者从编辑工作的发端——编辑人希契科克（Ripley Hitchcock）修改韦斯科特（Edward Noyes Westcott）的小说《大卫·哈伦》（*David Harum*）——一直谈到新世纪编辑与作者全新的合作方式。“二十一世纪的编辑史将由一场电子盛会引领。……届时，只要愿意，人人都可以成为编辑，我敢打赌，到那时，我们会对所有的电脑高手、文字编辑、打字员等组合丰富的幕后人员报以更多的感激：他们是多媒体巨匠、网络空间的领航者，也是未来的编辑人。”

编辑在美国的发展始于一场拍卖会。韦斯科特的小说《大卫·哈伦》问世的一八九八年前后，图书经纪人正逐渐改变着美国出版界的游戏规则——不过我所说的拍卖会并非这本小说的拍卖会，而是小说中的一个场景。

该小说的作者是纽约银行家韦斯科特，主人公是个精明的纽约人，名叫大卫·哈伦。当时这种以当地日常用语表述朴素价值观的作品十分流行，因此韦斯科特信心满满，认为一定会有书商愿意出版。不料事与愿违，直到遇见阿普尔顿出版社（Appleton）的编辑希契科克，这部手稿连连碰壁的命运才得以改变。希契科克对蚀刻艺术颇有研究，写过几本通俗历史读物，同时也是个敢于冒险的编辑。他意识到手稿第六章的“马匹交易会”实在应该放在全书开头，于是变动了几个章节的次序，并对内容和文字进行了删改和修正。经他之手，《大卫·哈伦》创造了出版奇迹，成为一八九九年最畅销的书，当年三四月份，平均每天都有一千册从各地书店的书架销售出去。一九〇四年，小说精装本的销量已达七十二万七千册。到一九四六年，精装本累计销量更高达一百一十九万册，同时平装本也卖出了二十四万一千册。

其实希契科克对这本书进行的编辑并无出奇之处。许多编辑都曾在不同的时间、地点建议作者大幅删改文章，也曾把频频遭拒的手稿变为畅销书。但这本书确有两点与众不同：第一，它创下了史无前例的销售速度；第二，大家由此开始认识到编辑的贡献。希契科克因成功“打造”出一本畅销书而声名大噪，事业也风生水起。他与妻子一起把《大卫·哈伦》改编为舞台剧，和出版商分享利润（小说尚未出版，韦斯科特就过世了），还先后拍成了两部电影，其中一部由著名影星罗杰斯（Will Rogers）主演。小说出版四十年后，《纽约时报杂志》（*New York Times Magazine*）还专文报道有关这部作品和幕后编辑的故事。在漫长的职业生涯中，希契科克曾编过著名作家克莱恩（Stephen Crane）和德莱塞（Theodore Dreiser）的作品，但他在业界的盛名和美国现代编辑史的发端，却都赖于《大卫·哈伦》。

自《大卫·哈伦》一炮而红后，编辑就步入了公众视野。在二十世纪三十年代，圈内有关编辑的种种神话也逐渐酝酿成形：编辑是把握手稿灵魂的救世主，是点石成金的炼金师，还是能洞见他人疏漏之处的先知。另一种从希契科克时代延续至今的编辑形象则是：编辑是作者的朋友。于是，挖矿人、魔术师、友好的同伴等种种身份的综合，就形成了二十至四十年代“天才编辑”形象的典范——珀金斯，而要真正了解珀金斯，我们必须回到更久以前——至少一百年前的美国出版界。

美国最早一批畅销书作家，像欧文（Washington Irving）、库柏（James Fenimore Cooper）等人都是在十九世纪二十年代成名的。彼时纽约还未成为出版圣地，但已有几位经纪人活跃于此，首开风气之先。当时的出版商、作家、评论家经常在书店、酒馆和餐厅里交换意见和构想；到了三十年代，纽约、费城、波士顿和哈特福德（预订发行之乡）等地的出版业已初具雏形，印刷品种类也多种多样，从廉价的翻版书到考究的皮制精装本一应俱全。二十年后的五十年代是美国阅读人口最为庞大的时期，出版商趁势推出各种图书，包括销量动辄高达几十万册的童书和令人牵肠挂肚的言情小说，当然也不乏霍桑（Nathaniel Hawthorne）、梭罗（Henry David Thoreau）和以海上冒险故事成名但已封笔的麦尔维尔（Herman Melville）等人所写的稳赔不赚的小说。

出版业逐渐茁壮成长为一个影响美国文化发展的重要产业，但现代观念中的编辑此时尚未出现。部分原因是，一八九一年以前从英国进口的书籍尚未受到著作权法的保护，有些大出版商会根据行规付版税给英国作家，但许多刚起步的小出版商则全靠廉价的盗版狄更斯（Charles Dickens）、萨克雷（William Thackeray）等名家作品起家，因此当时的出版根本不需要任何编辑。哈珀出版社（Harper）聘请了几位非专职自由看稿人协助他们审稿，决定接受还是退稿。这群所谓的"编辑"有时也会引导作者撰写更有市场的题材，但一般而言，他们为营销作者花费的心力仍大于推敲文稿的功夫。《纽约账簿》（*The New York Ledger*）的老板兼总编邦纳（Robert Bonner）就是个精明的宣传家，他付给畅销女作家的稿酬往往位列同行之冠，他最惊人的大手笔是以刻着一位畅销作家名字的黄金花环来装饰一整节特别的火车车厢，当这节"范妮·弗恩"（Fanny Fern）车厢穿越美国时，作家本人也随其行经路线而声名远播，甚至直到过世后依然盛名不衰。当时的编辑还必须负责撰写极尽吹捧之能事的文章，以充客观的书评刊登在报纸上。

那个年代，在许多以作者和老板姓氏命名的小出版社中，出书事宜往往由发行人直接和作者沟通。例如在南北战争期间，《大西洋月刊》（*Atlantic Monthly*）总编辑兼蒂克纳－菲尔德出版社（Ticknor & Fields）的合伙人菲尔德（James T. Fields），便曾建议霍桑大幅修改文章，他当时这样评论道："蒂克纳（William Ticknor）和我都觉得，出于更周全的考虑，你应该改掉文章中提到总统的那句话，删掉对他笨拙粗鲁一面的描述。这本杂志目前在英国有很多读者，他们会对文中这个猴子的形象窃笑不已。”可见，在南北战争的争辩白热化之时，提醒作者不要称总统为猴子的重责大任就落在编辑和发行人头上了。在《白鲸》（*Moby Dick*）惨遭败绩之后，麦尔维尔创作了一部关于出版的小说《皮埃尔》（*Pierre*），文中万德－文公司致信高产的畅销书作者邀约下一部稿子，但在这位作家声名受损之后，却由斯蒂尔－弗林特－艾斯波斯特斯公司接手。

从十九到二十世纪，美国出版商都很在乎作家的声誉。他们认为，出版商的责任就是确保小说无论内容、语调或表达方式，都在道德上无懈可击。乍看之下，以道德规范作为编辑标准和过去希契科克为了市场而付出的努力似乎截然不同，事实上两者却是息息相关的。美国读者想读的是符合主流道德观的书，因此这些书也就能在市场上大卖特卖。当时，任何书只要被判在道德上“有异议”，就相当于被判了死刑。编辑监督作者笔下的道德意识，事实上也是在保护市场占有率。由于许多作品正式出版前都先在出版商的杂志上连载，因此编辑几乎得像保护处女贞操般为它们把关，这是因为当时杂志的影响力就像百年后的网络电视一样，假如无法做到老少咸宜，适合全家一起坐在咖啡桌旁共赏的话，就根本不会有机会问世了。出版商严把“道德关”的方式有两种：一是雇用持严谨道德标准的编辑；二是外聘一群背景各异、深谙社会上各个阶层和风尚引导者道德意识的自由看稿人审读稿件。斯克里布纳之子出版社采取第一种方式，因此成为著名编辑珀金斯的落脚之处；麦克米伦出版社采取了第二种方式，把看稿工作外包给学识丰富或活跃于社交场合的名媛。一般而言，无论采用哪种方式，编辑仍然隐身幕后。

审核道德观不仅仅是选择作者和把控小说情节这么简单。十九世纪的语言使用争议纷纷，随着新字典、语法书，尤其是《圣经》（*Holy Bible*）译本的推出和销售，掀起了有关习语的正当用法、词汇与拼写的大论战，不但有传统派〔例如詹姆斯国王版（King James Version）《圣经》的支持者〕和学院派（他们的翻译虽然比较沉闷，但也更精确）之争，有街头语言和社交语言之争，大家争议的焦点更集中在美国的语言究竟该走向何方，呈现什么面貌，并由此延伸至美国应该是个什么样的社会——是秩序井然无论语言文字还是人们的生活习惯都恪遵传统，还是一个语言和行为都不断改变的开放社会等问题上。二十世纪六十年代，同样的争论再度掀起，人们为黑人英语呼吁，争辩哪些俚语应收入字典中。美国人关于两性和语言的争议，直至今日仍有些许蛛丝马迹可循，不过当年这类争议可是报纸头条，而且一旦对出版社产生直接影响，他们就必须有所抉择，思考自己究竟想要什么样的读者、顾问、编辑和作者。令人惊讶的是，许多出版社都选择站在自由派一边，而非支持上层社会的传统维护者。

到了希契科克时代，暴增的消费性广告带来滚滚财源，新杂志纷纷刊登"纪实"风格的散文，吸引了前所未有的庞大读者。一些出身新闻界的新生代编辑也瞄准了这个市场，他们不再以卫道士自居，而更像企业的中层主管，对美国作家殷勤招手的同时极力追逐着最流行的大众品位，他们还高价酬用能准时交出活泼生动而具张力文字的散文作者。十九世纪末二十世纪初的杂志意识到这种趋势，开始刊登教人面向市场写作的实用文章，知名编辑的履历以及他们青睐的题材成为各种杂志竞相报道的对象。作者抱怨编辑大人们只对成名作家、实用文章和人情小故事有兴趣，编辑们则反驳：只要有人写得出惊世之作，他们很乐意出版。在市场和道德的拉锯中，人们开始认识到编辑之于出版社的不可或缺，正如出版社需要发行人一样，编辑技巧会关系到一本书的成败，但也有克诺夫（Alfred A. Knopf）之类的出版商认为，这是种极可怕的错误观念，必会导致出版业的衰落。

珀金斯于一九一〇年开始在斯克里布纳之子出版社的广告部工作，这家出版社的文学顾问是名列美国艺术与文学院评选的五十位文化界杰出人士的布劳内尔，他著有《评论》(*Criticism*)，《标准》(*Standards*) 与《维多利亚时代的散文巨匠》(*Victorian Prose Masters*) 等，堪称著作等身。布劳内尔常给人一种神色凛然的印象，作者们与他接触时，感觉好像进入了一座教堂。在他看来，编辑是肩负文化使命，并需要踏实苦干的行业。对此，珀金斯与布劳内尔看法一致，但不同的是，珀金斯认为“书是属于作者的”。当时这位年轻的编辑认为，编辑工作很大一部分意义在于要尽己所能地发掘、塑造作者的才华。从一九二〇年到一九四〇年，这种对作者和书永不懈怠的、甚至孤注一掷的专注和投入，是优秀编辑的鲜明标记。

从一开始珀金斯便不顾布劳内尔的反对，买下了菲茨杰拉德处女作的版权；此后，他开始与多位重量级作家合作，包括海明威、拉德纳 (Ring Lardner)、罗琳斯 (Marjorie Kinnan Rawlings)、考德威尔 (Taylor Caldwell)，尤其是沃尔夫等多位备受瞩目的作家。

珀金斯将沃尔夫满满三纸箱、数不清多少页、篇幅长达四十万字的皇皇巨著《时间与河流》(*Of Time and the River*) 琢磨成器的过程，在美国编辑史上激荡起长久回响。沃尔夫肯定了珀金斯的贡献，在作品扉页上题明把书献给“一位伟大的编辑和一位勇敢而诚实的人，当作者陷入极度失望和怀疑中时，他不吝给予坚定的支持，不让作者在绝望中轻易放弃。”珀金斯本人并不喜欢出名，但是在催生沃尔夫作品的过程中所扮演的角色使他名气越来越大，甚至引来“作品中有多少部分真正出自沃尔夫之手”的质疑。狄托 (Bernard De Voto) 就指责道，“珀金斯先生和斯克里布纳之子出版社的生产线”

才是沃尔夫作品的真正创作者。后来，沃尔夫在小说《你不能再回家》（*You Can't Go Home Again*）的角色爱德华身上融入了珀金斯的影子，更增添了他的传奇性。

珀金斯和科维契（Pascal Covici）、康明斯（Saxe Commins）等其他“英雄式”的编辑一起令编辑跨越了传统界线，成为决定作家成功与否的关键人物。他们是否逾越了本分？他们一肩挑起庞杂的编务，和才华横溢但往往自毁倾向严重的作者保持着密切，甚至戏剧性的友好关系，同时还必须设法促成作品在商业上的成功。就在天才与酒鬼、全情奉献和相互依赖、卖命工作和职业倦怠等种种因素错综复杂的交织中，美国文学史上那些伟大的小说们一部部问世。不过在这段时期，确实存在编辑有时太过膨胀，而不经作者允许就任意修改作品、扭曲原文的情况。

二十世纪三十年代，美国女性以各种不同方式拓展了编辑领域。当时，许多经纪人都由女性担任。举例来说，诺埃尔（Elizabeth Nowell）为沃尔夫的杂志文章所耗费的心力，甚至比珀金斯在他小说上所下的功夫还要多。她对凌乱的手稿进行选摘、删改，使之符合杂志的字数限制，就稿费进行谈判，甚至还在避孕问题上指点沃尔夫，以免他为情人怀孕的事烦心。尽管西蒙－舒斯特出版社因以貌聘用女秘书而风评不佳，但女性逐渐凭才智在出版界占有一席之地也是不争的事实。女性“行政助理”往往为她们名声显赫的老板承担了大半文稿编辑和其他杂务，同时也开始在童书编辑领域找到自己的天空。然而，编辑领域最富戏剧化的势力扩张无关性别，而是出现在宗教领域。

从二十世纪头二十年开始，由出身名校哥伦比亚大学的犹太青年创办的出版社如雨后春笋般冒出头来，包括克诺夫出版社、西蒙－舒斯特出版公司、兰登书屋（Random House）、维京出版社以及法勒－斯特劳斯－吉鲁出版社（Farrar，Straus and Giroux）等（或它们的前身）。新兴的犹太出版社把编辑工作带往更自由的言论空间和更广大的读者群（过去新教精英分子所鄙视或忽略的读者群），它们不太可能签约美国主流作家，因为后者多半早已被阿普尔顿、哈珀和斯克里布纳之子等传统出版社网罗，因此只能在欧洲作家和格林威治村的激进派身上谋出路，进而掀起了一系列有关言论管制的论战。一九二三年，纽约州议会通过的新闻检查法遭到参议院否决；一九三三年，美国最高法院做出对乔伊斯（James Joyce）《尤利西斯》（*Ulysses*）有利的判决，这是两起具有里程碑意义的事件。

其他出版社也纷纷扩展新书出版路线。西蒙－舒斯特出版的第一批书是填字游戏（尽管它用了假名）。尽管南北战争时期就已出现《报税指南》；殖民时代便有各种以"如何……"（How to...）为口号的实用类图书，但直到西蒙－舒斯特出版了《人性的弱点》（*How to Win Friends and Influence People*），才使这类图书变得空前畅销。有句标语最能代表西蒙－舒斯特的出版方针："让读者放松一下吧！"对某些出版社而言，传统的文化使命感逐渐退位，取而代之的是系统地满足读者对实用知识的需求。无论采取哪一种方式，新兴出版社都带来了全新的出版风格。

珀金斯于一九四七年过世，编辑英雄的传奇仍在流传，但已不足以概括以大众市场为主导的出版业现状，虽然珀金斯生前就曾为美国社会所弥漫的唯利是图之风及某些出版人比起文学价值更在乎商业价值而沮丧不已，其他作家也感受到了出版风气的改变。在一九四二年出版的小说《诞生的年代》（*A Time to be Born*）中，作者鲍威尔（Dawn Powell）就借小说人物之口说："出版天才的考验……在于能走在时代的最前端，并且具备必要时能在一夕之间颠覆整套标准的能力。”如果说鲍威尔以不无嘲讽的警句道出了实情，那么聪明的绅士们恰恰印证了这一点。他们试图移植传统出版社的真正价值并仿效杰出编辑劳心劳力的作风，只不过眼光对准的是有利可图的市场。虽然直到今天，珀金斯仍是新编辑全心学习的典范，但其实在他过世前，出版业就已改头换面，变得更为直接地追求业绩，平装书的出现更是进一步改变了出版业的游戏规则。

至晚从一八四〇年起，平装书出版就已分得美国出版业的一杯羹，但当时的平装书出版商备受轻视，遭到精装书出版商的强烈抵制。这些所谓的“故事纸”、廉价小说和盗印本从未真正跻身于出版主流之列。直到大众文化被广泛接受，格拉夫（Robert Fair de Graff）进行了锲而不舍的努力和大量市场研究之后，才使一九一三年出现现代意义上的平装书成为可能。美国社会的变迁使廉价书登上舞台，出版社也开始为这种新型书的编辑保留一席之地。着眼于大众市场的出版商开始聘请草根出身的编辑——其中有些人甚至从没进过大学，对市场的精准把握取代名校背景成为聘用编辑的重要条件。

起初，平装书不过是以低廉的成本把精装书重印后拿到杂货店或报摊出售，例如，既可廉价地大量发行，又有稳定销量的侦探小说、西部小说、言情小说和科幻小说等类型小说自然成为平装书的首选；但到了五十年代初期，新美国文库出版公司（New American Library）的导师书系、企鹅书系，以及爱泼斯坦在双日出版社开创的最负盛名的船锚书系都加入了平装书行列，开始出现在传统书店，且涵盖了比较严肃的主题。不过，无论出版哪种题材，平装书出版社都必须遵循精装书既有的游戏规则，强调他们在文学上的兴趣、对原出版社的尊重以及对作者权益的关心。具体来说，平装书的编辑需要了解各出版公司的出版状况以及如何与之取得联系。

二十世纪六十年代，新美国文库开始出版影视类图书，把出版业又往前推进了一大步，而这时的编辑也已对其他类型的媒体有了充分认识。早在一九四四年，拥有电视台和广播电台的媒体大亨菲尔德（Marshall Field）就买下了西蒙－舒斯特出版公司；一九五八年，亚历山大·金（Alexander King）在电视节目《今夜脱口秀》（*The Tonight Show*）中的独白令他的两本书登上了畅销榜，使编辑第一次了解到让作者在电视上露面的重要性。到了六十年代初期，精装书编辑不仅要关注作品的好坏，同时也得考虑作品其他可能的出路：能否改版为平装书？能否改编成电影剧本？作者（或出版商）能否出镜？而大众市场平装书的编辑不但要从精装书出版商手中购买版权，还得不断开发新的小说类型，如推理小说、言情小说以及从来不会出现在精装书市场上的情色小说。

对某些出版社而言，新型平装书的收益平衡了冷门书的损失，使得较高层次的编辑得以专注于文学价值本身，一般图书的平装书编辑尤其从中受益。举例来说，五十年代，新美国文库一方面为拥有号称“全球第一畅销作家”的考德威尔（Erskine Caldwell）和斯皮兰（Mickey Spillane）引以为豪，另一方面也给鲍德温（James Baldwin）、赖特（Richard Wright）、埃利森（Ralph Ellison）等黑人作家新秀以表现机会，但他们无法在维持平衡上走得更远。新美国文库的发行人之一韦布赖特（Victor Weybright）一度很遗憾地知会出版社的文学顾问，他无法继续出版预估销售量低于七万五千本的作品。

当时任职于新美国文库的索洛塔罗夫（Ted Solotaroff）声称，直到六十年代中期，新美国文库仍然在普及版平装书和大众版平装书之间成功地维持了平衡。倘若真如他所说，倒必须归功于饱受诋毁的六十年代风气了。一方面，当时社会在图书馆上不惜重金，婴儿潮一代开始升入高中、大学，这些都扩展了严肃作品和颇具挑战性作品的市场；与此同时，反主流文化或许在电视新闻和摇滚乐影响下汇聚为思潮，几乎每个自有立场的激进分子都有满架的平装书，包括时时被翻阅的马尔库塞（Herbert Marcuse）、克利弗（Eldridge Cleaver）、赖希（Wilhelm Reich）以及卡斯塔尼达（Carlos Castaneda）等人的作品。在二十年代因获得或出版激进分子作品而可能获罪的编辑，到了六十年代反而可能是挖到了畅销书的金矿。

六七十年代，出版业本身也兴起了民权运动，一些出版社开始雇用有色人种。但由于编辑必须具备大学学历而且起薪很低，大多数出身低层又雄心勃勃的优秀人才都聪明地投身到更赚钱的行业中。直到今天，编辑仍然是美国种族混合程度最低的行业。另一方面，女性几乎已经打破了出版业最高层的玻璃天花板，她们不但在人数上占优，而且经常担当重任，如总编辑或发行人。这种情形在童书出版公司尤为明显。出版业的特点之一是，典型顾客的背景（小说的典型读者是受过大学教育、出身中西部的中产阶级女性）和典型经理人的背景出奇地相近，或许你可以说，在今天的出版界，女性几乎掌控了为自己出版读物的全过程。换句话说，今天的编辑要比过去对读者有更多的了解。

六七十年代由于平装书的成功和各种新媒体的出现，出版业成了华尔街的新宠。不少老牌精装书出版社在面临平装书竞争和价格战时，或是被迫寻求新的资金注入以保持独立，或是和其他出版社合并，不然就会惨遭淘汰。当收购浪潮席卷出版业，编辑和作者从传统出版社得到的“终身保障”在自由市场面前只有束手就擒，他们也就不断从一家出版社跳槽到另一家出版社，以争取最好的待遇。经纪人看到出版社急需卖座的作家，便重操拍卖的旧业并将其运用得炉火纯青，以替自己代理的作者争取最高的版税。多半无法收回的巨额预付版税增加了出版社的财务压力，此时的出版社大多沦为了严格控制投入产出比的庞大组织里一个小小的单元。“投资回报率”过去可能只是编辑在书中查阅的一个陌生单词，此时却成了决定他们能否保住饭碗的重要财务指标。

到了八十年代，由于许多出版社都被并入跨国集团旗下，编辑个人也就越来越难进入大众视野。小有名气的编辑往往都是因为他们业余撰写的小说、他们的社交生活、或在媒体上的频频曝光，而非在文稿上所下的功夫为人所知。对出版社来说，在大牌作者身上撒下的数百万美元，使得其作品登上畅销榜远比呈现最完美的状态重要得多。因此，编辑人能用于编辑工作本身的时间越来越少，在竞标书稿上所花的心力越来越多。慢慢地，编辑文稿的实际职责就落在了助理编辑、经纪人、文字编辑、作家集团、编辑顾问、制作人和热心的朋友等人身上。就某些角度而言，这种把编辑工作分散外包的现象和世纪之初的自由看稿人网络如出一辙。今天的编辑人必须像发行人一样思考，除了编辑书稿本身，还要承担许多其他工作，相应地，作者和经纪人都不得不转向更多的面子工程，当今媒体集团时代的编辑工作，看来更像南北战争前夕人们所做的浮夸宣传或十九世纪后期提倡直觉和智慧的超验主义读物，而非二十世纪中叶英雄式的苦工了。

编辑工作的前景如何？发掘作者、与经纪人谈判、甄别文稿优缺点，在出版社内部角力的同时润饰手稿，直至上市营销等各种能力依然非常重要。而编辑仅凭对专业的自豪感和热爱，担负这所有重任的典型形象却可能无以为继。有人说，出版业每二十年就会经历一个循环：起初，中小出版社林立；中期，这些出版社或者倒闭或者合并，或被大公司收购；到了后期，经营陷入困境的大公司又会再度分解为许多小单元。今天的大媒体集团或许也会解散，随之而来的全新选择则可能为编辑创造出新的契机。

目前，美国公司正对日本商业机构的模式群起仿效——以一个松散的大组织囊括许多相互竞争的小单元。事实上，曾经的大国苏联曾借用这种模式组合各个国家，而IBM之类的大公司更是早已转变成这样的形态。对出版业而言，这种结构的优势尤为显著——电脑网络使作者互相阅读和编辑文稿的可能性越来越大，设计终端也模糊了编辑和设计师的界限。有些出版社已经以电脑为纽带，将编辑、作者、设计师整合成一个团队。出版社不再有传统上向发行人和总裁汇报的不同部门，而是摇身一变，成为独立负责出版计划、各司其职的团队组合而成的聚合体。这种以作者为核心的松散团体以电子方式编辑文稿，仿佛大出版社的专职刻印机，出版社可能只需要提供技术支持，负责营销发行，而购买版权、编辑文稿之类的工作就完全由这些半自主的团队承担，他们唯一的责任就是设法达到双方共同拟订的财务目标。

因此，出版公司不再是垂直结构的层级组织，而成为许多拥有自己策略和规划的工作单位的组合。当网络文本、交互式家用电脑和电子书等各种媒体形式愈发流行之时，出版社的优势，便在于提供创意人所需的专业经验、资金和接触不同媒体的渠道。只有通过这些富有创意的团队，出版社才能紧跟深受电子媒体影响而快速变化的大众品位。在这种情况下，编辑的定义可能演变成“在电脑上为一本书所做的所有工作”，包括把文稿转变为华丽的多媒体演示。

在电子网络世界里，未来出版业的编辑风格将千变万化。电脑软件可以把量化的读者调查结果和营销数据结合，创造出各类平装书内容，而从文稿到成书的过程则可不假人手，完全由电脑完成。

另一方面，小规模的文学作品出版线将会为小众作者和读者重现珀金斯时代的编辑风格。

假如十九世纪的编辑史由一场拍卖会来作结，那么二十一世纪的编辑史将由一场电子盛会所引领。在不久的将来，当《编辑人的世界》第十版以电子形式呈现在读者手中时，既是读者又是编辑的你可将所有版本进行对比，根据不同的道德标准、语言偏好、市场需求、艺术品位等重新编辑，并按自己喜欢的形式重新编排版面，种种不同的风格都可以像电子琴键盘上预设的节奏按钮一样任人选择，而电子编辑还会提供其他团队的编辑方式供你参考以节省时间。届时，只要愿意，每个人都可以成为编辑，而且我敢打赌，到那时，我们会更对所有的电脑高手、文字编辑、打字员等组合出丰富信息的幕后人员报以感激：他们是多媒体巨匠、网络空间的领航者，也是未来的编辑人。

Chapter 3
第三章

给有志于编辑工作者的一封信

舒斯特 M. Lincoln Schuster

一九二四年，舒斯特和西蒙（Richard L. Simon）创办了西蒙－舒斯特出版公司。他们在自己的第一本书——佩西布里奇（Margaret Petherbridge）的填字游戏上孤注一掷，结果大获全胜！在舒斯特先生执掌西蒙－舒斯特出版公司的漫长岁月中，这样的想象力和创造力一直是他的典型作风。

“《给有志于编辑工作者的一封信》是舒斯特在一九六二年为本书第一版所写的文章，多年来他一直是大众图书出版界最富创造力、最勇于突破传统的编辑。文中对编辑工作的种种思考和对年轻编辑的忠告，都可说是他多年经验的精髓。

自三十年前首次发表后，这篇文章就在无数出版研讨会、编辑座谈会或销售会议中被一再引用。除了引用的这句话“关键时刻到了……当你问自己一个‘64 美元问题’[①]时”，这篇文章仍不过时，它仿佛就是此年、此月，甚至就是这个星期写成的。尽管在三十年后的今天，出版业规模愈发庞大，财务绩效也日益得到重视，但编辑的品位、操守和奉献精神等重要特质却永不会变，因此这篇文章值得一读再读。

---

① 《64 美元问题》是二十世纪四十年代美国一档非常流行的广播益智节目，五十年代的电视节目《64000 美元问题》就是在其基础上发展而来的。——编者注

1

应征一份工作最大的危险在于，你可能真的会被录取。假如你愿意把这个可能性列入风险预估，我愿意依自己长期工作中得来的经验，简要向你提一些可能有益的建议。

2

你问我，“编辑”和“发行人”有什么不同？

很简单，编辑负责挑选书稿，而发行人负责挑选编辑。

3

编辑工作不是从一份包装整齐、随时准备付梓的完整稿件展开的。你要学习的第一课是，作者（或他们的经纪人）交来供你“盲目竞标”的，通常不是书稿而是写作构想，假如能看到写作大纲和一节样章已是万幸了，很多时候，你根本连半个字都看不到。

4

一位优秀的编辑必须能像发行人一样思考、规划和决策；相应地，发行人也必须能像编辑一样思考。在“文学品位”之外，编辑还必须具备数学概念。他不能色盲,必须能分清“赤字”（亏损）和“黑字”（盈余）的差别。

5

单单“喜欢”或“不喜欢”一份手稿、一个构想，或一本书的大纲远远不够，你必须有足够的理由，说明为什么会对某份出版提案有这样的感觉。

6

不要就目前看到的稿件状况匆匆做出判断，而要就它未来可能呈现的面貌做决定。

7

忘掉所有企图平衡各个领域的书目神话，这种想法只能让你很快就因僵化的出版方向而备受打击。

8

一位有创造力的编辑最大的喜悦和至高的特权，是有机会接触到人生的各个方面，发现那些尚未被满足的需求，并找到最好的作者来满足这些需求。

9

有时候，我们不得不说：“构想就很糟糕，写得也实在够烂。”

10

要培养耐性——有同情心、有创造力的耐性。只有这样，当你在询问作者新书进展而得到“马上就能完成，我现在要做的不过是把它写出来罢了”的答复时，才不至于太过沮丧。

11

掌握略读、跳读、扫读、挑几段来读的艺术——也就是快速通读完整本书稿的技巧。你必须学会何时可以安心使用这个技巧，何时必须逐行逐字地精读。

12

学会在阅读手稿时，手拿一支铅笔——不只为了标出可能需要改写或修正的地方，也是为了替自己和同事记下几个月后推销这本书时可能用到的想法。通常，初次发现一本书的狂喜和感受，会激发出你更好的构想。

13

有意识地练习把整本书的主题和重要性提炼为一两句话。你必须掌握把全书精髓写在名片背面空白处的技能。这几句话将成为你编辑报告、封面勒口、出版预告以及给决策者、业务人员、书店和评论家的信件核心。

14

不要太担心你意识到的、可能的错误——也就是预估风险——所带来的失望与失败。编辑和出版原本就是有风险的行业，有时就像一场疯狂的赌局。

15

不要盲从时尚和流行，尤其不要对时下的畅销书亦步亦趋而出版和它差异不大的图书。你应该创造趋势，而不是盲目跟随。

16

要重视作者成长的潜力——同时重视库存图书目录上某些长销书的“存活价值”，这是比眼前的销售力更重要的标准。

17

如果你准备投出出版某本书的赞成票，就得切实地知道自己到底把它看作一本历久弥新的长销书还是迎合潮流的热门书：清楚说明你热衷这本书的原因，计算一下财务数字，便会知晓自己愿意或准备承担多少风险。

18

假如你必须就某个主题求教于外部专家或权威，请切记，他们通常会在避免所有小错误的同时轻易坠入最大的谬误之中。真正有创造力的编辑必须成为了解专家的专家。

19

当你听到另一家出版社即将出版一本差不多的书时，千万不要气馁。“成为最好的”永远比当第一重要得多。

20

欢迎业务人员和营销部门给你提任何建议，但要抗拒他们要你轻易妥协或“打包票”的压力。

21

必须完全抛弃或忽视所谓“一般读者”这种过度简化的说法，不同的书会吸引不同的人，没有所谓“一般读者”这回事。

22

无论在出版前、出版中还是上市后，都要赢得作者的信心。如果不能激起并赢得作者的信任与合作，你就会发现，自己仿佛回到了书店老板兼出版商的时代，而作者和出版商的关系就好像利刃之于喉咙一般。

23

对编辑而言，验证真理的时刻就是问自己：假如别的出版社出了这样一本书，你会不会掏腰包来买？你也可以用许多经验法则来思考：假如在任何一页戳上一刀，会不会有血滴出来？假如跳过一段不读，会觉得错过了什么宝贵经验吗？阅读这本书会不会令你寒毛直竖？〔这项建议来自豪斯曼（A. E. Housman）〕所有的衡量标准都要回归两个基本原则：你舍不舍得掏钱买下这本书？更重要的是，你想不想把这本书列为藏书——多年后，还很高兴能在书架上找到它，对它抱有期待，甚至享受一读再读的乐趣？

永远要记得，你的同事、发行人，还有作者、经纪人、书商、书评家全都在睁大眼睛观察你、评断你——不是根据某一次的成败，而是根据你的平均成功率。鲁斯（Babe Ruth）、科布（Ty Cobb）、曼托（Mickey Mantle）和马里斯（Roger Maris）都凭三到四成的高击球率而成为举世瞩目的球星（也就是每上场击球十次，就有三四次安打），因此，在合理的限制下，你可以尽情而彻底地发挥自己的勇气和想象力，更重要的是，运用创造力来做决定。

24

编辑不只是一份让人生充实的职业，它本身就是一种人文教育，为你提供和当代最富创造力的一群人共事的机会，你因此得以结交作家、教育家以及各种具有影响力的人物。你相当于在修习一门愿意为之付费的终身课程，二者的区别在于，你修课时不但可以领到薪水，还能在学识和心灵上获得无法衡量的满足。

Chapter 4
第四章

我们真的需要编辑吗?

柯蒂斯 Richard Curtis

过去三十年中，柯蒂斯一直是位成功的作家经纪人。他为科幻小说月刊《轨迹》(*Locus*)写了十几年专栏，这些文章也成为他的两本著作《如何当你自己的文学经纪人》(*How to Be Your Own Literary Agent*)和《在畅销书之外》(*Beyond the Bestseller*)的基础。他还有其他五十余本著作，虚构及非虚构类兼而有之，第一本推理小说曾获“埃德加·爱伦·坡奖”提名，幽默小品也曾获《花花公子》(*Playboy*)杂志的奖项。

“柯蒂斯的文章观点犀利、富有争议性，和他带有挑衅色彩的题目一样引人深思，他在修订时说：“从各个方面来看，爱一本书都像爱一个人，需要极大的勇气，面对很大的风险。但是没有一种爱不必担负相应的责任，也没有一种责任无须坚忍不拔的精神。”他注意到如今大众图书编辑耗费更多时间在购买版权而非文稿上，发现“不管我们喜不喜欢，好好编一本书的重责大任已经转嫁到了作者身上”。柯蒂斯承认，编辑在如今复杂的出版业中必须承担的多重角色使他们变成了“公司的专业员工”，但他呼吁要坚守编辑的正义和信念，要为自己信任的作者、为心目中必须出版的作品据理力争。“假如编辑想扮演的角色不只是在午餐时好好款待经纪人，假如他们的追求不仅是被‘需要’而是‘必要’，就必须不断抗拒大出版商施加的同质化、平庸化的压力。”

编辑行业的没落近年来成了热门话题，以下就是颇具争议的一些论点。

要探讨这个论断的一大问题是，今天编辑所做的每一件事，都被拿来和编辑的典范——珀金斯的成就做比较。珀金斯于一九一四至一九四〇年间，在斯克里布纳之子出版社担任编辑，并催生了海明威、菲茨杰拉德以及沃尔夫等人的不朽杰作；今天，不少作者在刚出炉的书中发现可怕的语法、造句、不实资料和排字错误，甚或更糟——被幸灾乐祸的朋友或评论家指出这些错误时，都不免会感叹："今天的珀金斯在哪里？"每当这时，人们印象中神圣的编辑形象——珀金斯都仿若被重重打了个耳光，因为他一直被描绘成一个和蔼可亲、循循善诱、博学多闻、做事精确、要求严格，同时又谦和有礼，热爱作者正如热爱好书的人。我们不妨先假定他的确拥有所有这些、甚至更多的美德。

我无意亵渎人们对他的记忆或贬低他的成就，只是不认同"今天的珀金斯在哪里？"这种问法。它过度简化了编辑工作，没有考虑到今天的编辑工作事实上和过去截然不同。我认识不少杰出的编辑，但他们的卓越之处和前辈们在许多方面都大相径庭。

从珀金斯时代到现在，出版的每个层面几乎都有了巨大改变：书籍的形态改变了，经纪人的影响力远胜从前，平装书的出版为图书的营销方式带来了巨大变革，电脑等文字处理工具日新月异，连锁书店在市场上异军突起，印刷技术更是变得精益求精。今天的出版，无论是购买版权、编辑、排版、印刷，还是发行都和二十世纪初大相径庭，甚至包括图书的撰写方式。

在不负责任地引用“编辑”这个词前，我们应先好好给它下个定义。编辑工作包含一系列极复杂的功能，任何人都无法对样样工作应对自如。善于和经纪人打交道网罗作者的编辑，谈判时可能并不高明；精明的谈判高手可能没有耐性对文稿字斟句酌；而文字编辑能手在和作者打交道时，却可能弄得鸡飞狗跳。

一味缅怀编辑的昔日美好时光当然非常容易（事实上，那不过是二十几年前的事情）。且让我们相信关于那个时代的种种叙述和回忆：当时的编辑完全浸淫在艺术、哲学、语言和经典的世界里；他们做事条理分明，而且极端精确；他们会毫不留情地揪出排版、语法和事实上的错误，和作者争辩文字上的细微差异；他们以自己的工作为傲，这种自豪感甚至可以媲美并超越作者。而对于金钱，较之商业利益他们更重视文学价值，讨论作者报酬时就好像呵护孩童一般细心周到。

《纽约时报》（*New York Times*）的书评家李曼赫普特（Christopher Lehmann-Haupt）在一篇关于好编辑难寻的文章中引用了哈珀－罗（Harper & Row）出版社编辑西蒙（Dolores Simon）的评论：“……现在的年轻人就是对语法正确与否不再有兴趣。”西蒙－舒斯特出版公司的编辑史密斯（Joseph Smith）也说，尽管仍不乏好编辑入行，但他们已不再延续昔日编辑那种近乎吹毛求疵的精细风格。曾经做过编辑的李曼赫普特说，当他漫步在时代广场时，常会忍不住在心里编辑告示板、霓虹灯招牌、卡车车身上的文字和人行道上的涂鸦。作家莱维特（David Leavitt）则在小说《绞车遗失的语言》（*The Lost Language of Cranes*）中对理想的编辑做了刻画：“靠直觉把所有事情理出头绪”,以及“拥有一种罕见的能力,能在一个小房间里待一整天,就像寺庙中的僧侣一般以一种无悔的活力阅读书稿”。

一位自由接稿的文字编辑罗杰斯（Trumbull Rogers）在《出版人周刊》（*Publishers Weekly*）的论坛中说：

> 我是一九七〇年进入出版这一行的，上班第一天，当时的上司要我学习出版社的编辑规范。编辑规范如此重要，是我日后编辑所有文稿时都必须采用的统一格式，毫无例外。我所受的训练强调编辑文稿时清楚而简洁的标示……准确，而且细致入微。尽管已采用铅字排版，但校对时，我们仍然要改正标点符号的错误。这样做要付出高昂的代价，但我们深深感到，为了做出自己引以为傲的书，这些都是值得的。

出版评论家指出，这种对工作的自豪和下苦功的精神是今天的编辑所不具备的。的确，一直有人在说，除了编辑工作本身，今天的编辑什么都做了。版权购买取代了作家培养，编辑部设计出的成功方案取代了编辑自身的品位和判断。发行渠道经理强制推行保守的、只关注利润的购买策略，僵化的电脑程序将这一命令执行到底，导致任何冒险、预感和商业上的直觉都只好举手投降。新一代编辑轻视文字编校和排印中的细节，而所有权的日趋集中和竞争的愈演愈烈，使出版社面临了巨大的时间和金钱压力，不再看重图书的印制水平。结果就产生我们眼前这一大堆支离破碎、经不起时间考验、充斥着手民之误的书。罗杰斯在他的专栏文章《通往平庸之路》（*On the Road to Mediocrity*）中指出：“几年前，你很少会在一本书里发现排版上的错误，现在随便一本中都充满了各种难以想象的错误。”

当受邀评论过去几十年来编辑这一行业的转变时，作家埃里森

(Harlan Ellison）说：

> 在我看来，很大一部分原因，是出版界付给新人的报酬太过微薄，因此过去二十五年来，有胆识、有才干且具备专业素养的优秀人才大量减少，而随着利益至上的跨国企业对出版社的大举购并，把编辑视为神圣职业的极少数文化人渐无立足之地。如今已很难看到像珀金斯、富尔茨（Walter Fultz)、希布斯(Ben Hibbs）这样的杰出编辑，而现实出版环境也不容许这类编辑继续存在。许多出版社转而向商学院寻找编辑人才，结果导致许多新编辑才疏学浅，语法造诣恐怕还不如对债券的认识。
>
> 今天，编辑的成功意味着他在公司的地位扶摇直上，从而不必再担负辛苦的编辑职责。但悲哀的是，这无异于跛子为瘸子领路，这样一来，和这些编辑新贵们合作的作家要去哪寻找指引自己的智慧人物呢？在我看来，当现代科技已经分担诸多枯燥的编辑事务之时，编辑对于职业作者的真正价值（假如是头一次写小说的新手则又另当别论），几乎只能体现在出版社的内部营销上，也就是在出版社冷漠、无知、凡事靠运气的氛围中，坚持某本书的出版价值，使它得以穿越迷阵，顺利出版。而如果无法激起出版社内部的热情和兴趣，并将其转换为推广营销和宣传经费时，编辑几乎就毫无存在价值了。

埃里森的批评颇为中肯，但我们必须从更广的层面来看待这个问题。

毫无疑问，大众图书编辑的主要职责，已经从文字编辑转变为选书和购买版权。早期编辑是慈父严母和尽职的监督者的综合体，这个浪漫的角色意味着他既能激发作者的创作力，又能悉心琢磨、修饰其作品，直到它发出耀眼的光芒。尽管当时的编辑和现在一样，得为一心赚钱而与作者志不同道不合的出版商工作，但他们仍被当作作者的朋友、捍卫者和拥护者。

今天的编辑对版权交易的偏重令他们和作者之间的关系比过去紧张了许多。谈判过程往往令双方相互对立，即使交易达成，残余的敌意和不信任仍令他们无法自在地共事。

然而，过去编辑对作者家长式的呵护也造成了另一种不公，作者往往因为无知、羞涩或太过良好的教养，没有向编辑要求更好的出版条件而被出版商趁机渔利。出版商知道大多数作家都是因为热爱文学而写作的，因此就假定他们对金钱的需求不多。

作家对出版商利用他们赚钱的不满为经纪人的崛起创造了有利条件。尽管今天的新作者多少还是有些吃亏，但一旦他们和经纪人签约，逐渐踏上成功之路，就会得到相对公平的待遇。好的经纪人一般都会把握好编辑和作者之间的交往尺度，不让他们靠得太近，以免损害作者利益。结果近几十年来，经纪人逐渐接手了过去编辑扮演的角色，实际担负起许多编辑的功能，他们发掘培养新人，和作家密切合作，开发新作品，而且为作者提供精神上强有力的支持。或许更重要的是，在今天出版业并购消息频传、编辑动辄跳槽的混乱局面中，经纪人已成为作者寻求安全感和信赖感的岛屿——而这曾经是属于编辑的领域。因此，编辑这方面的重要性正逐渐消逝，作者本身倒没受什么影响。

再让我们把目光转向文字编校这类工作，尽管它们目前仍主要由出版社内部人员承担，但随着经营成本的提高，社内的编辑工作已越来越多地逐渐转移给在家办工的外编，他们中的许多人过去都曾经就职于出版社，目前则已更好地协调了工作与家庭生活。但面临每年出版大量新书的巨大压力，出版商仍在拼命压榨编辑，或雇用经验不足的人来承担要求严苛的编辑工作。有些出版商既没钱也没有时间对编辑进行培训、督导考核，或引导新人了解出版社的风格、传统，培养他们的职业自豪感；许多编辑的母语甚至不是英文——事实上，即使英文学得很好也未必就能具备优秀编辑必需的耐性、细致和专业技能。

不管我们喜不喜欢，好好编辑一本书的重责大任已经转嫁到了作者身上。事实上，作者一直担负着大半的编辑重担，精装书的出版尤其如此。出版精装书时，大多数作者都有机会亲自审阅编校过的文稿并增加一遍校对。假如作者自己漫不经心，不愿进一步核实作品中的每处信息或语法和拼写上的疑义，确认校样中的每个字正确无误，那么等到作品上市，书中如有任何瑕疵也就怨不得别人了。

但对于平装书的质量，作者就很难把控了，因为出书时间紧迫，多数情况下出版商不可能提供校样让作者再次检查。同样，作者也很少能看到自己作品再版时的平装本校样。但只要承诺不花太长时间，作者和经纪人再看一遍校样的要求往往还是可以得到满足的，因此即使是平装书，作者也不乏确保图书质量的机会。

编辑和文字处理软硬件的快速发展，为今天的作者和编辑解决了很多问题；尽管仍有许多重要的编辑职能因技术、经费、人力等方面的问题，实现电子化尚有困难，但我确信，在可预见的将来，这些困难都会迎刃而解，清稿会成为常规工作。同样，目前仍由少数专业人才掌控的版式设计和排版等环节未来也必定会走上电脑化之路。简单地说，新科技将会取代图书出版过程中耗费的大量体力和脑力劳动。

面对这些变革，编辑还有什么事可做呢？答案是，几乎每一件事。今天的编辑和前辈们不同，他们必须更加全能，既要精通图书的制作、营销、谈判、促销、广告、新闻发布，又得了解会计、销售、心理学、政治、外交等领域的知识，还必须有过硬的编辑技巧。编辑工作可谓五花八门、各式各样，其中的许多环节都几乎无法与坐在办公室里埋头校对的编辑形象联系起来。曾有一位编辑对我说：“我不知道你说的编辑是什么，但是在我的工作职责描述中，编辑得向作者提供写作构想和主题方案；为手头的出版计划寻找合适的作者和专家；校对文稿；设计装帧；在出版社内部宣传自己喜欢的书，并向愿意聆听的同行大力推广；还得准备财务预算；还有……你还有多少时间听我继续解释其余的工作内容？”

现代出版业的复杂度和快节奏使编辑不愿、也不可能再整天坐在桌前阅读文稿或与作者讨论作品，他们必须更加老到，更加强硬地捍卫自己的出版计划，迎接财务、技术、政治及其他种种风险和挑战。尽管很多人批评编辑变成了企业动物，但如上所述，我们至少应该感谢他们成功地扮演了这个角色，因为只有他们才最清楚出版体系的运作，从而突破公司的重重障碍，想方设法地坚定捍卫他们喜爱的作品。今天的编辑是职业的企业人，假如他们不介意这样的形象，我们又何必耿耿于怀呢？

一位以狂热坚持自己的出版计划而著称的年轻编辑布蕾尔（Jennifer Brehl）这样描述今天的编辑角色：“我不在乎经纪人分担了多少编辑人的角色，在出版社里，作者仍然需要有人打理好出书的每个环节，我们必须和每个部门通力协作。编辑扮演着许多角色，其中包括协调各方关系和把握整体进度。”当问到她的态度在这一代编辑人中是否具有代表性时，她热切地点点头：“天晓得，我们不是为了赚钱而做出版的，你不可能对作家毫不关心，作家需要热爱自己作品的人在出版社为他们打点一切，这一点是必须首先做到的。”

我相信她指出了一个优秀编辑所具备的关键特质。尽管她对待书和作者的方式与珀金斯并不相同，但后者想必也会认同这种潜藏的热情。

许多编辑人的特质无可取代，例如个人品位、鉴别能力、情绪反应、做事的条理性、决断力、投入的热情，以及温柔的关爱。在这些方面，任何人或物都无法取代编辑的地位。经纪人不能，因为他们是局外人；电脑也不能，因为它们没有感情。

但假如编辑缺乏勇气，所有这些美德就都失去了意义。出版业最大的威胁不是并购风潮，而是编辑没有胆识。出版业已由个人经营的行业演变成了委员会管理的企业，并催生出一群一心一意只要保住饭碗的编辑。压力迫使他们不得不在讨论出版计划时尽量减少其同质性，也就是说，说“不”远比说“要”容易得多。

在我看来，这种态度表现在外就是编辑不愿购买任何有瑕疵的作品。就在不久前，编辑的普遍态度还是：“这本书还有点问题，但作者真的很有才华，我愿意买下版权，和他一起把书改得更好。”如今这种话则很少听到了。有缺陷的作品早就被出版社拒之门外，越来越常听到的说法是：“先让作者把它改好，我们再决定要不要买下版权。”许多编辑私下向我透露，他们其实很愿意买下版权，但可以预见，对抗整个出版体系实在太艰难了，令人望而却步。

另一位编辑告诉我：“为了买到喜欢的作品，我必须全力奋战，和同事、老板对抗；应付反对派的喋喋不休：‘这绝对行不通’‘这本书不符合我们的模式’‘要做好这本书太难了’。慢慢地你就觉得累了，被打垮了。有时我们都会禁不住怀疑，是不是压根不去管它，干脆回绝掉反而省事得多。”

编辑也容易怯于修改有一定地位的名家作品，如果又碰到狂妄自大的作者和经纪人，不肯听取出版商的任何批评，那就益发胆怯了。作家一旦功成名就，编辑可能会以为他们在写作技巧上已经炉火纯青，而自己只是充当作者和印刷厂之间的传声筒罢了。如果这时出版社的主管也急于出书以便尽快回收投资，那情况就更加糟糕。编辑需要极大的勇气来应对这类陷阱，指出“国王的新衣”上的种种缺陷。

从各个方面来看，爱一本书都像爱一个人，需要极大的勇气，面对很大的风险。但是没有一种爱不必担负相应的责任，也没有一种责任无须坚忍不拔的精神。曾在麦克米伦出版社担任编辑的沃尔夫（David Wolff）很骄傲地对我说：“我要对我手中的书负责，也愿意为它们负责。”

我问一位经纪人马克斯（Betty Marks）我们是否还需要编辑，她戏谑地说：“当然啰！否则还有谁会请经纪人吃午饭呢?！”但假如编辑想扮演的角色不只是在午餐时好好款待经纪人，假如他们的追求不仅是被“需要”而是“必要”，就必须不断抗拒大出版商施加的同质化、平庸化的压力。

我真诚地祝他们幸运。

几年前，敢言的柯蒂斯曾为《出版人周刊》写过一篇愚人节讽刺小品，文中他以戏谑的口吻描述了编辑的工作状态，并借此回答了自己的问题：“我们需要编辑吗？”

西方文学的没落

为什么我们再也看不到好书了？评论家很清楚最后一本好书是什么时候出版的（一九七八年），却不知道其中原因。有人说，是电视腐蚀了人们的创造力；也有人说，青春的火花早就被战争、毒品和无所事事的生活消磨殆尽了；还有人归因于广告业吸纳了大量的创作人才；更有人归咎于学校老师教导无方。以上说法全都不对。

答案很简单：现在的编辑不再为本职工作花心思了。

乍一听，这个说法惊世骇俗，但最近在四季西餐厅门口进行的一项调查却证实了这个论点，以下就是部分调查资料：

编辑每年都把时间花在哪些事情上

全年天数	365 天
从中扣除：	
周末	104 天
法定假日和宗教假日	20 天
因连续假日而请假的星期四、星期五和星期一	6 天
休假日（除周末）	15 天
从阵亡将士纪念日到劳动节等特别纪念日	14 天
到法庭担任义务陪审员	10 天
准备参加 ABA 书展（现已改名为 BEA 书展）	5 天
参加 ABA 书展	5 天
书展后的调整、复原	5 天
准备参加法兰克福书展	5 天
参加法兰克福书展	5 天
书展后的调整、复原	5 天
准备及参加耶路撒冷、加拿大、第三世界、拉丁美洲、墨西哥版权等其他书展和年会，以及会后的休息和复原	30 天
到伦敦、米兰、巴黎等地出差	30 天
准备和参加半年一度的销售大会，	

以及会后的调整、复原	30 天
生病	10 天
私人紧急事件	5 天
参加丧礼	3 天
全年不在办公室的天数	307 天

只剩下：

全年实际办公天数	58 天

以上数据显示，编辑每年（除了闰年）只有五十八天是待在办公室的，而在办公室时就真的都在编书吗？纽约州立就业辅导处城区分处在访问了四百六十位大出版公司的前任总编后，证实了大多数作者一直怀疑的事情：

编辑每天都把时间花在哪些事情上

每个工作日（9 a.m. ~ 5 p.m.）的总时数	8 小时
扣除：	
路上塞车	0.15 小时
午餐（包括行程时间）	2.15 小时
编辑董事会议、发行董事会议、员工会议以及其他会议	2 小时
走进会议室	0.05 小时
结束电话	0.10 小时
准备出门	0.10 小时
穿过走廊	0.15 小时
咖啡时间	0.20 小时

接听私人电话	0.25 小时
和同行说闲话	0.20 小时
自我提高以跟上出版业的步调〔阅读《出版人周刊》《综艺》(*Variety*)、《纽约时报》《新闻周刊》(*News Week*)、《花花公子》等〕	0.15 小时
和相关人士讨论	0.10 小时
无聊空想	0.05 小时
与版权经纪人沟通交流	0.05 小时
确认法律相关事宜	0.05 小时
图书付印前的最后检查	0.05 小时
找支票	0.15 小时
找稿件	0.15 小时
打字、复印、寄履历表给其他出版商	0.30 小时
花在编辑工作之外的总时数	8 小时

只剩下：

花在推广文学上的总时数	0.00 小时

Chapter 5
第五章

和我最喜欢的经纪人共进午餐

桑顿 John F. Thornton

在担任大众图书策划编辑的最后一年中，桑顿曾邀请一百〇七位作家经纪人共进三餐或小酌。悲哀的是，跳槽到“每月一书俱乐部”（Book of the Month Club）后，他过去任职的出版部门——乐高时尚（Lego fashion）被撤销了。他只希望过去承诺的许多畅销书出版计划仍会付诸实现，最终被图书俱乐部的会员买走。

❝是不是愚人节的笑话都好，时任事实档案出版社（Facts on File）副社长的桑顿先生站出来为他的编辑同行辩护，他把下面这篇讽刺文章投到《出版人周刊》的“读者来信”专栏，以回应柯蒂斯讽刺编辑的文章。

“真是令人生气，简直无可救药。”这是我最喜欢的经纪人——比丁（G. Gordon Bidding）先生，看了柯蒂斯那篇讽刺文章——《西方文学的没落》后的评语。该文可以称为柯蒂斯的“愚人节攻击”，于三月三十日刊登在《出版人周刊》的“每周新闻”栏目，内容对编辑多有攻击。“这些日子大家的关系已经够紧张了，不用再丢出这么一个愚蠢的玩笑，你说是吗？”他问，声音满是诚恳的关心。

“不，”我说，“有趣的是，我们这些编辑已经很久没有被好好刺激一下了。编辑就是一群自鸣得意、傲慢自大、目空一切、盛气凌人的寄生虫！”比丁先生露出一副震惊不已的神色，然后迅速转到另一个话题，腼腆地提醒我欠他一顿午餐，说我们可以在吃饭时好好讨论一下。“你不能只请我到你那些第三世界的小酒馆啊！”他责备说。

当我们在凯撒大饭店的海鸥厅碰面后，比丁先生最初的热心早已冷却，进入轻度失忆的状态。在就着巴黎水大嚼鹅肝之时，他提议我们先谈生意。于是：

（一）他不得不将原来要卖给我的影射健身业的热门小说以十五万美元的价格卖给了另一家出版社。他说：“兰登书屋的科多伍德（Michael Cordwood）诱惑我。”

（二）如果我愿意松松口，再多付五千元的预付版税，我等了很久的那本关于伊朗“挟持”美国领事馆的作品就可以尽快交稿，几乎能赶得上里根总统的就职典礼。

（三）关于那部我们已经签约、讲述某家名牌墨镜公司内幕的作品，比丁先生对它还没开始连载颇不耐烦。事实上，只要我将样章发过去，他就会立即优先处理此事。

（四）对于米切尔（John Mitchell）那本请人代笔的自传，他和我们同样失望。“但我很确定，只要他读了这本书，就一定会赞不绝口。”

（五）最后他说，如果我相信他的直觉，他手头正好有一部不落俗套、精彩至极的手稿，讲的是下水道的历史。没错，这本书转来转去已有一阵子了，不过……

这时，比丁先生拨弄着最后一小块法式蛋奶酥，好像吃累了。稍微恢复一下精神，他又咒骂了一会儿只管奖赏骗子、对艺术管制又太过严苛的文化体制，然后跳起来说要赴另一个约会。再次对我剖白一片赤诚之心后，他轻快地冲进了夕阳的余晖里。

服务生拿走我的信用卡后，我默默地想：但愿所有经纪人都像比丁先生这样可靠。

事实档案出版社副社长桑顿

一九八四年四月二十七日写于纽约

Chapter 6
第六章

破灭的信念
——一则出版寓言

戈金 Maxwell Gherkin

"戈金"是美国最著名的一位编辑的笔名。

“对于今天的康克德出版社，最重要的事务莫过于财务盈亏。”玛莎是康克德出版社的资深编辑，她的品位和判断在过去备受推崇，但面对如今绩效至上的出版环境，她该如何扮演编辑的角色？是孤注一掷，不惜抛弃艰苦奋斗得来的声誉和职位，力保戴维（一位有才气，但不趋从商业潮流的严肃作家）的新书获得广告预算，尽管她知道这本新书会叫好不叫座；还是抛弃戴维，安享经营另外一本畅销书所带来的荣誉，尽管它平庸而煽情，毫无文学价值可言？

戈金以这个虚构的故事生动地道出了编辑、作家和出版社所面临的两难困境，并深入剖析了玛莎的解决办法。如今，关于这篇小说的争论仍在继续：这是一个愤世嫉俗的苦闷编辑写下的当代出版界道德宣言，还是一位永不妥协的真诚编辑，针对今天出版界种种典型问题而写下的冷静客观、公正敏锐的评论报道？你的立场或许取决于作为编辑你是否已取得成功或是否已被商业化。但无论你的职业生涯发展到何种程度，你都要了解，玛莎在做决定时，究竟要承担什么样的经济、文化和出版压力，假如你面临这种状况，又会如何抉择。

戴维是一位四十出头、很有天分的小说家。他的第一部作品震撼人心，讲述了一个汽车工人家庭在六十年代的冲突中分崩离析的经过。这本书大获成功，佳评如潮，平装版版税就高达五万美元，为此他还获得了美国国家图书奖的提名，眼看就要成为一颗耀眼的新星。他接下来的两部小说都是实验性浓厚的短篇小说，其中一部讲的是北加州的一个超现实主义公社，另一部则刻画了一群深陷一部侦探小说情节中的人。但是，评论家对他失去了兴趣，作品销量也一落千丈。他写了好几年短篇小说，但始终无法东山再起。

戴维承受着不得志的艰辛。他曾想尝试以不同的方式来说故事并描绘这个世界，但劳动阶级的出身让他出人头地、靠写作名利双收的意愿特别强烈，急于求成反而给他带来了失败。事业逐渐走下坡路，家庭从小康变为贫寒。看到新一代小说家靠着哗众取宠“投机”写作就备受瞩目，得到高昂的预付版税，他不禁黯然神伤。他在俄亥俄州一个小学院教着写作课，沉重的家庭负担以及对十二年日复一日小镇生活的厌倦——这正是上一辈小说家急于逃离的沉闷的小镇生活——让戴维开始变得借口不断、愤世嫉俗，他意识到了这一点并知道许多作家在写作生命即将终结时都会如此。

就在这时，他得到了国家艺术基金会的资助，而且很快就有了一个大有可为的故事构想，在市场上大有斩获也未可知。他大受鼓舞，在十八个月内写成了一部长达三百页的小说，并自认为这可能是他迄今为止最优秀，也最成败难料的一部作品。他把小说寄给纽约的出版商，接下来的几个星期，戴维就像在等待宣判一样地忐忑不安。

在等待戴维稿件的那段时间，资深编辑玛莎的情绪相当复杂。她喜爱戴维的大部分作品，也很高兴他摆脱了多年的抑郁再度出山。但她很清楚戴维的新作不会在康克德出版社引起轰动，当初他一炮而红的光芒早已消逝。戴维告诉她，新小说比他过去的两部作品更偏“市场主流”，但小说家通常都自以为如此，尤其是实验色彩浓厚的小说家。玛莎很佩服戴维不断探索和创新的精神，但她私下盼望戴维这次复出选择的是当初令他获得成功、比较符合大众口味的主题。当然，她本人也很需要一次成功出击。

对今天的康克德出版社来说，最重要的莫过于财务盈亏。一直以来，在艺术、政治、社会思潮和儿童文学等领域，康克德规模虽小却敢于冒险，如今它成为国际传媒巨头 INCOM 旗下出版集团下属的精装书出版社，开始尝试寻找更宽广的定位。由于 INCOM 当初以高价买下了它，新的管理层对待它的态度，就像一个房地产商人只是为了绝佳的地理位置而买下一座豪宅，随即把它改建成公寓一样。在每年获利必须增长百分之十的要求下，康克德和多位“大牌”作家签约，营销部门的规模扩大了两倍，同时缩减了编辑人数，并坚持多样化发展路线，为的是能提供更多适合商场陈列的图书，也就是时髦而挑剔的新任发行人朵特经常提醒大家的“必须能够符合市场需求或趋势”。收到戴维作品的那个周末,玛莎把手头一部名叫《成人父母》的文稿和一本罗马尼亚食谱的出版计划放在一边，开始全心阅读这本名叫《回忆安吉》的虚构小说。

看来戴维已经找到适合他的主题了，玛莎才读了两页，那种期待往下读的愉悦感就告诉她这笔钱不会白花。第一章是以德怀特的视角来叙述的。德怀特是个律师，二十年前的那个夏天，他在密歇根州的迪尔伯恩担任反征兵法律顾问，在一次垒球比赛中邂逅了安吉。德怀特回忆道："我对安吉的第一印象是，她是个漂亮、面带忧郁的姑娘，或许你还会碰巧发现，她的名字经常会出现在高中年鉴的活动报道中。"第二章换作从安吉的角度来回忆，当时她的弟弟、有毒瘾的毒贩吉米向德怀特求助，她收到了德怀特的一封信。"德怀特给人的感觉就像你竟然中彩票得到了彼得·方达[1]。他讲话动人，不过只有笨蛋才会相信，而安吉却深信不疑。当时的人相信各种各样疯狂的事情，就像吉米也对德怀特深信不疑，结果却锒铛入狱。"

借着芝加哥的德怀特和圣何塞的安吉的往来信件，章节交错推进，小说变成了一部反映过去三十年变动的政治寓言，一出讨论道德责任的戏，同时也是对当代劳动阶级女性的精彩探究。坚毅乐观的安吉独自把三个孩子抚养大，靠着安非他命度过了那段难熬的日子，晚上则借助酒精入眠。日后德怀特和她联络时，在"时时乐"餐厅担任经理助理的她正在考虑是否要嫁给一个年纪较长的男人，那人和她一样，是个正在设法戒酒的酒鬼，但无论如何与德怀特共度的那个夏天一直是她心头的甜蜜回忆。小说让女主角始终生活在痛苦的炼狱中，从某种程度而言，就像她的弟弟一样，象征着文化上的背叛。

然而玛莎感觉到，戴维并没有好好交代安吉目前的生活，因此削弱了结局的力度。星期天晚上，她打电话给戴维，先大大赞扬了这本小说，然后说出她的保留意见。戴维不同意她对结局的看法。"你想要的高潮根本不存在于这部小说中。"他说。

几天以后，玛莎在给戴维的信中提议，既然这部小说讲的是安

①彼得·方达（Peter Fonda），美国著名影星。——编者注

吉的故事，是不是能在最后加几段结语，或是在前面交代她的出身背景。戴维的回答是，这类结局是狄更斯时代的调调，早已落伍，并且他不知道玛莎最后的决定如何，也不想在那之前被迫改写占全书三分之一篇幅的结尾。

不久，戴维的经纪人艾尔打来电话，表示除非玛莎提出具体条件，否则他们要把书拿给别家出版社看。他说："我们觉得这部小说会是戴维东山再起之作，我们想看到的是六位数的预付版税。"

玛莎回复，假如戴维同意将小说再次修改，她可以考虑出价两万五千美元。

"不可能，我们需要更高的承诺。"艾尔说。

"更高的承诺！我们出版了他前两本小说，赚回来的钱还不到两万五千美金。做人要讲点道理，艾尔。"

"玛莎，现在行情不同了。就在上个月，我以十六万五千美金的高价卖掉了一本书，那本书的价值不及戴维作品的一半。"

接下来就没什么好谈的了。玛莎写了一封"祝你好运"的信给戴维，以为这件事就此了结，出版业的现状再度扼杀了一段长期经营的亲密关系。

不料几个月后，戴维主动打电话给玛莎，说他人在纽约，想和她碰个面。会面时，玛莎看得出，戴维平日坚强自信的状态明显有了动摇。他告诉她其他出版社的反应：好几家根本不感兴趣；在三家有兴趣的出版社中，一家提出了七千五百美元的预付版税，另外两家出价高些，但一家希望"小说结尾能出现一幕极具戏剧化的场景，让男女主角再度重逢"，另一家则希望小说中的罗曼史着墨再多一点，"少一点叙述，多一点动作；少一点对话，多一点性"。戴维猛拍了一下手，第一次笑了。他们要这本小说"越来越不像作者的，而像是出版社的”。这次会面的结果是，戴维决定尝试按照玛莎建议的方向修改作品。

起初戴维反映，照这个方向修改“就像挖掘冰冻的地面”。但越是深入想象安吉目前的生活和心态，就越能发现其中取之不尽的生动素材。当修改完成时，他和玛莎都觉得应该把对安吉的新理解也放进故事的前半部。

作品修改到令人满意的程度时，玛莎把小说的前五十页及小说内容简介送给社内出版委员会审核，以便正式购买版权。她相信《回忆安吉》精装本销量至少能卖到一万部，再加上平装本的版权收入，因此建议预付两万五千美元的版税。

不料她遭到了强烈反对。近日来显得苦恼万分的朵特（其他出版社最近挖走了康克德的顶尖悬疑小说作家和一位优秀的非虚构类图书作者。后者的畅销新作——关于里根社交圈的“精彩”描绘，首印就达二十五万册）表示，这本小说她根本看不下去。“大半时候我都看得糊里糊涂的：究竟故事谈的是过去，还是现在？地点是在芝加哥，还是加州？还有，一名光鲜的律师和一个卑贱的女服务生能发展出什么故事？少来了。”

主编麦克倒是很喜欢前面几章的写法，但他认为安吉的蓝领阶级色彩太浓，许多精装本的读者很难对她产生认同。

“这种情况在过去发生过，《爱情故事》[①]就是个很好的例子。”玛莎尽可能保持平静。

“这本书不是《爱情故事》。”朵特说，“它的情感没那么强烈，也不那么平易近人。在我看来，这本书不会成功。”

---

①《爱情故事》（*Love Story*），美国作家埃里奇·西格尔（Erich Segal）的代表作，雄踞《纽约时报》畅销书排行榜榜首长达41周，被《时代周刊》（*Time*）评为“美国二十世纪十大经典爱情”之一。——编者注

玛莎解释道，随着故事的发展，情节会越来越感人，尤其在经过作者修改之后。“我想这本书会成功，而且我又不是要求公司投一大笔钱进去。”

“谁会买这本书呢？”营销经理兰斯问。

玛莎提醒自己，兰斯只是在尽他的本分。在过去，《回忆安吉》这类小说会被当成一个机会，而不是问题，这样潜力十足的作品会首先在出版社内部激起热情和关注，然后向外辐射，影响到媒体评论和一般读者的看法。而今所谓的“伪社会学”使图书沦落为市场陈列架上的空位。玛莎努力挤出一些说辞：“这本书会吸引喜欢《山水又相逢》[①]这部电影的读者，还有喜欢听斯普林斯汀（Bruce Springsteen）的知识分子们……”

“但那些人只买平装书。”兰斯说。

“那么，我们干脆把它当成高品质的平装书来卖，出奇制胜？”

“我们过去试过这种手法。假如行不通，就会一败涂地。”麦克说。

玛莎仍旧锲而不舍。“你们必须好好看看这本书的本质，这是一个写得很好的爱情故事，会令许多人记起对他们来说意义非凡的六十年代，而他们正是会买书、看书的那群人。”

“关于六十年代的书本来就不好卖，”兰斯说，“看看他描写嬉皮士的第二本小说就知道了。”

“那我们的立场究竟是什么？”玛莎问。一时间无人作答，于是玛莎打出她的最后一张牌。“我真的希望我们能出版这本书，另外还有两家出版社也愿意以相同的条件买下它的版权。”

朵特说：“我不懂。我原本以为戴维一直在和你沟通。”

“他的经纪人艾尔拿着稿子到处兜售，但戴维想继续和我们

---

① 《山水又相逢》（*Big Chill*），又译《大寒》，劳伦斯·卡斯丹（Lawrence Kasdan）导演作品，曾获第56届奥斯卡金像奖最佳影片、最佳原创剧本等提名。——编者注

合作。”

朵特想知道竞争者是谁，玛莎告诉她之后，她说：“开价一万两千五百美元就好了，艾尔居然想动我们的作者，我不介意让他气得跳脚。”

“但是早在戴维开始改稿之前，很多圈内人就已经知道我们开出的条件是两万五千美元。”

朵特说：“好了，现在作者就是大大利用了这点。我想让大家知道，我们也不是那么好说话的。”

最后在麦克的支持下，玛莎终于得到授权，可以出价一万七千五百美元买下版权，而且立刻支付三分之二。即便如此，在离开会议室时，她仍觉得饱受伤害。身为资深编辑，过去她对作品的评价多少都会被接受，开出的版权购买条件也会得到尊重。

不用说，艾尔和戴维对于新的条件都很不满意，但戴维现在只一心一意想早日把书完成，艾尔也只是小小挖苦了一下就放过了玛莎：“现在的编辑说话越来越没有分量，我已经习惯了。”

小说尚未付梓，玛莎就一如往常，把样书分别寄给不同的作家和书评家，希望得到几句可以引用的评语作为这本书转运的开始。事实上大部分知名作家书桌上都堆满了等待评论的新书，他们则很少回复，但玛莎还是收到了几段热情的评语，其中还包括著名评论家维克多掷地有声的赞美之词：“我们终于看到了一部兼具社会良知与文化视野的新小说。《回忆安吉》把美国浪漫主义运动融入到爱情故事之中，这本书之于六十年代，就如同《了不起的盖茨比》（*The Great Gatsby*）之于二十年代一样 。”

当玛莎把这段评语念给戴维听的时候，他说：“我已经很满足了。即使未来的发展不理想，单单为了这几句话，我的一切努力都是值得的。”

玛莎也把这段评语出示给出版社唯一的盟友麦克并和他讨论该怎样利用。最后他们决定把它浓缩为：“这本书之于六十年代，正如同《了不起的盖茨比》之于二十年代一样。”玛莎把这句话连同其他评语一起发给营销部主管，也就是促成戴维的处女作一炮而红的同一批人。她还写了一封类似的信给店面销售人员，又给每一位可能会喜欢这本书的业务代表发了私人信函，再附上一本样书，希望他们在即将到来的书展中能为这部作品美言几句。

在营销会议上，他们明确了这本书的定位、首印量、每位业务代表分配到的销售数量、广告和促销预算，以及该小说在书讯中所占的篇幅比例。

即使有了上述那些不错的评语，玛莎仍然没能激起编辑部同仁的兴趣，更不用说热情了，其他人都没有读完这本小说。这已不是她熟知的康克德出版社。在 INCOM 公司“精简人事、节缩开支”的指令下，编辑现在需要处理的书稿数量是过去的两倍，因此几乎没有时间去推动自己构思的出版计划。她也注意到社内的风气逐渐由学院作风转变为企业作风，在压力和奖赏之下，每个人都战战兢兢，力求符合版权购买额度的要求，也就是说，每位编辑为每本书预付的版税之和不能超出一定限额。

玛莎手边有两本预计秋天出版的小说：一本是《回忆安吉》，另一本是梅利莎·罗杰斯写的《银光餐厅》。《银光餐厅》是朵特选的书，这本小说可以说是施尼茨勒（Arthur Schnitzler）的名著《轮舞》（*La Ronde*）现代版，描述九个年轻人奇特的一生、多样的生活方式和他们之间错综复杂的爱情。

朵特预付了五十五万美元的版税，取得了《银光餐厅》的全球版权和作者下一本书的版权。她希望把梅利莎塑造为出版社的新“名牌”，然后通过 INCOM 在纽约、多伦多和伦敦的出版社，在全球的英语国家发行。

营销会议上，他们把大部分时间花在讨论如何为《银光餐厅》打广告，以及如何安排梅利莎的巡回宣传行程上。玛莎觉得她的同事对这本小说和作者的预期都太过乐观，她指出，处女作备受瞩目的作者在出版第二本书时，常常会面对书评家严苛的反弹式批评，因此在听到书评家的意见之前或许还是保守一点比较好。

发行人朵特则认为应该花更大的力气来促销：首印量就应该达到十万本，同时投下十二万五千美元的广告预算，让小说“有更强的公信力，尤其是要影响连锁书店对它的看法。”于是，负责新闻发布、销售和广告业务的人都围在桌旁，努力思考如何达到朵特刚刚提出的销售目标。玛莎感到情势的发展已非她所能掌控，她的看法只会再一次被认为“不上道”，跟不上新康克德出版社的步调。于是她闭上嘴巴，不再多言。

为什么大家都这么热心推销这本徒有外表但内容空洞的小说？关于这点，玛莎有她的想法。今天，典型的大出版商都是朵特这样的人，他们擅长以销量取胜，在某种程度上又以出版高品质图书为傲。因此，他们需要像梅利莎这样的流行作家，这样在与银行打交道和开管理会议的时候，他们才能把头抬得高高的。在这个充斥着信息类、忠告类和娱乐类图书的年代，每家出版社的书目都大同小异，能不能亮出几个“真正的作家”就成为出版社的重要特色。而且，像朵特这样的新一代出版商也很在意自己在出版界的地位，他们希望跻身“主流出版商”之列，出版社也要名列“热门出版社”之林。这一切都意味着对于重要作家和畅销作家的争夺战会越演越烈、越来越离谱，而预付版税则越涨越高，直接导致首印量和广告营销预算过高，这也正是玛莎在梅利莎的作品上所观察到的现象。玛莎认为，《银光餐厅》得到的评价很可能是毁誉参半，能卖到三万本就应该很不错了。假如首印四万本，然后配上合理的预算，全部售完就算很成功了。她很害怕如果这次失败了，反而会破坏了梅利莎与出版社的良好关系。

尽管如此，那天早上她更挂念的是戴维作品的命运。营销经理匆匆吐出一串数字：首印六千本、广告预算寒酸到只能和另外三本书一起推广，此外，只在书讯上占半页篇幅。此时玛莎已经全副武装，准备应战。

“和梅利莎的小说比起来，我对这本书的书评更有信心。”

“这本书得到的评价是很不错，但大部分图书的评语都是这样，我们不正是因此才引用它们的吗？”朵特说。

“读书版的编辑根本不怎么在意书评。他们认为这都是作者或编辑的朋友写的。”媒体主管杰基说。

玛莎回答说：“这完全取决于你用什么方式来呈现。只要写对了文案……”她能感觉到大家的目光已经变得呆滞，但还是继续说道：“这些评语就能够表现出这本书的特质，影响到其他作家和评论家看待它的态度。我只想说这部作品值得我们进行力度更大的促销。”

销售主管伯尼说：“我们可以坚守各自的立场，但根据他以往的销售纪录，我认为这本书还是只会卖个四千本。”

“假如小说开始受到瞩目，市场动了起来，我们可以再加印。”营销经理兰斯说。

玛莎明白，她必须使出最后一招了。她说：“好吧。这是一部禁得起审视的书，但是如果你在书讯上只给它半页篇幅，就等于在告诉读书版的编辑我们觉得这本小说平凡无奇，没什么分量，结果他们也就不屑一顾了。”

“每位编辑都想得到整页的篇幅！”伯尼咆哮道。

这时候，麦克伸出了援手。“我最近一直在读《回忆安吉》，这本小说确实很可能会大卖。我们就给它一页的篇幅吧。”

这两部小说的出版时间相差不到一个月，不过大多数读者都不会注意到。媒体的曝光、高昂的预付版税和作者处女作造成的轰动让《银光餐厅》引起了广泛的关注和讨论，在纽约许多刊载书评的媒体上更是大量曝光。一般而言，纽约是新书建立声誉的地方，这本书和另一位女性小说新秀的作品一起登上了《纽约时报书评》杂志的封面专题介绍，《新闻周刊》对它不吝赞誉，《时代周刊》（*Time*）则给出了严厉批评，《银光餐厅》几乎登上了所有包装精美的月刊，甚至跻身于《纽约书评》（*New York Review of Books*）有关流行小说的综合评论。《新共和》（*New Republic*）杂志一篇名为《微不足道的追寻》的书评总结了许多负面评论，但大体而言，《华盛顿邮报》（*Washington Post*）“最新的生活方式”和《名利场》（*Vanity Fair*）“温文尔雅的怪癖”成为评论主流。很快，《银光餐厅》登上了畅销书排行榜。

玛莎和梅利莎一样，被市场热烈的反应弄得不知所措，梅利莎身价高涨，玛莎也随着水涨船高，她不再被视为总跟不上雄心勃勃、一掷千金的新主人步调的保守遗老，而变成了能够呼风唤雨的女强人。她对促销梅利莎与《银光餐厅》所下的判断都备受重视，在成功带来的狂热中，她原先的保守态度早就被抛到九霄云外了。朵特邀请她共进午餐，征求她对别家一位打算跳槽的名作家的看法，也想知道她最近都在接触什么作家。

玛莎回答，她偶尔会对经纪人表达对某位作家的兴趣，但通常不喜欢有进一步的动作。她说："假如哪位作家值得你挖角，那么，那家出版社一定曾经做对了一些事，而你所提供的只不过是更多的钱，这可能会让挖来的作家变得只要谁出价最高，就跟谁走。"

"我的看法和你不同。我关心的是未来三年公司的营运状况。而且，要成功打造一位名作家，没什么比钱更好用了。你也看到梅利莎的情况，我敢打赌，这段日子以来，她对康克德出版社的印象一定好极了。"

的确如此。玛莎想到了戴维——那位不快乐的作家。《回忆安吉》已经出版一个月了，刊出的评论却寥寥无几。尽管玛莎非常失望，但也在意料之中。在她心里，编辑梅利莎和戴维的书，就像养育自己的两个孩子，在他们长大成人的过程中，这个世界似乎充满了无限的可能性，而一旦他们羽翼渐丰，踏入社会——目前一个孩子是画家，另一个是演员——就必须辛苦奋斗，自创前程。戴维的小说也一样，她和戴维怀着极大希望来孕育这本书，但现在它的前途只能看运气和外在条件了。

最主要的外在条件就是饱和的市场。每个月涌进市场的新书有四五千种，其中大部分都只能卖出几千本，且一年后就寿终正寝。书变得像鱼卵一样朝不保夕，必须大量生产，以保证其中极少数能够存活下来。大学培养出的小说家和诗人似乎比文学作品的读者还要多。在新书泛滥的情况下，读书版编辑、作家和读者一样，靠名气、风尚和炒作来选择想看的书。有时候，像戴维的处女作这样一本出乎意料的作品刚好撞上了社会大众品位或关心的议题，在媒体上有一些曝光的机会，从而轻而易举地跻身畅销书行列，但美国文化的记忆非常短暂，几乎可以说是患了健忘症，十年后，戴维已经过气，变成一个普普通通的作家。

而在戴维这里，他也在告诉自己同样的事情，只不过心情更加沮丧。最初的好评以及《出版人周刊》热诚的新书预告，令他以为在经历了长期的低潮后终于要东山再起了，他幻想着热情洋溢的书评、畅销书排行榜和任他选择的教职等乐观景象。然而，小说正式出版了，整整一周媒体一片沉寂，接下来几周，也只出现了寥寥几篇敷衍了事的书评。

这样不行，一定要想点办法。他写下一连串的要求，打电话给玛莎。她对目前这种“购物指南式的书评”表示同情，但是戴维再也无法忍受这种事不关己的嘲讽了，他要的是行动。“你打电话给《纽约时报书评》了吗？”

“这本书才上市一个多月，多给他们一点时间吧。”

“那么《时代周刊》呢？你说过，你有个朋友在那里上班。”

“对他们来说，这本书已经不是新书了。”

“那么华盛顿、芝加哥和洛杉矶的报纸呢？”

“我会问问媒体部门的主管有没有什么消息。”

“你确定你在《时代周刊》的朋友看到这本书了吗？你之前认为我们很有机会登上《时代周刊》的，这本小说很合他们的口味。”

“戴维，我亲自寄了一本给他。”

“那要不要给他打个电话？”

“我刚刚不是说过，已经太晚了。”

“不是太早，就是太晚，要不就是你不清楚状况。”

“我已经尽力了，戴维。我知道你很失望，不过还是有可能出现转机的。”

但戴维的挫折感太深了，他继续死缠烂打。接下来的几个星期，他想知道他们为什么没有在底特律促销他的书，那里是他长大的地方，还有安娜堡，那是他上大学的地方，还有其他地方……他也想知道为什么原本说好的广告一直不见踪影。他安排了当地大学的校园书店在橱窗展示新书，但是书店等了三个星期，还没收到书。

就在这时，终于出现了两篇比较有分量的书评。《芝加哥论坛报》（*Chicago Tribune*）的书评结论是："借着这本小说，戴维已经跻身一流中西部小说家的行列。"《村声》（*Village Voice*）的文学别册也给予极高赞誉："这是一本一流的类型小说，就像长存于心灵之眼中的一粒砂那样令人印象深刻。"书评出现后的第三天，戴维又打电话给玛莎：你们在干什么呀？怎么不多铺些书到芝加哥和纽约的书店呢？现在这本书是不是终于可以上一个好一点的广告了？"只要把你们投到梅利莎身上的钱和关注分一小部分给我就好了。"

"决定权不在我手上，"玛莎尽力安抚戴维，"虽然我和你看法一致。"

"可对我也没什么帮助，不是吗？"

虽然戴维的话伤了玛莎的心，她还是去找兰斯，想争取在广告上刊登这两篇书评和其他评语，以产生震撼人心的效果。兰斯看看销售数字，"只有四千两百本，"他把手一摊，接着说，"另外，我们削减了百分之二十的广告预算。"

"你的意思是，他连那个差劲的集体广告都上不了吗？"

"我还能说什么呢？做决定的人又不是我，你应该去找朵特。"

玛莎怒火中烧，心却一直往下沉。于是，她要求见朵特，几分钟后，她被召进朵特的办公室。朵特心花怒放："下个星期，《银光餐厅》就会跃登畅销书排行榜第六名，我们要加印两万五千本！"

"太棒了！"玛莎用这个好消息让自己平复情绪，同时酝酿一种善意的气氛。然后她说："我碰到了一个问题。"接着道出了目前的状况。

朵特的表情立刻从喜悦转变为无动于衷，然后越来越不耐烦。"就算你丢掉这个作者又有什么关系呢？他的书只能卖五千本！”

“他问我，假如我们不肯支持他，当初为什么要出版他的书呢？我答不出来。”

“目前我们还达不到利润指标，所以必须削减成本。就这么简单。”

“对作者而言，没有这么简单。”

“这个作者算什么呢？”朵特黝黑、美丽的脸庞越来越冷峻，冷言冷语脱口而出，“我来告诉你他算什么，他和其他作者一样，只是轮盘赌局中的一枚筹码。大多数的文学小说最后都会赔钱，对不对？现实就是如此。但我们还是要继续出版这些作品，因为你永远不知道什么时候会碰上一本畅销书。假如不是这样，我们才真是赔了夫人又折兵。你到底入行多久了？”

“久到足以记得以前我们会把图书定价的百分之十拿来做广告和促销。好吧，我的胃口没这么大，我只不过要求公司不要完全放弃戴维。”

“你知道有多少编辑会告诉我，如果我们削减广告预算，某某、某某作者就会离开？”

“假如这是一位新作家的处女作，公司没有什么钱可以花在广告上，我还可以接受。但我们已经出了他的四部作品，其中有一本还赚了钱，而目前这本小说得到了很多好评，已经开始吸引重要媒体的注意。我们已经在上面下了赌注。”她停顿了一下，斟酌了一下措辞，最后决定豁出去了。“我们对他也有责任。我们不只是在出版图书，同时也在建立声誉，培养作家，只要在《纽约书评》上刊登一个小小的广告，加上几句恰如其分的评价，就可以让这本书进入文学版图，帮助戴维得到更好的教职。我只需要一千五百块，至多两千块。”

“我还有个会，已经迟到五分钟了。我会考虑的，但我也必须顾虑其他编辑。”

玛莎站起来，“我想公司欠我一个广告，我就想要这个。”

“写个备忘录给我吧，我会看看可以做些什么。”

两天后，公司同意把戴维的小说放进集体广告中。玛莎打电话给广告部，得知篇幅只够放一句书评。她打电话给戴维说明情况时，戴维始终沉默不语，令她觉得仿佛是苏联官僚在和立陶宛人谈话。

玛莎说完后，戴维说：“负责媒体联络的人都在做什么？他们采取了什么行动吗？”

“他们还没有太多可以发力的地方。”

“你原先说他们在等书评登出来，现在书评不是已经登出来了吗？”

“别这样，戴维。你也知道，《村声》的书评还不足以让你上莱特曼（David Letterman）的脱口秀。”

“但应该可以上一些媒体的。我只不过要求你多花一点力气。”

“我？你认为忽视你和你的……书的人是我吗？”

“继续说呀，把话说出来，我那本该死的书？差劲的书？你想用哪个形容词？”

“我想我们两个都需要冷静一下，从更长远的角度来看这件事。”

“哪个角度？从盈亏的角度，我只是个令人头痛的小卒子；但从我的角度，我是个为自己的小说、甚至自己的事业辛苦奋斗的作者，而且没有得到与地位相配的待遇：我不是没看到克诺夫、哈珀，以及西摩·劳伦斯出版社（Seymour Lawrence）怎么对待它们的作者。”

“西摩·劳伦斯出版社怎么对待它的作者？我很确定在克诺夫和哈珀出版社一定也有与你水平相当的作者和你同病相怜。这不是一家出版社的问题，目前出版界的作风就是这样。”

“那我该怎么办呢？每个人都告诉我，现在这个年头，你得自己想办法推销新书，但与你们这些家伙合作，我几乎寸步难行，眼看就要一败涂地了。”

玛莎深深吸了一口气，打断他的话：“戴维，听我说。还记得看到维克多的评论时你说过，即使未来的发展不尽如人意，但为了这几句话，一切努力就都值了。事情最终只能这样了，最终，真正重要的还是同侪对你的评价，其他的都只不过是流行、炒作和运气罢了。”

挂断电话以后，戴维坐在桌旁，余怒未消。他试着改变自己的想法，在玛莎的话中寻求安慰，事实上，他过去也一直这样告诉自己，为什么现在却不相信了呢？进行文学创作的前提好像已从开拓想象力变为推销。大家谈论的尽是赚大钱、想办法上各种媒体、怎么样飞黄腾达。他所教过、碰到过的最出色的年轻作家全都把这些观念视为理所当然，奉为行动圭臬。他还记得几年前克罗南伯格（Louis Kronenberger）说过：“过去作家到了四十岁才把自己卖掉，现在作家的签约年龄降到了二十五岁。”但是，文坛的风气仍然影响着他的生活。就像其他中生代作家一样，戴维看破了这种商业至上、只想盲目出名的现象〔即弥尔顿（John Milton）所说的“刺激”〕，认为这些都不过是愚蠢的虚名罢了，但他也因此被遗忘了。在处女作出版后，戴维原本有大好的机会，但他没有抓住，结果现在只落得在穷乡僻壤担任这种三流教职，连微薄的预付版税、一个烂广告和一点点肯定都要极力争取才能获得。他觉得自己简直是个大笨蛋。

一星期后，玛莎寄给他一页广告和两篇六个星期以前的短评，同时告诉他《纽约时报书评》砍掉了《回忆安吉》的书评。之后，他的经纪人和玛莎谈过几次，但都徒劳无功。他的书仍然只卖出去四千三百本，有些书店已经开始退货，因此销售数字还在下降，这个事实就像一堵墙，把所有要求花钱的提议都挡了回去。最后，戴维写了一封长信给出版商，吐露了他所有的抱怨和苦闷，然后发泄性地总结道："由康克德来出版我的作品，事实上是一种最糟糕的拒绝方式：其他出版社如果像你们一样，对这本书不感兴趣就会直截了当地拒绝，而你们不是，你们先答应出版，然后用冷漠和无能扼杀了它的生机。"

朵特在盛怒之下，把玛莎召来，拿信给她看："这个混蛋以为他是什么人？"

读完信之后，玛莎的愤怒、挫折和被出卖的感觉终于高涨到和戴维不相上下的程度。"他是个难缠的作者，小说卖不到四千本，别理他了。"她说。

Chapter 7
第七章

典范在夙昔

——珀金斯精神死了吗?

霍华德 Gerald Howard

霍华德曾任新美国文库出版公司教育部助理编辑、维京出版社精装书编辑、企鹅出版公司(Penguin)的平装书编辑及主编。目前,他是诺顿出版社(W. W. Norton)大众图书部的编辑。

“《典范在夙昔——珀金斯精神死了吗？》最初于一九八九年刊登于《美国学者》（*The American Scholar*）杂志夏季号，后来增写后记，选入《编辑人的世界》。霍华德对出版界现状一针见血的深刻洞见一直备受关注，在业界引起了广泛争论。在这篇文章中，他分析了影响美国出版业发展的几股重要力量，同时也深入思考，假如美国编辑界的典范珀金斯活在今天，会是什么样子？

“我想要探究重塑美国出版界版图的力量，它们影响了编辑的职责，使他们成为这些势力的同谋或牺牲品（或二者皆是）……触及了对想在文学舞台上占据一席之地的作品的品位和鉴赏力。”

在生动详细地说明了市场压力、媒体和出版界如何吸引作者和编辑背离对职业理想的执着之后，霍华德得出了这样的结论：“我们简直无法想象，德高望重的珀金斯假如生在今天的出版界，还会不会快乐，甚或成功，因为他的价值观——忠诚、品位、均衡、高标准——并非都适合今天的潮流……今天出版界黑暗的核心并不是一片芜杂的丛林，而是一个浮华绚丽、让人目眩神迷的场所，是无数镜子、音乐录像带、商品交易所、鸡尾酒会、肥皂剧、马戏团、游乐场和纸牌赌博的综合体。很多人见证了一个令人震惊的事实：‘珀金斯精神已死’。”

每年都有成千上万的文科毕业生从高等学府中蜂拥而出，每个人都想找到我这样的工作——在一家声誉卓著的出版社担任大众图书出版人。我很了解他们的感觉，因为二十年前，我也是他们中的一员，尽管当时的我对出版业充满向往又缺乏了解。这么多年来，无论从哪一方面来说，我都不能说这个行业令我失望或是让我的梦想破灭，公司付我一份优厚的薪水，供我阅读手稿和提出出版方案，它们凝聚了当代言论和思想的部分精华。我必须从中筛选出可出版的作品，把它们塑造成一本可出版的书，在这个过程中整合各种出版机制，把手稿成功地变成图书，进驻书店，最终到达读者手中。和我共事的作者及同事是一群快乐、能干而且敬业的文化人，和他们合作十分愉快。身为文化浪潮的推动者之一，我似乎拥有一张“全球通行证”，无论在文学、知识，还是流行文化领域，都能海阔天空地追求自己感兴趣的主题。日常工作让我不时接触到一些内幕消息，在鸡尾酒会上不愁找不到有趣的话题；至于在编辑的午餐会上，它们可是万能的。

可是，为什么编辑们每天下班时和普通企业职员一样茫然？为什么许多编辑以愤世嫉俗的态度来武装自己，以对抗……对抗什么？这个嘛，每个编辑都有自己的烦恼，我的烦恼是，目前这个节奏更快、规模更大、更粗糙、也更愚蠢的出版界，和我原先的期望大相径庭。

今天，美国出版业处于两种传统功能的巨大混乱中：一种是时时被高调宣扬的高尚的“文化使命”，以指导、启迪读者并提升他们的文化水平为己任；第二种则是不会明说，但影响力更大的“商业使命”，要想办法让消费者掏腰包买书。能让一本书同时满足这两个目的的出版商不知会有多幸福（作者也一样）！出版的真正艺术，不是在资本主义制度中强行将这两种天生无法协调的功能揉捏在一起，而是有机调和这种内在的张力。然而目前来看，出版行业中，这条双行线在从“山脚”通往“山顶”的过程中需要穿越一个“断层”，严谨的编辑会身处其中而进行商业运作。坦白说，出版界正掀起一场惊天动地的大地震，每天在报章杂志上看到的种种变动，让你越来越不知道该怎么经营，甚至不知道这个行业到底一天天在变成什么模样。当周遭的一切即将崩溃时，要调和内部张力就愈发困难了。

当然，我对这种情形的描述有点夸张，但并不失实。或许是因为编辑恰好处于出版进程的核心，在文化产出和企业产出之间斡旋，他们就像煤矿上的金丝雀一样更早、也更严重地意识到危机的存在，必定会在广大而复杂的领域展开激烈竞争。特里林（Lionel Trilling）曾提出文学与政治交汇于“血色十字路口”的著名论断，同样，在文化与商业的十字路口，编辑耕耘的也是血染的土地。

在这篇文章里，我想探究重塑美国出版界版图的力量，它们影响了编辑的职责，使他们成为这些势力的同谋者或牺牲品（或两者皆是）。这种探究不可避免地触及了对想在文学舞台占据一席之地的作品的品位和鉴赏力。事实上，它也说明了这种作品在之后几十年究竟能否出版，如果可以，会以什么形式呈现。我希望能阐明：第一，就这一点来说，事实远比美国出版业的传统评论所宣称的更有希望；但是第二，出于同样的原因，我们也处于一种非常危险的境地。我们面临何去何从的残忍抉择，这为各种争论和嘲弄提供了肥沃的土壤。

大部分关于编辑的文章，都企图在一开头就打破大众心目中有关编辑工作的神话。在知识水平较高的大众心中，为菲茨杰拉德、海明威、拉德纳、沃尔夫等名家编书的珀金斯是唯一广为人知的著名编辑，其主要原因在于沃尔夫在《你不能再回家》这本小说中，以一个虚构的人物刻画了珀金斯的形象，此外考利（Malcolm Cowley）一九四四年在《纽约客》（*New Yorker*）上发表了一篇关于珀金斯的人物小传，伯格（A. Scott Berg）一九七八年出版了一本颇为畅销的珀金斯传记。任何读过珀金斯有关编辑工作的书信集——《编辑写给作者的信》的读者都会承认，他确实是位编辑巨匠，品位和工作习惯独树一帜，有种一往无前的驱动力及前现代主义作风，他是领导文化潮流的英雄，却与身处的十九世纪格格不入。大众对珀金斯编辑形象的广泛认同，使得后人对编辑的职责有很多误解，尤其是关于编辑和作者的关系以及编辑的文学良知，即便到了今天，大部分编辑承担的工作仍和珀金斯时代大同小异，正如大多数篮球运动员所做的事情也和乔丹（Michael Jordan）并无二致。不过，想象珀金斯身处今天的出版界会是什么样仍然是个有趣的实验，因为这实在不是易事。

当时我才二十八岁，还是个初出茅庐的助理编辑，满脑子理想主义，迫不及待地想大显身手。那是我正准备参加生平第一次编辑会议的一天，珀金斯的辉煌事迹不断在脑海中盘旋。我想，任何一个年过二十五岁的人都不会像我这么在乎自己的新工作。我凭着三寸不烂之舌，才在一个规模很大的平装书出版公司谋得一份差事。这家公司出版过许多很赚钱的平装版文学经典和适合高中生、大学生阅读的非虚构类图书。我的书架上放满了印着这家出版社标记的书，其中不乏当代作家的作品，因此我很向往能编辑这类作品，期盼自己至少能参与编辑《纽约时报书评》介绍的那些热门文学作品和知识类书籍。正式上班前一个星期，桑塔格（Susan Sontag）的《疾病的隐喻》（*Illness As Metaphor*）和加斯（William Gass）的评论集《文字中的世界》（*The World within the Word*）被交到我手上，要求评估是否值得再出平装版，我的期盼似乎终于实现了。接过这两本书时，我兴奋得简直快要昏倒了，因为当时在我心目中，它们是美国评论作品的典范。这一切简直比我的期望还要美好……

编辑会议排在每周一早上九点三十分召开，所以，上班后的第一个小时，我就被毫无准备地丢进会议中，就像婴儿被丢进水中自生自灭一样。突然间，我置身于一个大房间里，和其他十五个人一起坐在会议桌旁，面前是一长串需要讨论的书单，而我对会议议程完全一片茫然。大家很快展开了令人疑惑的对话，似乎除了我，每个人都充分了解讨论的内容。对话中夹杂着许多行业术语，有人名，还有半技术性词汇（如“首印量”“初样”“底价”“截止日期”等）。会议中绝少提到书的实际内容，更遑论它们为文学和思想界带来的文化意义和贡献了。等到开始讨论《疾病的隐喻》时，我已经完全不知所措了，即使原先在心里准备了一些独特看法，这时也因焦虑而忘得一干二净。我结结巴巴说了几句，颠三倒四毫无意义，随即意识到自己完全没有点出这本书的重要性，于是决定亮出手中仅有的一张牌：“这本书可能会被提名美国国家图书奖。”〔作者的前一本书《论摄影》（*On Photography*）几个月前才得了奖。〕

大家很快有了反应，却不在我的意料中。坐在我对面的编辑满脸嘲讽地嗤之以鼻：“哇，这下可以多卖很多本了！”

关于加斯作品的报告稍有进步，我带着一点歉意表示，我认为这本书也会被提名国家图书奖，而这样的说辞在会上显然得不到重视，不消说，老板拒绝为这两本书的平装版版权付钱。

第一次出击就铩羽而归，从中得到的教训自然难忘。从那时起，我参加了几百次编辑会议，也亲自主持过几次，现在碰到同样状况时，我知道该如何应对了。（加斯的书后来被提名美国国家书评人协会奖的"评论奖"；桑塔格的书虽未能获得图书奖提名，但只要稍有头脑的出版商都懂得以她在文学界的崇高声誉作为推销的一大重点，而非像我的同事那样嗤之以鼻。）但这并不代表我踏入了一个金钱至上的庸俗世界，只不过是天真的我在毫无心理准备的情况下接触到出版界商业化的一面罢了。编辑们口中的行话并不代表对图书内容的轻视，只是直入商业核心。我在那家大平装书出版公司的所见所闻其实和后来在另外两家著名出版社编辑会议中的所见没什么两样。满腔热血的新人刚接触到编辑流程时，往往会被泼一盆冷水，但这并不表示参与其中的人（包括编辑在内）没有认真对待本职工作。借用俾斯麦（Otto von Bismarck）对"法律"的说法：书好比香肠，也许你喜欢里面的材料，但最好不要看到它的制作过程。

我想说的是，编书从来都不是一份纯净无瑕的工作。菲茨杰拉德在《末代大亨》（*The Last Tycoon*）里，把小说的主人公——制片人施塔尔刻画成一个少见的天才，能将制片流程中所有繁复的细节即时在脑中计算一遍。我们或许可以说，好的编辑需要扮演的角色和制片人一样，必须同时兼顾读者体验到的小小页面和这本书所面对的广阔的文化及商业竞争环境；也必须兼顾作者精神上、情感上、商业上的福利和出版社的利益。可以说，成功的编辑必须同时得到上帝和财神的眷顾，正如伟大的珀金斯也出版过考德威尔和罗琳斯的书；尽管克诺夫出版社最赚钱的一本书可能是纪伯伦（Kahlil Gibran）的《先知》（*The Prophet*）（单单在美国就卖出八百万本，销售数字还在不断上升），但是它在业界却以出版食谱和赚钱的娱乐圈回忆录而闻名；此外，曾经出版过好几位诺贝尔奖得主的作品、公认的美国最具纯文学传统的出版社——法勒–斯特劳斯–吉鲁出版社在一九五〇年也得靠出版豪泽（Gayelord Hauser）的畅销作品《越活越年轻》（*Look Younger, Live Longer*）才摆脱了连续四年的财务困境；可现在他们正愉快地享受着特罗（Scott Turow）《无罪的罪人》（*Presumed Innocent*）以及沃尔夫（Tom Wolfe）的《虚荣的篝火》（*The Bonfire of the Vanities*）所创造的惊人业绩。类似的例子我随随便便就可以举出十来个。

或许我过分强调编书过程中所牵涉的资金、促销、策略和商业意识了，而事实上，这往往是大众最不关注、最不了解的部分。当然，另一方面，编辑推广文学的神圣使命依然存在，它是为严谨的编辑指引方向的明灯，也是最根本、最难以解释的部分。原则其实很简单：忠于你的作者，尽可能地激发他们的潜力并善待他们，包括在逆境中给予支持；出版你发掘的或接收到的最佳作品，如果文稿还有改进的空间，就不要急着把它送进印刷厂；要以你所在的出版社为荣，也要编出能让公司引以为傲的书；假如你不得不（或想要）出版一些毫无价值或纯粹只是商品的书，就不要把糟粕说成黄金。尊重过去，但也要对那些反传统、新鲜有趣且有价值的新事物保持敏锐关注，并敢于出版这类题材；不要迷信某个人或某个题材的作品一定大卖，或是自信满满地说“我的判断一定不会错”；要忠于年轻时那个无可救药地爱上文学的你，做个货真价实的好编辑。编书就像从政，能够考验一个人真正的人格，这也是为什么编辑是份值得尝试的职业。

大多数时候，当一切都很顺利时，我相信所有这些说法，但遇到逆境，我觉得相信这套的人简直是自作自受的傻瓜。面对种种不如意，例如又有一家声誉卓著的出版社落入某个愚蠢财团的手中；或是文学界某位名家禁不起高额版税的诱惑抛弃了合作已久的出版社；

或是我满心渴望出版某一本书时，却因为付不起经纪人开出的超高版税而被拒之门外……我会觉得出版根本和文学毫不相干，似乎这个行业讲求的都是权力、金钱、一己私利和不法交易，以及单凭印象中的成功便争相提出的、尚未回本的高额预付版税。每当这时，我会扪心自问，为什么我要这么在乎这些不成文的、过时的标准和伦理，很多人完全不管这些，似乎也非常成功，我如此坚持，也不过是为了对“出版”这种文化传承的形式有所贡献，而这种形式可能再过个几十年就根本不存在了，就像兔巴哥说的：“多么孤独无助啊！”

通常我的心情都会很快平复，幽默感不无助益。但对编辑而言，需要调整心情的不如意时刻越来越多了。出版界的大环境几乎每星期都在改变，有时堪称大地震。出版商变换合作伙伴几乎像方块舞中交换舞伴一样频繁；有些出版社甚至在易手经营之后倒闭大甩卖。当前的气氛和里根执政末期的情况极为类似，也就是说，带着浓厚的资本主义色彩：似乎突然之间便有数额惊人的大笔资金在周遭流动，销售额不断上升，但大家都没有安全感，因为每家出版社都入不敷出，很可能一切在一夜之间便会化为泡影，就是那种流浪汉住进总统套房里的不安全感。当剧变的狂风横扫出版业，编辑行业中几个宝贵的基本要素——时间、安全感、忠诚度，对文学、知识以及财务价值的共识，都变得越来越不可靠。推动文化发展变成了落伍之举，在这场比过去更冷漠、更大规模、更令人害怕的昂贵角逐中，纯文学变得一文不值。很多时候，当我在版权拍卖会中拍板是否要用数万甚至数十万美元的高价买下某个作家第一本小说或短篇小说集的版权时，高超的鉴赏力似乎没有多大帮助，而在拍卖凡高（Vincent van Gogh）、莫奈（Claude Monet）或高更（Paul Gauguin）的作品时，苏富比拍卖会的主持人也不会提醒买家，这些作品其实并非这几位大师巅峰时期的杰作。

我花了不少时间苦苦思索导致局面每况愈下的原因，挑明了说，就是为什么出版商有时会表现得如此愚蠢而目光短浅？是什么导致出版业出现这些令人诟病的转变？目前原因还莫衷一是，就像我们很难一语道尽华尔街盛行并购游戏的背后因素。显然，历史一直在不断重演。但我可以尝试归纳出几个影响出版趋向的因素，正是这几股力量的相互作用，造成了出版业和编辑工作的扭曲和转变。首先必然从美国出版业独特的企业本质谈起。（大学出版社和数以百计的小出版社不在本文的讨论范围之列，因为它们的性质、影响力和存在问题都截然不同。）不久以前，许多出版社都还为家族所有、是家族经营的主业，掌权的不是出版社创办人，就是他们的后代。斯克里布纳之子出版社由斯克里布纳姓氏的所有人经营，帕特南之子出版社（G. P. Putnam's Sons）由姓帕特南的人经营，西蒙－舒斯特出版公司也由西蒙和舒斯特的后裔共同经营。在某些出版社，家族成员即使不再掌管实际的经营重任也仍然牢牢掌握着所有权〔如利特尔－布朗出版社（Little, Brown）、哈珀－罗出版社、霍顿－米夫林出版公司（Houghton Mifflin）〕。因此在美国企业的广大领域中，出版业仿佛是个独自飘零的孤岛，尽管同样受经济大环境的影响，却依然遵循着自己的运营规则。不过不要把这个孤岛想象成天堂，出版业只不过是个相对稳定的联盟，变化来得较慢，步调也比较沉稳。

哲学家告诉我们，人类已经陷入日常生活的迷阵中，也可以说，就某种程度而言，出版业也陷入了财务的迷阵中，而六十年代早中期则可能是命运的转折点。大出版公司一个接一个把自己卖给财团或传播业巨头，不管承不承认，他们同时也把自己的命运交到了别人手上。把公司卖掉的动机各不相同，有些是因为创办人或继承人年事已高，精力大不如前，无法像过去一样全身心致力于出版事业，所以高价售出股份换取大笔现金；有些独立出版社则以为，和财大势大的企业所有者结盟就能解决层出不穷的现金周转和资金不足等问题，他们期望能在资产雄厚的财团保护伞下躲过高通货膨胀率和高利率的压力，从而熬过惨淡岁月。他们的逻辑是，向友善的大企业老板求助，总比看银行脸色或到没人性的资本市场找钱要好得多。就财团角度而言，这些出版社掌握了可观的文学资产和广受肯定的品牌，并购出版社能让财团以成本最低的方法进入不断成长的出版业，目前美国有大量新生代即将大学毕业，而他们都将成为终身的读者。

这些交易其实都隐藏着巨大的误解。出版社以为他们还可以照过去的方式经营，安全地躲在财团的庇护下，出书的品位和行动都不会受到干预；而企业可没有那么天真，他们期望而且坚持出版社的财务步调必须与其他产业保持一致，追求季度增长，采取严格的管理控制方式——股东的期望也如出一辙，而通常情况下，上帝只会站在强者这边。今天，几乎所有的著名出版社不是依自己的力量发展壮大就是慢慢并入大企业旗下，他们随着大企业的财务步调翩翩起舞，但跳的不是狐步，而是横冲直撞、让人鼻青脸肿的碰碰舞。

从市场上看，结果荒谬可笑且惨不忍睹。出版商以相对稀少的资源参与大笔进出的金钱游戏；在美国企业的版图上，图书消费市场所占的份额其实小得可怜。一九八九年一月号的《曼哈顿企业杂志》（*Manhattan, inc.*）报道，一九八八年，任天堂的电玩领跑玩具产业畅销榜，销售总额高达二十三亿美元。而任天堂最畅销的单品净收益（假定为总收益的百分之五十），竟比整个大众图书出版业年收益（四十四亿美元）的四分之一还要多。可想而知，在这样的大环境下，即使公司身价一亿美金又有多大影响力呢？在曼哈顿南部，二十五岁、穿鲜红色背带裤的年轻小伙子就像小孩买卖棒球卡一样买卖公司股份，对交易的对象不带丝毫情感。

难怪出版商纷纷结盟以求自保，希望在度过财务风暴的同时还能保有些许自主权，也难怪他们急于扩张，建立全球出版王国。在海湾与西方工业公司（Gulf & Western Industries）的大伞下，西蒙－舒斯特出版公司旗下现在包括了西蒙－舒斯特、口袋书（Pocket）、波塞冬（Poseidon）、普伦蒂斯－霍尔（Prentice-Hall）、炉边（Fireside）、试金石（Touchstone）等出版社以及其他一长串的子公司；纽豪斯集团（Newhouse Family）〔拥有《纽约客》杂志和康泰纳仕（Condé Nast）杂志帝国〕旗下的兰登书屋现在掌控了兰登、克诺夫、万神殿（Pantheon）、维拉德（Villard）出版社，还有巴兰坦（Ballantine）、维塔奇（Vintage）、福西特（Fawcett）等平装书出版社，最近又买下了由创办人经营的硕果仅存的出版社之一——皇冠出版社（Crown）。另一方面，借助于收购乔纳森海角出版社（Jonathan Cape）、查特－温都斯出版社（Chatto & Windus）、鲍利海出版公司（Bodley Head）等历史悠久的英国出版社，兰登书屋涉足英国出版市场，进而得以掌控许多图书的全球英语版权——这也是我的老东家——跨国出版巨头企鹅出版集团的特殊优势，而企鹅在美国也拥有维京、新美国文库、达顿（E. P. Dutton）等大大小小的出版社。

我要向克努特国王（King Canute）学习，恳请停止所有这样的并购行为。即使企业把整个重新洗牌的过程处理得细腻而有效率，新的管理层也必然会面临一段扰攘不安的过渡期，公司的出版理念、内部沟通方式和组织层级都会发生改变，最糟的情况是，新东家会盲目引进愚蠢的企业作风，以追求利润和合理化之名造成管理上的混乱，导致员工士气急剧下跌，最后将出版社在业界的地位和所持使命破坏殆尽。某些时候这是企业计划的一部分，有时则纯粹是把第一流出版社交到一群穿西装的猴子手中的结果。（曾有一位业界最优秀的文学编辑被解雇了，老板在炒他鱿鱼时轻蔑地说："你编的书只卖了六千本。"在美国，六千本差不多是一般图书的平均最低印量，后来的发展却是个绝妙的讽刺，这位编辑为新东家买下的第一本书，单单精装版就卖出将近一百万册！）这一切变化对编辑人的影响是不言而喻的，不提别的，单说他们现在不停地从一家出版社跳槽到另一家，不就是希望能在狂风来袭前的几年，找到一个正在消失中的、相对稳定的工作环境以使自己挂出招牌编几本好书？

作家听到编辑跳槽的消息总是大吃一惊，因为能够完全独立完成一部作品的作家少之又少，在写完书稿准备出书的过程中，作家必须仰赖编辑的指导。编辑跳槽风盛行的结果是，作家不再忠于某一家出版社，他们已经学会了现代美国企业生存中最重要的一课：万事皆可抛。最近他们还学到了另外一个教训：出版业不惜高价并购和收购艺术品所透露的讯息是——价值是不断变动的，可因不同的环境和对象受到不同操控方式的影响。在这种环境下，许多编辑心灰意冷，许多作家也同样丧失了信念，之前他们无须时刻关注文坛政治环境、媒体曝光率以及出版策略，只要具备写作水平或艺术表现力就足够了。

讽刺的是，八十年代的人普遍认为，大企业涉足出版业的风潮以及大型连锁书店的兴起将会扼杀严肃写作与出版的生机，出版社会耗费大量时间、金钱与心力签订和营销一定有利可图的图书，会计部门不容许编辑在高风险、高要求的新书上耗费资源。奇怪的是，实际发展却反其道而行：今天，出版界竞相争取的热门书和作家莫过于声名远播的名家名作，以及新面孔带来的新风格。我们真应该感谢上帝，因为一个只充斥着路德拉姆（Robert Ludlum）、斯蒂芬·金、斯蒂尔（Danielle Steel）和谢尔顿（Sidney Sheldon）这类畅销书作家的世界，实在不值得活在其中！

出版趋势如此演变其实存在很多原因。首先，出版事业和出版文化中仍有不少保守主义者，出版界不同领域和阶层中的“残余分子”对质量的坚持从来不曾稍加懈怠，永无休止地将心力付诸于好书和好的创意。而当埃科（Umberto Eco）的《玫瑰的名字》（*The Name of the Rose*）和布鲁姆（Allan Bloom）的《美国精神的封闭》（*The Closing of the American Mind*）等书毫无征兆地畅销后，出版界起先困惑不已随即大受鼓舞，因为这证明了，有一批意料之外的广大读者愿意购买（即使不一定读完）艰深难懂的作品。显然，以大量廉价劣质图书为主的发行机制也能用于发行数量可观的高水平图书；最后，一群重视作品质量的新作家在文坛崛起，他们的处女作便吸引了广大的读者，一举登上畅销书排行榜，这也象征了新一代作家和读者的兴起。这些作品包括麦金纳尼（Jay McInerney）的《如此灿烂，这个城市》（*Bright Lights, Big City*）、坎宁（Ethan Canin）的《空中的皇帝》（*Emperor of the Air*）、莱维特的《家庭舞蹈》（*Family Dancing*）、贾诺威茨（Tama Janowitz）的《纽约的奴隶》（*Slaves of New York*）、辛普森（Mona Simpson）的《在别处》（*Anywhere But Here*）、埃利斯（Bret Easton Ellis）的《比零还少》（*Less Than Zero*）、夏邦（Michael Chabon）的《匹兹堡的秘密》（*The Mysteries of Pittsburgh*）等。这些书本本畅销，而它们的作者出版处女作时，都还不到三十五岁，有几位甚至才二十出头，其中还有两本是短篇小说集，完全打破了过去出版界认定的短篇小说很难在商业市场上立足的传统观念。

这种趋势令严肃作家和编辑在写作和出版时重拾了不少信心，世界不会被迷你剧所终结——至少现在还没有。但是，这一切也不是免费的午餐：促成这类图书畅销的庞大发行机制和喜欢追逐名流的媒体机器也会逼他们为此付出代价、进行妥协，使得文学价值和经济价值混淆在一起。

今天，年轻作家发展事业的野心远大于纯粹的文学追求。他们丝毫不会抗拒成功路上所需要的大集团力量以及它们狡猾的策略，反而急切地同声附和。在这方面，出版界不过是当代商界和金融界急功近利现象的翻版，年轻人假如无法在二十七岁前赚到人生第一个一百万，就会被视为失败。八十年代不是一个以耐性著称的年代，写作班如雨后春笋般冒出来，使得年轻人能够为自己在文坛的发展预先做好规划，只要挑对大学，选对合适的课程，和有名的作家、报章杂志的编辑建立合适的关系，找到合适的经纪人帮你把版权卖给合适的出版商，为你的书设计合适的封面，找到合适的写手设计出恰到好处的广告文案，你就熬出头了！你的书就会得到角谷美智子（Michiko Kakutani）发表在《纽约时报》上的大加赞赏的书评；平装书出版商和好莱坞电影制片人会争相购买版权；纸醉金迷的诱惑在召唤你；许多人会寄新书的样书给你，希望能在广告上引用你的评语；你也开始在有名的写作班担任客座讲师；在耶多、麦克道尔消夏……一切似乎都如预期地那样顺利。

但是，包括编辑在内，没有人会告诉炙手可热的年轻作家，不管他们的处女作是多么新奇而独特，想成为真正的写作高手，他们还有一段很长的路要走（书评家在评论他们的第二本书时，可能就会毫不留情地指出这一点）。帮这些才华横溢的年轻人取得成功的体系也会利用甚至毁掉他们。他们可能活在经纪人和出版商构筑的海市蜃楼中，因年少得志而无法远离刺眼的聚光灯和毫无人情味的明星制度，打磨不出成熟的艺术造诣。对许多作家而言，最值得珍惜的不是一纸优厚的出版合约，而是有足够的时间和空间来找到自己的独特风格和题材，从可敬的失败中学到东西而非就这样一败涂地。

放眼当今文坛，年轻作家似乎也缺乏创作惊世杰作的渴望：即创作那些无论精致小品还是皇皇巨著，都能传达出某个特定时刻必须传达，而且能够传达的一切讯息的作品。康诺利在一九四四年曾经写道：“我们读的书越多，越是清楚地感觉到作家真正的任务是创作传世的杰作，其他的一切只是过眼云烟。”当你抱持这样的信念，自然会鄙视世俗的、低劣的作品。我相信，在劳伦斯（D. H. Lawrence）、乔伊斯、贝克特（Samuel Beckett）等文学大师熏陶下培养出的清高文人，绝对不可能热衷于参与发掘文坛新星的游戏。假如新秀作家过去一直把这个虚假浮夸的体系视为文化权威的话，那你几乎不可能期望他会把全部心力和艺术才华投注于创作惊世杰作上。伟大的作品原本就是在体制之外诞生的。

当然，上述评论的言外之意是，我们要假定主赛场是在书页上，而非八卦专栏和名人巡回演讲中。这种假设并不被作者和出版社普遍接受。在不断衰落的文学版图光怪陆离的终点，站着贾诺威茨，如果她不是那么惹人讨厌的话，你会发现她是一个很可悲的人物。她来到沃霍尔（Andy Warhol）的学校继续推广她真正的最新短篇小说集《纽约的奴隶》，精明而恬不知耻——有机会同作者合影，自吹自擂是文学界的流浪儿。她的出版社非常高兴地配合她的行动，正如她的公关人员所宣称的：“贾诺威茨太不可思议了，不能在书中浪费她的才能。”如今，关于作者——有吸引人的私人故事，为传媒喜闻乐见的外形，一群有影响力的朋友，妙语连珠——这样的种种所谓宣传已被例行公事地纳入出版社考虑之中，这些特质也许既能很好地掩盖作品在文学上的失败，还能增加收益，可我们能把这些年轻的作者称为“下一代卡波特（Truman Capote）”吗？

想要一炮而红，不惜像浮士德那样出卖灵魂，和魔鬼谈条件的心态，不但在新生代中司空见惯，在老一辈作家中也不乏其人，即便是奉康诺利的话为圭臬的作家都可能禁不住诱惑。其实这很容易理解，因为这些作家看到的是：一方面畅销书排行榜上的低劣文人获得惊人的报酬，另一方面当红新秀作家受到超乎寻常的赞扬与瞩目，赚进大把钞票，而自己却得默默无闻地努力，真是情何以堪。也难怪有些作家觉得单单写出好的作品还不足以讨回公道，这种明显不公平的制度活该被人颠覆和利用。我相信许多有分量的作家都暗下决心，要冷酷而不择手段地往上爬，这也不能怪他们。他们的出版商很可能属于某大型企业，而在他们的写作生涯中，碰到的编辑总是来来去去，无法依靠，况且艺术能拯救灵魂的信念早就过时了；放眼周遭，文学已经变成一种脆弱的、无以为继的文化，何必还要苦苦坚守清寒的文学道路？于是，这些作家在精明强干的经纪人的精心安排下，开始投入开放的大众市场，而他们独树一帜的文学风格往往能在商业上创造佳绩。和丰厚的收益相比，出版商和作家之间的不睦也就显得微不足道了。

我可以解释得更清楚一点。直到最近，还只有极少数圈内行家听过加迪斯（William Gaddis）这个名字，知道他写过两部扎实而严谨的巨著：《认可》（*The Recognitions*）和《小大亨》（*JR*）。这两部作品完全不迎合读者的口味，狠狠地批判了现代社会的真实性，多年来一直销量平平。去年，维京出版社出版了他一本篇幅较短，而且以加迪斯的标准来看比较大众化的小说《木匠的哥特式房子》（*Carpenter's Gothic*）之后，他和他的经纪人把下一部小说（而且可能是最后一部）的提案放到拍卖会上待价而沽。这部小说叫《诉讼游戏》（*The Last Act*），谈的是美国的法律制度。我负责为维京出版社审读这本小说，提出版权购买条件，所以对这件事有些了解。正如《出版人周刊》报道的那样，最后西蒙－舒斯特出版公司以二十七万五千美元买到版权，这个数目真是高得离谱，而西蒙－舒斯特之所以愿出高价，其实是看中出版美国当代天才小说家之一的作品所带来的名声。我很确信，加迪斯即将写就的小说绝对会非常出色，而他也绝对值这个价钱，但除非奇迹出现，西蒙－舒斯特必将大赔一笔。从这件事可以看出，在出版业企业化的年代，最终目标与手段是多么背道而驰。

还有一些成名作家则掌握了名人文化的精髓，小说家布罗基（Harold Brodkey）更是个中高手。早在他那迟迟未完成的巨著《动物宴会》（*A Party of Animals*）问世之前，他就很有技巧地大肆宣扬他对这部作品的无限野心，他在人生中面临的痛苦，以及这些痛苦所激发的创造力。所以许多受人尊敬的书评家甚至还没看过这本书就宣称这是一本杰作，而布罗基则是二十世纪美国小说界的天才。对布罗基最近出版的选集《古典派小说集》（*Stories in an Almost Classical Mode*）毁誉参半的评价完全没有削弱媒体对他的兴趣，《纽约》(*New York*) 和《人物》(*People*) 杂志都刊出对布罗基的人物专访，描绘他不快乐的童年和奇特的成长经历。同时，《动物宴会》终于结束了长达二十五年的酝酿，多位出版商为它开出了高昂的预付版税，目前签约的克诺夫出版社已在他身上投入了五十余万美元。基于他已经出版的作品，无论你对布罗基的才气如何评价（我认为他的大部分作品复杂难懂），现实的发展对苦苦埋头文学创作的拥护者反而形成了一种反讽——布罗基从版权拍卖会中得到的丰厚报酬可能创造了文学史上的新纪录，他把自己的软弱塑造成天才的标志，他推销的不是文学，而是对文学的想法。在强调知识产权的年代，艺术上的竞争有了不同的含义。也许沃霍尔会为此鼓掌叫好。

也难怪，当作家渴望得到报酬，而出版商也不吝给予的时候，出版经纪人就站在了索洛塔罗夫所谓“文学产业综合体”舞台的中心。唯有对这个圈子了如指掌的经纪人才能在作家和出版社之间复杂且代价不菲的求偶舞步中穿梭自如；唯有以旗下多位极具爆发力的作家为后盾，经纪人才能代表作者和出版集团的大势抗衡；也唯有人脉广阔、专业经验丰富的经纪人，才能为作者从附属版权的复杂网络（包括国外版权、电影、戏剧、视听版权、信息检索等）中争取到最高的收益。最后，当前的文化潮流是，艺术品的概念往往取代了其本身的价值，而经纪人成了文学的代言人，他们的工作就是把图书和作者的概念塑造成大众消费品。这些都是无可争辩的事实。

然而，经纪人在作家生活中占据核心位置的同时，实际上也削弱了编辑的影响力。很少有经纪人能像编辑这样密切地参与图书的出版过程，这似乎是出版业的结构特色。但由于出版社不断地在财团手中卖来卖去，编辑也频频跳槽，对作家而言，经纪人无意中成了变动世界中不变的支点，成了作家在财务和事业上的救世主。现在大多数作家都愿意牺牲百分之十到百分之十五的收入以换取经纪人的协助，由他们出面和出版商激辩，锱铢必较地商讨最高的预付版税。当然，经纪人最精于此道，有他们的协助，作家和出版商可以置身事外，假装版权谈判中的惨烈厮杀从来不曾发生过。

虽然很少有人明说，出版商可被强势的经纪人给吓怕了，你在报章杂志上不时读到的百万美元的版权合约，实际上出版商签字时内心都在无声地呐喊。被大企业收购的出版社盲目出价，对财务链条茫然无知，结果经纪人成了直接受惠者，因为他们永远拿得到佣金，退货和损失却要由出版商来承担。今天，几乎在每一本书的版权谈判中，出版社都会感受到有形或无形的威胁：假如他们提不出令人满意的条件，后面还有——而且总是有乐于出更高价钱的其他出版社。经纪人往往用作者之前出版的杰作当筹码来和你对抗：几乎每位编辑都有同样的经验，谈判过程中，经纪人会不断提醒你："还有很多人对他的作品感兴趣。"而事实上，某某某的最新作品之所以会吸引其他出版社的注意，除了作品本身的文学价值，作家本身的名人效应、出版社的眼光、营销预算等因素也不可或缺。

随着这些新发展，编辑人的地位越来越无足轻重。或许出于对编辑工作的了解和支持，作家仍然心存感激和诚意，但这种情谊是可以被割断的。作家的生活并不稳定，市场的喜好和品位捉摸不定，假如作家欣喜地发现自己突然间变得炙手可热，经纪人自然会为他扮黑脸，而作家本人只需要说："很抱歉情况变成这样，但我会永远感激你对我的帮助。"最终沃尔夫还是背弃了斯克里布纳之子出版社和珀金斯，大大伤了这位伟大编辑的心，但是他也在《你不能再回家》中写了很多珀金斯的好话。

这件事道出了编辑的不安，该死的特权和霍布斯主义已使曾经以绅士风度著称的出版业转变为狗咬狗的世界。我们简直无法想象，德高望重的珀金斯假如生在今天的出版界，还会不会快乐，甚或成功，因为他的价值观——忠诚、品位、均衡、高标准——并非都适合今天的潮流。这些价值观尚未完全从出版界消失，但代表的意义却和过去大不相同。我们的世界已经丧失了某种优雅的风范，和我同辈（我今年三十八岁）以及比我年轻的编辑对此都抱着认命的态度或是转变为一种自嘲式的幽默。当我们偶遇这种风范时，会万分感激且在情况允许时极力仿效。我们都学会了出版界粗砺的新游戏规则——又或者，出版界本就毫无规则可循——但我们中的很多人一点都不喜欢学到的这些东西。

今天出版界黑暗的核心并不是一片芜杂的丛林，而是一个浮华绚丽、让人目眩神迷的场所，是无数镜子、音乐录像带、商品交易所、鸡尾酒会、肥皂剧、马戏团、游乐场和纸牌赌博的综合体。很多人见证了一个令人震惊的事实："珀金斯精神已死。"

后记

《典范在夙昔——珀金斯精神死了吗？》完成于一九八八年底，刊登在一九八九年夏季的《美国学者》杂志上。三年后重读此文，我讶异于当时的语气是如此痛苦，这也反映出我当时的心境——对动荡的八十年代中出版业的变化忧心忡忡。我们现在已经顺利地迈入九十年代，而令人眼花缭乱、破罐破摔的气氛也已转变为比较低调、“我们可能会破产”的萧条期，而且百业皆然，不只出版界如此消沉。一九九一年九月二日，《纽约时报》出版记者科恩（Roger Cohen）为一篇谈论出版业近况的文章拟下的标题是：“沉疴已久的黑暗产业寻求改变的契机”。在持久不退的经济萧条中，他在报道中写道：“销售非常疲软，即使最乐观的乐天派也不得不承认，过去大家都说出版业不会受到经济衰退的侵袭，这简直是胡说八道……所以，深层的改变似乎已经发生。过去十年中出版业的销售额快速成长，作者要求的版税也水涨船高，现在可要开始勒紧裤带，节省开支了。”

然而，科恩也注意到出版商根深蒂固的乐观天性，他们依然付给热门作家超过项目限额的预付版税〔施瓦茨科普夫（Norman Schwarzkopf）将军自传的预付版税高达六百万美元就是一个很好的例子〕。所以，目前我想强调的是编辑过程中好的一面。没错，我在文章中所形容的商界欺诈依然存在，经纪人依然主导一切，文化逐渐衰败，再也没人愿意花时间读书，整个宇宙终会在热寂中灭亡……但同时，优秀编辑的职责——其实业界的优秀编辑为数不少，他们许多都是我的朋友——是不管环境多么恶劣，仍然尽力做出最好的书，推向市场，并尽可能赚到钱。也许，在这个过程中，编辑本人和出版社要对最麻木浅薄的商业文化做出诸多妥协，但是无论多么困难，最后的胜利都会驱动编辑在这条路上继续前行。也正是这种成就感，令出版业不只意味着以X定价发行了Y本书，赚了百分之Z的利润这样的数字，而代表了这个行业以及美国文化的灵魂，诚恳地说，这种精神长存于编辑对品质和卓越的深切关注中。

所以，我们要继续奋斗，而且要做得更好。

Chapter 8
第八章

做得好，还要做得对
——编辑工作的伦理道德

韦德 James O'shea Wade

韦德一九六二年毕业于哈佛大学，起先在大学出版社和专业图书出版社的销售和编辑部门工作，六十年代末转向大众图书出版，成为麦克米伦出版社的资深编辑，又先后就任世界出版社（World）总编辑，戴维·麦凯出版社（David McKay）的编辑主任和副总裁。后来他与肯尼特·罗森（Kennett Rawson）及埃莉诺·罗森（Eleanor Rawson）合作，组成了罗森－韦德出版社（Rawson, Wade），目前就任皇冠出版社的执行主编、副总裁和猎户星出版社（Orion）的编辑主任。

“关于编辑如何根据出版业最高道德伦理准则进行自律，韦德给出了专业建议，无论是编辑还是作者都会从中获益。在作者和出版商的利益无法协调一致的情况下，“编辑如何做才能既不辜负与作者的友谊又无损公司利益？”韦德给出的答案是，“要调和相互冲突的责任和利益，唯一可行的是遵循一个真理：编辑最重要的责任是忠于你手中的书。假如做不到这点，那么你既不是作者的朋友，也未能忠于职守。”

在本文中，韦德深入探讨了编辑可能遇到的种种道德困境，比如检查制度、对手稿真实性负责、拒绝一部未能出版的手稿的决断、编辑和经纪人间必需的诚信，以及其他若干在工作中备受困扰的问题和程序。

最后，韦德表明：“如果你一丝不苟地对待工作，如果你真正认真对待图书，你在道德和伦理上就完全无愧于你的老板和作者。”

很自然地，大多数编辑对于和他们合作的作者都具有强烈的责任感。经过二十多年的密切合作，如今的我和许多作家都成了好友。很久以前，我就曾经自问，该如何平衡友谊与编辑的责任（也就是说，必须为出版社的利益着想）？理想状况下，作者与出版商的利益一致，但可叹的是，事情不会永远这么圆满，况且编辑对读者的责任又该被置于何地呢？

要调和相互冲突的责任和利益，唯一可行的是遵循一个真理：编辑最重要的责任是忠于你手中的书。假如做不到这点，那么你既不是作者的朋友，也未能忠于职守。

一切从买下一本新书的版权开始。假如某本书的论点有悖于你的个人信念；你对其持有强烈偏见，或十分抵触书的主题、写作方式或观点，那么就应慎重考虑是否真的要编辑它，即便你觉得“这本书可能大卖”。编辑不应该扮演专家或审查者的角色，假如你怀疑自己或许会因为专业经验、道德判断或个人品位这样模糊的理由曲解（即使是无意地）作者的想法或措辞，那就不该编辑这本书。每个人都希望能够像伏尔泰（Voltaire）一样，声称即使不同意别人的见解，也要捍卫他发表意见的权利——而编辑的专业性同样要求：假如某位编辑逾越本分，不是提供客观的辅助工作而是侵犯到作者表达意见的权利，那就不该再参与这本书的编辑了。

拒绝某些书不代表自我放纵，除非你在编辑时能带着某种程度的客观和热诚，提供作品顺利出版所必需的种种支持。毕竟这不是你的作品，或许你代表出版社取得了它的部分权利，但除非作品是由出版社出资雇人完成的，否则作者才是它的真正拥有人。这就是为什么每家出版社的版权合约中都有一项保证条款，事无巨细地规定出版社和作者需要认真对待的事情，作者、创作者必须保证：这是一部原创的作品，绝对不会侵犯别人的版权（也就是说，作者不是剽窃者——这永远是出版界最可怕的梦魇），不会侵犯他人的隐私，以及其他许多事情。

这个条款也给编辑提供了基本的指导方针，明确什么是自己不该做的。编辑不是作者，不是合著者，没有参与创作，也不能分享书的所有权。

这并不表示你不能向作者提出任何意见。事实上，假如你没有表达对作品的想法、反馈、意见，就是玩忽职守。因为出版社付你薪水，就是要你向作者提意见，维护读者的权益。但你所提供的只能是意见，而没有权利对作者下任何命令。作者听过你的想法后，可以选择接受或拒绝。假如你和作者对手稿的质量或内容分歧巨大，那么也许你们应该考虑合约中另外一个重要条款：这是一部合格的作品吗？

出版社经常想方设法把所谓的“合格作品”定义得广一点，但如果出版商和他的代表——也就是身为编辑的你——放宽了考量标准，那你们身上的担子就很重了。在我将近三十年的编辑生涯中，只碰到过少数几本令人完全无法接受的作品，而这种情况之所以会发生，多半是因为我们只看了写作大纲或简短描述就买下了版权；假如买的是已经完成的手稿，那你应该很清楚将出版的是一部什么样的作品。当编辑碰到这种不愉快的僵局时，应该在什么时候，以什么方式和作者摊牌呢？大概要到你很确定已经想尽办法帮助作者表达想法，包括花了很多时间，提供了各种编辑建议并协助他修改了大量手稿之后。

如果良知告诉你，你已经尽全力了，接下来该怎么办呢？这种事没有规律可循。或许你会担心“这本书卖不了几本”，但首先要虚心想一想，出版业基本上是个无法预测的行业，要想知道什么书卖得好，什么书不好卖，通常只有出版了才能知道。假如你相信经由你的协助，这部作品已经能够代表作者最高水平，那么你已经尽职尽力了。而做决定的过程相当复杂：你可能读过作者过去的著作，写作大纲中也明示了作品将包括哪些内容，那么，作者是否维持了他过去的水准？作品是否包含了大纲中的内容？

还有其他方面需要考虑，例如从法律层面来看，手稿中是否存在会引起纠纷的内容，从而增加商业风险？通常你会和作者一起想办法，但有时作者或许会说：“我的立场就是如此。”而你必须表示：“那么我们就只能分道扬镳了，祝你好运。”不过也有一些时候在老板和法律顾问的许可下，你还是可以决定冒险出版。

千万要记得，作者已在合约中做了某些保证，但根据以往经验，你还是会有担心的问题。这时你要做的是编辑中最困难的工作：你必须深入思考，判断这种担忧有没有事实根据。尽管你不是专家，也无法对每一本书详加审查，但还是负有审查作者可信度的责任。假如作者的建议对读者有害或是会伤害读者利益，你有责任寻求专家协助，判断其风险并敬告读者——通常采用的形式是在图书扉页醒目印出警示语句。

如前所说，编辑最可怕的梦魇——剽窃是你无法防范的。不管无心还是有意，假如新书被证实是剽窃别人的作品，就会造成可怕的惩罚性赔偿。幸运的是，这种事情很少发生。曾经有人声称我们的书抄袭了他的作品，但感谢老天，每一次遭受指控的结果不是对方拿不出证据就是撤诉。因此，抄袭者是你最大的忧虑，同时也是最不必担心的，你唯一的武器是作者的操守。此外还有很多令人困扰的问题，其中大多都与作品能否被接受有关。

假如试了所有补救办法，手中的书仍然是部无可救药的失败作品，你该怎么办呢？作者很配合，你们都尽了最大的努力，经过最理性的判断，你承认出版社无法出版销售这样一本书。你对它已经尽到充分责任了，套用十九世纪诗人克拉夫（Arthur Hugh Clough）的话："你不能杀人，但也不必抗争，只要活着就好了。"这不是对或错的问题，而是看你能否诚实面对。如果你有所保留，对这本书一点好处也没有，这种态度将影响到出版过程中的每一件事，你无法满怀专业热情来推介它，结果无论对作品、对作者，还是对出版社，你都没有恪尽职守。

要痛下决心砍掉一本书听起来容易做起来难。这是编辑必须做的最不愉快、也最需要高标准道德感的决定。但只要明白甲之砒霜乙之蜜糖这个道理，在你拒绝后会有别的出版社立刻接手，就可以安心一点。双方都没错，因为据你的反应看来，你并不适合编辑这部作品，拒绝是应该的。

当然，霍姆斯[①]提出言论自由应该有所限制，你不能谎称拥挤的剧院中"起火了"。身为编辑，你需要判断"剧院真的起火了"吗？我看不必，除非你认为自己无法遵守对一本书的承诺。在最坏的状况下，你和出版社是否做好了出庭的准备？法律顾问事先已经警告过你可能碰到的法律问题，而你决定冒一下"商业风险"。记者、报纸、广播电视比我们更常面临这类抉择，因为他们进行的是新闻报道，强调及时性令它们比出版业享有更大的自由。因此编辑和作者的合

①小奥利弗·温德尔·霍姆斯（Oliver Wendell Holmes Jr.），美国最高法院大法官、著名法学家。——编者注

作以及出版流程中的关键，除了绝对坦诚之外，还有丰富的经验及准确的判断。要记住，你不必独自承受道德上的煎熬，你是出版社的一分子——当你想试验自己的想法时，可以向其他有经验的同事求助。

如果可能，这些环节都必须在新书付梓前完成，甚至最好在手稿阶段就针对存疑之处展开查证。一旦正式签约，除了某些完全无法预料的情况，你必须为这本书负起全责；出版社已基于你的判断对这部作品作出承诺，它的标志也将会出现在书上，读者有权利期望出版社（实际上也就是“你”）是经过审慎合理的考虑后以严谨认真的态度出版这部作品的，广告宣传并无言过其实。我不是在说你和出版社一定要认可这本书，而是指你们有没有尽到该尽的责任。书上不会戳印有你和出版社的“无障碍出版许可章”，然而谁也不能担保它届时不会反咬你一口！毕竟有些书是会的。这也是为什么出版和编辑工作让人又爱又恨。

无论我们多么想把出版业变得“科学化”，这基本上还是个充满实验性的产业，需要靠热情驱动，凭经验和审慎（还多少要有点谦逊）来驾驭方向，确保不会脱轨而行。尽管我们与作者的关系有合约来正式规范，但实际工作中，我们主要还是靠电话和简短的对话来交换意见、解决分歧。在非正式沟通时，如果能把事情讲得清楚明白，就可以避免编辑和作者之间很多可能的伤害。编辑应该把话说清楚，确定对方明白你的意思，而你也明白他的意思。负责谈判附属版权的人最明白这件事的重要性，因为他们每天都要通过电话，处理价值数万美元的平装版版权和图书俱乐部版权交易。唯有尽力做到诚实准确，才会万无一失。

这与道德敏感度无关。编辑行当主要还是靠相互信任来维系，因此诚实的态度和清楚的沟通非常重要。举例来说，假如有人在版权拍卖会上被当场拆穿，拍卖人一定会损失惨重。反复无常会导致事业的毁灭。我们没有时间浪费在欺骗上，大多数情况下，欺诈得不偿失，因此在经营你和作者的关系时，最好务实一点。若你错误地向作者或经纪人隐瞒了某些信息，迟早会被拆穿。编辑必须报喜也报忧。你们通常都是作者最主要的消息来源——你代表了你所在的出版社，但你不一定只扮演新闻秘书或啦啦队的角色，你的首要任务是忠于自己编辑的作品。一旦你靠着铅笔和说服力完成了编辑工作，你就是它在社内的主要拥护者，将带领它走过从制作到发行的整个出版流程。

编辑和作者最基本的区别，在于作者只须思考一件事，而你却要同时考虑许多件事。书与书无论在质量还是出版方式上都不会完全平等，但作者却想感觉到你把全部心力都投注在他身上。（作者对宣传人员、广告主管或封面设计者也有同样的期望，但是他特别期望编辑能把几乎全部精力都放在他的作品上，至少在醒着的时候如此。）这表现在作者特别希望编辑能给予手把手地指导，根据我的经验，有一件事作者确实深深依赖编辑，那就是告诉他真相。假如你愿意，你尽可以用甜言蜜语哄骗作者，但迟早你还是得说实话。

当出版社的某位同事说“我们不要告诉甲作者这件事”时，你应该立刻问清楚，是不是真的有必要隐瞒真相。这样做的目的是什么？出版商、编辑和间谍至少有两个共同点：他们都爱说长道短，而且都喜欢保密。但是出版业牵涉到太多大事小情，要永远保守秘密实在困难。错误信息（谎言的一种礼貌说法）会给出版社带来巨大伤害，实在不值得为隐瞒消息而付出这么大的代价。有时候我们有充分的理由隐瞒某些事情，例如因为情势太复杂，我们还没有搞清楚实际状况；但更多时候，我们不想向作者或经纪人透露他们有权知道的事情，是因为我们误以为如果他们一旦知道，可能会找我们麻烦。实际上，隐藏其后的真正动机往往是，我们对这件案子还没有十分把握，或其中确实有些不可告人的事。假如你把事情搞得一团糟，首先该做的就是承认错误。假如作者想要知道首印量是多少，就老实告诉他；假如作者想知道为什么安排他去旧金山宣传新书，那里的书店却看不到他的作品，你就该查明原因并向他解释。在这个过程中，作者会从你这里认清你的处境，了解你的工作方式。事实上，这也是他的工作。作者和编辑紧密地形成一种共生关系，在这种关系中，信任和开诚布公是必需品而非奢侈品，如此才能建立起富有创造力和生产力的长远关系。

为什么我们都喜欢对作者有所保留？是不是如此一来，竞争对手就无法知晓这些秘密？毕竟出版社的生存要仰赖高效的图书发行和销售系统，而这种机制很大程度上靠的是自由的信息流通。你的竞争对手很容易就能从广泛散布的信息（例如，书店的电子收款机销售报告）推估出某本书的销售数据。当电子收款机和电脑联网后，每卖掉一本书，电脑就会自动从这本书的库存数量中减掉一本。在电子设备无所不在的年代，信息封闭的社会将无以为继，只要看看苏联的情况就知道了。出版社不会试图篡改版税报告，因为这会造成严重的库存控制问题。不实的消息和秘而不宣的做法一般都是没有效率的。

但是，你必须先进行自我培养才能好好培养作者，使你的坦诚相告变得有意义。编辑必须对出版业的每个领域都略有所知。例如整个流程究竟怎么运作？有奖销售、减价促销和批发通常需要什么条件？也就是说你必须了解其他出版从业人员的基本工作方式。他们的问题是什么？真实状况如何？这种自我提高是个无止境的过程，但会让你成为一个真正有效率、有能力的编辑，由此你不仅能与作者很快熟悉起来，而且能在购买版权和做其他商业决定时提供更有价值的信息。

不过，以上所述都回避了一个重要问题：当我们有正当理由时，可不可以说谎呢？工作之外，我们在生活中碰到同样的问题时通常都是根据当时的情境和良心来做决定。小时候我们学到的是，应该说实话，撒谎是不对的，但或者有些人受到的是不一样的教育。如果你在出版一本书时，发现在沟通过程中对方经常言行不一、传递错误消息，那么最好及早脱身，以免损及清誉（以及作为编辑的价值）。根据我在出版界的经验，大多数人撒的都是小谎，弥天大谎会导致现世现报。

我们有时候会因为作者或经纪人“不必知道”而向他们有所隐瞒。一般而言，不想开诚布公的真正原因是怕作者或经纪人干预我们的做事方式。但事实上，开放而坦白的沟通并不表示你必须放弃出版社应有的决策权和判断。出版商原本就应该捍卫自己的权利，因为他们相对要负更大的责任。（毕竟书的销量不好总是归咎于出版社。）好好说服作者，提供他必需的信息，这样做虽然不一定能取得共识，却是你在道德和伦理上的义务，请坚持做你认为对的事。

充分听取作者与经纪人的意见后，你要解释自己的立场，并坚守它。尽管我说的是“你的”立场，实际上是出版社管理层审慎思考后的决定。通常，你或许不完全赞同，但身为编辑，你的责任是在决策过程中尽力提出想法和意见，以便同心协力、用更合理的方式做出决定。有时你可能觉得需要让作者知晓你也不同意出版社的决定，但假如经常如此，最好也要反思，你的想法不见得百分之百正确，或者好好考虑，你的做事方式可能与出版社的步调越来越不一致，也许该想办法另谋出路了。（在这么做以前，最好先确定你确实到了该走的时候。）

假如你在出版社内部或对作者诚实地表达了对于某一本书的意

见（适度的奉承是人之常情，可以被容许），那么你已经尽了对这本书的主要责任。（通常情况下）你是这部作品最可靠的、也是唯一的拥护者，而由于你的诚实守信，你不只拥有上佳的名声，还有非凡的影响力。你和作者之间开诚布公建立起来的关系正如律师之于委托人，举例来说，作者和经纪人有权要求你为他们保守秘密。在与知识产权息息相关的出版业中，这点尤其重要，知识产权不只牵涉到所表达的观念，也和表达形式相关。作者和经纪人常常会向编辑透露他们的构想、情节、观念，有时以书信形式，大多数时候是在谈话中透露，编辑绝对有义务尊重作者对这些构想的所有权。

能不能保密也关系到你是否尊重作者的其他权利。编辑往往都充满同情心，很愿意聆听，因此作者常常把自己的问题向编辑倾吐（这些问题往往和即将出版的书毫无关联），其中会牵涉到作者私人事务或财务上的一些细节。这种推心置腹让编辑的责任尤其重大，绝不能以任何方式擅自利用作者透露的私人秘密，也绝不应该随便就和另一位作者谈到这位作者，这样做简直愚不可及。

作者和编辑建立的友谊往往会遭到双方各种方式的滥用。作者需要经纪人是有理由的，因此经纪人不该利用编辑和作者的友谊来影响本应由经纪人出面和编辑讨论的公事。编辑也应该随时保持警觉，明白在某些情况下，必须抛开友谊，恪尽职守。当你“帮作者一个忙”时，往往是在帮作者和自己一个“倒忙”，你不应该随便向作者承诺出版社不可能答应的事，你们不可能突然变成战友，你应该站在谈判桌的另一边。经纪人代表作者，而你代表手中的书。

有时候，当你觉得不适合替作者说话时，必须站到火线之外。这时，经纪人往往是最好的救星。他们可以对出版商说一些作者很难启齿的事。有人扮白脸，有人扮黑脸？没错，这是谈判游戏的一部分，但丝毫不能减少你必须对书承担的责任。“成功众人争功，失败无人引咎。”这句话并不尽然，无论成败，编辑、作者和作品都脱不了关系！

在本文中，我集中讨论编辑在行为和态度上应持的一些基本原则。事实上，编辑面临的伦理和道德问题需要一本书才能详细讲完，其中绝大多数问题都源于没有厘清责任。

作者把他的作品交到你手中，部分因为你的名声，部分因为出版社的声誉。你有权对作者抱一些期望，也有责任确定他有能力写出一本好书，一本你愿意热诚地向别人推荐的好书。这并不表示你必须找到操守和人格都完美无瑕的作者（假如编辑也需要符合这样严苛的标准，你又会作何感想？），而对于某些职业上的“美德”，你确实必须特别注意。尽管有了合约保证，也不表示你就不需要负责，即使你无法在所有事情上给予作者信任，请至少要在与书相关的事情上相信他。

有时你很难完全把作者和他的作品区分开来，出版社期望你保护公司不受骗子或疯子的伤害，即使他们看起来如天使般纯洁。你必须尽量了解自己正在打交道的对象，也许你无法期望他具有超凡的美德，但至少要确定他有写作能力。在出版社承诺出书以前，你比其他任何人都有责任做这个基本判断。

如果你被骗了，那么要好好从这次经历中吸取教训，不要重蹈覆辙。假如你一错再错，那么最好改行。同时也要小心，不要以为你高超的编辑技巧可以改变书的原貌。假如你想当作家，就去当作家好了，千万不要对作者说，你能以某种方式为这部作品注入灵魂，从本质上改变它的面貌。要明确自己扮演的角色，你不是专家，不是创作者，只是推波助澜的角色。

还要记得你领的是谁的薪水，他们为什么付你薪水。如果你尽职尽力，如果你真的对一本书有所贡献，那你不但为作者尽了心，对出版社尽了责，在伦理道德上也站得住脚。记住，不管书畅销与否，你都必须一直关注它，直到它绝版或是你另谋他就为止。

Chapter 9
第九章

如何选书
——影响编辑决定的因素

马雷克 Richard Marek

马雷克初出茅庐时，在麦克米伦出版社担任改版书编辑，后来升为资深编辑，仍负责改版书，不过用的是新书名。在麦克米伦，他曾与童梦书系的贝特尔海姆（Bruno Bettelheim）共事。跳槽到世界出版社后，出版了路德拉姆的作品，接着他又到戴尔出版社（Dial）任职，出版了鲍德温、罗森伯格（Mira Rothenberg）等人的著作。离开戴尔后，他创建了自己的出版公司，采取个人工作室的模式，首先归在帕特南之子旗下，继续出版路德拉姆的作品，转到圣马丁（St. Martin）以后，他买下了《沉默的羔羊》(*The Silence of the Lambs*) 的版权。一九八五年，他成为达顿出版社的总裁兼发行人，在那里出版了斯陶伯（Peter Straub）、拉波波特（Judith Rapoport）、卡罗尔（James Carroll）等人的作品。达顿并入新美国文库、维京后，他目前就任兰登书屋分社皇冠出版社的资深主编。

“每当作家问起编辑想找的究竟是什么样的书时，我的答案是：‘我想找的是从未看过的东西。’这个答案可能不会令人满意，因为这对他们没什么帮助，但我说的是实话。新观念、新表达方式和意料之外的震撼对编辑和读者都是一种鼓舞。”马雷克精明地剖析了编辑决定购买或拒绝一部手稿的诸多考量。

在本文中，马雷克畅谈了编辑在挑选虚构类和非虚构类新书时，应该注意的重要原则。比如，对虚构图书作者，应注意他们独特的表达方式、想象力、叙述节奏、情节、逼真性、塑造人物方面的天分、风格特点和人物对话。对非虚构类图书的作者来说，吸引编辑关注的方法是以有趣而易懂的方式展示他们对相关素材的组织安排和陈述能力。

在这篇著名的实践性文章中，他对编辑提出两个忠告，如果编辑们能够遵从，对职业生涯将大有助益；而对作者来说，这些建议也有助于他们寻找那些对自己作品抱有同感的编辑进行合作。第一，“个人品位和专业品位有很大差别，即使休息时你不见得会阅读通俗商业读物，但身为编辑，你仍然必须培养对这类书的感觉。”第二，编辑应该扬长避短，选择自己了解的题材，“要相信自己的直觉和热情，而读者终会受到吸引，甘愿为你编的书掏钱。”

出版社聘请“组稿编辑”的主要原因是：他们必须买到能为出版社赚钱的书。

这个过度简化的说法可不是见钱眼开的大财团想出的新计谋，自三十年前我入行直到现在，出版界一直如此。研究出版史的学者也说，自有出版业以来，情况就未有过改变。

编辑选的书必须盈利，并不表示出版社聘请编辑是为了购买“烂书”，我听说兰登书屋有史以来最赚钱的书是乔伊斯的《尤利西斯》，而麦克米伦出版社卖得最好的两本书分别是《飘》（*Gone with the Wind*）及《叶芝诗歌全集》（*The Complete Poems of William Butler Yeats*）。没错，有些烂书卖得很好，但是大多数无人问津。美国畅销书排行榜是个奇怪的混合体，包括了不同档次的图书，反映了美国人多元化的品位。

无论如何，组稿编辑做决定时的首要考量是市场：这本书能不能卖出一定的量以收回成本（包括预付给作者的版税），为出版社创造利润。

大多数情况下，答案都是暧昧不明的：因为编辑无从晓得一本书究竟好不好卖。歌星兼演员雪儿（Cher）的传记可能会比作家塞维尼夫人（Madame de Sévigné）的传记畅销，而充满暴力和性的小说也可能比有关青少年的成长小说好卖得多。但我们必须很小心，不要妄下断语，因为或许赛维尼的传记得到了国家图书奖，成为长销书，而那本成长小说的作者说不定恰好是一位叫塞林格（J. D. Salinger）的人。

大家都知道“大牌作家”的书一定好卖，许多作者确实也都拥有忠诚的读者群，小说读者尤其对作者忠心。因此，斯蒂芬·金的下一本书可能会比目前这本卖得更好，尽管不见得有这本写得好。而阿加莎·克里斯蒂（Agatha Christie）的推理小说也一部比一部卖得好，尽管她推进情节的技巧每况愈下。造成这种情况的原因之一是，很多美国人买精装书都是为了当礼物送人，因此不愿意冒险购买无名作家的作品；更重要的是，许多大牌作家都是写作高手，他们比其他作家会讲故事，也更有创意，懂得制造令人惊讶的效果，能把人物刻画得更深刻等等。一般来说，作家写得越好，他的作品自然也卖得越好。

所以，组稿编辑自然热衷于追捧大牌作家，但他们也很清楚，尽管有些作家缔造过销售佳绩，购买他们的作品也不见得就毫无风险。其他出版社也在想方设法大献殷勤，且几乎无一例外地以高价相诱，因此即使对于曾经合作愉快的出版社，大牌作家也会摆出高姿态。结果出版社给作家的预付版税很可能超过了他们所能带来的利润，一本销售百万册的畅销书利润可能微薄得令人大失所望，因此衡量一本书成功与否不是看它卖了多少本，而是看它带来了多少利润。

我认为，图书有三种类型。第一种是“销售部门”的书，销售经理比编辑更清楚它的获利能力。这类书通常是非虚构类，符合某种市场需求，内容浅显易懂。销售经理只须对几家连锁书店和大型书店说明作品内容就知道市场究竟存不存在了。例如，我在戴尔出版社时曾收到一份关于魔术的厚重稿件，我们的销售经理得到的消息是，市面上有几本比较贵的谈魔术的书，还有不少便宜的小册子教读者几种最普通的魔术手法，但没有一本中等价位的同类书。于是我去问这位作者，愿不愿意把篇幅删减一半，他同意了，于是戴尔出版了一本中等价位、内容扎实的书，结果卖了两万多本，因为市面上没有这样的书。（当你想要了解某位作者过去在其他出版社的销售记录时，销售部门可以派上用场。编辑不能只相信经纪人出示的记录，因为他们给出的数字往往只是铺货量，而没有扣掉退货。）

第二种是"附属版权"的书。很多小说都是类型小说——推理小说、言情小说、悬疑小说、女性小说、哥特小说、历史小说等。附属版权经理的职责就是了解平装书出版社有兴趣购买哪些类型的小说，以及在同类书中，哪种情节、情境，哪类侦探、场景已经过时了。我刚入行时，有两家平装书出版社专出科幻小说，后来市场逐渐萎缩，其中一家倒闭了，另外一家则完全改变了出版路线。可没过多久，科幻小说卷土重来，而且比过去更加流行。

由于精装版小说最大的利润来自向针对大众市场的平装书出版社出售版权，因此在买下类型小说的版权以前，如果不首先询问附属版权经理的意见，那么不仅对出版社，且对自己都是玩忽职守。

最后一类是"编辑"的书。这种书不属于任何类型，不能被细分到任何已知的市场中，是销售人员或购书者从未见过的。编辑凭直觉发现这些书，出于个人偏好和热情而买下版权，然后极力说服销售部门或附属版权部门。假如编辑的直觉很准，这本书会卖得不错，长远来看甚至可能成为编辑生涯的成名之作。重要的是，这样的书并不常见。就短期而言，编辑越多征询别人的意见，察纳雅言，表现就会越好。

就我所知，在麦克米伦出版社买下《海鸥乔纳森》（*Jonathan Livingston Seagull*）的版权之前，已有十几家出版社表示了拒绝（"开玩笑，出一本讲会说话的鸟的书？”）。而兰佩杜萨（Lampedusa）的《豹》（*The Leopard*）命运也很相似（“一个已经死掉的西西里人的小说？”），连连碰壁后，才碰到万神殿出版社愿意赌一赌，出版了这本“二十世纪最伟大的杰作之一”。当然，换作是你我，绝对不会拒绝这两本书(尤其有了后见之明)，当时的编辑真是太笨了。重点在于，这类书绝对是编辑的书，销售部门或版权经理都不可能预测到它们的成功，因为没有前例可循。

很多时候，编辑仅凭手边拿到的写作大纲和几章样稿就买下了作品的版权，而全书还需要好几年才会完成；即使已经拿到了完整的手稿，也要再花九个月时间才能让书面市。因此，目前报章杂志纷纷报道的热门题材通常不适合出书。没错，在水门事件发生几个月(甚至几年）后所出的相关题材的书不乏非常成功的例子，但同样也有很多一败涂地（而且恐怕占了大多数)，误以为大众对于水门事件的兴趣会经久不衰的出版商都赔了不少钱。著名的琼斯镇大屠杀及自杀事件发生时唯一在场的记者在事件发生不到一年内就出了一本书，结果销量不到一万本；因为在大众心目中，琼斯镇大屠杀早已被其他恐怖事件取代了。出版社与其试图从媒体报道中寻找出书题材，不如在没有时效性的题材中寻找新观点（无论是人际关系、爱情、育儿、自然史、个人理财都好)。

讽刺的是，所有媒体中时效性最强的电视对于消费者是否要购买一本书却有着莫大的影响力。“他适不适合上电视”成为最常被问到的关于作者的问题，似乎作者本人能言善道（更不用说仪表出众）要比他的写作能力更重要，不过这个现象也自有其缘由。毫无疑问，假如作者能在“多纳休”或“奥普拉”这类脱口秀节目上有好的表现，新书的销售量会立刻扶摇直上，单靠作者良好的写作技巧或材料组织能力绝无可能造成同等的影响力。尽管能够以合乎逻辑、充满感情的方式表达令人兴奋的新观念的作家上脱口秀的机会仍然要比徒有其表的文人多得多，编辑最好还是根据文字，而非作者的口才和外表来下判断。

每当作家问起组稿编辑想找的究竟是什么样的书时，我的答案是："我想找的是从未看过的东西。"这个答案可能不会令人满意，因为这对他们没什么帮助，但我说的是实话。新观念、新表达方式和意料之外的震撼对编辑和读者都是一种鼓舞。伟大的博物学家艾斯利（Loren Eiseley）曾说，伟大艺术的特性在于，唯有探索艺术家原有的创作理念，才能领会其想要表达的想法、对象或情感，并以凡高的名画《向日葵》作为例子,但无论是麦尔维尔《白鲸》中的鲸鱼，还是塞林格笔下青春期的孩童，也都具有这个特质。

当具备新声音、新视野的独特作家出现时，编辑会互相争抢一番，好比挖到了金子。有时作家的观念走在时代前端，令一般人难以理解，这就只有少数编辑懂得扮演伯乐了〔乔伊斯或达尔文（Charles Darwin）当年的境遇都是如此〕；有时大家要花一段时间，才能熟悉这些与众不同的声音，因此这些作家早期的作品都乏人问津〔例如福克纳（William Faulkner）和欧文（John Irving）〕，但我和我的同行都认为，真正具有创造力的作家一定会有出头的一天，伟大的作品绝不会被埋没在阁楼中无法出版。在作家有生之年，终会得到同侪的肯定，不只是作家，还有求才若渴的编辑，因此总会有至少一两位编辑在读到过去未曾读过的原创作品时深感振奋，而决定将之出版。

在对一种手稿下判断时，我们尤其看重的是哪些特质？下面我提出几点大多数编辑都应遵守的通则，就虚构类和非虚构类图书分别说明。

对虚构类图书而言，最重要的莫过于表达能力了。我愿意和这个作者再耗几小时吗？我信任他吗？他的作品有娱乐价值吗？他能以全新的方式呈现我们熟悉的场景吗？他能将我们不熟悉的东西清楚明确地表现出来吗？他够不够坦诚，我会不会喜欢与他共事？

悬疑小说作家如果以大雪纷飞的华盛顿开头，或是描写一位将军正和丰满性感的金发美女缠绵时被急促的电话铃声打断，那么最好接下来的故事棒得不得了，否则我不会买下这部小说的版权（这类作家多半讲不出什么好故事，手法老套的作家写出的故事通常也不会新鲜）。但如果手中稿件的开场白像《尤利西斯》“仪表堂堂、结实富态的壮鹿马利根”一样掷地有声，我会立刻被作者征服，除非后面越写越糟，我才会将他拒之门外。

请注意，我说的“表达能力”不是指“写作风格”。路德拉姆的写作风格很糟，但他那种狂热而华丽、令人透不过气来的风格却很适合他的通俗剧情。你永远不会怀疑他对写作的诚意和投入，他表达感情的能力正是打动读者的利器。

表达能力之后，就要考虑叙事的节奏了。要检验小说的节奏很简单：读完第一页还想继续往下读吗？路德拉姆就是一个控制节奏的高手——在他笔下，事件如出膛的子弹飞过一样快速推进——杰出的小说家能运用情节发展把读者带入越来越深层的思考与感情中，令人不忍释卷。我发现作家对节奏的掌握出自本能（电影和戏剧好像也是如此），假如作家（或导演）能让故事以适当的节奏发展下去，他们就掌握正确的速度了。

接着就是人物。过去我总认为情节比人物更重要，尽管不乏反例，实际状况却正如我们在第一堂写作课上学到的，情节的发展源自人物之间的冲突，所以我们喜欢小说中的人物吗？关心他们的命运吗？他们究竟结婚还是分手，能不能报仇雪恨，是否都牵动着我们的情绪？他们是栩栩如生的吗？是复杂难懂、令人惊讶、贴近现实的吗？如果答案都是肯定的，那编辑会很乐意买下这本小说的版权。

第四是情节。有些作家（例如路德拉姆）能把故事说得异常吸引人，即使对人物刻画得不够深刻也无关大局，其他大多数作者则会使情节发展与人物性格保持一致。但无论如何，我们想找的是令我们急于知道后续发展的故事，如果故事的发展既出乎意料又有说服力，那就更棒了。随意编造的惊奇不会有好效果，合理的意外则撼动人心。

接下来要谈的是写作风格——情节和风格是不能一概而论的。写作技巧出众是件很棒的事，但单单写得“好”还不足以吸引我买下一部作品。我最怕拿到一部文字优美的手稿吸引我读到最后，却发现内容空洞，无法带给人任何启示、震撼或惊奇。

最后是情节是否逼真。假如作者能细心印证每个细节当然很好，但如果作者创作出的情节很有说服力，准确度反而不那么重要了。作者告诉我“真实生活就是这样”或“这个房间实际上就是这样”还不足以让我相信小说的品质，只考虑准确，而不注意描述是否逼真，或许正是许多新闻记者写不出好小说的原因。如果作者能说服我相信这个故事是真的，那么接下来我就不那么在乎它实际上的真实性了。

在阅读非虚构类图书或出版提案时，也需要注意类似但内容不同的原则。我们同样要从表达能力谈起，因为对非虚构类图书的读者而言，作者值不值得信赖更加重要。一个自信、热情，能掌握写作方向，表达清楚的作家，自然要比只知道陈腔滥调或故作惊人之语却无法理顺逻辑的作者机会大得多。

接着要谈的是写作主题，也许它更加重要。讨论什么样的主题最具商业价值是愚不可及的做法，因为品位会变，公众关心的议题会变，过去十拿九稳的题材会因为大家一窝蜂地出书而失去原有魅力（如励志书）。一本书畅销后，市场上通常会出现一堆仿制品，结果同主题的书不管写得多好多令人信服都再难以吸引读者。一般而言，读者喜欢阅读和自己生活息息相关的题材，所以具有轰动效应的话题——如性、金钱、谋杀、男女关系、权贵名流的八卦绯闻，永远都很吸引人，因为凡夫俗子往往能从别人的成功与失败中找到快乐和安慰，我们总是对他人充满刺激的生活抱有兴趣。假如只挑一种题材，那就非这种轰动话题莫属了。

第三是组织能力，即安排写作材料的能力。就像小说一样，如果每处叙述都合乎逻辑、很有说服力、按部就班地进行，逐步推起高潮，读来就会很愉快。要达到这样的效果，作者知道的必定比写出来得更多，才能充分运用手中的材料。人人都希望接受专家的指导，如果作者对手中的材料有十足把握，并且能进行聪明的筛选，他的专业能力就更易使人信服。

第四是写作风格。写作技巧高超的作者能把一个枯燥无味的题材变得趣味盎然。例如，麦克菲（John McPhee）的文章就令我觉得阿拉斯加是块神奇的土地，还让我学到了远超预想的关于橘子的知识。另一方面，乏味的作家会把有趣的题材变得沉闷无比，廉价的代笔者能把最刺激的谋杀案写得令人昏昏欲睡；而热情洋溢的作家会令我们觉得他笔下的任何题材都生机十足。

最后，真实性就像小说一样，有些作者能通过细节的铺陈和良好的表达能力传达自己的热情和信念，把荒诞的题材变得令人信服，实在令人钦佩。我最近读了一本书，内容是关于我完全不相信的事情：轮回，而这位作者却令我相信了他所相信的事情，且热切但困惑地读完了全书。他并没有真的说服我，几天以后，我把他的想法斥为无稽之谈，但当时确实吸引了我，而且至少在短时间内撼动了我的心灵。

最后我想说的是，作家经常得到的忠告是“写作源于生活”，其实这对编辑也同样适用。你的问题、忧虑、感情不是独一无二的，别人也都有相同的体验，所以描写这些体验的书才有读者。面临感情问题的年轻单身编辑最好和同病相怜的作家合作，而不要尝试去编一本谈婚姻的书；精通科学的编辑碰到一本谈芭蕾的书时最好放弃，让饱览舞蹈类图书的同事来负责。

个人品位和专业品位有很大差别。即使休息时你不见得会阅读通俗商业读物，但身为编辑，你仍然必须培养对这类书的感觉。而如果编辑纯粹只是因为知道某类书很畅销而试图踏入自己不感兴趣的领域，那么他很可能会遭遇失败。

要相信自己的直觉和热情，而读者终会受到吸引，甘愿为你编的书掏钱。

第二部

编辑实务课

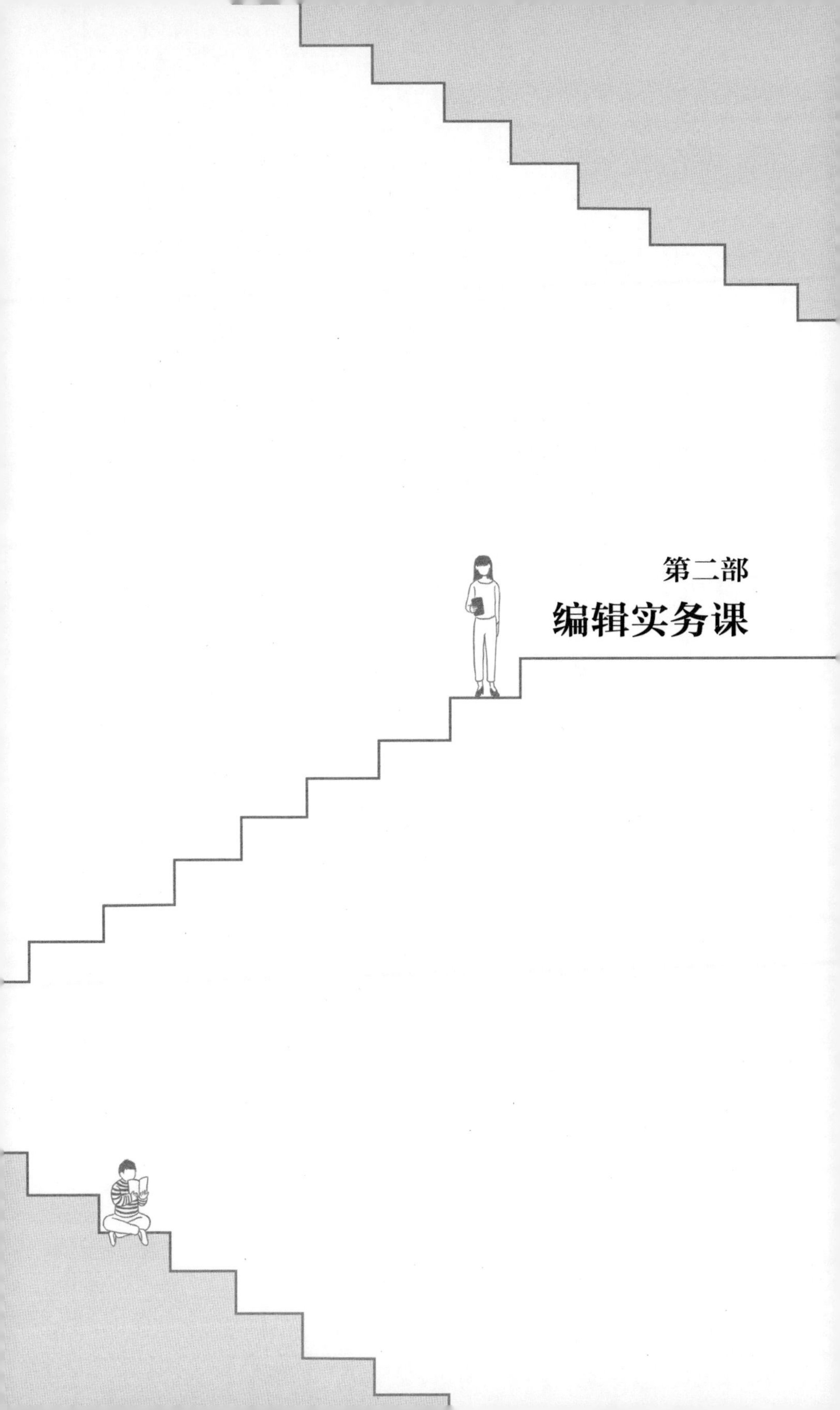

Chapter 10
第十章

如何审阅出版提案和手稿
——影响编辑决定的因素

梅伦 Jane von Mehren

梅伦是蒂克纳－菲尔德出版社（霍顿－米夫林出版公司旗下分社）的资深编辑。她最早在皇冠出版社工作过六年，与韦德共事，曾获旨在资助年轻美国编辑到英国工作的托尼·戈德温奖。梅伦策划、编辑的书包括法露迪（Susan Faludi）的《反挫：谁与女人为敌》（*Backlash:The Undeclared War against American Women*）以及莫里斯（Desmond Morris）的《如何照顾猫》（*Catwatching*）和《如何照顾狗》（*Dogwatching*）。

“将询问函、出版提案或作品手稿呈递给编辑，就像找工作时的面试一样，第一印象很重要。因此梅伦建议：”作者起码可以做到，无论把什么交给出版社，都必须遵循正确的格式。”那么如何才能令你寄出的材料在编辑的眼中显得更专业呢？梅伦提出了六个基本规范，并列举了在准备询问函、出版提案和手稿等材料时该做和不该做的，对虚构类和非虚构类图书而言，这都能成为营销时的有效工具并转化成商业计划。

有时候，编辑看起来好像疲于关注你怀着满腔热望递交的作品，但请记住，”尽管编辑常常超负荷工作，但他们永远都在寻找新书的题材。对一位编辑而言，最兴奋的事莫过于发现一位有原创力、能鼓舞人，而且完全专业的作者。你精心准备的询问信、出版提案或手稿也许可令他确信，你就是他所期待的那位作者。”

关于编辑的神话之一是，我们每天都安静地坐在办公室里，读着一沓沓的询问函、出版提案和手稿。这种想象遗漏了永无休止的电话铃声，不得不参加的每周例会，以及对出版流程各环节的监控。事实上，我们从不在白天的工作时间考虑接到的提案和手稿，而是习惯利用晚上和周末在家处理，由于时间有限，也几乎不可能一字一字地进行精读。

那么你会问，作者究竟要怎么做才能吸引编辑的注意呢？

作者起码可以做到，无论把什么交给出版社，都必须遵循正确的格式。把材料寄出以前，请确定符合以下六个基本规范：

（一）你寄出去的每一份材料都必须打印清楚。如果你用电脑写作，那么请使用高品质的打印机，凡是十页以上的文件尽量不要采用针式打印机。

（二）要选用白色 A4 纸。纸张未必要精美昂贵，但也不要用那种又薄又很容易破损的纸。如果你用的是多联打印纸，千万要在打印完后把每一页撕开。假如你指望编辑来替你完成这个工作，一定会激怒这个大忙人，降低他对作品的兴趣。应在 A4 纸的上端和左边各留四厘米左右的空间，在下端和右边则留下约两厘米。

（三）除了简短的询问函，递交的手稿一律采用两倍行距。许多编辑根本没耐心去看密密麻麻的提案和稿件，常常读都不读就直接退给作者。

（四）从头到尾依序标明页码，而且最好标在每一页的相同位置。不要每一章都从“1”开始标，假如编辑不小心忘了自己读到哪里，这种标页方式会令他很难找到刚刚读到的那一页。

（五）在交给编辑之前，必须再仔仔细细地校对一遍。一份完整的手稿中偶尔出现打字错误是可以理解的，但假如在询问信和出版提案上也有笔误只会让人觉得你很不专业。

（六）随信附上一个写好地址、贴上邮票的回邮信封，预备编辑回信和退稿之用。假如他需要回的只是询问信，一般商业信封就足够了。如果还包括提案和手稿，那么最好根据稿件的分量，准备能装下一百多页稿纸的大信封。

整洁清晰很重要。假如看到一份打印乱七八糟或密密麻麻的稿件，编辑几乎都会不假思索地退稿。你的目标是要尽可能让编辑觉得你的信件、提案或手稿清晰易读——假如编辑需要眯着眼睛、把稿件转到奇怪的角度或大费周章地辨识字迹，你就给了他很好的退稿理由。这话听起来很刻薄，却真实反映了编辑大量阅读的现状——况且，你难道不希望买下你作品的编辑能继续保持他的视力吗？

为了避免白费力气，你必须仔细考虑究竟要把稿子寄给谁。请绝不要在寄给出版社的信封上单单写“编辑收”或“主编”“小说编辑”“烹饪图书编辑”收，这样做显得很不专业。许多编辑都要同时负责几种不同领域的书，包括虚构类和非虚构类，上述头衔可能适用于许多人，因此也就失去了意义。如果由于疏忽没在信封上写清某位特定编辑的名字，你的稿件就只好流落在一大沓垃圾文件中，沦为国际机场等待招领的失物那般境地了。

要确定究竟该把稿子寄给哪一家出版社的哪一位编辑其实并不

像你想象中那么难。首先要问：哪家出版社会出版你已经完成或打算创作的作品？假如你对此毫无头绪，就去图书馆或书店的书架上翻阅一下，把出版社名称抄下来，然后打电话到每一家的编辑部，问清楚哪位编辑会负责这类作品。询问时，还要弄清编辑名字的正确写法。

当然，这些原则只能帮你以最佳方式向某家出版社中最合适的人递呈你的作品，最终影响编辑决定的仍是提案和稿件的内容及风格。

询问信

询问信的长度一般都是一到五页不等。询问信必须引起编辑的兴趣，他才会请你寄送更多资料。虚构类和非虚构类作品都应先寄出询问信，再考虑出版提案和稿件，旅游书、烹调书、传记、实用性图书等等也包括在内。这对你来说是试水，同时也让编辑快速了解这个出书计划适不适合他的书系。通常情况下，如果你先寄询问信，都会较快得到回音，而不会像寄出一大堆其他材料那样要等许久。

询问信其实就相当于广告文案，必须切实有效地向编辑推销你和你的作品。就某种意义而言，它就像微型提案一样，必须呈现你想在作品中表达的理念。由于询问信很短，千万不要浪费任何笔墨，要做到言简意赅。在信里说明你的书谈的是哪方面的内容，你有什么资格来写这样一本书，你认为这本书的读者会是哪些人，你将如何协助编辑接触这些读者。请概括作品的主要特色，要特别强调它和目前市面上的同类作品有什么分别以证明其销路。但另一方面，绝不要对编辑说你的书“保证会变成畅销书”，因为它不见得真那么好卖，而且一说这句话，你立刻变得像个门外汉了。

对于小说作品，不要在信中描述全部情节，只以一两段文字简要概述以勾起读信者的兴趣，从而想知道更多。说清楚你的小说属于哪种类型，你可以把它和其他作家的作品相比较，你的书是斯蒂芬·金、安·泰勒（Anne Tyler）、谭恩美（Amy Tan）或埃杰顿（Clyde Edgerton）的作品那种类型吗？如果你把作品交给某家出版社，是因为读过他们旗下某位作家的作品，就老实说出来，这表示你曾做过一点调研，而不是盲目地乱寄询问信。由于叙述对小说来说很重要，你可以附上小说中的一章，不过通常都是第一章而非中间的某个章节，否则只会令编辑看不懂。特别强调，一定要在信中强调你有写小说的资质。梦想写小说的人实在太多了，假如你的作品曾经发表过，即使只是一个短篇，都能让你在一大群小说作者中脱颖而出。

当你询问非虚构类作品的出版可能性时，首先要对你的书做整体描述，接下来很重要的一步是凸显你的作品和市面上其他同类书有什么不同，这样做可以显示你事先做了功课从而显得更加专业。假如你掌握了从未出版过、具有煽动性的新资讯，而且能提供新的观点，那么请一定在信中提及并附上一些例子。你还可以随信附上作品目录，或能简要总结写作动机的前言，不过这并不是必需的。

要记住，寄询问信就像钓鱼，不要在钓钩上挂太多鱼饵，否则你会错失猎物。询问信必须简短、扼要、热情、诱人！

出版提案

一份有说服力的出版提案既是营销资料，也是商业计划。这份提案应该既能说服编辑签下你的书，又能预估它的篇幅、成本、竞争状况、在资金和时间上的投入以及预期利润。出版提案和询问信一样，必须令编辑读后有进一步想要了解你的写作计划的欲望，要激起他们足够的兴趣，以使出版社愿意预付你一笔合理的版税，资助你完成它。

拟订小说出版提案非常困难，对编辑而言要进行评估也不是易事。写作大纲或出版提案头头是道并不见得就会催生一部好的小说；另一方面，你或许真的能写出一部好小说，但一份糟透了的写作大纲就是吸引不了编辑的兴趣。不幸的是，除非你已有过辉煌的纪录，否则出版社几乎不可能只凭写作大纲或提案就和你签约，你唯一的选择是坐下来好好写完整部小说。这样的付出确实巨大，但出版界的现实就是如此，假如置之不理，你可能一辈子都没法当上小说家。我不是说小说的出版提案毫无用处，事实上，通常编辑接到有关小说出版的询问信时，都会要求先看看小说的前三章和其余部分的写作大纲。这是为了了解作者想表达的主题，假如编辑很喜欢他读到的部分，就会要求看整份手稿，这样做看似很没效率，实际上却加快了整个处理流程，也帮你省了邮资。

不过对于非虚构类作品，出版提案却非常有用，事实上，大部分非虚构类作品都靠出版提案卖掉版权而不必等到完稿。出版提案的篇幅有长有短，有的只有寥寥数页有时甚至不到十页，有的则是长达一百二十五页的长篇大论。但无论长短，出版提案基本都包括以下六个要素：

（一）开篇先花几页解释这本书的基本概念。通常这部分都由一个小故事或一些引人注意的例子吸引编辑上钩，使他们产生兴趣。行文要用主动语态来解释你想法的独特之处，以及为什么现在推出这样一本书正是时候，为什么这样一部作品适合由你来写。

（二）大多数出版提案都会包含关于营销的想法，作者往往在这部分深入讨论这本书会在市场上碰到什么样的竞争对手。你应该到附近的书店看看有哪些同类书，到不同类型的书店去做一点调研，同时关注在版书目。在提案中进行简要的同类书分析，强调你的书和它们有何不同以及为什么不同。很显然，你不能在有限的篇幅中讨论太多，所以最好选择同类书中的畅销书，引用一些你能找到的销售数字，重点在于告诉编辑，即使你的书不见得会更成功，也不会逊色于目前市面上的同类作品。

营销想法的另外一个目的是界定读者群，以及说明出版社如何接触到这群读者。引用统计数据来说明有多少人会对本书题材感兴趣。举例来说，如果你写的是旅游指南，在提案中应该引用每年该地的旅游人数；假如你知道有某个专业团体可能会大量购买，或某某组织、某某公司的定向刊物可以直接面向目标读者进行宣传，请一定在提案中说明。你必须很实际地预估市场，因为编辑自己也会做一番评估，他不会轻易被灌了水的数字或胡乱做出的归纳打动。千万不要对编辑说你的家人和朋友都觉得这本书潜力无穷。如果你想让自己表现得像个门外汉，最有效的方法莫过于此。

（三）接下来是目录。目录可以让编辑看出你设想中的架构，也能令读者了解内容的广度和深度。

如果你担心一份单纯的目录不能说明问题，就应该逐章说明重点。对书中的每一章都用一篇短文简述，通常几段就好，最多也不过几页，描述一下每章会包括哪些内容，你会如何表达等等。你的目标是让编辑明白这本书的深度和细节，同时显示它的主题如何循序渐进地发展下去。每一章的介绍都应该十分完整，这样才能使编辑相信，你确实有能力写出你提案中的作品，而且这部作品会包含许多有趣、新鲜且有价值的内容，令读者读后还想了解更多。

(四)提案中还要谈及生产中的细节。你估计这本书会有多少页？

得花多少时间进行调研和写作？你预计会产生哪些成本？你需要到外地做研究吗？会不会需要其他授权许可或图片费？明确说明你认为本书包含哪些额外的材料：你是否打算用到照片、图表等等，切实估计写作过程中会有哪些需要，会产生多少花费。

（五）提案中应包括一份以第三人称写作的作者小传，以证明你确实有资质写这样一本书。如果你有其他著作，请罗列并附上围绕这个主题的所有作品。接下来说明你的资历：包括学历、事业成就或是你毕生研究的主题等等。如果这个领域的杰出人士愿意为你推荐或讲几句好话，请在这里引用。还可以附上你在电视或其他公众场合出镜的录像带，列出你曾登上的媒体。作者往往会是一本书营销宣传的重点，如果作者很适合在媒体上曝光，对出版商来说极为有利。

（六）最后，你应该附上一两章样章向编辑证明你的写作实力，尽管没人会认为这几章就是终稿，但这些文字应该尽可能展现你的写作技巧。每章长度应控制在二十到二十五页，字里行间能展现出你期望中的写作风格并包含书中会出现的各种信息。要记住，你选的章节必须能显示整本书可能呈现的各种面貌，同时吊起读者的胃口，令他们大感兴趣。

出版提案和写作大纲不同。一份好的提案不会让人产生太多的疑问，因为你已经预先提供了解答。记住，你的目标是写出一份让人动心的提案，令编辑读后会立刻拿起电话和你签约。

新书的手稿

不无讽刺的是，看到询问信和出版提案时，编辑往往知道他想要的是什么，但当他们看到整份手稿，反而不知道该如何告诉作者稿件还有哪些欠缺。一方面是因为编辑不是作家，他们不知道该怎么写一本书；我们知道每位作者的写作方式都不一样，当作者把整份手稿交给编辑时，这本书已经接近完成，可以呈现出它在内容和风格上的价值和优点。然而，不管你的作品是不是小说，手稿中都不该出现思考不够严谨或写作漫不经心的地方。你必须问自己：书里的情节或论点是否能令人信服？是否表达得很完整？每个场景、角色、对话和概念是否都对整部作品有重要而不可或缺的价值？是否完全原创？能不能令亲朋好友以外的读者也能从头读到尾？

也许要花一点时间，但一份构思、文字俱佳的手稿、出版提案，或一封热诚、专业的询问信终究会为你找到适合的出版商。同时也要慎重考虑编辑给你的回应，以此不断打磨、完善自己的作品争取下一个出版机会。别忘了，你的任务十分艰巨，毕竟你想要吸引的是一个大忙人的注意力，他每天都面对着读不完的材料和其他有待履行的编辑、制作和营销责任。

尽管编辑常常超负荷工作，但他们永远都在寻找新书的题材。对一位编辑而言，最兴奋的事莫过于发现一位有原创力、能鼓舞人，而且完全专业的作者。你精心准备的询问信、出版提案或手稿也许可令他确信，你就是他所期待的那位作者！

Chapter 11
第十一章

你将不再孤单
——参加作家会议

塞德曼 Michael Seidman

沃克出版公司（Walker）的推理小说编辑塞德曼投身出版业三十多年中，几乎涉足所有出版领域，累积了丰富的经验。他曾荣获美国推理小说奖“最佳图书编辑”奖，著有《从手稿到出版：出版流程指南》（*From Printout to Published: A Guide to the Publishing Process*）。一九九二年十一月他出版了近作《实现梦想：把写作当作一种生活方式》（*Living the Dream: Writing as a Way of Life*），每年他至少会参加十场作家会议。

❝ 你是否期待着“有一大群背景各异的支持者等着告诉你，你并不孤单，并为你提供作家成长过程中所需的种种协助和支持”？根据塞德曼的说法，如果想建立这样的关系，“你需要做的是参加作家会议”。

美国各地每年都会举办数以百计的各类作家会议。塞德曼事例丰富、信手拈来的文章对如何选择适合参加的会议，如何节省时间和金钱并从中得到最大的收获都提出了实际的建议。他告诉你如何珍惜每分每秒，如何选择工作室，如何评估哪些事情应该避免，如何有效地建立和与会编辑的交情，这会对你的职业生涯大有帮助。重要的是，要记住很多时候编辑参加这类会议是为了挖掘新作家，作家渴望认识编辑，编辑也同样渴望认识作家。这就是作家会议的全部意义所在。所以，赶快关掉电脑（如果你实在无法停止写作，就带上笔记本去吧），到作家会议去，给创作才能充充电，你的事业发展可能就此发生巨大转变！

哲人曾说:教学相长。十年来，受邀在无数场作家会议上演讲过，并终于也能以作家的身份参加会议后，我不打算和哲人争辩。他们说得没错。

也有人说，你们应该不断地写作、写作、写作，没有用来写作的时间都是一种浪费，而学会写作的唯一方法就是写作。这种说法对吗?

还有人说，写作是最孤单的行业，是你必须独自完成的工作，只有文字与你相伴。是这样吗?

这些“有人”说的暧昧不明的话总是被我们引用，但却不一定总是对的。

假如你孤独地埋头写作，唯一的回馈就是一封封退稿信（“……不适合我们目前的出书方向”），你会发现自己在不断重复相同的错误，但毕竟只有当你知道错在哪里时才会从中吸取教训。不幸的是，研读并试图模仿你心仪作家的作品并不能解决问题，这样写出来的作品只不过是别人作品的简单翻版罢了。

至于孤独——就算最糟的时候还有笔下的人物陪伴，在你的描述中生老病死。而情况顺利时会有一大群背景各异的支持者等着告诉你，你并不孤单，并且为你提供成长过程中所需的种种协助和支持。你将不得不离开打字机几天（而现在有了便携式的），但这几天绝不会白费。

你需要做的不过是参加作家会议。

美国每年都召开几百场作家会议。有些是由写作团体或研讨会赞助的，如在德克萨斯州博蒙特举行的金三角小说家会议、在科罗拉多州丹佛市举行的落基山小说家会议；有些如在俄克拉何马州诺曼市举行的直接由俄克拉何马大学的写作计划赞助的专业写作短期课程；另一些则是由文坛上各领风骚的专家举办的研讨会。

还有些会议是特别针对某个领域的作家：如美国言情作家联盟赞助举办了很多这类会议；美国推理小说家协会的芝加哥分会提供了一个叫“暴风雨夜”的写作课程；还有一些专为儿童小说作家和宗教图书作者举办的会议。如果你想涉足这些领域，这些会议上有很多人可以帮助你。

那么，在让人眼花缭乱的各种会议之间，作者该如何选择？每年春天，《作家文摘》（*Writer's Digest*）都会刊登美国即将召开的作家会议资讯同时公布出席的演讲人名单。你可以先从这里着手。

你的朋友也可以提供有用的资讯。如果他们参加过某个会议，觉得还不错，你应该认真考虑他们的建议。

最后，各地的市立和高校图书馆管理员通常都很清楚即将召开的会议名录，并且可以帮助你联络主办单位。

锁定几个你可以参加的会议后（旅费不至于贵得吓人，也不需要请太多天假），接下来就要选择一个最为适合的了。重要的是谁会参加这个会议，会议讨论的内容是什么。假如你擅长科幻小说，而会议请来的演讲者（可能是作家、编辑或经纪人）中没一个人会谈这个题目，就要考虑放弃参加了。当然，可能你不会一无所获，比如演讲人中恰好有你心仪的作家或某位声望卓著的编辑，你必须根据自己的需求和预期的收获来做决定。

要事先弄清楚你是否有机会和想见的编辑或经纪人单独会谈。

有些会议会为有需要的人安排十分钟的单独会谈；有些则以圆桌会议的形式，让所有与会者一同和演讲人对话；有些会议则希望你自行安排会谈。大多数演讲人都很乐意和与会者接触，因此即使你挤不进单独会谈的名单，也并不表示你就完全没有机会。

我演讲过的大多数会议（我每年会应邀做八到十次这类演讲）都提供评论作品的机会。有些会议以竞赛的方式进行，参加者通常需要额外付一笔费用。根据主办单位的规定，你提交参赛作品，由专家评选、授奖。即使没能得奖，也会拿到一纸评语，指出你写作上的优点和不足。

抵达会场时，你可能会发现有好几百人在那里等着报到、拿资料袋（里面有大会议程、演讲人简介、与会守则和餐券等，还有一张希望你在会议结束时填写的意见表）。但有时，来参加会议的只有几十人，有些人可能是熟面孔，年年参加或只要有时间，每年都会参加两到三个不同的写作会议；也有些人是初次尝试。不管大家在写作上的兴趣和需求是什么，到这里来的一个共同目的就是学习，来认识其他作家，来交流信息和交换经验，加入出版界的网络。没错，他们出现在这里的目的和你完全一样。

要记得带好笔记本和铅笔，方便的话请带上几份出版提案、部分手稿或其他材料。大多数编辑和经纪人都不想带一堆稿子回家，在大会进行期间又没有时间阅读，但凡事总有例外，假如碰到这种例外，你会希望自己已经做好准备，可以立刻钓起这条大鱼。

如果你打算待上好几天，而且带了便携式打字机或电脑，这很好，参加这种会议总能激发你的活力，但这也不是必备的，我们所说的文学其实大多不是在机器上创作出来的，用传统方式仍然可以做得很好。

别忘了穿得舒适一点。上了一天的课，会议室常常会变得越来越热；假如会议还包括颁奖宴会，你也许需要盛装赴会（事实上即使你幸运地成为决赛入围者，也不一定真需要盛装，这就和你不需要打字机一样）。

令我困惑的是，有些人到了会场后就单独坐在角落里瞪着这一大群人，却从不主动接近别人（编辑也会觉得孤单）。害羞倒是无妨，但千万不要以为别人对你说的话不感兴趣。所以，一踏入会场，你就应该开始交朋友，主动和人打招呼，问问题，参与其中。没错，假如你只是坐在后面静静听讲，你的确可以学到东西，但假如你不只是听别人讲，也发表自己的意见，你的收获会更大。

你将会有很多收获，或许会太多了。看看时间表，也许八九个座谈会都在同时进行！你可能会事先收到一份议程，否则请检查你报到时拿到的文件袋并计划你每天的日程安排。

如果你来这里是因为某个特别的目的，例如很想听某一位嘉宾的演讲，先在议程表上找到你最想参加的座谈会以免错过，然后发掘一下其他你感兴趣的课程，把它们标记出来。如果时间冲突，两个你感兴趣的座谈会同时进行，你该怎么办呢？

如今许多作家会议都提供所有课程的录音带，价钱也很便宜，因此，选好你最想参加的课程（因为你很可能要当场提问），其他课程就只有靠录音带了。或者你可以问问参加这些座谈会的同行们能不能借你笔记，和你分享心得。

你可以自带手提录音机。即使是出售录音带的会议我也从没听说过禁止现场录音。但在录音以前，还是要先确定一下会议是否准许，演讲者是否反对。要先彬彬有礼地简单询问，确定得到了允许：演讲人可能不知道这些录音带会做什么用；他们可能需要签份同意书，也有可能出于某些原因不希望被录音，不过这都是极少数情况（尽管我偶尔会担心当时自己到底说了什么），假如预先征求同意以避免问题的话，就没有理由禁止录音了。

在会议间歇或一天中的任何时刻，你一定会在大厅或休息室中碰到一两位演讲人。你应该尊重他们的个人隐私，如果他们正和别人深入交谈，就不要随意打断；在其他时候，则不妨大胆地走上前去自我介绍，问他们是否有空聊聊，然后一切就顺其自然了。假如这位演讲人是位推理小说编辑，不要长篇大论地谈你写的恐怖小说，只要告诉他你正在写什么，再说些你很喜欢他的演讲之类的话，问问他在这里过得是否愉快（话题不一定非绕着工作打转不可）。如果时机适当，再问可否寄作品给他看看。

他可能会问你一些比较详细的问题，比如稿子有多长，是否可归为某种类型，或是其他上百个编辑都会关心的问题，再请你寄去整份或部分稿子。当你寄送稿件时（越快越好，有时我当天回到办公室时已经有一些稿子躺在桌上了），要记得在信上提及这个作家会议，谢谢编辑肯花时间来阅读这份稿子，并且暗自祈祷（只要这不会干扰你创作）。

假如他拒绝了你，千万不要试图改变他的心意。经纪人和编辑不见得永远正确，但每一个决定背后一定有其理由。我们很清楚自己的需求，知道能在市场上做些什么，哪些做法才行得通。你无法把任何东西“推销”给我们，如果你死缠烂打，那么可以肯定，我们一定会记住你的名字。出版这一行已经够难做了，千万不要节外生枝，得罪那些可以帮助你的人。

会议是为作者而邀请演讲人的。有些演讲人亲切随和，容易交谈，有些则不太容易亲近，但很少有人真正忽视你。假如你真有那么倒霉，请在资料袋的意见表上反映。每个会议都会发一份意见表，询问你对整个会议、演讲人、各个座谈会的意见以及你最喜欢和最不喜欢的项目——这些问题可以帮他们把明年的会议办得更好。你应该诚实地回答这些问题，假如有人态度傲慢，毫无助益或令你失望，请把真实的情况写在意见表中。假如某些人或某件事对你特别有帮助，也别忘了提及。

除了演讲人，还有很多人可以让你受益。你会在会场上认识很多来自各地的作者，他们和你一样，是来学习的，想获得对自己事业发展有帮助的见解。他们也曾像你一样经历过失望、低潮、瓶颈和成功，这些经验都很值得分享。你不用花多少时间就能找到志趣相投的人，只消花一分钟打个招呼，一段持续一生的友谊可能就由此开始。坐在你旁边的人或多或少都会与你有不同的经验、不同的见解、不同的知识，而且和你一样急于交流。

有些作者担心会场上的谈话对象可能会偷去自己的点子，但是先想一下：这些人也是作者，脑子里也塞满了各种还来不及去发展的构思。作家会议应该是开放心胸、真诚分享的场所。

和别人交换了经验（和地址），知道了自己不是孤军奋战，聆听了别人的见解，也问了很多问题，在尽情参与了每一个环节之后，你终于满载而归。

但事情还没有结束：你还要回应别人的邀请，寄出稿件；假如你很喜欢某些编辑和经纪人的演讲，想和他们合作，却没机会和他们谈话，也可以寄询问信给他们。

假如有人以这样或那样的方式对你特别关照，也要寄一封感谢信给他，让他知道能有机会认识他是怎样的乐事，很期盼以后有机会见面。（不要说你很期待什么时候可以寄稿子给他看，但假如日后你真的寄了，要提醒他上次的会面是多么愉快。）

要和其他作者保持联系，不时征询他们的意见，也为他们提供帮助。你们可以交换关于写作、工作习惯、编辑、出版社、经纪人和潜在市场等任何方面的想法。

创作时，你或许是一个人坐在书桌旁，但实际上并不孤单，因为还有上千个我们这样的人做你的后盾，随时准备伸出援手，提供帮助。你只须大胆地开口求助。

而要找到我们真是再容易不过了，你只要参加作家会议，花几个小时和别人谈谈写作，谈谈你出版过的作品。也许那段时间你没办法进行任何创作，但所得到的收获和支持，会让你写出更好的作品。

就像你参加会议前会慎重选择一样，我接到演讲邀请时也会慎重考虑。某些会议是我特别喜欢的，某些却永远不会再次参加。接到邀请函后，我首先要查清楚还有哪些人会去演讲，因为当我有空时也想去旁听其他演讲或座谈。我总是可以从中学到很多东西，无论是关于写作还是关于出版。

假如对邀请我参加的会议毫无了解，我会向其他编辑或经纪人打听这个会议的举办情况。包括每项活动是否准时开始，参加的人有没有机会和演讲人交流；他们会不会举行单独的小型讨论会或小组圆桌会议，让需要一对一交流的人有机会面对面沟通；研讨会上会不会有写作竞赛或评论作品的机会；举办地有没有气氛较好的酒吧或休息室可以让与会者可以利用晚上的空当进行深入交流。我发现这类闲谈最有价值，因为这时大家都会卸下防备，抛掉伪装，坦诚相待。

也就是在这种时候，我记起了哲人的话，无论是编辑还是作家，“教学相长”总是没错。

我最近参加一个作家会议时，听到有几位演讲人抱怨在休息时间一大堆人跑去找他们。我的想法是，你同意去演讲就已做出了尽可能投入所有时间的承诺。尽管如此，不管你碰到的是我还是其他人，表现出一点点常识和礼貌会让会面的气氛更愉快，也能更好地惠及彼此。我们很清楚你们的需求，也努力做和蔼可亲的人，但我们也会直言不讳，不会鼓励你寄出还不够成熟的稿子。我们会给你一些批评的反馈，这是你在收到冰冷的非正式退稿信中不会看到的。

当你和一位编辑会面时，你有权期望他充分关注你。但千万要记得赴约，在作家会议上最令人沮丧的事情莫过于被人放鸽子。这不但浪费了编辑的时间，也使其他人失去了与编辑会面的机会，而你自己实际上也没得到什么好处。假如你真的无法赴约，就事先取消约会，这样每个人都会很感激你。

要发挥作家会议的最大效益，其实很简单。承认你到那儿是为了学习，专心听讲，开放心胸。同时也要记住，编辑其实也会从你身上学到很多东西——不管当时他们是否能意识到。

这就是我很喜欢应邀去做演讲的原因之一——我可以从你们身上学到东西。我们往往会被纽约高耸入云的摩天大楼所迷惑而忘了这个城市其实西起哈德逊河北至布朗克斯。和你们会面，拜读你们的作品，不只能令我们了解你们的关注点，也能让我们更了解读者的需求（他们买的书永远不会多到让我们满意的地步）。我可能会对某个领域了解更多，得到一些编辑该有的看法；可能会对作家的需求有更深一层的认识；也可能发掘一位新作家。

没错，这种事经常发生，所以当你参加作家会议时，不应放弃这个可贵的机会。赶快去找编辑或经纪人攀谈，把你和他们看成一个团队，追求共同的目标。我曾经在周末利用远离办公室来参加这类会议的机会买到十多本书的版权，还帮不计其数的作者建立起和出版界的联系。每当我飞到某个地方，会见急于得到资讯和答案的作者时，都希望能为他们提供这些帮助。

我们每个与会者都有不同的目的，大多数人的确都得到了他们想要的或至少找到了自己下一阶段的发展方向。

你永远不会无所不知，书到用时方恨少。创作的过程始终在改变，出版商的需求也会随着季节变化而变化。新编辑不断涌入，开始在出版业和写作艺术上留下自己的印记。

停下笔来，花一点时间好好学学写作，你才不会变成自己心血之作的唯一读者。

你会知道自己不再孤单，有一大群充满活力的人等着帮助你，欢迎你，你会因此而变得坚强。

将要买下你下一部作品版权的编辑，很可能就在这群人之中。

Chapter 12
第十二章

当编辑扮演谈判者时

莱文 Martha K. Levin

莱文目前是双日出版社旗下的大众平装书品牌船锚书系的副总裁兼发行人。她负责附属版权交易已长达十年之久，曾担任兰登书屋的附属版权部主任，和霍尔（Edward T. Hall）、马哈福兹（Naguib Mahfouz）、斯伯特（Donald Spoto）、理查德（Mark Richard）等人共事。

“在莱文女士看来，“谈判是双方……进行的讨论，结果将是草拟某种形式的图书版权购买合约。”

首先要遵循以下两个原则：“（一）在谈判过程中，每一方都有权提出任何要求——只是必须注意，对方也同样有权说‘不’；（二）不要随便做任何假设——假如某事是双方没有讨论也没有写在合约里的，那么双方可能对同样的事情做出截然不同的诠释。”关于如何令版权谈判变成作者、经纪人和出版社三方都感到公平、愉快，而且回报丰厚的经历，莱文女士在本文中提出了许多富有创意而又切实可行的宝贵建议。

在作者交稿三个月、签约十五个月后，我接到一个电话："你知道吗，我的工作比预想中多很多，我真的觉得你应该多付我一点钱。我和一些朋友谈过，他们都说你应该付我版税。"

我叹了口气。当我以固定酬劳的方式签下这位作者时，就知道他迟早会有这样的感觉。但我不知道结果竟会如此令人不快。

从一开始，这就不是一桩直截了当的交易。当初是另一位作家的版权所有人主动找我，表示想出版一本文集。我觉得这个主意很棒，但需要一位资质合适的外审编辑来整理作品的背景资料。我用一个月到处询问，终于找到了一个适当人选。我打电话给他，他同意接下这个案子。由于他没有和任何经纪人签约，我只得小心翼翼地和他讨论这份固定稿酬的协议，并多次提醒："你明白吧，这份协议的意思是说，你以后都拿不到版税，你清楚这点吧？"每一次他都告诉我，他完全明白。

由于我刚入行时曾在版权代理公司工作，因此我比老板所期望的更偏袒作者，绝不会只因个人想法，就克扣作者的版税。但显然我必须先付版税给原作者的版权所有人，当做完损益表后，我发现如果付出两份版税，公司一定会亏本。我以为之前已经解释得很清楚了，真的就"签下这份合约意味着什么"已经做了巨细无遗的说明，但显然我表达得还不够清楚，结果他怒不可遏，不愿意再和我讲话，而且立刻接下了另一家出版社给他的工作。

我是不是本可再做点什么，让他明白整个状况？我没有答案，但有了这次教训，往后当我直接和作者讨论有关金钱及合约的问题时，就更加谨慎了。许多编辑更乐意和没有经纪人的作者直接谈判，因为这样一来，他们通常都可以用同样的预付版税买到更多的权利（例如买下全球版权而不只是美国本土版权，有时甚至包括电影版权等）。但我的想法不同，不管某些经纪人多么糟糕（出版界充斥着不合格的经纪人），我还是宁可和他们打交道也不要和作者直接讨论最敏感的话题——金钱。放大点说，这次经验也以惨痛的方式证明了谈判和明确双方都充分了解、也愿意遵守的协议是多么重要。

这样的事情近期常常发生。从某个角度而言，我几乎一踏入出版业就一直在扮演谈判者的角色了。离开那家版权代理公司后，我开始承担谈判附属版权的工作，而且一做就是十年。之后我成为发行人兼编辑，开始购买精装书的改版权和单行本印制权，这种工作经历让我有机会从各种层面来看待谈判这件事情。

我会在后面说明许多谈判规则，其中两项特别重要的基本原则必须在一开始就提出来：（一）在谈判过程中，每一方都有权提出任何要求——只是必须注意，对方也同样有权说“不”；（二）不要随便做任何假设——假如某事是双方没有讨论也没有写在合约里的，那么双方可能对同样的事情做出截然不同的诠释。

什么是谈判？谈判是双方——编辑和经纪人、编辑和作者、编辑和附属版权主管，或附属版权主管和任何可能的被授权者——进行的讨论，结果将是草拟某种形式的图书版权购买合约。通常双方在签约之前，会花很多时间来讨论、甚至激辩其中某个特定条款——这些条款目前看来似乎无关紧要，但四年之内却可能变得至关重要。我曾参与过无数次这样的激辩，知道为什么我们这么斤斤计较，也累积了足够经验。很多时候，事后的发展证明了当初大家花这么多时间来争取对自己有利（或经纪人谈判对作者有利）的条件都自有其原因。许多不太可能发生或无法预测的事情，后来确实都发生了。假如经纪人觉得不值得为客户的某一本书争取翻译版权而花时间，那么四年后当这位作者的第二本书在欧洲造成轰动，所有的外国出版商都争相购买第一本书的翻译权时他就后悔莫及了。

有效的谈判要求双方了解彼此的目标。作者和经纪人的目标通常包含两个要素：最多的钱和出版商最多的承诺。相比之下，编辑的工作更加困难，他需要达到好几个目标，包括：（一）达成双方最终都会满意的交易（这很难做到）；（二）在交易中为自己老板——出版商争取最大的经济效益；（三）对出版社而言，达成的交易必须在整体运作和财务上都可行，同时又能维持和作者及经纪人的长远关系。

谈判是非常个人的事情。每个人都有自己的谈判风格，而且希望这种风格有效。我是个有话直说的人，所以我的谈判风格也直截了当。但不管怎么谈，还是有几个人人用得着的小技巧。我学到的一件事是，永远让对方保持心情愉快。我的意思是，绝对不要让对方觉得受辱、吃亏或被看低了。这听起来有点夸张，但曾有很多个晚上，在谈成一笔“很棒的买卖”（过去，这句话的意思是我卖出了一本书的附属版权，可以大赚一笔，现在则是指我买到了一本很棒的书），挂断电话之后，由于被难缠的谈判对手磨得筋疲力尽，结果我竟没有丝毫喜悦。

要如何避免这种情况呢？你无法控制对手的行动，但自己在谈判过程中必须偶尔让步以博取对方好感。例如，购买平装书版权时，我们付的版税越少，公司可能获得的利润就越高。所以我们提议的版税总是越低越好。但我们也非常明白，百分之九十的经纪人及精装书出版商都不会接受我们提出的版税算法，所以会预留一些折中空间。经纪人说：“我们不能接受这样的版税。”而我们在争辩了一小时之后（好让他们充分明白，我们不会不经丝毫努力就轻易投降）终于让步。这并不是撒谎或耍心机，如果你有办法谈成较低的版税，那么你就为公司做了一件好事；永远不要忘记，你可以在不伤害整个交易的情况下就某个条件稍作让步。

这样的例子很多，当你无法让步时，要事先充分掌握谈判中的限定因素以及它们产生的结果可否变通，这样做作用很大。任何出版商的合同草案中都可能有一些法务部门坚持要放进去的神秘条款，我是个受雇于人的员工，所以职责是站稳立场。有时我不尽然同意条款中的用语，很多时候甚至看不懂那些条款——例如保证金、补偿金等名词就完全超出了我的知识范围，这些都无关紧要，我的责任是坚持公司的立场，坚持老板的立场，但在谈判过程中，我总是试图从双方的角度来看问题。或许有的人（尤其是我的老板）会认为我太为谈判对手着想了，而我相信，真正的谈判高手一定能充分理解对方的立场，以至于他们在表达同情的同时，还能坚定地说“不”。

前面谈的都是如何采取怀柔策略，目标是让对手感觉愉快，这一点相对容易。但谈判艺术中还有强悍、冷硬的一面，有时我能表现得很好，但大半时候都办不到。我不是胆小鬼，但要我采取强硬立场，需要事先确定一定得到了老板支持，而且谈判破裂的后果是我能够承担的。要玩这个游戏的人最好有足够的胆量。我曾面对一些真正顽强的对手，尽管我不喜欢他们的谈判风格，却不得不佩服他们的不屈不挠。

几年前，当我还在负责附属版权交易时曾负责处理一本热门书的平装书再版版权拍卖。当时我已经接受了一个底价，但有点担心拍卖不成功，因为底价很高，可能令其他有意竞标者却步。因此那天早上，当我接到一通电话，发现还有其他人愿意出价时真是大大松了一口气。不幸的是，对方一开口就浇了我一盆冷水。“好吧，我们的条件是这样的，这些都没有商量的余地。如果你们不喜欢，我们就退出。”我的确不喜欢他们的条件，付款极低，版税少得可怜，这样的条件他们居然也说得出口，真应该感到羞愧。（较之于我，这是施展强硬手段的绝佳范例。这么低的版税，我是怎么也说不出口的，她却可以毫不犹豫地提出。）尽管她脸皮够厚，敢提出这么差的条件，却不是个真正高明的强硬谈判者。她违反了两个重要的谈判原则：第一，不要轻易宣布一个你根本不打算坚守的立场。而她正犯了这个错误。在回复她的提议以前，我让她等了三十分钟（之前我已经表明很不乐意接受她提出的条件），才打电话拒绝她。我告诉她，除非条件提高，否则我们没办法接受。第二，她没有使用我一向遵循的谈判原则，就是不管发生任何事，都先等一段时间再回复对手的要求。当时她听完我的话，立刻让步把版税提高了，而她从此在这场谈判中再也无法占据任何优势。我抓到了她的弱点，知道我们永远不会再接受他们第一次提出的版税，而且随时可以重施故技，掉头而去。我也怀疑他们始终都只是在虚张声势。对我而言，坚持立场，相信直觉，才是足以制胜的法宝。

你并非总有机会使用这类策略，大部分谈判都充满不确定且令人恐惧，生怕走错一步就会失去这本书（假如你是买主），或失掉一笔好买卖（假如你是卖主）。能否根据可靠的直觉、长久累积的经验，以及对对手的了解来采取行动，将决定你究竟面临的是成功还是灾难。

谈判不一定永远是决一死战的斗争。对我而言，最有乐趣的谈判过程是卖版权给图书俱乐部。美国主要的图书俱乐部只有两家，因此你慢慢会和谈判对象越来越熟。有一次，我把一位名作家的新作拿给俱乐部评估，大家都觉得这本书没他上一部那么好，但他的书在俱乐部一向很受欢迎。其中一家的编辑打电话给我说他们觉得这本书不怎么样，所以不确定是否要出价。我很清楚，如果他们拿不到这位重要作家的新作将对会员无法交代，所以就这么开始（同时结束）了我的谈判：“喔，少来了。你很清楚你们需要这个家伙和他的新书，你就出个价，大家赶快把这件事办完吧！”或许这是不合标准的（或巧妙复杂的），但很适合当时的情境和谈判对象。别忘了，我和他相交多年，彼此欣赏，永远不要低估交情所能发挥的力量。出版界很喜欢在谈判中利用友谊的影响力，但据我观察，其他行业又何尝不是如此呢！

现在我扮演发行人和编辑的双重角色，我发现与过去负责销售版权时相比，扮演成功的谈判者更难了。现在的我更善于教导下属谈判，而不是亲自上阵。最近，有位成功的、很有影响力的经纪人寄给我一份手稿，作者是个不太有名的作家，她同时也把这位作者广受评论家和读者好评的第一本书寄给我，建议我同时买下两本书的版权。她不断劝我们赶快采取行动，并开出可观的预付版税。每当我们踌躇不前时，她就提醒说还有很多出版社摩拳擦掌要抢到这位作者。我们怀疑情况根本不像她说的那样有多家出版社频频问津，因此决定冒一冒险。我们仍然坚持原先较低（但还不至于侮辱人）的版税，她果然接受了。正如我先前所说，经纪人可以要求整个世界，但不可能每次都如愿以偿，最后还是要由我们来决定能够负担多少或让步多少，并且衡量他们所提供的“货”究竟有多高的实际市场价值。

根据我的经验，出售平装书版权要比向经纪人购买平装书版权或单行本印制权困难得多。出售版权的时候，我必须不断重申立场，软硬兼施，尝试提出不同的价码，还要确定对方充分了解我的为人，知道当他们说最多只能出五万美元时我确实会当真。最困扰的事情莫过于几天后，有人听到我接受了更高的价码，就打电话来说早知如此他们也愿意出更高的价钱。我不玩这种游戏，而且老实说，我多半不相信他们说的是真心话。

最后一个重要的谈判原则尽管看起来明显不过，却因被许多编辑轻忽而导致谈判失败。这个原则是：记录大家在讨论中说过的话。我会把我所提条件中的每个细节（连每次讨论的时间都不漏掉）及对方的回应记下来。并随着谈判的进程不断丰富这些记录。几年前，一场牵涉大笔资金的平装书版权谈判陷入可怕争端，这个原则拯救了我和我的下属。我这位下属似乎真的有强迫症，他不只是勤记笔记，而是把谈判过程中双方所说的每一个字都记录下来。

他和对方的平装书编辑在谈话中发生了一些我所谓的“误会”，在他向上司汇报之后没过多久那可怕的女人就打电话来对我咆哮。她叙述了谈判经过，而我则解释了我同事描述的版本，她说我的同事撒谎，于是我拿出同事笔记中记录的谈判过程逐字念给她听。五分钟后，她冷静下来。十分钟后，她让步了。这对双方来说都是个极端的例子，不过重点是，他的笔记救了我们，使我们摆脱了一个很不愉快的棘手处境。顺便一提，我并不赞成采用电话录音或其他任何一种高科技的录音方式。我是个很老派的人，宁可相信谈判对手基本上都很诚实，只是偶尔犯糊涂。

除了笔记，当谈判即将有结果时，我也会把合约放在手边，确定其中每一条都已经过双方讨论。毫无疑问，合同完全覆盖了每个方面。

谈判并不简单。就像其他方面的出版经验一样是因人而异的。当你准备进行一场谈判时，要切记这一点。谈判是一件严肃的事情，而且所费不赀，永远要牢记，讨论的结果是某人会得到一大笔钱，而决定这笔钱的归属是你的责任。若想象这笔钱要你自掏腰包，那么你将会是个成功而机敏的谈判高手——能为你的老板，你的作者，你的事业，都争取到最大的利益！

Chapter 13
第十三章

为基督徒市场编书

托马 Janet Hoover Thoma

托马曾是戴维·库克出版公司（David C. Cook）的主编。离开戴维·库克后，她在托马斯·纳尔逊出版公司（Thomas Nelson）做了十年的资深组稿编辑。之后，她创办了隶属托马斯·纳尔逊的珍妮特·托马书系，并担任副总裁。

“假如你想为基督徒市场编书或写书，就必须抛掉《周末夜现场》中用漫画方式表现的“教堂女士”那样的刻板印象。托马给出的建议是，“必须了解读者……也就是说你必须能看到一个更为多样化的读者群，而不是这位卡通化的人物或自以为只要虔诚就够了。”家庭主妇和白领是基督教作品两个最大的读者群，如果你是为他们编书或写书，首先必须决定你的作品是严格针对基督教书店的还是同时也面向非宗教性书店。“基督教图书经常大幅引用《圣经》，也主要从基督徒的视角来传达主旨。”

托马写道，在基督教作品的出版中，作者和编辑的关系“其实和非宗教出版业没什么两样，也就是说，从构思、提案到实际编辑流程，我们通常直接和作者一起工作，以完成高质量的作品”。

哪些虚构或非虚构类（尤其是在自助领域）主题可以被探讨？面对各种各样的基督徒读者该如何表达？针对这些问题，托马的文章给出了很多建议，这对作者和编辑都非常重要——如果他们想成功地让有价值的作品被受众接纳，而又不冒犯这些有虔诚宗教信仰的读者的话。

棕色的卷发紧贴在脸颊旁；戴着透明塑料边框眼镜；雪白的彼得潘式衣领，扣子紧紧扣到颈畔；与时尚无缘的棉质碎花裙和土里土气的老处女式的鞋子，声音又高又尖。她常常会用甜蜜蜜的语气说："好特别啊！"见到她认为不道德或不好的行为时，她会说："谁能令我们这样做？是谁呢？也许是撒旦！"这个女人看起来很面熟吗？如果你看过美国的电视节目《周末夜现场》大概认得出来，她就是"教堂女士"。

如果你想为基督徒市场编书或写书，就必须抛掉这种刻板印象。要为这个市场编书或写书，你必须了解读者，也就是说你必须能看到一个更为多样化的读者群，而不是这位卡通化的人物或自以为只要虔诚就够了。

多种多样的读者

目前，美国的基督教图书市场可分两种：基督教书店（全美有七千二百六十七家）和非宗教性书店。不同的市场代表了不同的读者。

没错，在基督教书店中你会找到几个"教堂女士"这样的人物。但根据基督教书商协会（Christian Booksellers Association，CBA）

一九九一年所做的消费者调查，基督教书店的典型顾客是那些每周至少要上一次教堂、二十五到五十四岁的女性（其中百分之六十在二十五到四十四岁之间，百分之十五在四十五到五十四岁之间），请相信我，较之“教堂女士”，二十五岁左右的女性应与歌手艾米·格兰特（Amy Grant）的形象更为接近；男性消费者只占百分之二十五。

这群消费者的职业相当多样化，家庭主妇和白领是两个最大的群体。被调查的女性中有百分之二十六将自己归为家庭主妇，百分之二十一将自己归为上班族。百分之二十六的男性将自己归为白领，百分之十七为领薪的教堂工作人员，百分之十四为蓝领工人。几乎每位受访者都完成了高中教育，三分之一以上的人有大学学历。半数消费者年收入在两万到四万美元之间，其余则有一半是低收入者（年收入在两万美元以下），一半是高收入者（年收入超过四万美元）。受访者的平均年收入是三万一千八百七十二美元。

这些读者的信仰和刻板的“教堂女士”也有很大不同。是的，其中有些人信奉原教旨主义，以沉默表达抗议，他们可能会说：“我从不这么做……”但很多只是诚实的普通人，努力在生活中实践自己的信仰。还有很多人受过良好教育、精明世故，甚至有时奉行自由主义。一方面，他们和浸信会教友一样多样化；另一方面，也像灵恩派教友一样，会同时在基督教书店和天主教书店买书，这些书店的存在比基督教书商协会的书店早二十年。

越来越多的基督教图书出版社在非宗教性书店表现出相当不错的销售业绩。这些书店的受众仍然是基督徒，不过更像是“主流”基督徒，如长老会、新教圣公会或路德会的成员。

所以如果你为这个市场编书或写书，首先必须决定你的作品是严格针对基督教书店还是同时面向非宗教性书店。基督教图书经常大幅引用《圣经》，也主要从基督徒的视角来传达主旨。

由信仰基督教的财务顾问巴克（Larry Burkett）撰写的《业务丛书：为商业人士提供的圣经原则指南大全》（*Business by the Book: The Complete Guide of Biblical Principles for Business Men and Women*）就是一个例子。这本书提出一种激进的商业管理办法，巴克自己承认，他是依据圣经原则制订公司政策的，从这一原则的角度，他讨论了解雇员工、公平薪酬和借债等棘手问题。基督徒可以炒别人鱿鱼吗？当然可以——如果他懒惰①或不诚实②的话。

不过，如果想同时打入非宗教市场，犹太教与基督教共有的观点在书中只能占部分内容。

米勒（Frank Minirth）、米尔（Paul Meier）、汉姆菲特（Robert Hemfelt）、斯尼德（Sharon Sneed）四位医生撰写的《爱的饥渴》（*Love Hunger*）就是这样一个例子。医生们——两位精神科医生、一位成瘾症咨询师、一位营养师兼营养顾问——权威地讲述了强迫性暴食症的心理和生理成因，同时也讨论了精神方面的因素。一位病人对爱情的渴求促使其患上暴食症，他们相信真正的答案可以在上帝无条件的爱中找到。因其前所未有地从三个角度——身体、心理和灵魂——提出了解决办法，这本书一九九〇年甫一出版便登上《出版人周刊》的排行榜。

无论针对哪个市场，基督教出版社出版的书都应避免粗话和具体的性爱场面，这会冒犯读者群体。当基督徒作者处理棘手的主题（如日常的性虐场面）时，就算描写了充足的细节以保证作品的真实性，受害者所受的伤害也不会减少。

---

①《箴言》（*Proverbs*）22:29：你看见办事殷勤的人吗，他必站在君王面前，必不站在下贱人面前。（圣经和合本，下同）——编者注

②《箴言》14:2：行动正直的，敬畏耶和华。乖僻的，却藐视他。——编者注

精准的出版决策

对于那个老生常谈的问题:“我们的出版书目中应该包含哪些书?”并没有标准答案。显然大多数基督教出版社和非宗教出版社一样，都在寻找独特的题材。我们也很明白身为基督教出版社的特性——必须包含非宗教图书所不具备的鼓舞人心的犹太教与基督教寓意。

我们一向会出版很多自助类图书，因为身陷困境的人除了向上帝求助外通常也会求助于有关《圣经》和基督教信仰的书。自然而然地，基督教出版社会把那些为正在经受强迫症之苦的人所写的康复类图书囊括在书目中。(这些读者往往是还在寻找“我们所理解的上帝”的人，大部分都与基督教并无关联。)托马斯·纳尔逊出版公司还特别留意有关灵性的书，因为无论读者是否正处于康复阶段，都一直在寻找心灵上的意义。

时机是另外一个难题。当出版《爱的饥渴》时，我们知道一本从身体、心理和灵魂三个层面写作的饮食类图书是非常非常独特的。这本书在四个月内写完，还来得及列入一九九〇年的冬季书单(包括一月、二月、三月的新书)，刚好赶上了这个饮食类图书的传统销售季节;越接近新世纪的开始,有关末日预言的书就越来越受欢迎(有些基督徒怀疑上帝在公元两千年不会复活)，只要中东地区的以色列和阿拉伯国家发生冲突，战争看似一触即发，这类书就会登上基督教书商协会的畅销书排行榜。举例来说，据基督教图书的主要经销商春木公司统计，一九九一年预言类书籍的销售量是一九九〇年的一点五七倍。春木公司把这种销量大增的现象归因于“海湾战争的投影”。

出版名流传记，尤其是体育明星传记时，时机也非常重要。例如郝西瑟（Orel Hershiser）的传记《出乎意料》（*Out of the Blue*）销售了十六万五千册，德雷沃奇（Dave Dravecky）的《东山再起》（*Comeback*）也卖出了十七万五千册精装版和七万五千册平装版。这两本书之所以成功，是因为新书都是在作者事业达到巅峰的一年之内推出上市的。但如果等到他们过气了书才出版，即使再有名的演员和体育明星的书通常都卖不到五万本。基督教出版社推出的名流传记除了要展现他们事业生涯的细节外，还包括他们在精神上的信仰。这种情况下，文学品质不比时机掌握更重要。

近年来，小说在基督徒市场上越来越盛行。派瑞第（Frank Peretti）的《现时黑暗》（*This Present Darkness*）和《照亮黑暗》（*Piercing the Darkness*），以及欧珍妮（Janette Oke）先锋系列所取得的非凡成功促使其他出版社增加了很多小说出版规划。（派瑞第的两本书共售出三百万册，欧珍妮的二十本书共售出九百万册。）十字路出版社（Crossway）是这个领域的先锋，因为他们愿意冒着年度销量不高的风险，引进小说处女作并为作者建立声名。〔作家劳哈德（Stephen Lawhead）的处女作《在龙王大厅里》（*In the Hall of the Dragon King*）只卖出了四位数，但它和另外两本续集组成的“龙王三部曲”已卖出了十五万册。他的下一个三部曲“飞龙组歌”销量逾二十万册。〕伯大尼出版社（Bethany）在这个领域也拥有独特的地位，他们借助一般在特百惠等小型店铺货的批发商和举办签名售书的公司售出了大量欧珍妮的书，成功地为其建立了名声。

有些出版社把小说视为“为娱乐而创作的故事”，而有些信奉原教旨主义书店老板则把小说定义为“为教育而创作的故事”。他们希望书中有一位或多位主要人物接受上帝为救世主的信仰。编辑或作家必须事先了解出版政策，因为这显然会影响到故事发展的方向。〔一些跨领域的出版商如托马斯·纳尔逊、沃德（Word）、桑德凡（Zondervan）等，往往会把小说看作是一种娱乐。〕

大多数基督教出版社也会为非教徒出版参考书，还有些出版社〔比如穆迪（Moody）、贝克（Baker）、桑德凡等〕会为牧师和神学院学生出版神学相关书。

编辑工作流程

在基督教出版业中，作者与编辑的关系其实和非宗教出版业没什么两样，也就是说，从构思、提案到实际编辑流程，我们通常直接和作者一起工作，以完成高质量的作品。作者先寄给我几章样稿，以便一起讨论写作方向有无偏差，风格和节奏是否适当。（我认为这样做可以节省很多时间。最浪费时间的做法莫过于花几个月写完整本书后，才发现全部需要重写。）之后，作者再在编辑过程中陆续寄出剩下的稿子。

如果作者是这个领域的专业人士——如顾问、牧师或社会名流但毫无写作经验或忙得抽不出写作时间，这种情况下我通常都会请人执笔，酬劳一般从六千到一万五千美元不等，视工作量和这位自由撰稿人的专业背景而定。（这位影子写手或许需要改写初稿或根据作者口述内容整理出初稿，将之修改成定稿。）有时这位写手会得到作者版税中的一小部分并拿到一些预付版税，但预付版税往往比一次性酬劳少，因为他还可以从这本书的长期销售中得到回报。也有些写手不论新书销量如何都愿意采取一次性稿酬的方式。大多数组稿编辑找来的写手都是有过合作或是对其作品非常熟悉的人。

我总是告诉作者，要想象自己的目标读者就坐在对面听你说话——他们可能是三十五岁的职业女性和母亲，可能是年轻的企业主管。“不要只是对着电脑屏幕写作，要对有血有肉的真人说话。采用那个人了解的措辞、熟悉的图片和典故。”

我常把非虚构类图书的第一章比作一幅画的框架，风景或肖像的种种细节都应结合在内；因此新书第一章也应包括诸多细节。首先，应以一个读者能够认同的小故事或病人情况说明为开头。例如，在写给匿名戒毒会的作品《通往宁静之道》（*The Path to Serenity*）中，作者就以一个酗酒的大学教授的故事作为开场。如果这本书是写给药物依赖的患者，这个开头再合适不过了。但如果这本书其实是面向更广大的读者群——比如强迫症患者、工作狂、暴食症患者等，那么编辑允许作者以酒鬼的故事作为开头，就会有些潜在读者在浏览第一页后误以为又是一本谈酒瘾的书而把它放回书架上。这样一来，可能会因此流失百分之七十的读者。

作为替代，我们把开头改成了工作狂托马森的故事，女朋友刚因为他一心扑在才起步的电子商务上而和他分手，而酒瘾患者伍德拉夫则直到第二章在一次酒瘾患者大会上遇到托马森才出场。

其次，第一章也应该点出主题，说明作者为什么要写这本书。我编辑的书里很少出现前言或绪论，因为我相信大多数读者都会跳过这部分实则很重要的内容，因此作者的写作资质应在第一章中点明，并向读者承诺：“如果你读完全书，这个问题会在我们的帮助下得到解决，就像我们帮助了故事开头的人物一样。”

最后，在第一章（或第二章）的结尾，作者应该为读者提供一个全书导读。在读者一章章地细读这本书的内容之前需要获得一个整体观念。这样会让读者更容易理解书中提到的基本原则，尤其是那些对于外行读者来说非常陌生，没有专业背景很难理解的原则。

作者要确保读者在一章章读下去时能充分明了各章和各部分之间的关系，但作者往往会忘记向读者交代清楚。作为编辑，我需要弄清作者给出的这些提示是在每章的结尾还是在下一章的开头，由于自助类图书的内容往往技术性很强，需要一些必要的过渡才能让读者不至于迷失在如此繁多的信息细节中。

此外，非虚构类图书编辑也需要提醒作者，每一章都要给读者提供一些简便的做法。例如我们出版瑟曼博士（Dr. Chris Thurman）的《我们相信的谎言》（*The Lies We Believe*）时，他原本的结构是用前面七章介绍五种谎言——自欺的谎言、世俗的谎言、夫妻间的谎言、歪曲的谎言、宗教谎言，在阅读一个接一个的谎言时，我就像普通读者一样感到十分苦恼（而且很沉闷），终于在最后一章，作者说明了改变错误想法的八种方式。

我给出的评价是："我简直无法相信，在整个咨询过程中，你花五十个小时帮人们界定什么是他们相信的谎言。你必须在中间插入一些教他们克服错误观念的方法——否则他们不会再回来向你求教。"于是，我们依此修改原稿。例如在第二章中，作者指出"我必须让每个人都爱我、赞同我"及"这是别人的错"都是"自欺的谎言"，于是我们开辟了一个叫"如何击败谎言"的单元，教读者一些打破谎言的方法；在接下来的五章中，我们也都插入了这样的单元；最后两章以讨论什么是真相以及如何改变我们的生活作结。后来这两章的观点延伸出了另外一本题为《我们必须相信的真相》（*The Truths We Must Believe*）的作品。

我对大多数咨询专家写的自助类图书采取的原则都很简单："想象你的读者就坐在办公室的沙发上，你必须让他们经历你为病人看病的全过程。"更商业化的说法是："花十六点九五美元买这本书的读者，应该和每小时花费五十到一百美元找你做心理咨询的病人从你这里得到同样的信息。”

展望未来

基督教图书出版业的前途似乎比过去更加光明。帮助人们克服依赖行为的出版计划和援助小组的运作非常成功，他们使大多数人相信，信奉上帝能够得到健康与快乐。是的，我们可以嘲笑“教堂女士”的小毛病和她高傲的舞姿——并拒绝接受她的末日审判哲学；但大多数人不能忽视自己内心对于上帝和心灵超脱的渴求。未来几年，宗教感召类书籍仍将伴随着许多人走过追求信仰的旅程。

Chapter 14
第十四章

为犹太市场编书

费特曼 Bonny V. Fetterman

费特曼拥有布兰迪斯大学犹太研究专业硕士学位，也曾就读于耶路撒冷的希伯来大学。她曾在哈珀－罗出版社和基础读物出版社（Basic）做编辑。自一九八二年起，她就任肖肯出版社（Schocken）犹太图书资深编辑和犹太文物部主管。她还是一九八七年耶路撒冷书展和一九九〇年美国犹太人委员会的伊拉克摩西项目组成员。

❝ 关于如何为“书的民族”出书，费特曼在她睿智、幽默且鼓舞人心的文章中写道：“和别人分享犹太出版界的秘诀有点像教人如何做犹太面包，其实根本没什么秘诀。”

为犹太市场编书，在很多方面和为专业领域——心理学、科学或教育学——编书很像。但也有一些因素令犹太图书出版“有别于其他出版领域”——“社群因素……而不是‘市场’，因为要出版这类图书，必须对犹太社群有一种认同和奉献的感情”。

“犹太编辑对出版提案的反应通常是一本书能否被犹太社群接受而需要面临的严峻考验。除非你能够站在犹太人的立场，用自己人的口吻而不是编辑的口吻说：‘是的，我们需要这本书！’否则永远只能依靠别人的直觉来编书。”

费特曼相信“应该让那些关心犹太文化，愿意翻翻这类书的人也能接触到我们的书……如果这些书能够启发这类读者发自内心地感受到犹太文化遗产确实是自己生命中很重要的一部分，那么我对犹太图书出版业和犹太社群的付出，就是有价值的”。

和别人分享犹太出版界的秘诀有点像教人如何做犹太面包，其实根本没什么秘诀。身为犹太图书的编辑，我所做的事情和其他专业领域（例如心理学、科学或教育学等）的编辑没有太大差别：你必须有此领域的正规学术背景，有可以给你提供建议、介绍作家的人脉，并且具备编辑严肃学术作品的一流技巧。和其他编辑一样，我花了很多时间和作者一起工作，哄着他们优先考虑读者，把学术术语转换成浅显易懂的观念，等读者完全理解后再向他们详细解释这些发现的意义。

但是出版犹太图书还有第四个要素——社群因素，也正是这个要素令犹太出版业有别于其他出版领域。每个专业领域的编辑都必须全方位地了解他的市场，才能正确定位自己手中的书。在此我特意使用了"社群"，而不是"市场"，因为要出版这类图书，必须对犹太社群有一种认同和奉献的感情。

犹太编辑对出版提案的反应通常是一本书能否被犹太社群接受而需要面临的严峻考验。除非你能够站在犹太人的立场，用自己人的口吻而不是编辑的口吻说："是的，我们需要这本书！"否则永远只能依靠别人的直觉来编书。当然，这样出书也不是不可以，看起来是书，闻起来也是书，只不过很可能成为只有躯壳没有灵魂的傀儡，而犹太裔的读者其实很清楚个中差异。

这明显不适用于出自一位精明能干的非虚构类图书编辑之手、

谈论犹太人利益的大众畅销书，这类书会自行从书店消失，我谈的是我们这些在犹太图书出版业建立起不断深化的出版计划的人。这通常需要与这个社群建立直接联系，对他们做出承诺。正是这种使命感界定了犹太图书出版社的性质——并不是要推广一种特定的宗教信仰（虽然有些作品的确不乏这个意图），而是有一种满足当代犹太人需求的迫切愿望。

要如何满足美国犹太人社群种种不同的需求呢？唯有提供多样化、高质量、可读性强的作品——并意识到在这个复杂而奇妙的市场上，不同的书会吸引不同的人。

每年都有各种各样的出版社出版数百本图书谈论你能想象得到的关于犹太人的各种话题。其中包括满足各自成员需求的宗教出版社——东正教〔梅索拉（Mesorah），费尔德海姆（Feldheim）〕、犹太教保守派〔拉比学会（Rabbinical Assembly）〕、教会改革派〔美国犹太教士中央会议（Central Conference of American Rabbis）〕、犹太教复兴派〔犹太教复兴出版社（Reconstructionist）〕；大概十几个大学出版社则开始出版在普通大学的犹太研究中占有一席之地的新一代犹太学者的学术专著和开创性研究（犹太研究比较活跃的大学出版社有耶鲁、印第安纳、牛津、康奈尔、哈佛、韦恩州立、纽约、加州、纽约州立）；还有为犹太学校提供课程教材、为犹太老师提供资料的教育出版社〔贝尔曼出版社（Behrman），克塔夫（Ktav），托拉·奥兰（Torah Aura）〕。

和基督教出版物不同，犹太出版物不一定都是宗教书；除了宗教还包含更广阔的内容：犹太人的历史和文明。许多出版社都为对此感兴趣的入门读者推出了各式各样的犹太书籍，包括关于犹太人的生活、文化、历史、哲学、宗教的图书；《圣经》研究、希伯来文学、希伯来语与意第绪语古典名著译本等。我对犹太图书的定义是，任何能维系犹太人情感的作品。犹太图书编辑一般来说都致力于在各种严肃读者中发展犹太文化。詹森·阿伦森出版公司（Jason Aronson）的副总裁、犹太图书俱乐部（Jewish Book Club）的总监库茨韦尔（Arthur Kurzweil）形容他的书目是“超越当下直达永恒的”，他寻找的是能够“成为私人犹太文献图书馆中永恒存在”的图书。

几家独立出版社开发了一些在他们看来值得特别关注的话题，如大屠杀研究〔布莱克威尔（Basil Blackwell）、霍姆斯－米尔（Holmes & Meier）〕、灵性研究〔塞缪尔·韦泽（Samuel Weiser）、犹太之光（Jewish Lights）〕。一些基督教出版社〔保利斯特出版社（Paulist）、哈珀旧金山（Harper San Francisco）、灯塔出版社（Beacon）〕也进入了这个领域，谈论双方都感兴趣的主题，如圣经神学、比较宗教学、女权运动和神秘主义。

大大小小数不胜数的大众商业出版社同样会为犹太市场出版图书，从当下大众感兴趣的名人传记和自传，如德肖维茨（Alan Dershowitz）的《肆无忌惮》（*Chutzpah*），到流行的历史著作和指导犹太人生活方方面面的实用指南，如泰勒斯金（Joseph Telushkin）的《犹太识字书》（*Jewish Literacy*）。有些聚焦于犹太小说〔法勒－斯特劳斯（Farrar，Straus）、戴维·歌德莱恩（David Godine）、格罗夫（Grove）、亨利·霍尔特（Henry Holt）〕，有些则集中精力于非虚构类作品〔基础读物出版社、自由出版社（Free）、肖肯出版社、斯克里布纳之子、兰登书屋、西蒙－舒斯特，和他们各自的子品牌〕。很多出版社还会出版犹太童书〔维京、卡宾（Kar-Ben）、假日书屋（Holiday）、克诺夫、犹太出版协会（The Jewish Publication Society）、美国希伯来会众协进会（Union of American Hebrew Congregations）〕。

以上提及的出版社名单还远远不够完整，只指出了犹太图书出版类型的多样性。希望犹太图书编辑和潜在的作者最好能调查一下这份名录，找到自己适合的位置。每一家犹太图书出版社都有自己的特色，能够抵达社群中不同的受众。当一位编辑写道：这份独特的提案“不适合我们的路线”时，并不是礼貌拒绝的老套说辞，而只是说出了实际情况。对作者来说，确定你是为谁而写是选择合适的出版社至关重要的第一步，对作品的写作也具有指导意义。

作者要为自己的提案寻找合适的出版社，事先做一点调研可以省去许多步骤。有一本参考书叫《文学市场》（*Literary Market Place*），书中列有犹太图书出版社的名录，你还可以从书志《犹太书讯》（*Judaica Book News*）或期刊《犹太图书世界》（*Jewish Book World*）等中更清晰地了解到各家出版社目前正在做哪个类型的作品。向出版社索要书目，读一读，研究一下书店的犹太图书和宗教图书的情况，留心和你的目标读者群相同的出版社。

对编辑而言，选择你最适合的定位意味着找到你最得心应手、知道如何去做、最有感觉的书。我自己的出版项目部分来自于过去十年的工作成果，部分源于个人的兴趣爱好。大学时代，我读了很多肖肯出版社的书，激发了我对犹太图书的兴趣，让我确知自己最渴望的事莫过于能在这家公司工作。毕业后不久，我成了编务助理。有一次，当时担任肖肯出版社资深编务顾问的格拉策教授（Nahum N. Glatzer）把我拉到一旁告诉我，假如我真的想当一名犹太图书编辑，首先得“学一点东西”，也就是要回到研究所攻读犹太研究，然后积累几年编辑大众图书的经验。后来我做了充分准备，果然能够更好地胜任肖肯出版社的工作。

肖肯的传统是出版非虚构类犹太图书，尤其把工作重点放在关于犹太精神的第一手资料上——也就是所有犹太人都在寻找的关于他们文化渊源的经典文本。到一九三八年纳粹统治时期，肖肯是仍在运作的少数几家犹太出版社之一，通过向被同化的德国犹太人介绍自己民族引以为傲的文化遗产，在鼓舞犹太人士气方面扮演了重要角色。他们的书单上包括布伯（Buber）、阿格农（Agnon）、肖勒姆（Scholem）和卡夫卡（Franz Kafka）的作品。一九四五年公司在纽约重建时，很多经典作品，如布伯的《哈西德教派的故事》（*Tales of the Hasidim*）都被译成英文出版。

在肖肯家族的长期资助下，肖肯出版社的书目始终做得有声有色。在六十年代后期，美国犹太社区发生了一个幸运的变化——许多非犹太大学纷纷开设犹太研究课程。作为高品质平装版教科书这个全新领域的领导者，肖肯出版社成为当时这类课程的主要支持者以及犹太成人教育市场的主要图书来源。

自我一九八二年担任犹太图书的资深组稿编辑起，这段历史就指导了我的选书方向。我出版的都是针对普通精装书读者的大众书，但是这些书也必须能作为大学课程和成人教育的平装版教材。众所周知，大众书的寿命很短，因此我也密切关注平装书的库存书目，我寻找的是至少可以在市场上持续销售十年的作品。

我的选题计划中有很大一部分是翻译作品——经典作品和当代作家的作品占有同样重要的地位〔如柯恩（Abraham Cohen）的《凡夫俗子的犹太法典》（*Everyman's Talmud*）、萨尔约（Nahum Sarna）的《理解〈创世记〉》（*Understanding Genesis*）和《探索〈出埃及记〉》（*Exploring Exodus*）、拜勒（Rachel Biale）的《女性和犹太法典》（*Women and Jewish Law*）〕。过去十年来犹太出版界最重要的出版计划都是翻译作品，这并不意外。美国犹太人急不可待地想要了解犹太传统，但只能通过译作来学习。由于不同的读者背景，我们找不到更有效的替代资源。

一九九二年秋天，肖肯将首次出版比亚利克（Bialik）和莱夫尼茨（Ravnitzky）的《传奇之书：哈－阿加达》（*The Book of Legends/ Sefer Ha-Aggadah*）的完整英译版，这部巨著概括了《塔木德》（*Talmud*）和《米德拉什》（*Midrash*）中的传说和寓言。手稿长达三千三百页，编辑工作量惊人，在着手工作之前我不得不先去检查一下我的脑袋是否正常。但我觉得，能够出版这部经典作品的英文版是对犹太社群做出的一大益事，他们也会非常重视。

肖肯的意第绪语经典图书馆系列目前为止包括最新翻译的阿莱赫姆（Sholem Aleichem）、派瑞兹（Peretz）和昂斯基（Ansky）的作品，目的是陆续呈现犹太人的世俗遗产。每一代都需要他们自己的经典译本以保持其活力。

时代在改变，犹太社群也在不断改变，而我们必须跟上变化的脚步。我注意到在过去几年，读者的口味和需求发生了一些明显的变化，市场上越来越需要有关灵性的图书，而传统上犹太人都不太会讨论这个主题。我注意到卡普兰（Aryeh Kaplan）的《犹太冥想》（*Jewish Meditation*）一书取得的成功，这本书主要通过口耳相传，吸引了无数追随者；我也注意到其他出版社的很多图书同样是以极具个人化的风格来满足读者的精神需求。

每年还是会有很多关于当代以色列和大屠杀的新书出版，但我不认为这两种主题像十年前一样是美国犹太人寻求身份认同的唯一焦点。当代犹太人似乎不再那么纠结于身份认同问题，反而更在意书的内容、意义以及关联性。自第一本成年犹太人的自助类图书《犹太目录》（*The Jewish Catalogue*）在七十年代初问世，市场上就越来越需要这类关于犹太人生活和学习的实用类指南。从霍尔茨（Barry W. Holtz）编辑的《追本溯源》（*Back to the Sources*）开始，教育类图书极速增长。今天，大家在谈教育问题时，一个重要的名词是“授权”；这类书鼓励读者，同时也为他们提供体验犹太传统的方法。这些新变化都推动我重新评估书目，修正出版计划以满足当前的需求。除了翻译作品，我发现这些日子以来，我们更多是出版那些“活人写给活人”的作品。

一九八七年，兰登书屋收购了肖肯出版社，现在肖肯专门出版犹太图书，这迫使我重新审视自己的编辑政策。刚加入这家商业化的大型出版集团时，我纯粹从书的价值出发，为书目上的每一本书辩护，狂热地维护自己的信念。但我逐渐明白：如果没有人再读这些老一辈写就的关于哲学和知识发展史的图书，那么我们究竟是为谁而出版呢？

有些经典是超越时间的，有些则不，而犹太读者已经向我们展示了他们的需求。我也意识到，有些新书已经成为我们这一代的经典，比如莱维（Primo Levi）的《元素周期表》（*Periodic Table*）。

尽管我出版的书都不是面向专业人士的，却需要够资格的教师来撰稿。大半时候，和我合作的作者都是犹太教士或从事犹太研究的教授，而我的主要任务是让他们针对一般读者而写作。有一次，我正祝贺一位作者把手稿改写得非常好，他却告诉我，其实是我的建议帮他找到了与读者对话的合适语气。我提醒过他，在我们那个时代，希伯来学校的教师有句箴言：“首先得让学生喜欢你，然后，他们或许会让你教他们一些东西。”这令他意识到，自己只一头扎进了写作主题中，而没有带着读者一起进入书中的世界。

于是，在第二稿中，他一开始就描述了自己是如何对这个主题产生兴趣的，令读者对他产生认同感，分享他的热情，然后再与他一同步入这段学习之旅。我们的读者不见得精通犹太语，不习惯学术用语，和学者感兴趣的问题也大不相同，要把当前犹太学者的研究成果和更广大的读者分享，就必须在某种程度上放弃学术语言。和我们这一代杰出的犹太教师合作，是整个出版计划中最有趣的部分。

我最宝贵的时间都不是花在办公室的，而是去参加学术会议和教育会议，我从中得到了很多启发和出书灵感。我亲自推销我们出版的书，主要原因是想听听其他人的意见。教士、教师和教授都很乐于告诉我他们在课堂上用的是哪些书，还会不会再度使用。他们会告诉我希望看到哪类书出版，并给我推荐可以执笔的作者。他们也会告诉我什么时候该重新推出、再版某部作品，或是哪本书已经过时了。

《肖肯犹太图书指南》(*The Schocken Guide to Jewish Books*) 就是经过类似讨论而产生的作品，是一本真正实用的关于犹太历史、文学、文化和宗教图书的指南。

有的书完全脱胎于我所参加的系列演讲，有的出书构想则来自于非正式犹太集会后的讨论内容。我工作中很重要的一部分是为这些书找到适当的作者，我可以由一章样稿很快判断出作者是否适合，这件事永远值得尝试。

在这里我必须指出，这种出版类型有其商业化的一面。在全美数一数二的大型商业出版公司中担任全职的犹太图书编辑，负责一个规模虽小但声誉卓著的出版部门，我需要不断平衡几个相互冲突的要素：维持肖肯书目的水准，满足总公司的获利期望，同时为犹太民众服务，尽管他们并非一直都很清楚自己的需求，尤其当我们谈起过去不存在的新领域时。

例如，我常常梦想能做一本早期犹太复国主义理论家别尔季切夫斯基（Berdichevsky）的散文集，没有他，我们根本不可能理解以色列在世俗层面的心态。但同时我也知道，这样一位实际上并不知名的散文家作品的销售潜力并不大，想让这本书进入出版版图，在营销上要付出很多心力，我很怀疑我们能否让别尔季切夫斯基变成一个家喻户晓的名字。这样做值得吗？当然！把肖肯出版社的品牌推上危险边缘，让会计师拿着计算器在各楼层东奔西跑值得吗？绝不！这个提案适合有补贴的出版社、大学出版社，或者，如果我嫁了一个有钱的丈夫，自己开家公司，也可以做。

再回过头来看看“让书进入出版版图”的问题——因为这也是大公司犹太图书编辑工作的一部分。其他部门要靠你来提供犹太社群的一手知识。正如我先前所说，犹太市场是个非常分散的市场，不只有不同的教派，还有不同的派别。意第绪文学的爱好者和《圣经》或圣经神学类图书的读者就不是同一批人。因此，编辑必须针对实际的市场找到适当的期刊刊登新书广告或书评，并且挑选有市场影响力的人来推荐新书。我还记得有一位雄心勃勃的年轻销售代表在推销卡普兰的书时被信奉超正统派的犹太书店赶出门，因为卡普兰是非传统的犹太复兴教派创始人。我和他一起再度拜访了那家书店，向他们介绍了有关正统教派的书目——并把那份书目分发给所有的销售代表，我总试图为销售人员指出每本书的目标读者。由于不同的犹太市场被划分得很清楚，如果完全依赖连锁书店，许多读者根本没有机会看到他们想看的书，所以我也会做很多直邮促销。最终，如果这本书命该如此，它注定会大卖。但所谓的“注定”里已包含了你的努力。

谈到促销，没有任何促销手段比得上作者亲自宣传。作者所做的每次演讲、参加的每个书展活动、在犹太社区的每次公开露面，都有助于他作品的销售，而大多数出版社也乐于为这些活动提供用于现场销售的图书。基本上，作者可以动用自己所有的关系来促销这本书，也要协助出版社对这些资源善加利用。我很清楚活力充沛的作者能带来多大帮助，因为我也编过很多经典译作，在作者过世后，你显然没机会做这样的宣传。

在你以为做犹太图书编辑是世界上最令人羡慕的工作以前，请让我先解释一下为什么我们这群人时而热切，时而消沉，情绪起伏不定：这全都源于责任感。我的导师格拉策教授曾说："这一代年轻人是从《犹太百科全书》（*Encyclopedia Judaica*）中了解犹太主义的。"这是多么深入而冷静的评论！美国犹太人起初是靠书接触到犹太文化——是书告诉他们身为犹太人的内在意义。我们这群犹太图书出版人不敢辜负这个神圣的使命。有个同事曾坦白对我说："我很希望有一个下午能轻松地扬帆出海，不必把整个犹太人的命运扛在肩上。"我完全明白他的意思，也非常认同希伯来先知耶利米（Jeremiah）：耶利米一旦担负起他的使命，就再也放不下，尽管他也经常发牢骚。我相信假如耶利米来到二十世纪，他一定会当个公理会教士，或犹太图书编辑。

每年《出版人周刊》和《犹太书讯》都会调查现有的犹太图书，赞扬犹太出版界的多样化和生命力。我曾写过几篇这样的文章，但这种欢乐气氛的另一面也暗含对其中利害关系的隐忧。我们脑子里所想的是菲德勒（Leslie Fiedler）命名的"沉默的大屠杀"——通过同化，犹太社群里的美国犹太人逐渐减少。对大多数人而言，被美国社会同化并不是他们主动的选择，而是缺乏对犹太生活的了解和经历而自然产生的结果。我们这群人深信，如果缺少了犹太文化和犹太人独特的洞见，这个世界将会变得贫乏——事实上是令人恐惧的贫乏，因此对我们来说，犹太人被同化是令人无法承受的痛苦。

针对根本不想购买犹太图书的读者出版犹太图书是个错误。当然，我们需要关注的是受过犹太式教育的高层次社群需求，包括专业人士和普通人，这些人会喜爱、需要并且善用犹太图书。但我也强烈地感觉到，应该让那些关心犹太文化，愿意翻翻这类书的人也能接触到我们的书：这些书真实反映了他们的传统，为不同背景的文化探寻者提供了答案。如果这些书能够启发这类读者发自内心地感受到犹太文化遗产确实是自己生命中很重要的一部分，那么我对犹太图书出版业和犹太社群的付出，就是有价值的。

Chapter 15
第十五章

一种创造性的合作关系
——策划编辑

麦卡锡 Paul McCarthy

麦卡锡曾任职于斯科特·梅雷迪斯版权代理公司（Scott Meredith Literary Agency）。离职后，他在戴尔出版公司（Dell）旗下的德拉科特出版社（Delacorte）做编辑。自一九八六年起，他担任口袋书的资深编辑，负责购买虚构类和非虚构类图书的平装版和精装版版权。同时，他也是美国国家图书评论协会（National Book Critics Circle）成员，书评散见于《洛杉矶时报书评》（*Los Angeles Times Book Review*）等报刊。目前，他正在撰写一本关于编辑工作哲学与艺术的书。

“在编辑还未在手稿上画下第一个修改记号前，就与作者开始了相互推进的创造性合作，这种共生的合作关系被称为“策划编辑”。麦卡锡先生将之界定为“作者和编辑一起努力，把某个理念或故事构想发展为具有说服力的写作大纲或出版提案，然后扩充为文稿。其间每个阶段，都要尽力使文稿尽善尽美”。

编辑和作者之间这种亲密的合作关系可能会极大地提高效率，也可能增加冲突。这段关系的好坏以及编辑和作者在“策划编辑”工作中采用的工作方式取决于各自的脾性、工作习惯，以及对双方责任的清楚认知：“作者的责任是尽最大努力，写出一本最好的书；编辑的责任是帮助作者实现这个目标。作者应该有开阔的心胸，而编辑不要干预太多。”麦卡锡先生还相信“想要合作成功，编辑的责任比作者大多了。这是编辑工作中很困难，又极为重要的一环”。

麦卡锡先生相信“从合作中能深切感受到快乐与和谐”，他为编辑和作者提供了很多有价值的实用建议，以使将来的合作更愉快、更有效。他通过一些具体例子来说明“策划编辑”工作在实际中如何开展，讨论了双方合作关系中最本质的方面：编辑的客观对作者的重要性，尽早就理念进行交流的重要性和有效性，选择并聚焦作品的读者群，深化作品提案，打造作品架构。

麦卡锡先生很清楚自己的定位是作者的搭档，他说：“我从事编辑工作的原因之一，是我非常佩服有写作天分的人，也乐于同他们打交道。这些年来，身为编辑的一大乐趣就在于，许多作者越来越早邀请我就其创作进行讨论，我参与的程度也越来越深。”

每个享受过创作乐趣的作者和编辑都知道，在最终定稿之前存在无数种可能的合作方式。

这种我们称之为“策划编辑”的合作，在方式和目标上都与全面性编辑、结构性编辑、文稿编辑等工作方式不同，区别就在于面对的是否是完整的文稿。

在“策划编辑”的过程中，作者和编辑一起努力，把某个理念或故事构想发展为具有说服力的写作大纲或出版提案，然后扩充为文稿。其间每个阶段，都要尽力使文稿尽善尽美。

一旦作者完成了手稿，流程就有所改变，编辑要独自进行“全面性编辑”工作，就作品各个部分写出详细的编校记录，并逐行逐字地进行编辑。

并非所有作者的作品都需要编辑这么早就密切参与，不过很多时候策划编辑确实非常重要，而且最见成效。

举例来说，有位编辑向作家提出了一个写书构想，他比作者更清楚这本书该如何开展，他将和作者密切合作，直到双方都认为整本书已经走上正轨。

有时候，作者希望与过去合作过的某位编辑一起完善写作构想，于是，一边写作一边把完成的章节寄给编辑，以供编辑进行及时的回复和指导。这样，作者边写边改，避免了全书写完大半才发现需要修改以致浪费时间的情况。

由于出版市场变化太快，而作者又希望他的书能尽可能接触到更多的读者，因此会选择与编辑讨论：这样的构想能否吸引可观的读者群，因为编辑通常最清楚出版界日新月异的变化。

在一本新书的策划阶段，作家和编辑必须维持更加紧密的关系，这意味着最大可能地提高效率，但也可能增加冲突。因此，双方必须很明确各自的职责：作者的责任是尽最大努力，写出一本最好的书；编辑的责任是帮助作者实现这个目标。作者应该有开阔的心胸，而编辑则不要干预太多。然而，由于策划编辑的工作本质就要求编辑深入参与，因此编辑要谦恭有礼，坚定地支持作者，相信他们的才华和能力，并提供专业的指引，这些都是非常重要且必要的；当然，作者也对编辑负有责任，但我认为想要合作成功，编辑的责任要比作者大多了——也许这种说法对编辑不太公平。这是编辑工作中很困难，又极为重要的一环。

成功的合作关系能令作者觉得持久稳定又不受拘束，他知道自己不必独自承担创作、推进和修改文稿的责任，尽管他有权选择独立创作。我想编辑和作者都能从合作中深切感受到快乐与和谐，因为合作减轻了写作和编辑过程中的孤独感，以协同作用的方式提高了创作效率。

这种创作效率的提高部分源自编辑的客观性。在创作过程中，作者可以信赖编辑目光长远的判断力，而不必一个人孤孤单单地构思和撰写全书，揣测作品应有的面貌；而在修改构想、提纲或部分草稿时远比修改一部完整的作品容易、快速得多，初期的辛苦可以大大减少整部作品完成后的修改量。

双方都能得到的好处是，作者不会有很大压力，觉得一切构想都要源于自己；同样，编辑的新书不必完全依赖某个作者。有创意、有想法的编辑可以寻找合适的作者，和他一起发展出新书的内容。

构思、策划的过程对经验老到的编辑还有另一个好处：他们很了解特定作家和出版社的长处所在，因此会引导作者最大限度地加以发挥。

我从事编辑工作的原因之一，是我非常佩服有写作天分的人，也乐于同他们打交道。这些年来，身为编辑的一大乐趣就在于，许多作者越来越早邀请我就其创作进行讨论，我参与的程度也越来越深。

有时在作者的要求下，我会和过去从未共事过的作者展开直接而紧密的合作。如果他的作品曾被好好编辑过，他就会清楚编辑及早参与的好处，而且希望我——他的新编辑明白他很欢迎我提出任何想法；如果他过去需要也希望得到编辑的指引却遗憾地没有实现，那么他会立刻从我对策划编辑的兴趣中获益，并且对这种编辑方式产生热情。

还有一些时候，在我和某位作者合作了一段时间，而且双方都很清楚合作的好处之后，他会要求我提早参与下一次的出书过程。不过由于作者和编辑都在不断学习，当作者从上一本书的合作过程中了解了出书要领后，会在下一本书的创作中表现得更加独立。如果策划编辑的短期目标是努力把手上的书编得最好，那么长期目标就是最大限度地发挥作家的才华和独立性。

我运气很好，过去这么多年来几乎参与了各个方面的编辑工作，从阅读整份文稿，密密麻麻地在行间加批注，到萌发出书构想，寻找适当的作者，花最少的策划、构架和文字编校的功夫出版一本好书，这个过程往往很辛苦，但结果总会带来深切的满足感。我必须承认，把不成形的构想塑造成书的创造过程着实令人兴奋。

几年前，我为出版一本新的俚语词典联系了一位作者，过去我曾在其他出版社和他合作出版过一些语言类图书。他对这个题材很有兴趣，同意碰运气试一试，在没有任何出书保证的条件下，先试写部分内容的样稿以供出版社评估。这对作者而言有点勉为其难，但某些情况下却是必要的。

下一步是厘清概念，以便能在市场上和其他词典竞争。我们对学术作品不感兴趣，想要的是一本生动的通俗读物以让读者能在阅读中找到乐趣，尽管涵盖面有限却扎实可靠。对这位作者而言，这个方向正投其所好，他曾成功编辑过几本此类图书。我们决定把词典的收录范围限定于当代美国俚语，并花了很多心思把每个俚语都尽可能解释得生动有趣。

计划进行期间，作者做了一番调研，发现近五十年来，没有一本俚语词典是依照类别排序的。我认为这种编排方式很重要，因为这样一来，我们的书就比按照字序编排的传统词典更具竞争优势。于是，我们把时下热门的俚语依类别编排，作者拟出了一份简短有趣，具有说服力的大纲，我也买下了这本书的版权。然后，我们继续完善这份大纲，希望在作者实际下笔时能以它作为详尽的指引。

另一个策划编辑的实例是，我想为一对在国际上享有盛名的民法专家夫妇寻找到合适的出书构想和执笔者，对编辑而言，每项任务都是很大的挑战。读过他们早期的合著作品——关于自我防卫及相关问题的书后，我和这对夫妇见了面，建议他们写一部范围更广、更通俗的作品，考虑到他们经常到全球各地演讲，我建议他们把书的主题和亲身经历结合起来，做成一本趣闻录，为他们预防犯罪的初衷加上戏剧化的包装。

他们很喜欢这种方式，接下来必须找到一位能够锦上添花的写手。我的老板把话说得很明白，他对这本新书很有兴趣，但在做决定以前，必须先看到一部分样稿。

我和一位过去合作愉快的作者谈了谈，结果发现她正是理想人选。她不但为这个构想和这对夫妇想要表达的主题兴奋不已，而且愿意承担风险，试写部分内容。她的另一个重要贡献是建议我们不要只插入轶闻趣事，而改变整个出书理念，出版一本完整而具有轰动性的自传，使这本书内容更充实，更吸引人。这对夫妇很欣赏她，我们四人决定一起讨论要呈交给发行人的出版提案。这个故事迄今尚未结束，因为我们还在修改提案，但花在策划上的这一年，我过得非常愉快，无论最后结果如何，我想其他三位也会和我一样，珍惜这段难得的经历。

另一本我花两年时间编辑的书也很圆满。当我开始参与这个项目时，已过了构想阶段，因为作者已经完成了大部分手稿。作者的写作风格生动多姿，选择了适合的笔调来写雇佣兵，可惜的是，作者完全不知该如何组织架构，他大致晓得该如何撰写一些片断和个别章节,整本书却没有一致的方向。因此完成的只是未经加工的零件，即便呈现出最佳状态也不可能成为畅销书。尽管如此，我认为若采用适当的方法编排，这本书可以成为一部风格独特的小品，符合一定读者群的口味，持久地长销下去。

优秀的编辑必须具备的天分之一，就是对结构的敏感度。我深信这本书的潜力，而作者也愿意接受指引，因此我们着手进行修改。接下来的一年，在没有合约约束仅仅出于希望的情况下，我不断提出对全书结构的修改意见。作者根据我的意见改写手稿，然后寄给我看，我接着提出更多的建议。我当时的目标不是想要这份稿子最终呈现为多么精练优美的形式，只不过想把它改到能令我买下版权的程度。我很明白，买下版权后，还需要进行更多的编辑。我们的确把手稿改到了想要的程度，而我也确实买下了版权。然后我们又花了一年继续编辑和改写，最终这本书比预期的还要成功，令我们感到十分欣慰。

另一个极端的例子是，一位小说家和我只花了六个小时就从最初的构想发展出成熟的出书理念。他掌握的材料极其确凿、详尽、生动，因此我们跳过拟订写作大纲的步骤，他立刻动笔。之所以能有这样的佳绩，是因为我们过去一直合作得非常愉快。

我们面临的挑战是，这份合同一次就签下了两本书，因此我们必须构思出第二本书的梗概，这意味着我们要面临非比寻常的压力。由于这位作者所写的悬疑小说一直都以一位美国潜水艇指挥官为主角，最大的问题就是这一次我们的英雄主人公身上又发生了什么。我一直有点担心主角的形象太过完美，无论遇到任何情况，他都带着超乎寻常的自信。我觉得如果他能更像普通人一点，偶尔陷入迷惘，或也像常人一样犯错反而会更有趣。于是我提议想个办法让他完全崩溃，将这个极富领导才能的英雄人物推向自杀的边缘，彻底瓦解他的自信心和自我意识，令读者不禁怀疑，他是否有办法找回自我，回归英雄本色。这样的发展会赋予小说一种心理上的悬疑感，和书中的冒险情节具有同样的张力。

作者起先很犹豫，认为这样的改变对他笔下的传统英雄人物是一种颠覆，有一定风险。这种风险是，众多书迷会难以接受男主角变成这样一个具有缺陷而且非常脆弱的人。但经过深入讨论之后，小说家绝佳的想象力使他构想出许多可能出现的戏剧化情节。他想象有个很重要的美苏联合任务，可使主角借这次机会，摆脱海军中关于他并不可靠的种种流言，重新开始。他必须负责指挥一艘苏联潜艇，面对一群充满敌意、随时准备挑衅的苏联官兵。这种压力是巨大的，而失败的代价更大。我们沉浸在创作的兴奋中，整天都在讨论情节发展，直到整个故事的轮廓在重要细节的设定中浮现出来。作者随即着手写下了四分之三的初稿，其间我只提过一次意见，最后对整部作品也只做了少量的编辑。

还有一次，我和一位作者是第二次合作，但当时我们还没有买下版权，甚至连作品的主题都未确定。正如我所料，这位聪明的成熟作家脑中有好几个构想，我很喜欢这些想法，但认为他写情报界故事已有几十年，现在该是钓大鱼——正面展现中情局一切的时候了。于是我希望他做个前所未有的尝试，深入探索中情局内部，揭示这个庞大机构自上而下、一层一层是如何运作的，以及总局和各个指挥部之所以在某件事情上取得重大成功或遭遇重大失败的复杂真相。

很幸运，我再次碰到了一位宽宏大量、愿意采纳建议的作者，我们更详细地讨论了这个想法，然后他提交了一份大纲。我们都希望节省日后编辑、修改文稿的时间，因此把大纲琢磨得尽可能详尽、完整、焦点明确，希望它能有足够的说服力。我们改写了很多次，每一次都比上一稿更紧凑、更有说服力，也更有趣。由于作者已经名声在外，他不必试写样章，但必须在提案中准确而有效地展现全书的完整面貌。在总论后，书中会深入分析中情局的行动、科技、情报和行政四个部门和局长室的运作情况。我们在大纲中明确指出，本书不同部分的主题是对中情局工作表现的正面描述，并由此揭开其内部工作的神秘面纱。

最终，我在编辑会议上提呈的报告反应很好，之后就不存在什么变数了。我们进行了最后一次讨论，然后作者开始动笔，每写完几章就寄给我看。我们在发展构想和写作大纲的阶段下足了功夫，因此在写作初稿阶段非常顺利，除了赞赏，我几乎无法——也不必再提任何意见。

我希望每件事都这么顺利，但其实也有马失前蹄的时候。有一次，一位文质彬彬的作者把他的头两部小说都交由我编辑出版，我自以为很清楚该怎样以最佳方式帮他创作出第三部小说的情节，而且双方就这次应尝试写一个格局更大、人物更多的故事达成了一致，因为他已经准备好要面对更大的挑战。

他原先的构想包含了美国军队深入外国的情节。我武断地说："一个国家还不够，我们应该扩展思路，让军队在三个不同区域的国家打仗，这样更容易引入更多角色。"他努力想照我的建议扩展故事情节，却没办法把这三个不同部分串成一个完整的故事。我们不断修改大纲，过程十分痛苦。最后我终于醒悟了。庆幸的是，作者始终毫无怨言。

我忘了好的创意自然会激发连锁反应，引发一个接一个的想法，编辑本质上也是一样，假如目前的发展路线是正确的，作者自然会文思泉涌，不会像老牛拖车般进度迟缓。显然，我选择的方向是错误的。

我感谢这位作者的体谅配合，当就为何毫无进展进行讨论时，我想起他最擅长的其实是刻画人物，对他而言，从人物身上自然可以发展出许多情节和故事，而不是从异国背景的庞大架构中演化出众多人物。于是我们回到主角身上，想象他可能陷入什么样的情境中，结果作者的想象力一下子就源源不断地被激发出来。对这位苦恼的作家来说，幸好我最后想通了。

对另一位新秀小说家，我采取的又是另外一种方式。我面对着艰难的双重挑战：第一，他从来没写过任何类型的书；第二，他无法提供任何已完成的手稿。我们手上仅有一份简短的写作大纲。这种可能带来灾难的处境刚好可以凸现一位好编辑的功力。这位新人满怀疑虑，但幸好他才华横溢、心胸开阔，而且渴望献身写作事业。我们修改了他的大纲，扩展了这部半自传式越南小说的情节，在他动笔之后，每完成一章都与我们详尽讨论，加入对角色和情节发展的意见，才动笔写下一章。

完成了一百页左右的手稿后，我觉得差不多是时候进行进一步编辑了，便准备了一份详尽的批注，作者依我的意见进行了修改。等他完成另外一百页时，我们又照此修改了一次。我尝试着用普通读者的眼光来读这本小说，我想假如连我都看不懂，那么其他人一定也觉得不知所云。于是让作者花了很多时间辛苦地设法简化书中有关航海、航空技术名词的解释，有时甚至必须反反复复修改某些段落，但越往后写，需要花在修改上的时间就越少。

接到两百页经过修改的手稿后，我重新编辑了一遍。一直到他完成整部手稿，我们都一再重复着这样的讨论、编辑和修改，最后，再从头到尾对整部书进行编辑。这样密切合作的价值在于，当我们第二次合作时，尽管作者仍然每写完一章就寄给我看，但他已经出师了，我几乎不必再提什么修改建议。

以上这些例子不过说明了策划工作在写作和编辑中潜藏的丰富可能性，创造性的合作可以带来丰硕的成果，我们在这个过程中感受到由衷的快乐、满足、友爱和成就感。而最大的成就在于，作家在这个过程中获益良多，越来越能独立写作，充分发挥自己的潜力。同样重要的是，这种作者与编辑的合作模式，创造出当前环境下所能呈现的最完美手稿，节省了大量的编辑和修改时间，也带给读者阅读长销书和畅销书的乐趣。

Chapter 16
第十六章

作者的好帮手
——文字编辑

席尔瓦 Gypsy da Silva

席尔瓦是西蒙－舒斯特出版公司文字编辑部的制作主编，从业二十五年来，她一直没离开过西蒙－舒斯特。虚构类和非虚构类图书她都编过，自己做过文字编辑，也指导其他文字编辑和外审编辑工作。她桌上总是摊开着《芝加哥格式手册》（*Chicago Manual of Style*）的某一章节，她希望芝加哥大学出版社（The University of Chicago Press）可以出一个便携版。

“ “文字编辑的职责是什么，我们为什么需要文字编辑？”席尔瓦在她简明而全面的文章中回答了这个问题，她认为文字编辑能使“作者保有原本的文字风格”。策划编辑拿到初稿、进行初审后，文字编辑要使之臻于完善，席尔瓦就这个过程中文字编辑扮演的不同角色进行了说明，包括检查拼写错误、订正语法、核对事实以及前后文不统一的地方、调整作者写作风格，有时甚至要进行实际调研。

席尔瓦希望作者在看到返回的文稿上贴满了质疑的字条时少安毋躁，因为这“表示文字编辑仔细而严谨地审读了整篇文稿”，并且迅速而高效地进行了处理。满篇的问号是文字编辑同作者沟通的方式，席尔瓦女士提议：“作者想让文字编辑知道自己在文字风格上的偏好或想向编辑求助，最简单的方法就是在手稿上附一张备忘录。”

尽管席尔瓦对文字编辑多样的工作技能深以为荣，她还是不忘在文中提醒读者，“我们很清楚自己在完成一本书时有多大贡献——通常是默默无闻的，但我们不会自欺欺人，作者才是真正的英雄。”

文字编辑的职责是什么，我们为什么需要文字编辑？在作者完成手稿，经过初步编辑后，文字编辑的职责之一就是从第一句读起，边读边思考这样的问题：如果把这句话拆成两句是不是更好？“我们”指的是谁？是不是该把“他们”改成“他”或“她”？改或不改有什么差别？还是干脆把“他们”改成“文字编辑”使代词与其先行词保持一致？改后差别大吗？文字编辑在脑中不断思考这些问题，因为他的工作就是帮作者（和编辑）打磨这本书，以最好的方式呈现作者的想法，但在决定要不要修正作者的语法（或其他错误）时，文字编辑首先必须注意保有作者原本的文字风格。

责任编辑和文字编辑工作职责的最大不同在于，责任编辑的首要责任是挑选出版社认为值得向大众推荐的书，想办法签订版权合约；他们可能会协助作者塑造书的整体形貌，建议在这里删一点，那里增一些，也许还会重组部分内容，使全书看起来更加和谐，有些编辑甚至还会注意种种细节，如推敲措辞，指出拼写错误，修改语法和标点符号等，但通常这类工作都留待文字编辑来做。有些编辑会在新书手稿上附一张字条，详细列出文字编辑需要特别注意之处。例如，“‘事实上’这个词被作者用得太滥了，我已经删掉了很多，如果你想再删一些，请不要客气。”“这位作者非常敏感，任何需要修改的地方都要事先征询他的意见。”“作者是英国人，描写的也是英国景物。我们要采用美式拼写，但除非实在冷僻难懂，否则不要删掉英式习语。”有些则会直接告诉文字编辑他们的要求或与之讨论最佳的处理方式。文字编辑也会再度检查作者在细节和风格上是否前后一致，书中描述的事实是否准确。

但是，作者的手稿是进行一切工作的前提。作者在打印每份手稿时都应采用双倍行距，非虚构类作品对此更要注意，引文、附注或参考书目（这些部分日后在排版时，都会改成较小的字体）也不例外。文字编辑需要足够的空间进行批注，双倍行距正好提供了这样的空间。文字编辑心目中的理想作者应该很清楚哪些内容须编入参考书目，以及如何编排，这样自己就不须再做任何注记，但现实中许多作者都需要文字编辑的协助才能把附注和参考书目改成正确的格式。无论哪种状况，双倍行距都会让他们便于工作。文字编辑和美术编辑也会希望作者在每一页边缘都留下充裕的空间，作者大都知道文字编辑会在页面边缘处标记摘录、目录和其他事项，但并不知道此后美编还需要空当来标示排版的字体、字号等等。例如，文字编辑标上“A”，美编会转化为“12/14 号巴斯克维尔字体 ×15 号手排字体”，排版人员需要更多的空间插入电脑代码，通过键盘录入文稿，这就是我们会在校样和成书上看到的具体字号和版型。

文字编辑对书中细节是否前后一致的核实对小说家帮助尤其重大。作者是否心不在焉地在第二章中形容女主角为金发，第十六章中又把她变成红发女郎，文字编辑会在手稿中附字条，标出不一致的地方，询问作者他希望女主角的头发是哪种颜色。有时故事可能跨越很多年或好几代，以至于时间都产生了混乱，文字编辑需要一边看稿一边记录事件发生的日期和人物年龄，然后一一询问作者。例如，有个原住民解救了从马上掉进急流的女主角，但“一个九岁大的男孩有足够的力气拉起成年女人吗”？有时文字编辑注意到故事开始提到的某个细节可能引出另一些情节，但后文却再没提及了。

比如有个人曾受过训，能暗中干脆利落地收拾敌方间谍，但在故事中却没机会学以致用，于是文字编辑提议让这个角色在后文企图进行的一场谋杀时用口袋中藏着的琴弦干掉对手，这个精彩的悬念会为小说增色不少。

对文风的处理则牵涉到对拼写、标点符号和语法问题的检查。当作者的文字处理软件具备了拼写检查功能时，编辑检查拼写的工作似乎失去了用武之地，但文字编辑都知道，机器会过滤所有他们认为正确的拼写，却完全不管这个字在文中用法是否得当。例如，“lemon aide”这两个字对吗？在拼写上完全正确，确有“lemon”（柠檬）和“aide”（助理）这两个词，而且拼法无误，但你能在花园中享受一杯叫“柠檬助理”的冷饮吗？对同音字有足够敏感度的文字编辑会把它改成“lemonade ”（柠檬汁）。还有一些烦人的词在英美拼法不同。作者究竟喜欢用“traveller”还是“traveler”？“colour”还是“color”？“judgement”还是“judgment ”？有必要把所有英式拼法改成美式吗？此外还要仔细检查标点符号，例如一句话中的“and”该不该去掉？当两个从句的主语相同时，连接词前面的逗号是否应该省略？冒号后面该用大写还是小写？文字编辑还必须注意到另一个问题：作者的语法和用词是否得当？主教“脱下了他的礼服袋（ceremonial sack）”，作者是想说“他的十字褡（chasuble）”吗？金发碧眼的电影明星在回忆录中告诉我们，当时她是躺在游泳池边的躺椅（chaise lounge）上，“chaise longue”的拼法没问题吗？在这里该用哪个词？文字编辑尤其应该关注细节。

每个优秀的文字编辑都知道，在必须确定作者所提到的事实是否正确无误时，单靠猜测远远不够。一九一三年的圣三主日究竟是在五月一日之前还是之后？小说中的英雄人物有可能从纽约乘船经过巴拿马运河到达加州，赶上当时的淘金热吗？所有这些文字编辑都必须从权威参考书中一一查证。（更正：绕过好望角？巴拿马运河始建于一八八一年，流经麦卡洛。）

当查到的信息与作者描述的事实不符时，文字编辑必须以委婉的方式向作者指出这处明显的问题，这时请记住，作者已经完成了最难的部分，他的努力必须得到尊重。老到的文字编辑在核查了十几项事实后就会清楚作者是不是个仔细的人，发现的错误越多，表明作者越粗心，假如时间允许，可能得做更多的查证工作，而时间永远都是个大问题，既然作者已经交稿了，无论作者、编辑还是出版商都渴望尽快让新书面市，所以请加快编辑速度，好吗？

理想中的文字编辑既应博学多闻又应有所专长，遇到问题知道向最合适的人请教。出版非虚构类图书时，作者最好在交稿时就向编辑提供所有的参考资料（包括附录、笔记、参考书目等），不要之后才给，因为当文字编辑掌握了这些资料才能明确作者曾查询过哪些数据来源。文字编辑手边通常要有很多参考书，但也常常会到图书馆去查资料，知道作者曾参考过哪些书或文章会对他们大有帮助。文字编辑会从当地的录像带出租店借录像带，只为查证某部电影是由什么公司出品；会打电话到美国陆军新闻处，查证某项军事设施的正确拼法；也会到处搜寻乐谱，以确定某一首歌的歌词没有写错；会站在药店草草记下卫生用品的正确名称；还会扭腰摆臀，试试能否遵照书中指示做运动。

有些出版社会雇用文字编辑在社内处理部分准备出版的稿件，也有可能把这项工作指派给外编。负责分配文字编辑工作的人通常被称为制作主编、文稿总监、文字总监或任何类似的称呼，他会审查作者交来的稿件，考虑主题及出书时间表，寻找最适合的文字编辑，并在需要时给予指导。

作者能否提出意见呢？当然可以。他们想让文字编辑知道自己在文字风格上的偏好或想向编辑求助，最简单的方法就是在手稿上附一张备忘录。或许某个字在字典上有两种拼法而作者更倾向第二种？不妨让文字编辑事先了解，以使他在避免改掉作者偏好的同时检查这种拼法在全书中是否一致。（但是，当有位作者坚持，“gray”和“grey”是两种不同的灰色时，我十分困惑，只能谦虚地问：“你觉得读者会明白其中的差异吗？”）因此，如果你执意要把伊朗首都德黑兰拼成“Tehran”而不是“Teheran”时，请先告诉文字编辑。名称要不要大写？习惯阅读政府文件的作者会认为所有政府部门名称的首字母都要大写。但出版人广泛使用的《芝加哥格式手册》告诉文字编辑，只有提及部门负责人的名字时才用大写。所以文字编辑会按照体例，将“Secretary of State Baker”改为“the secretary of state”。提及神时的代词要大写吗？很多人认为应该大写，事实上通常他们也是这么做的。现在看看《圣经》：“然后他（he）叫齐了十二个门徒。”（钦定本，《路加福音》（*Luke*）9:1）、“然后他（he）叫齐了十二人。”（修订版，《路加福音》9:1）；《芝加哥格式手册》中写的是：“上帝保佑（God in his mercy）”“耶稣和他（his）的门徒”（7.77）；另外一本常用的文体书《规范用语》（*Words into Type*）也谈到了一些首字母大写的例子。不习惯采用标准文体（和新闻文体有所不同）或更青睐某本文体书的作者也应在工作开始前把这些情况向编辑说明。

此外，作者是否想核查书中某些琐碎的细节却一直无从下手？把这个状况也告诉文字编辑，或许他可以帮你找到需要修改之处。比如，作者可能把一个人物的名字从乔治改为弗兰克，但担心漏改了一两处，提醒文字编辑注意这个问题，他会帮助你处理妥当。

文字编辑改好文稿后，制作主编在将手稿寄给作者前会先浏览一下提出的疑问，直接回答其中部分或全部。多数时候，主编还是会把编辑过的文稿给作者过目。

作者初次接到编好的文稿时可能会被稿子上随处可见的编辑意见吓到。有位作者曾在文中提到，当看到稿子上贴满文字编辑的质疑字条时，他恨不得雇个杀手干掉这个家伙，但和文字编辑愉快合作过的作者都会毫不迟疑地指出，看到文稿上贴满五颜六色的字条时反而感到安心，因为这表示文字编辑已经仔细而严谨地审读了整篇文稿。(最初想要雇杀手的作者后来承认，读完编辑提出的疑问后他就改变了主意，“我觉得我爱上他们了。”他总结道。）如果有的句子表意不清，编辑想要改得更明确一点，他会附一张纸条询问作者可否这样改动。有时他们不会直接在手稿上改动，而是在纸条上列出几种可能的修改方式，询问作者哪一种措辞最能表达他的本意；有时编辑发现一个词在不同版本中的拼法不一，也会附上字条询问作者；这种情况通常出现在作者使用某个杜撰的名字或确实存在但很少有人使用的名字时。有时则是因为书中提到的事实前后矛盾，或与编辑在参考书或其他资料中查到的信息不符；作者提到某个品牌时，是不是只凭猜测写下它的拼法？文字编辑可能需要亲自跑一趟超市以确认包装上的品牌名称的拼法。

对纸条上的任何问题，作者都要一一作答。如果纸条上问：“可以？”作者需要把问号划掉表示同意；如果编辑提出了两个建议，作者只须划掉他不同意的再把同意的部分圈起来就好了；或者他自己有了第三个方案，就把编辑的建议全部划掉，在纸条上写下自己的意见。我们之所以建议用纸条交流意见，是因为这样可以避免把稿子划得乱七八糟，而给排版人员制造麻烦。如果作者希望在手稿上直接进行小改动，他应该用不同颜色的笔进行标注，并让制作主编知道哪种颜色的字迹表示最新改过的部分；如果要改写一大段文字，作者可以在另一张 A4 纸上打出改写后的文句再把它附在原稿上，并在这张纸上标出插入的页码；除非得到特别允许，作者不应在电脑上重新改写全部或局部文稿，他们必须把编辑过的原稿交还给文字编辑或制作主编，包括附在原稿上的询问纸条也应一并交回。最后负责统稿的人会仔细检查，吸纳作者的意见进行修改。

如果纸条上没有足够空间让作者回答，作者可以自附纸条予以回答。这种便利贴在便利店、折扣店甚至一些超市中随处可见。只是要确保贴在边上而不是稿子中间，因为有人只看稿子侧边而不会逐页翻阅，这样就有可能遗漏中间的贴条；如果作者不知道如何解决这些疑问，他可以打电话给本书的责任编辑，要求直接和制作主编或文字编辑沟通。当你随时可以得到协助时，实在没必要自己一个人干着急。文字编辑做的标记看不懂？打个电话吧！我重申一次，作者要牢牢记住，文字编辑就是为了协助作者而存在的。

要注意的是：尽管出版社三令五申，有些文字编辑还是喜欢把问题直接写在页面的空白处，作者可能会因此而错过他们的标示。很多主编都认为这种做法很不值得提倡，也再三告诫文字编辑要改掉这个毛病，但可能因为这位文字编辑平日表现良好，主编也就睁一只眼闭一只眼了，因此谨慎的作者应该仔细检查页面空白处有没有编辑留下的注记。

当作者的回答都被抄录在手稿上，所有纸条也被一一撕掉之后，新书的手稿就会转到制作部门手中，做版型设计以及成本核算，然后进行排版。

几个星期后，作者会接到一份校稿，在出版日程紧迫需要直接出片时，通常会接到拼好版的校样。作者不要期望原先修改过的手稿也会随之一起寄来，出版社通常都希望作者在不参考手稿的情况下，重新“冷静地”读一遍校样；对照手稿校稿的是另一位专业人员——校对人员的工作。这样做是有原因的，反反复复读过好几遍这份稿子的人，往往不如第一次阅读的人那么容易发现排字印刷上的错误，而文字编辑此时已读了这份手稿不下两三遍，作者和责任编辑恐怕也是如此，所以需要校对人员以全新的眼光重读一遍。

有些出版社寄校样给作者时会附上编校意见,说明修改原因。《芝加哥格式手册》中有对校对工作的解释，作者也可以借助字典了解校对人员所做的标记。重点是，作者要记得校稿上的任何修改都应在页面空白处标示出来，应把需要改动之处划掉，在空白处写明要用什么字来代替，而不应把修改写得小小的挤在行间。如果只是对原稿词句作细微改动，就不需要先打上删除标记了。

作者在没有手稿的情况下阅读校稿时，或许很想区分打字错误和他自己新添的修改，毕竟，他们很清楚过多改动所增加的排版成本将从未来获得的版税中扣除。或许最简单的方法是，作者把所有他认为是打字错误的地方标示出来，注明“PE”(printer’s error)，然后在校稿上附一张字条，请制作主编核对原稿。当制作主编把作者的所有改动转录到校稿上时，他可以发现几乎所有的打字错误都已被校对人员揪出来了。

优秀的校对人员不只对着原稿逐字审校，他还是文字编辑的后盾。即使最熟练、最细心、最吹毛求疵的文字编辑都不免有所疏漏，忽略拼写或事实上的错误，就像再聪明的作者都希望得到优秀的责任编辑、文字编辑的协助，聪明的文字编辑也都希望有一流的校对人员来助自己一臂之力。在作者将校稿还给责任编辑，责任编辑又转呈给制作主编后，制作主编有可能还会打电话向作者询问。想让新书出版时尽可能呈现出完美面貌，从写作手稿开始，整个出版流程牵涉的不单是一般的文稿编辑和文字编辑工作，还要经过数次校稿、版面校样、制版打样、蓝图审阅。作者很少亲眼看到图书的后期制作过程，但必须保持耐性，对出版社员工在新书出版前的几个星期或几个月中所做的种种专业上的努力保持充分信心。

新书出版前，作者还须考虑的一件事是“索引”。作者可以自己编索引，这种想法很有吸引力，因为雇用专业的索引编辑来做还得另付一笔钱，但在决定要不要自己做这项工作前，作者应该衡量一下自己是否具备编辑索引必需的技能。这是一项很专业的工作，也是一种艺术形式。好的索引编辑人员能以作者意想不到的方式编排。如果作者决定让专业人员来做这件事，他还是可以要求看一下编好的索引以确认其充分反映了他想传达给读者的所有重要想法。（当然，索引编辑者不能把原书中没有的内容编进去！）作者还应该考虑到索引编辑人员不得不克服的时间和空间上的限制。

在电脑化之后，是不是这些工作就全都过时了？作者难道不能直接把磁盘交给出版社，再由出版社交给排版公司？这样不是更省钱吗？没错，这样可能会为出版社省下一笔排版费用，但假如作者想改动校稿，省下的钱可能又在这些突发的编辑修改和作者修改中全部花掉了。出版商真的想让业余排版人员（也就是作者）来做文字录入工作吗？作者希望自己被当成作家还是打字员？他们真的确定不需要责任编辑或文字编辑的任何帮助吗？当然，或许责任编辑和文字编辑可以直接在作者磁盘上编辑，但真的有人想让专业的编辑变成业余的录入人员吗？记住，当手稿以磁盘形式交到排版公司手上就没有所谓的“手民之误”了。假如作者和出版社直接在排版公司打好的校稿上编辑，他们最后要付的排版费比事先改稿的费用要更多。我知道许多令人不堪回首的沉痛教训，据我所知，到目前为止，率先采用这种做法的文字编辑都很确定：直接用作者拿来的磁盘编辑不见得节省时间。所以在直接把磁盘交给排版公司之前千万要三思而行。假如真要这么做，最好把纸稿连磁盘一起交去，让排版公司自行决定怎么做最符合经济效益。在科技变革的过程中，我们都面临一种既充满潜力，又可能是困难重重的全新的工作方式。印刷业花了十年才从铅字排版进步到质量与之同样完美的电脑排版作业，无论如何，这种转变已经完成了。要从送纸稿给排版公司演变到只送磁盘而能够得到同样的效果可能要再花十年甚至更长的时间。我是不是像勒德分子[①]一样过分反对机械化了？不，我做这一行够久了，非常重视能制作出好书的专业技能。

大半时候，文字编辑都不被人赞颂。我们做这份工作，纯粹是因为我们喜欢新观念，爱文字，爱书。我们不期望看到自己的名字备受瞩目，但如果作者念及我们的贡献，愿意在致谢中提上一笔，我们也会欣然接受他的好意。身为文字编辑，我们很清楚自己在完成一本书时有多大贡献——通常是默默无闻的，但我们不会自欺欺人，作者才是真正的英雄。

①勒德分子（Luddite），指的是 19 世纪英国工业革命时期，因为机器代替了人力而失业的技术工人。现引申为反机械和自动化人士。——编者注

Chapter 17
第十七章

观察入微的探索者
——文稿编辑

韦克斯曼 Maron L. Waxman

韦克斯曼曾是“每月一书俱乐部”图书发展部执行董事，现任哈珀－柯林斯出版集团（Harper-Collins）旗下哈珀参考书出版社（Harper Reference）的编辑主任。同时，她一直在纽约市立大学和纽约大学教授编辑、出版学课程，并曾多次在出版会议、作家会议上发表演讲。

“韦克斯曼女士清晰、实用的文章无疑是一次关于文稿编辑基本原则和技巧的短期综合培训。

韦克斯曼笃信珀金斯的名言：“编辑不能为书添加任何东西。他最多只能扮演一个仆人的角色……最终只能激发作者原有的才华。”她认为文稿编辑和作者之间的关系是“持久的交流，编辑不断提出问题，作者一一回答，直到双方都觉得足够做出一本好书了……也就是作者清楚、有力、优雅得体地表达了他的想法。这是所有编辑工作的最终目标，文稿编辑尤其如此。”

在本文中，韦克斯曼还就文稿编辑在出版过程中会碰到的种种重要问题：如编辑和改写的区别，以及有关明晰度、全面性（提供充分信息）、架构（材料的呈现方式）和风格（面向对这本书最感兴趣的读者群）等问题，提出了很好的建议。此外，她还介绍了在开始具体编辑工作之前应如何掌握这些技巧，如何对文稿进行分析，以及如何以最恰当而有效的方式向作者提问。

韦克斯曼女士最后提醒作者“编辑不是作者，也不希望扮演作者的角色。他们希望扮演的是观察入微、要求严格、活力充沛和耐心十足的探索者，能够奉献自己的特殊才华和技能，与作者共同努力，出版好书”。

在许多作家的想象中，编辑总是坐在桌旁，埋首于成堆的手稿中，他们逐页审读，删去一些内容，毫不留情地编辑或修改其他部分。辛劳数日，终于从成堆的稿纸里锤炼出一部杰作，就像米开朗基罗（Michelangelo）用一块块大理石雕琢出《摩西》一样。

珀金斯、康明斯等几位编辑巨匠给人们留下了这种编辑人的理想形象，而残酷的现实是，在我们认真讨论文稿编辑的工作之前，必须先抛弃这个幻想。

珀金斯在纽约大学讲课时，指出文稿编辑的工作实质："编辑不能为书添加任何东西。他最多只能扮演一个仆人的角色……最终只能激发作者原有的才华。"[①]

在这个提取精华的过程中，文稿编辑并不孤单。他们的工作是和作者进行持久的交流，编辑不断提出问题，作者一一回答，直到双方都觉得足够做出一本好书了——未必是空前绝后的，而是在能力所及的范围内做到最好，也就是作者清楚、有力、优雅得体地表达了他的想法。这是所有编辑工作的最终目标，文稿编辑尤其如此。

---

① A. 司各特·伯格（A. Scott Berg），《麦克斯·珀金斯：天才的编辑》（*Editor of Genius*），纽约：达顿出版社（E. P. Dutton），1978 年，第 6 页。——原注

作为仆人的编辑

实际上，文稿编辑并不是逐页修改字句。糟糕的作品通常伴随着糟糕的见解和差劲的结构。如此一来，编辑阅读原稿时，脑中会时时盘旋着这样的问题：

- 作者的创作目的明确吗？
- 读者能否掌握充分的信息来理解书中的叙述、论证、要旨？
- 书中的叙述、论证和要旨都表达清楚了吗？
- 书中的信息是否考虑到了目标读者的层次？写作风格是否适合？

简而言之，这几个问题可以归纳为明晰度、全面性、架构、风格四个方面，这是文稿编辑必须考虑的基本问题。一旦这几方面没有问题，词句问题也就迎刃而解。

题外话

像所有的技术工作一样，编辑也需要训练和纪律，当你开始编一本书时，一定要牢记以下三点：

第一，无论你的朋友怎样看待你的工作，文稿编辑不是为了享受乐趣而阅读的。他们必须训练自己对手稿不停地挑刺，不停地抱怨、质疑、求证，而非轻易地给予作者肯定。假如你发现自己在编辑文稿时读得兴致高昂，就应该先把铅笔放下，好好享受阅读的乐趣（实际上，你或许已经如此了）。通读完全稿再回过头拿起铅笔重新编辑，这次不要放过原先你为了享受阅读乐趣而搁置的小小抱怨和批评。

第二，编辑和改写不同。很多时候，以作者的手稿为蓝本改写纠缠不清的段落可能要比编辑工作容易得多。但这不叫编辑，完全是另外一回事。记住珀金斯的话："编辑不能为书添加任何东西。"他们必须想办法引导作者用自己的语言表达想法。

第三，记住，你是本书的第一个读者。你的反应和印象使作者有机会初步了解读者可能的反应，这是最好的编辑手段之一，因此你应该训练自己具备读者的眼光。假如你阅读时，觉得困惑、失望，读不下去，那么读者可能也会有同样的反应，请尽量以礼貌的措辞将这样的感觉告诉作者。

现在让我们进入正题吧。

明晰度

首要的是，读者必须能了解作者写这本书的目的是什么。

有编号的文件夹是使你牢牢记住这个目的的得力帮手。我在着手编辑非虚构类稿件之前，会把这本书的相关信息都放到档案夹中，包括出版提案、包含其他信息的投稿信、目录、导论或前言、作者小传或履历。在正式出版前，这份档案夹会一直放在我桌上，以备不时之需。

我曾编过一本关于如何吸引鸟类在后院停留的书，作品每一章都写得非常详尽，但奇怪的是，把作者的所有指导综合来看，似乎又没有什么意义，我就是搞不懂为什么要做这样的事。翻阅档案夹后，我发现作者是位活跃的环保主义者，她的出版提案以充满使命感的口吻说明，她希望让每个家庭都意识到，不管你的家多小，都可以保育鸟类，保护环境，而在书中我们完全看不到这种急切的呼吁。于是，我建议作者把出版提案中的设想和价值观融入前言，当她加入这些内容后，作品顿时有了意义，读者立刻找到了很有说服力的理由来从事作者所描述的极花时间的工作。

至于小说，尤其是极端依赖情节发展的小说，建立档案的过程则恰好相反，通常都是一面编辑一面进行的。小说中那个耀眼的女演员第一次参加试镜时穿的是什么衣服？与她当晚遇害后尸体上的黑色莱卡迷你裙是同一件吗？在编辑传记类图书时，有些编辑把与主人公相关的统计数字随时放在手边——生日、重要里程碑、家族重要成员的名字和年龄等，这样他们才可以确定主人公不会在九岁就结婚，而他的子女也不会在书的后半部连名字都变了。

编辑必须随时注意，不要让作者偏离轨道。有不少例子表明作者有时会误入歧途：

> 《水手》陈述了作者最关注的两件事，这是马里纳仅有的以第二人称口吻创作的两部作品之一（另外一部是《波浪》）；一是思索对海岸国家来说海洋所代表的意义，并把它发展为成熟的隐喻；二是通过述说水手日复一日枯燥的生活细节，表现水手的一生。

在这段文章中，作者清楚地陈述了想表达的观念，但随即又岔开话题，插入句子表达其他想法。读者还没读到第一个分号就会忘掉在第一行中读到的“作者最关注的两件事情”是什么。标点符号更增添了读者的困惑。假如编辑只试图依靠微调文字来把句子改好，不见得能达到表达明晰的效果。但我们也可以几乎一字不改而让句子表达得更清楚：

> 《水手》陈述了作者最关注的两件事，一是思索对海岸国家

来说海洋所代表的意义，并把它发展为成熟的隐喻；二是通过述说水手日复一日枯燥的生活细节，表现水手的一生。有趣的是，这是马里纳仅有的以第二人称口吻创作的两部作品之一，另外一部是《波浪》。

假如这样含混的句子只有一两个，读者还可以理解，但如果全书的段落和章节都是如此含糊不清，就会将读者拒之门外。编辑必须时时保持警觉，不断把作者拉回主题。这并不表示题外话一定不吸引人，只不过必须让读者分清主次。

全面性

你有没有读过这样的推理小说：一些你完全想象不到的人物因为一些你完全想象不到的动机，摇身一变成为大反派？大多数读者都对这种牵强的安排大感失望。同样，为准备晚宴忙得不可开交的厨师假如发现食谱中某个步骤所需材料并没有写在材料清单中，一定也十分不悦。

全面性（或信息充足）是文稿编辑的另外一个关注要点。我编过两本传记，作者都忘了提到主人公的出生日期，因此现在再碰到这类书时，我会首先寻找这个信息。为什么我第一次碰到这种状况时会大吃一惊？因为文稿编辑往往太专注于内文，只顾全力搜寻各种问题了。要退后一步，站远一点寻找遗漏的信息并非易事，却是文稿编辑最重要的守则之一。他们首先必须关注书中的所有人物和名词，必须搞清楚这些界定。六年级小学生解决这个问题的方法是写报告时以“字典对‘专制主义’下的定义是……”为开头。更有经验的作家避开了这种缺乏想象力的开头，却往往漏掉了基本信息。编辑必须不断注意这类疏漏。

我编过的一部手稿按步骤仔细描述了如何制造甲板和露台，但未定义或告知二者的区别。最近我在《纽约时报》头版看到一篇文章，标题赫然写着“十二国（苏维埃共和国）中有十国宣誓支持（经济联盟）”，却没有提到这十个表态支持的国名或持反对意见的是哪两国。这些只是一小部分例子。文稿编辑会发现在十五万字的新书手稿中遍布诸如此类的疏漏，他必须学会在每翻过一页前问问自己：“这页有没有遗漏什么重要或必需的信息？作者有没有概括这个领域的最新发展？”

当然，凡事都有两面性，信息过多也会出问题。写作是个筛选的过程，不管创作什么类型，作者都要从一堆材料中选择出适合自己作品的。而在搜集资料的过程中，作者有时投入太多，以至于舍不得放弃一丁点信息。这时，编辑就要介入，适当删减，才不会让读者迷失在庞杂的信息中。我并不是提倡包豪斯式毫不通融的编辑态度，显然一本书可以增添一点多彩多姿的信息，以及优美的描述和幽默的隐喻，但不要弄得读者老是得费心追踪未经作者过滤的想法和研究。有位编辑谈到他曾编过的一本小说里有一段精彩绝伦的描写，但是离题太远；在初稿中，这段描写出现在小说第一章，编辑提议把它移到后面的章节；在编辑过程中，每改一次这段描写就被移到更后面的章节去，到后来，编辑和作者都决定把它留给下一本小说。对每一本书而言，最重要的是有关主题的信息能充实内容，叙述能推动情节发展，除此之外，无论信息多么新奇，文句多么动人，都不那么重要。

评估一本书的内容还有两个需要考量的因素：准确和平衡。编辑必须不断审视并质疑他所读到的内容：是否完整？有没有跟上最新的发展？是否正确？有没有意义？文稿编辑必须以正在编辑的图书类型——教科书、小说、传记、园艺手册或科学调查为基础来确定自己是否具备充足的知识来编辑这类主题的图书，抑或应该找位专家来审稿。准确度对虚构和非虚构作品同样重要。细节繁多的推理小说的编辑会在手边放一本城市地图集，以确定小说中的侦探可以从一条街跑入另一条街而不会陷入单行车道。

图书内容的均衡性也需要专注，因为不平衡的内容往往是疏忽造成的。有一位编者从最近搜罗的许多关于南北战争的第一手资料中选取了一些有纪念意义的片断，读后深为感动。但一旦从这些文章带来的震撼中冷静下来，他就发现这本书特别偏袒南方作家且根本没有提到黑人部队，对大后方的情况也谈得不多，因此这部作品并未像它声称的那样真实反映战争对美国的影响，必须加几篇不同的文章，删掉重复性的内容，才能实现本来的目的。

架构

编辑不只需要检查书稿内容是否完整、准确、均衡，还必须保证表达的方式不会给读者造成障碍。

编辑阅读手稿时，必须确定始终跟得上作者的思路，并且得到的信息能够使他弄清内容的发展。有位编辑曾经谈到，他编的一本园艺书一直在花很多篇幅详细描述如何施肥，如何除草，但直到这篇长文的最后一句，作者才写道："处理这些化学品时要格外小心，因为它们往往是有毒的。事实上，当你施肥或除草时最好戴上手套。"这位编辑指出，粗心的园丁读到这里才发现要戴手套时恐怕已经有点迟了。

有两个实用工具可以帮编辑重新组织混乱的初稿：导语和大纲。

编辑随时都要注意寻找"导语"：也就是能清楚说明或揭示作者

写作意图和方向的句子。通常这些句子都出现在章节末尾作为总结，而不是出现在开头作为主题句引出后面的内容。例如：

协同工作相当困难。一位助理编辑曾提到，他进出版社前，从不知道作者的待遇竟然这么差，出版社几乎把他们当成是为了出书而不得不忍受的害虫。在严苛的出版流程中，维持良好的合作关系就成了编辑的基本工作。

这段文字经过重新整合后出现在第二百二十六页，我希望编辑过的句子表达得更清楚。请注意，在原稿中，整段文字的重点直到最后才出现，使读者一直疑惑这段话的主旨是什么，直到最后才恍然大悟。

处理结构凌乱的作品还有另一个好方法，就是剥离文字直接从结构下手：列出材料大纲，无论整本书是杂乱无章，还是混为一谈。有时某个章节我需要一段一段在页面空白处标示每个段落的主旨，再影印整份文稿，剪剪贴贴，重新组合同主题的段落，不过这是在极特殊的状况下才会采取的做法，正常的文稿编辑工作不必如此。一份简洁的大纲通常就可以揭示重复、疏漏、条理不清的地方，作者可以根据这份大纲重新组织材料。

有时条理不清的问题只要一个果敢的措施就能迎刃而解。有位编辑曾编过一本写得很好的关于梵蒂冈历史的作品。第一章是绝佳的开头，引导读者认识梵蒂冈的建筑，第二章却很难读下去，因为介绍的是宗教编年史。这位编辑翻来覆去花了很多时间，想要把这一章改得易读一点，但都徒劳无功。无论怎么改，这一章始终显得沉闷，阻碍了整本书的节奏。这章包含的信息虽是必需的参考资料，但因此打断梵蒂冈历史的铺叙就得不偿失了，于是编辑后来把整章改为附录，因为对附录而言，列出一长串史实传记完全无碍。

风格

尽管作者都希望，而且相信自己的作品会吸引所有人，但事实上，真正有趣的书寥寥无几。编辑必须帮作者认清哪些读者会对他们的书感兴趣，从而针对这个人群写作，不管他们是作者的同行、初次接触这个主题的读者，还是知识丰富的业余爱好者。

最近有位一直习惯撰写专业书的精神科医师为一般读者写了一本书，编辑向她建议了几个修改手稿的方法。编辑首先告诫她，许多行家习以为常的名词和概念对一般读者可能都很陌生，因此要尽量删除不必要的术语，为必须用到的技术名词加注；其次，建议她把大部分研究数据和有关数据来源的讨论集中处理，分门别类地放在书后附录中，这样既为本书的论点提供了充分的学术依据，又不会学术意味过浓，有需要的读者可以自行查阅，脚注只用于标注直接引用的文献；第三，编辑会设法弱化书的专业性。删掉了每章最后的总结，以几个易懂的例子来说明作者观点，取代了原本充斥着精神科术语的大量病例。

大多数作者写作面向不同读者群的书时都不须改变这么大，但编辑和作者应时刻牢记自己的读者，以及了解他们的程度如何。每当我用一份简单明了的饼干食谱来做教学练习时就会清楚地意识到这点。只要略有烹饪经验的学生都可以毫无问题地照着食谱复制出来，但每次总会有几个平日不会做饭的学生，一看到食谱第一句话“在一个中号平底锅里……”就傻了眼。

催生作品

到目前为止，我们已经讨论了编辑如何初审或评估手稿，这时，编辑通常都还没有真正动笔修改文稿。这并不是说编辑会把所有稿件从头到尾至少读两遍，但我认为，编辑确实应从两个层次来阅读手稿。第一次是通读，可以泛泛地把文稿扫一遍，看在总体上是否有表述不清等问题；第二遍则是实际编辑阶段，要更仔细地阅读文稿，列出希望作者修改之处。

在整个费时费力的出书过程中，编辑有责任和作者保持良好的合作关系。一位助理编辑曾提到，他进出版社前，从不知道作者的待遇竟然这么差，出版社几乎把他们当成是为了出书而不得不忍受的害虫。但假如编辑随时告知作者新书的进展，设身处地地为他们分析问题，并不时真诚地询问他们的意见，避免对立局面并非不可能，不至于让作者和编辑在争夺新书出版主导权的过程中都视自己为输家。毕竟大家的目的都是尽最大可能出版一本好书，只要牢记这点，编辑的工作态度就会变得温和而坚定。

收集信息

在进行编辑前，先和作者见个面是令作者了解编辑流程的最好方法，假如作者和编辑从未见过面，那么此举尤为重要。但显然并不是双方随时都能碰面，有时不得不以邮件或电话来代替，尽管如此，还是应该先试着安排时间见面讨论。

见面的目的是向作者解释编辑和出版社将会做什么，假如你希望气氛轻松一点，以午餐会谈代替正式的工作会谈也无妨。你应该解释责任编辑和文稿编辑的不同之处，告诉作者到了哪个阶段你会把手稿寄回去给他看；你认为这份手稿需要多大的编辑量；需不需要再增加些内容，如参考书目、数据来源、名词解释等。

你也可以让作者稍微了解一下出版日程表，比如每个阶段会花多长时间，他有多长时间修改稿件等等。这样会让作者对编辑工作有所了解，而你也有机会判断一下作者对别人编辑自己的作品可能有什么样的反应，当你预计会花很多时间来编辑手稿时，这样做是很值得的。

即使已经讲明基本流程，你还是应该小心行事。除非确信作者会赞同你的每一项建议，否则最好编辑一两章后就先寄给作者过目，并附上一封信。你可以先把这份手稿搁置一旁，给作者两三个星期仔细察看并寄回你编辑过的样章。等作者寄回手稿后，你自然会知道他容许的编辑尺度有多大。你未来的编辑工作和重要事项计划表都可以据此而定。

分析资料

在开始编辑前，还要注意编辑符号的使用准备。这些注意事项有的听起来像幼儿园课程那么简单，但鉴于手稿上可能写满批注意见，编辑应该牢记作者的感受。不拘小节可能会给编辑工作带来糟糕的开始。

基本上，文稿编辑都用二号黑铅笔批注意见，把询问事项写在页面空白处，他们还应准备大量的便利贴。字迹应该清楚工整，容易辨认。许多编辑字迹潦草，令作者很难看懂他们的评语和问题。既然做了这份工作，就应该尽职尽责，不要用铅笔潦草地记录你的疑虑。

批注要简洁明确地写在页面空白处，写得越少，作者越容易看懂，也必然更能理解和接纳。如果你的意见太长以至页面的空白处都不够用，那么最好把这些话留到给作者的信中说。

假如你想测试一下和作者的关系，可以寄给自己一份标满注记的稿子——最好还是用红色铅笔标记的，就可以体会作者第一次从出版社接到编辑修改后的稿子时是什么心情了。有位编辑的反应是："一块血腥的破布！"

永远不要在作者的手稿上剪剪贴贴。假如你必须改写其中的一两段，最好把它单独打在一张纸上，以供作者考量。

永远要记得把手稿影印一份存档。版权合约上通常都要求作者交给出版社两份手稿，其中一份可以拿来存档。有时候，出版社同事需要看看这份稿子，你最好盯紧去向，或另外影印一份给他们。同理，编好的稿子在寄给作者之前，许多出版社也会先影印一份存档，这样做不仅是为了备份，以防丢失，也使编辑需要在电话中和作者讨论时，手中有稿可看。

讨论了基本注意事项之后，我们可以谈谈实际的文稿编辑了。大家应该很清楚，假如要成功地出版一本好书，编辑提出的修改建议很重要：不能单单靠"这样改读起来会比较顺"来说服作者，因为除非是硬伤——如事实错误、语法和拼写错误，作者仍然掌握着对所有改动的最后决定权，编辑的理由必须足够令作者信服并接受，所以除了分析稿件中的问题，编辑还要清楚作者对编辑工作的接受程度。

对编辑来说，任何稿子关注的重点就那么几个，他们必须针对自己手中的每一本书决定工作重点，排出心目中作者应该遵循的改稿优先级。简单地说，我会把所有的改动分为必要的、适当的和吹毛求疵的三种。并不是所有改动都严格遵循这三类，如果一部手稿需要加入新材料、重新组织结构或大幅改写，那么不停地指出作者啰唆的句子和别扭的短语简直是在浪费时间。另一方面，假如一本小说的情节进展得像水上泛舟一样平顺，糟糕的句子就会像湖面上被人丢弃的一次性塑料餐具那样碍眼。

绝对必要的修改永远是最重要的，而且没有讨价还价的余地。这类修改通常包括明显的错漏、条理和逻辑不清、事实错误、立场偏颇等等，这些问题削弱了书的分量，如果在编辑过程中没有及时修正，出版后不免将招致批评。假如手稿中出现了上述问题，编辑必须把全部心力都放在上面，从而可能忽略其他语法上的小问题。

请读一读这段摘录自一九八九年十月二十七日《纽约时报》的讣闻：

> 他的妻子苏珊·奥尔特于一九八三年去世，他们结婚三十六载。
>
> 他遗留下两个女儿，分别是住在塞伦的雪莉·埃文斯和住在亚力山大的芭芭拉·克利夫兰，他还有四个孙辈，三个曾孙。

从讣闻中提到的几个日期看来，假定死者婚后第一年大女儿就出生了，到一九八九年也还不到四十二岁，两个女儿不过四十出头的年纪，可能有四个孙辈吗？对这类叙述编辑一定要提出质疑。在这则讣闻中，弄清事实远比其他修改重要。

适当的修改则包括理顺语句，加强叙述的感染力，删除过长的引用等。这里的问题不在于对错，而在于润色和完善，为读者奉上更好的作品。编辑会指出啰唆之处，删改不必要的细节、沉闷冗长的“主谓宾”句式，或密集得像连珠炮一样阻碍读者理解的一连串短句。请比较这段修改前和修改后的文章：

Begin construction by laying out the bottom, Back, and Top on 1x4 stock. Then cut each piece.

Three holes are drilled in top to hold the baseballs. The centers of these holes are located 1 1/2" from front edge and 2 1/2" from each end and in the center of top. Mark these points and bore a 2" hole through them for the baseballs to sit in.

An electric drill and hole cutter will make quick work of making these large holes. If you use a brace and expandable bit, securely clamp parts to the table.

To ~~B~~begin construction, ~~by~~ lay~~ing~~ out the bottom, ~~B~~back, and ~~T~~top on 1x4 stock. Then cut each piece.

Next, ~~T~~three holes are drilled in the top piece. ~~to hold~~ for the baseballs.

The centers of the two outer ~~these~~ holes are located 1 1/2" from the front edge and 2 1/2" from each end; ~~and~~ the third hole is in the center ~~of~~. ~~top~~. Mark these points and bore a 2" hole through each of them for the baseballs to sit in.

An electric drill and hole cutter will make quick work of ~~making~~ these large holes. If, however, you use a brace and expandable bit, securely clamp parts to the table.

You can use either an electric drill and hole cutter or a brace and expandable bit.

要注意作者对修改意见的态度，给他们拒绝修改和亲自改写的机会。所有内容上的改动都必须征得作者的同意，因为作品是属于作者的（除了版权合约上规定的语法、标点符号、拼写和排版格式上的改动由出版社来掌控）。通常对小小的改动，编辑只须在旁边写上“OK？”来征询作者意见即可。

唯有当手稿不需要太多改动时，编辑才能注意到措辞是否精练、人物刻画是否细腻等问题。这时编辑才能花费心力，尽可能把文字打磨得完美而准确。尽管这类编辑建议可能非常吹毛求疵，但由于没什么太大的改动，稿子可能见不到太多编辑痕迹。

询问技巧

编辑在手稿上所做的几乎每一处改动都要征求作者意见。当编辑阅读手稿时，会产生许多问题，往往意味着需要修改、删减或扩充。大多数情况下，究竟要改哪些地方是由作者决定的，因此编辑必须很有技巧且言之成理地询问，希望激励作者把作品修改得尽善尽美。

征询作者意见可以采取很多方式，面对面的讨论是其中之一，但最常用的两种方式是在页面空白处做脚注和寄上说明信，有时候还要随信附上一页详细的评语。信和脚注目的不同：信讨论的是普遍的或一再出现的问题，脚注则说明对特定例子或段落的意见。

在信函中，编辑可以讨论因太长或太复杂而无法在页面上标注清楚的问题，或是出现次数太频繁，若反复提及可能使作者不胜其烦的问题。举例来说，有位作者在他所写的奇石搜集指南中，屡次拿女性在搜集岩石时的不当穿着来开玩笑（“告诉那位小姐，把高跟鞋留在家里就好……”）。编辑不必一碰到这种可能冒犯女性的句子就在旁边加注，而可以在信中写：

你或许也需要修改一些读者认为过时或觉得被冒犯的段落，请参见第12、37、62、118、214、276－277、303页上我打钩的段落。

这里选录了一段手法高明的附信和脚注，是兰登书屋的资深编辑康明斯写给比尔博姆（Max Beerbohm）的传记作者贝尔曼（S. N. Behrman）的：

此刻离接到你的手稿还不到二十四小时，我必须说你对马克斯的刻画无论在抓住精神实质还是细节选取上，都越来越接近我们心目中的形象。这份四十六页的手稿充分体现了你迷人、鲜明、独特的写作风格，你所引用的素材也的确很丰富。

但我深刻感觉到，这本书还需要再扩充一些内容……

如果只是泛泛而论，对你并没有什么帮助。除非我加以具体说明，否则你根本猜不到我的意思。所以，我会逐页列出我的问题和建议，你可以赞同，也可以否决，有些意见是合理的，有些难免有点吹毛求疵，但至少为我们提供了一些讨论的基础。

第一页：我觉得关于马克斯和亨伯特的背景，还有很多可谈之处，可以详细谈一下朱利叶斯、康斯坦莎和伊莱扎，就像你描写杜维恩的祖先那样……

第二页：是不是有可能在这个地方描写一下美国当时的气氛，尤其是芝加哥的状况……

第四页：在这个地方提一两句关于《黄皮书》（*The Yellow Book*）的事情，会不会太突兀？中间是有一段历史背景的。你把这页写得有点评论的味道，但我觉得假如你多加几句以马克斯的语气发表的评论，可能效果更好。

第五页：你提到菲茨杰拉德和谢尔顿的部分显得有点不着边际。除非你能明确指出相似之处，否则恐怕读者看不懂你的比较。还有，何不对比尔兹利多着墨一些呢？

第六至七页：与佩特的裂痕太精彩了，不容错过，让我不由得想知道更多。这股星星之火应呈现燎原之势。[①]

康明斯的询问技巧能够极大地缓和作者与编辑的关系。更重要的是，他在信的开头一再强调对这本书的热情，这是鼓舞作者的关键，还可以激发作者发挥最大的潜能。这封信处处显示，作者和编辑其实在为相同的目标而努力，尽管达到这个目标需要耗费极大的心力和很长的时间。整封信的语气都是乐于协助和极感兴趣的，具体问题（如遗漏、重复、信息不足之处）迅速取代了建议扩充内容的泛泛评论，因此作者很清楚他需要修改哪些地方。

值得注意的是，身为这本书的第一个读者，康明斯是如何从读者的角度来建言，并引申出其他读者可能的反应。他写在手稿空白处的很多评语都是以读者身份提出的意见，这样做不仅能让作者预见出书后可能面对的反馈，同时也委婉地指出了手稿的问题所在。编辑不需要告诉作者："没有人看得懂你这段话的论点。"而可以用另外一种方式表达同样的意思："我读这段时觉得很难看懂，请举例说明。"两者之间差异微妙，但编辑用与作者分担责任的方式，减少了责备的意味，也清楚说明了读者的需求。

康明斯的评语中还有许多值得注意的细节。粗枝大叶的编辑可

① 康明斯（Dorothy Commins），《编辑是何人？——萨克斯·康明斯的工作》（*What is an Editor? — Saxe Commins at Work*），芝加哥：芝加哥大学出版社（The University of Chicago Press），1978 年，第 90－91 页。——原注

能会在稿纸空白处匆匆写下“太模糊”“写得太少”等感叹，而康明斯却会为他提出的每个建议说明理由——这让作者很难忽视或反对，也达到了他的目的。我曾看到一位编辑在一段有问题的段落旁只草草写下“是吗”两字，完全不解释为何如此质疑。这种做法很难得到想要的回应。假如作者回答“是的”，却给不出进一步的证据怎么办？更糟的是，假如作者被这个问题惹恼了，回答“不是”，你又该怎么办？

有效的询问能引出编辑想要的回答，编辑必须负起这个引导的责任。毕竟，假如作者的初稿已经写得不清不楚了，你没有理由认为在无人指点的情况下，他的修改稿水平会大幅提高。因此，征询作者意见时措辞要非常谨慎。例如下面这段混乱的文字：

> 在十九世纪，金枪鱼只能拿来当鸡饲料。但大马哈鱼就不同了，它们往往被制成罐头，广泛食用。有一年，沙丁鱼短缺，一位沙丁鱼罐头制造商想到用金枪鱼来做罐头。金枪鱼罐头立刻风行一时。

假如编辑在空白处提出“令人困惑，请厘清”，他怎么能保证改过的句子一定不再令人困惑了呢？但如果编辑说：“很难看懂。你的意思是说，大马哈鱼和沙丁鱼都是常见的罐头食品，但由于缺货，罐头制造商改用金枪鱼了吗？请解释清楚。”这样，编辑就为作者打下了基础，假如作者回答了问题，编辑可能就掌握了充分的信息，能把文章改得更易懂，或至少更容易编辑。

最后，我们回过头来谈谈作者与编辑之间的交流，这个漫长但很值得的过程使编辑做出最好的书成为可能。编一本书究竟要花费多少心力取决于作者交出什么样的手稿，但编辑工作越到位作品越看不出编过的痕迹，不管这期间编辑耗费了多少心力。

编辑不是作者，也不希望扮演作者的角色。他们希望扮演的是观察入微、要求严格、活力充沛和耐心十足的探索者，能够奉献自己的特殊才华和技能，与作者共同努力，出版好书。

Chapter 18
第十八章

理性建议的艺术
——如何当个优秀的文稿编辑

佩因 John K. Paine

佩因是企鹅出版公司旗下新美国文库/达顿出版社的资深文稿编辑。

“韦克斯曼女士认为文稿编辑的目标是“催生一本最好的作品”，佩因则在这篇短小精悍的文章中介绍了要实现这一最高目标，可以采用哪些最高效的技巧和原则。

佩因坚信，文稿编辑是“理性建议的艺术”，他们必须先学会“沟通的艺术”，才能最大限度地发挥第一种“艺术”。佩因指出，想与作者建立融洽的关系，任何编辑都必须遵循以下两条准则：第一，编辑应该不断表示他多么喜欢这部作品；第二，所有的建议都应加上辅助用语，以免作者觉得自己受到冒犯。

佩因详细说明了文稿编辑激发作者“创造性回应”的几种方式。他认为，“编辑真正希望的是：作者能好好思考问题，然后以他自己的想法回应编辑的要求，这样，才能编出一本更好的书。”

文稿编辑在出版流程中扮演着“挑剔的第一读者”的有用角色，很少有经编辑修改整合后还不见起色的手稿。但另一方面，当作者接到出版社寄回的手稿，看到一页又一页的脚注、被改写或划掉的句子时，就算他有心取悦出版商，心中也会很不是滋味。这家伙以为自己是谁呀？胆敢在作者认为已经完成的原稿上添加那么多词句？鉴于此，文稿编辑必须及早学会一项基本功：沟通的艺术。

如果想与作者建立和谐融洽的关系，文稿编辑在针对不同层面提出建议之前，必须在做脚注时注意两件事。第一，应不断地表明自己多么喜欢这部作品，这很重要，因为每个作者都对批评很敏感，在看到一个接一个的负面评价后，会把编辑当成一个傲慢自大、自以为是的笨蛋；其次，所有建议都应该加上一些辅助用语，我写给作者的建议通常会用“似乎”“你可以考虑一下”“也许更好的做法是”这类措辞，这样作者就不会觉得自己受到了冒犯，而会以慎重而开放的态度对待这些批注，这正是编辑希望达到的目标。

要告诉作者为什么他的作品修改后会更好有很多种方式。从广义上说，结构上的大动最好通过电话或在午餐会时当面和作者讨论，让作者有机会反复斟酌修改方向。有时编辑会认为写一封详细的信是更好的沟通方式，因为书写的形式可以把想法表达得更完整；在这类信中，你可以先概括发现的问题，再就具体问题提出开放性的建议。关键是“开放性的”，因为作者通常会想出更有创意的解决办法。

很多时候，更深一层的沟通方式会更有效。事实上，有时编辑在信上提出的泛泛想法反而带给作者很大的困扰。没错，我知道你不喜欢这些内容，但你没有告诉我怎样才能改得更好。作者可能会选择一个截然不同的方向来改稿，结果丝毫无助于解决原本的问题。因此，我通常都会详细说明。在信中谈完一般问题后，附上详细的脚注，谈一谈具体问题出现在哪一页。这样一来，假如作者愿意，他可以按部就班地解决所有问题。举例来说，假定一位政治作家长篇大论地引用了太多访谈中受访者的谈话以至于模糊了叙述方向，你可以具体注明，哪些内容可以浓缩为点睛之笔。当然作者可以不采纳编辑提出的建议，但至少有机会考虑一下，编辑提出的具体建议是不是能帮助他解决更大的问题。

详细的脚注对于强化小说中的人物性格特别有用。编辑可以在手稿页面的上下空白处写下简短建议（通常在四句话以内），然后用箭头指向文中对应的地方。人物单薄是小说中最常见的缺点，编辑不断加注提醒，可以帮助作者看清实际上的角色设定。有了这些善意的建议，作者不仅可以在编辑标示的地方添加新内容，还能把人物刻画得更丰满。当然，编辑最高兴的就是看到作者能凭自己的力量，在写作的天空中展翅翱翔。

这类脚注也可以用来“剪裁”手稿。对作者而言的一大不幸就是文稿编辑的主要功能——修剪枝叶，从多余的副词和形容词，到整段甚至整页文字，都可能被编辑大笔一挥，删个干净。但在大删特删的同时，编辑最好准备出一套合理的解释来说服作者，仅靠页面空白处的几句话是不够的，编辑可以把理由单列一张纸夹在手稿中，向作者解释为什么被删掉的部分阻碍了叙述的发展。真实犯罪类图书最常碰到需要整段删除的状况，因为这类书的作者大半是报社记者，他们很擅长搜集信息（就像“捕猎者”一样），对于编排整合为合理的章节却很不在行，往往需要整段整段地删除连篇累牍的法庭细节，好让这个关于名侦探或杀人犯的故事能吸引人读下去。编辑要不停地提醒作者专注于主线叙述，帮助他们见树又见林。

另一种批注对文稿编辑来说略居其次，即大规模改正语法。编辑可以在手稿前几章写下几段长评来概括说明整本书在写作风格上的缺陷，以此为依据订正全书。再用几个频繁出现的例子说明希望作者修改语态或重复使用的动词。编辑以适当的长批注向作者说明所有意见，同时表明自己会严格按这些原则编辑其余的稿件。尽管作者不见得会同意每一处修改，但至少会明白这些问题为什么会被不厌其烦地一再指出。例如，与直陈式表述相比，有的作者更习惯于使用分词短语。他的手稿中这样写道："他转过头，从低层货架上拿起扑克牌扔到柜台上。"[①]我在批注"见附页"中解释了为什么这样的结构不如直陈式表述更具排山倒海的气势。更有力的句子是这样的："转过头，他从低层货架上拿起扑克牌扔到柜台上。"[②]这样写弱化了次要叙述，增强了两个连续动作之间的张力。这种改动没必要全部标在手稿上，绝大多数情况下，作者都会赞同，因为之前已经解释过原因了。

最后要谈的是更细微的修改，用字或词组问题。再细心的作者都很容易落入一个常见的陷阱：在形容相似的行为或情绪时反复使用同一个词。当编辑觉得太过单调冗繁时，可以用铅笔轻轻地把重复用语圈起来，在旁边写上"用得太多"，那么当这个词被替换成其他用语时，作者就会明白原因。假如作者过于漫不经心，在一段文字中重复用了同一个比较独特的用语，编辑就会把这两处圈起来，在

①原句为："He turned his head, lifting the blackjack from the low shelf and slamming it on the counter."——编者注

②原句为："Turning, he lifted the blackjack from the low shelf and slammed it on the counter."——编者注

旁边打个钩，表示需要替换新词。这样做的目的只是要让作者明白，编辑并无改写的兴趣。

假如文稿编辑能够与作者充分沟通，令作者明白他不厌其烦地批改都是为了让稿子更加完美而非贬低其水平，那么一定会激励出作者充满创造力的回应。编辑真正希望的是：作者能好好思考问题，然后以他自己的想法回应编辑的要求，这样，才能编出一本更好的书。

Chapter 19
第十九章

为编辑打点一切的学徒
——编务助理

佛奇 Casey Fuetsch

刚踏入出版界时，佛奇曾是文学协会三位耐心的编辑的助理。后来她成为双日出版社大众图书部的资深编辑，策划并编辑的图书包括《当天与地互换位置》（*When Heaven and Earth Changed Places*）、《特别的英雄》（*A Special Kind of Hero*）和《奇迹的声音》（*The Sound of a Miracle*）等，与她合作过的小说家有塞耶斯（Valerie Sayers）、邓肯（David James Duncan）、伯德（Sarah Bird）等。

“假如你问：“编务助理到底做些什么？” 答案是：“什么都做。”——做几乎所有来稿的第一读者，设法在公司的官僚制度中周转斡旋，紧盯出版日程表（并告知作者目前的进度），编辑文稿，找回丢失的待签合同和错放的手稿，提醒财务部门支付作者版税，以及其他任何编辑交办的事情。作为回报，聪明的编辑会通过指导编务助理把这些繁杂的事务列成工作表，来训练他熟悉编务工作，直到有一天——编务助理成长为助理编辑，也拥有了属于自己的工作表。

想在自己的职业生涯有所提升的明智作者应该认识到，同编务助理打好交道和同他们的老板打好交道一样重要。“我第一天上班时，有十七位作者打电话来表示欢迎。他们询问我的背景，说很期待早日和我见面，他们对我那么尊重、体贴，我想他们一定把我误认为另一位重要人物了。这些人真是太友善了。”

“我花了一天时间才弄明白，这些作者其实很识时务。我不只是单纯地为编辑工作，而是和编辑‘一起’工作。我的工作不是编辑的附属品，而有它独立的价值。”

新一代编辑就是从这种师徒式的关系中诞生的。佛奇女士认为：“就师徒制而言，出版界为每个人提供的机遇都是平等的。出版是要求经验的一个行业，几乎每个人都必须从基层做起。”她用这篇充满智慧、魅力和绝佳判断力的文章，指导编务助理如何从底层攀登至出版界的高峰。

和大多数图书编辑一样，我的职业生涯始于编务助理。我的第一位上司是个嬉皮式的、精力充沛的资深编辑，负责挑选关于流行文化和摇滚乐的图书。他经常敞着衬衫，胡乱系根领带，邋遢劲儿活像漫画里的“乒乓”[①]。他创意无穷极富热情，所到之处总是笑声不断，永远精神抖擞。有些编辑一年只要出十五本精装书就很满足了，但对他来说，除非出版计划上有三十本书，否则他绝不会满意；如果这三十本书中，每本都有两位作者，一位外审图片编辑，一位作序推荐的专业权威（每个人都需要单独签订合约），那就更好了。他有一间妙趣横生的办公室，拥有无穷创意，能给每位进来聊天的同事和作者带来灵感。

我第一天上班时，有十七位作者打电话来表示欢迎。他们询问我的背景，说很期待早日和我见面，他们对我那么尊重、体贴，我想他们一定把我误认为另一位重要人物了。这些人真是太友善了。

我花了一天时间才弄明白，这些作者其实很识时务。我不只是单纯地为编辑工作，而是和编辑“一起”工作。我的工作不是编辑的附属品，而有它独立的价值。我要为编辑阅读他收到的几乎所有稿件，同时担任办公室总管，在公司的制度体系中冲锋陷阵，以维持编辑的“迷你王国”正常运作。这些工作包括明确权限，紧盯出

① “乒乓”（Pigpen），《史努比》（*Snoopy*）漫画中一个成天脏兮兮的小孩。——编者注

版日程表（并告知作者目前的进度），跟催尚未签妥的合约，编辑文稿，泡咖啡，为作者申请酬劳等等。我的老板经常自己泡咖啡，乐意坦诚地肯定我的工作，而当作者在电话中嚷嚷还没收到版税时也从不责怪我，这都很值得称赞。他还会花很多时间，帮我谈妥自己的出版计划，这对我的事业发展大有助益。

久而久之，我们逐渐发现了各自的长处，从而以双方都满意的方式分工合作。他对摄影作品情有独钟，十分在意每一本书的“包装”和封面设计、用纸等，我因此学到了许多关于纸张和装订的知识，这些细节对出版小说来说也至关重要。而我最喜欢的工作是编稿子，于是在他的谨慎指导下，我可以对一些作者的文章修修补补。

我的老板遵循师徒制传统，他的作者也对这种做法欣然接纳。就师徒制而言，出版业为每个人提供的机遇都是平等的。出版是要求经验的一个行业，几乎每个人都必须从基层做起。无论你拿了多少学位，毕业于什么学校，游历过多少国家，家世多么显赫，如果无法把这些用于目前的工作便是枉然。编务助理承担的责任则取决于自身的经验和才能、所承担的工作量、上级的性情以及出版社对培养员工的态度。刚踏出校门、满怀憧憬的出版界新人大概都不想整天只忙着为他们的老板抄录编辑信件，他们宁可亲自问一问作家，她以“恶心”来象征都市中的焦虑不安是否合适。但为了能晋升到在四季餐厅（理想主义者心中的圣地）和作家共进午餐，讨论文学地位，编务助理必须在复印机旁度过许多时光。

能在新人阶段努力学习的编务助理才能成功地晋升为编辑。正如父母总喜欢对不堪忍受烦琐杂务的孩子说：“这也是一种学习经验。”——即使从打电话给库存管理部门询问最新销售数字这么简单的事情中都可以学到一些东西。库存管控人员有时会说：“上个星期发货量当然不小啦，因为父亲节到了，真可惜母亲节卖不了什么书。”

这些小小的讯息当时听来似乎无关紧要，但当从助理升为编辑，需要决定名作家克兰西（Tom Clancy）新书的出版日期时，之前的累积就十分宝贵了。

能充分享受出书乐趣的作者多半都很了解编务助理能给自己带来的帮助。作者只须问清楚编辑和他的助理如何分工，就可以好好利用这两种资源。对编辑和助理来说，这种分工并不是一成不变的，编辑必须花很多时间来选书、谈版权和编稿子，并且想方设法让宣传、营销、市场等各部门好好关照这本书。至于助理嘛……需要打理其他一切。他们的工作重点之一就是弄清楚“交通状况”。只有编务助理最清楚合约和手稿目前在谁手上，出书进度如何。需要作者核对稿子时，他会不会正好在尼泊尔跋山涉水？这时编务助理要协调制作部门、更改校稿时间表；又或许作者刚刚接到著名作家维尔登（Fay Weldon）的来信，得到了一番大大的赞扬，有些评语可以用作宣传，但此时编辑出去吃午饭还没回来，助理可以先给美编打个电话，请他们暂停封面制作，等作者、编辑和助理三个人商量好如何运用这些话再说。

编辑室收到的任何出版计划通常都要先经过编务助理的审阅。每位助理对待这些计划的处理方式不同，不过很多人在将手稿放到编辑桌上的时候都会附上自己的阅读报告。有些刚入行的作家听说这个情况后简直吓坏了，他们心想，一个小小的助理哪里会懂得我那些抒情散文的价值呢！但不要忘了支撑学徒制的理论，编务助理原可能是一位罗德学者（照理来说是相当高明的散文鉴赏家），并对所谓“可出版作品”有相当多的认识。何况这正是经纪人发挥作用的时候，他可以事先提醒编辑和助理对某本特别的小说或某本非虚构类图书提案多加关注。即使经纪人没有事先提醒，一部确有价值的作品通常也逃不过编务助理的法眼。也有许多稿件达不到平均水准或者所讨论的主题不是接下稿件的编辑所擅长的领域，一般遇到这种情况，编务助理会把平庸作品和一流作品区分开来，有时候也会把某些稿件转给更适合的同事处理，以使编辑更有余裕来谨慎选出最出色的新书手稿，并把心力放在已签约的作品上。

尽管如此，新作家的疑虑有时仍不免会令认真严谨的编务助理感到不安。有些助理开始做噩梦，生怕自己看走了眼，错失可能会得普利策奖的畅销著作，因此即使写得很烂的小说也会从头到尾读一遍，弄得自己筋疲力尽。这时才是真正噩梦的开始，因为你不可能、也不应该对每一本手稿都给予同样的关注。而且讽刺的是，通常担心会被编务助理退稿的作家，一旦和出版社签约，都不懂得感激编辑和助理为发现这部作品所付出的日夜辛劳。

幸好大多数作家都很尊重编务助理的工作，这对双方来说都大有益处。事实上，编务助理也是读者中的一员，他们对某个人物或情节的看法可能极为宝贵。尽管不是每个初稿读者的建议都必须听从，但适度考虑读者反应还是很有必要的。编辑在匆忙签下新的小说或急于让极具话题性的新书及时出版时，或许会忽略作品叙述上或论点上的缺陷，而编务助理不必直面出版社和经纪人的压力，可以从独特的立场指出国王华服上的瑕疵。

在出版社，编务助理是新书的第二大支持者。编辑的职责是想方设法推广新书，使它们如一束强光照亮寒冷与黑暗，直刺入被声像节目占领的公众视野。而稿件进入编辑阶段到作者飞往十六个城市巡回宣传新书这段期间，编务助理参与处理了许多琐碎但重要的小事。最近，一位自由评论家给我的办公室打电话，想要我们的图书目录。我的助理接电话时，以轻快的口气把在编的新书大大赞美了一番，评论家被他的兴奋之情感染了，她不但把这本书列在“必须评论”的书单之上，还打电话给一位制片人朋友，告诉她有这样一部小说。日后我们自然会知晓这个电话是否确实带来了一篇很棒的书评或可观的电影版权收入，但至少目前已让人颇为期待。同时我的助理也给自己积累了新人脉。

出版界的每一种人际关系，无论作者与编辑，编辑和助理或作者和编务助理之间，都很像婚姻关系：双方为了共同的利益而满怀热情地结合，希望蜜月期能延续一生。但毕竟作品是作家创造的结晶，无论在哪种关系中，最重要、最需要捍卫的都是作品本身，所做的每个决定都是为了让书本身更加完美。

只要拥有并善用丰富的同情心，每个人的出版生涯（实际上，是每一天）都会更加愉快。与编务助理的工作付出相比，他们的薪水实在少得可怜，但他们最大的乐趣之一就是和懂得感恩的作者谈话——这些作者尊重他们对作品的看法；了解助理们虽然不见得总能立刻解答自己的疑问但总会尽力去找答案；也能够理解他只是编辑和助理每天需要应付的许多专业作者之一。

作者和编辑最好也能在私下场合心平气和地友善提醒编务助理，有些书作者是花了整整五年时间才辛苦完成的；当新书快要发行时，作者难免会焦虑不安，情绪不稳；而助理编辑的辛劳工作最终会带来令人满意的结局。

当然，编务助理的出路就是晋升为助理编辑。助理编辑不需要再为别人打印信件或替老板接电话，他们可以自主购买版权，在出书流程中享有一定自主权。升迁意味着社内公开肯定编务助理的辛劳和才华，但这不该带来不睦。助理终于可以摆脱烦琐的工作，在实习多年后承担起编辑的重任。作家可能突然发现那位帮过自己很多的助理如今已成为自己的编辑。而刚上任的助理编辑会发现，他过去的努力没有白费：长期以来对他颇为赏识的经纪人和作家如今会寄来出版提案。

经验的累积会带来信心，满怀自信的新编辑和作家终于可以摆脱一个常见的错误假设：文学圈壁垒森严，人人都渴望跻身其中。事实则是振奋人心的，这个所谓的“文学圈”只是局外人毫无根据的凭空想象。无论你如何规划自己的出版生涯，无论你的头衔是什么，只要你真诚地欣赏好作品，鼓励优秀人才施展才华，关心他人的福祉，你的事业发展必定会长远而成功。

Chapter 20
第二十章

为你的书找个良医
——与外审编辑、编辑顾问合作

格罗斯 Gerald Gross

格罗斯于一九五三年毕业于纽约市立学院，随即踏入出版业，在西蒙－舒斯特出版公司为西蒙担任初审人。在任平装书、精装书编辑那些年里，他创造了哥特小说、哥特言情小说、哥特推理小说等普及版平装书类型，还主编了《出版人的世界》（*Publishers on Publishing*）和《编辑人的世界》。一九八七年，他成为格罗斯联合事务所（Gross Associates）合伙人，在家办公并以编辑顾问的身份与作者及出版社合作。除编书和评判文稿，他多半时间都花在美国各地的作家会议上，参加有关编辑和出版的研讨。

“作家什么时候需要向外审编辑或编辑顾问求助？编辑顾问会怎样处理问题多多的初稿？对作者、经纪人和出版商而言，为什么编辑顾问越来越重要？出版社编辑在什么情况下，需要请外审编辑或编辑顾问来处理手稿？作家如何才能和著名编辑顾问有效合作？在本文中，格罗斯实事求是地解答了上述重要问题，并对如今编辑的新类型——编辑顾问做了全面介绍，他们的技巧可以协助作家完善手稿，也很可能挽救他们的写作生涯。

1

和一流的编辑顾问共事是充满创意又收获颇丰的经历。才华横溢的编辑顾问能激发你的想象力，让你以全新的独特视角看待自己的手稿。听从编辑顾问对结构、人物、对话、情节、材料安排上的建议，能提高你的写作技巧，不仅对目前的作品，对你未来的发展也大有助益。选择编辑顾问就像选择外科医生，重在找到声望高、经验丰富的人，与之建立良好而融洽的合作关系。最重要的是，编辑和作者应协同工作而非相互对立，是共生而非寄生关系。他们必须尊重彼此的才华、价值观和目标。

编辑顾问是很懂得分析手稿中存在问题的自由编辑，且能针对这些问题提供解决办法。他们通常会把解决方案写成一份详细而深入的报告反馈给客户（客户可能是作者、经纪人或出版社编辑），这份报告也可被看作反思或改写手稿的指南，篇幅通常在十五到三十页，有时会更长，这取决于手稿的长度、其中存在多少问题、编辑顾问的洞察力和解决问题的技巧。许多编辑顾问也会逐行批评，建议修改方式，如增删某几段，完善全书的节奏、情节、人物、动机和对话，做一些文稿编辑工作等等。

有些编辑顾问则会先通读全文，了解作品概况和其中可能存在的问题，然后打电话或写便笺给客户，简要列举他认为应做修改的问题，以便更有效率地开展工作。等客户以电话或便笺形式回复后，才开始进行更详细的编辑工作。我的感觉是，最好还是采取以往的做法——先写一份详细的报告。仓促通读的新做法可能面临的风险是，编辑和客户会对应如何改写和编辑手稿产生误解。编辑顾问可能在通篇评论后才发现客户不喜欢他采用的方式。结果客户由于不满意编辑顾问的工作而不愿支付酬劳，双方不得不对簿公堂。

包括我在内，许多编辑顾问都等客户接到详细的评论报告（包括对编辑文稿的建议），认同我们希望采用的编辑方式后，才开始工作。其实，完整而清楚的评论报告已经提供了改稿建议，即使没有编辑顾问的协助，作者也可以自己修改。无论如何，每份手稿都应该在明确编辑方向（这是批评文稿的核心），征得客户同意后，才进行实质的文稿编辑工作。（顺带一提，实质的文稿编辑工作如改写手稿、调整结构等，是单独收费的项目，不包括在批评手稿的费用中。）

有时，客户已经写好一份详细的评论标准，示意编辑顾问按他的意愿修改文稿，而不用他们提出任何建议，这时编辑顾问只是照章行事的外审编辑。这样一来，客户会因不征询编辑顾问的意见而错失他们的专业编辑优势，白白浪费他们的创造力和才华。编辑顾问的用处不只是拿着红蓝铅笔改稿子，但有时客户的要求仅止于此。这种安排对双方均无益处。

编辑顾问能提供的服务还包括合著甚至代笔。但如果你要请人做这些，最好先确定这位外审编辑同时也是作家，因为并非每位编辑都懂得写作。编辑是很需要创造力的工作，但和写作仍然大不相同。编辑的创造力源于批判力，而作家的创造力则源于想象力，一个人不见得同时具备这两种特质。

在进行实际的编辑工作前，很重要的是，客户和编辑顾问要了解彼此的期望。

无论是虚构类还是非虚构类图书，大部分编辑顾问都来者不拒，不过也有人只编辑虚构类图书，有人只编辑非虚构类图书。还有些人专擅某些特殊类型，如推理小说、自助类图书、言情小说、科幻小说、间谍小说等。在聘请编辑顾问前，最好先了解他所擅长的领域。

在处理手稿的不同阶段，你有种种聘请编辑顾问的理由——从规划新书主题，到构思、策划、评判要呈送出版社和经纪人的出版提案，再到完成全稿，有时甚至在出版社编辑接手后，仍需要编辑顾问协助。

如果你擅长写非虚构类图书，编辑顾问可以协助你构思选题，或在你把出版提案寄给编辑或经纪人前提出批评意见。出版提案就像在接受想象中的编辑或经纪人“面试”一样，你推销的稿件，要在可读性、材料组织、清晰程度、影响力、潜在读者定位以及适销性上，都能呈现最好的一面。假如你已经向编辑或经纪人递交了提案，他们也可能会建议你请编辑顾问修改后，再把它送到会上讨论。

如果你是小说作者，编辑顾问的意见能让你从新角度来审视作品，重新思考、修订、改写，使小说达到最佳状态，然后再设法找经纪人代理，或请编辑将稿件提交到编委会讨论。如果你对小说中的对话、人物，或情节发展的某个特定部分没把握，一定要让编辑顾问在评阅稿件时特别注意。

对你作品感兴趣的经纪人可能会建议你先和编辑顾问讨论，再把手稿寄给负责购买版权的编辑。经纪人只负责推荐人选，你要亲自和对方谈酬劳。经纪人知道，投稿就像面试，第一印象很可能是编辑决策的关键。他们也深知编辑面临时间压力，明白他们希望看到的是几乎无须编辑的稿子。如果编辑认为你的作品有很多需要处理的问题，经纪人想卖掉它的版权就很困难。结果，编辑顾问成了“预备编辑”，要在编辑看到稿件前，把它尽可能改好。

若你的作品屡屡被拒，而每家出版社退稿的理由又不一样，你和经纪人便能发现编辑顾问的价值了：有的编辑喜欢小说的情节，却很讨厌里面的人物；有的讨厌小说的情节，却喜欢里面的人物；有的认为这本书的风格太矫揉造作，有的却认为太朴实无华。大多数编辑都不会详细解释退稿原因，也不会提出修改建议，因为他们没有时间。而且，编辑很了解出版社的出书风格，并非每家出版社都能出版所有类型的作品。故而编辑常以“此书不适合我社出版”为由退稿。这时，编辑顾问就会花时间为手稿开出独家“药方”，从资深编辑的角度提供客观而有建设性的意见。由于编辑顾问是不隶属于任何一家出版社的自由人，无须担心书的销量，因此他可以完全把心思放在批评文稿上。就像聘请一位私人医生，和去诊所随便找位医生看病是完全不同的两种情况。

有时，不同的出版社以同样的理由退稿，但当局者迷，你不知如何把稿子改好。编辑顾问能以全新视角客观评价你的作品，提出改写建议，改掉那些编辑不欣赏的地方。

编辑或经纪人经常会告诉你，稿子需要删掉一些内容、进行文字编辑，或修改结构，你并非不愿意照做，只是不知该如何着手。这时也需要编辑顾问来进行这些你从心理或情感上无法亲力亲为的工作。很多作者在写完一本书后，就无法从比较切实的角度来看待自己的作品，因为创作过程非常辛苦，要删减手稿、大幅改写或重组内容太痛苦了，这从理性和审美的角度来看也是不可能完成的事。

即使编辑已接受了投稿，作者仍有充分的理由聘请编辑顾问。许多编辑只是奉命购买新书版权，他们签下的作品数量必须达到出版社的要求。而无论是在新书的策划阶段，还是后来的文稿编辑阶段，他们都没有时间和作者一起好好修改稿子。有的编辑缺乏足够经验，没受过策划或编辑文稿的训练，他们或许很擅长约稿、提出新书构想，也有判断图书读者群及销量的直觉，但当作者交来手稿，他们却根本不晓得该如何同作者一起做出一本好书，也不知道该如何编辑文稿。结果，手稿往往会直接交到文字编辑手上。文字编辑的确很有价值且非常重要，他们有丰富的专业经验，但没受过包装图书、编辑文稿的训练。有时，作者会觉得自己没有受到应有的关注和照顾。在这种情况下，他们只好求助于编辑顾问，以确保作品送交文字编辑时已达到了最好状态。编辑工作的好坏，绝对会影响到图书给人的观感和畅销程度。

在某些情况下，即使是优秀的社内编辑也会向编辑顾问求助，有时是因为合约规定一本书必须在某个期限内出版，如果社内编辑没有时间，就必须另聘外审编辑，免得一旦违反合约，出版社可能面临被告上法庭的命运。有时，社内编辑一年大概要负责近二十本新书，如果手中同时有好几份稿子，他就要聘请外审编辑来分担工作量。

当编辑对作者交来的稿件不满意时，也可能会请编辑顾问帮忙，和作者一起把手稿改到达到出版水准的程度。顾问费有时全部或部分由出版社承担，有时则从作者剩下的预付版税中扣除（即出版社买下版权时尚未付清的另一半版税）。若非如此，后果会很严重：编辑会拒绝出版这部作品，作者不但拿不到剩余的版税，还要退还已经收到的那一半。这时无论是作者、经纪人，还是编辑，都希望能有一位外审编辑来挽救作品命运。毕竟每个人都希望它最终能出版：这样作者才能拿得到剩余的版税；经纪人才能拿到佣金；编辑更是如此，因为只有这本书被列入出版书目，他才能履行对作者和出版社的承诺，为所有相关人士带来收益。有时，必须有一位局外人（编辑顾问）参与，才能使作品顺利出版，因为局内人都与这本书有切身关系，他们对彼此的不满已大到伤害感情、有损声誉，甚至影响未来合作关系的程度，而最终将危害到新书的出版。有时聘请编辑顾问，是因为经纪人、编辑和作者之间的紧张关系和敌对情绪已严重到不接彼此电话的程度，整个出版计划也就此陷入僵局。这时就需要编辑顾问适时介入，在社内编辑的督导下接手工作，和作者、经纪人一起把手稿改到大家都满意的程度。

最后，当社内编辑反复多次阅读一部作品，有时会失去新鲜感，看不清出版它的目的何在，开始怀疑当初为何会买下版权，它的读者又在哪里。但他很清楚，这本书需要下编辑功夫：也许要重新想个开头，或换个结尾，或是重新组合内容，甚至删掉五六十页（但该删哪里呢？）。他也知道自己已经读腻了这份稿子，再也无法激发出编辑热情。也可能他根本不知该如何修改，甚至不知道哪些地方需要修改。这时他也会向经验丰富的编辑顾问求助，请他批评手稿，从全新的视角提出建议，把它修改成实用的畅销书。

2

既然你已经知道编辑顾问能做哪些事情，当你需要帮助时，该如何寻找、选择编辑顾问，又该如何与他们共事呢？

想找一位好的编辑顾问，你应该广泛征求你认识的作者、出版界朋友、经纪人和编辑的意见，跟你在作家会议或写作班上认识的朋友谈一谈。你还可以写信给全美作家联盟或自由编辑协会索取会员名录，上面刊有会员的专长。你可以在《文学市场》上找到这些组织的地址，上面还列有国内编辑顾问的名字、地址和提供的服务项目，这本书在美国大部分图书馆的参考书部都找得到。

在正式聘请编辑顾问前，不妨先看看他曾编过的与你的作品类型和主题相近的工作报告，要注意报告内容是否完整，是否指出了作品缺陷，提供了改正方法。或许你并不完全认同他的编辑方式，但至少可以了解一下工作质量，判断他适不适合来修改你的作品。

请向你选择的编辑索要简历，列出他曾购买或编辑过哪些与你的作品主题类似的书，以及合作过的同事、作者姓名，以备咨询。你可以向他过去的客户询问他是否工作认真，是否有创造力、有能力胜任这份工作，是否容易相处。

如果你希望编辑顾问也能为你编辑、删改或重写文稿，请先交一份委托报告，告诉他该怎么做。在进行实际编辑工作前，你们应先就编辑方针和最终成果达成共识。因此在聘请编辑顾问为你改稿前，最好先读读他的审读报告，讨论一下具体内容。你不一定要赞成他的每一项建议，但应对其中大部分意见没有太大异议，否则就不要合作下去。当然，不管他是否进行后续的编辑工作，你都要支付撰写评论报告的酬劳，毕竟他已经花时间阅读手稿、撰写报告。

在开始编辑实务前，你和编辑顾问应先签署一份协议，详细列出他须提供的服务、完成期限，以及付费方式。一般采取的付费方式是签约后预付一半酬劳，收回手稿和评论报告后，再付清全部费用。不要让编辑顾问承担风险，等到有出版社愿意出版这本书时才付钱给他。（你生病时会不会要求医生承担风险为你治疗，等你完全康复才拿到诊疗费？）

除非得到作者允许，否则编辑顾问不应泄漏客户的名字。一般来说，假如你收到一份样稿，作者姓名应该被划掉，让人无法辨识。编辑顾问应严守机密，保护作者的隐私权，就像医生必须为病人保密一样。

你要事先了解，你的作品是由和你签约的资深编辑亲自处理，还是由和他共事或为他工作的年轻编辑处理。如果实际处理手稿的编辑资历尚浅，你就不必支付那么高的报酬。

如果有位编辑顾问向你保证，和他合作的话，经纪人一定愿意代理你的作品，编辑也一定会出版你的书，那你可千万要小心。没有一位编辑顾问可以做这样的承诺——即使是最成功的人。没有一位经纪人会因编辑顾问的建议而决定代理某本书；也没有一位出版社编辑会因外审编辑的意见而买下某部作品的版权。这种冠冕堂皇的保证是不合乎道德的，就像医生对你保证，不管病因是什么，他一定会把你治好。如果你碰到这种编辑顾问，千万不要上当，另找一位诚实、有职业道德的人来帮你。

当然，读到这里，读者一定想知道，聘请编辑顾问到底要花多少钱。和生活中其他事物一样，一分钱一分货。找一位刚从医学院毕业的年轻医生看病，诊疗费当然要比经验丰富的名医低得多。同样，年轻编辑索取的编辑费也会比经验丰富的编辑顾问便宜很多。

尽管如此，大体说来，为一部四百页厚、双倍行距的英文手稿撰写评论报告，收费标准在六百到两千五百美元不等。聘请编辑顾问来编辑、删减、改写文稿或出版提案，每小时收费大约三十五到一百五十美元。有些编辑顾问索取的评论费和编辑费不高，但会要求在新书出版后加收一定比例的版税。在将协议寄出之前，双方应详细讨论收费标准和版税抽成等细节问题，确保双方都充分了解协议内容。协议应避免“费用由双方共同决定”这种含混的条款。编辑顾问应在双方签订协议，且已收到部分预付酬劳后，再开始编辑工作。

构思和策划出版提案的费用要视编辑顾问的参与程度而定：新书构想有多少来自编辑顾问？在组织素材和实际写作方面，作者和编辑顾问的贡献分别有多大？编辑顾问只是负责评论一份已完成的提案，还是通过与作者的讨论和一些草稿，自行创作出一份提案？

如果你聘请编辑顾问的目的是代笔或合著，所牵涉的就不仅仅是编辑费用的问题了，还包括新书的版税抽成。根据参与程度，编辑顾问抽取的版税可能是作者收益的百分之二十五到百分之五十不等。

最后一个忠告：一位有才华、有创造力的编辑顾问能助你的作品赢得口碑和商业成功；而能力低下、缺乏想象力的编辑顾问则会损害你的创造力。要像选医生一样谨慎选择编辑顾问，你可是在拿自己的创作生涯做赌注！

Chapter 21
第二十一章

窥探人性阴暗面
——编辑真实犯罪故事

斯派塞 Charles Spicer

斯派塞是圣马丁出版社的资深编辑，工作范围涵盖虚构类和非虚构类图书。他还负责圣马丁平装书部的犯罪故事书系，编辑过弗伦奇（Thomas French）的《无人回应的哭声》（*Unanswered Crics*），恩格莱德（Ken Englade）的《超越理智》（*Beyond Reason*）及《波士顿谋杀案》（*Murder in Boston*），沃克（Leslie Walker）的《突如其来的怒气》（*Sudden Fury*），还有戴维斯（Don Davis）的《密尔沃基谋杀案》（*The Milwaukee Murder*）。最后两本书都登上了《纽约时报》畅销书排行榜。

“ “读者为什么喜欢真实犯罪故事？原因众说纷纭。”斯派塞认为，“读者渴望阅读真实犯罪故事的真正原因，是他们相信一定能读到很精彩的故事。我选书时，寻找的是包括人物、情节、场景、结构、结论等所有要素的好故事。”

在本文中，斯派塞界定了两种不同类型的真实犯罪故事：一种是有“震撼力”的故事（“通常会触动我们的内心深处”），一种是有“诱惑力”的故事（“描述富人和名流世界发生的真实犯罪故事，往往涉及主角身份地位的衰落”）。他还讨论了一本成功的真实犯罪故事读物的构成要素。

尽管有人预言，这类图书的市场已接近饱和，斯派塞却对现实很有信心：“只要还有妻子和丈夫、父母和子女相互残杀的事，就会有人去写，也总会有人想读。这种出版类型会一直存在下去。只要找对了作者，真实犯罪故事一定可以大卖！”

近来，真实犯罪故事被《纽约时报书评》称为“当前出版界最炙手可热的图书类型”。也许吧，但它绝非最新的类型。自该隐杀了埃布尔，我们从《圣经》的叙述中初窥家庭问题的端倪，真实犯罪故事就已经出现了。即便是目前的真实犯罪故事形式，至少可追溯到二十世纪六十年代，卡波特的《冷血》(*In Cold Blood*) 堪称代表作。近几年来，真实犯罪故事持续流行，在平装书市场尤其炙手可热。登上平装书畅销排行榜的，除了知名精装书改版重印的平装本外，还有许多以媒体曝光的热门事件为内容、几周内速成的平装书。

读者为什么喜欢真实犯罪故事？原因众说纷纭。显然人人都有窥探癖，透过人性的阴暗面得到一种病态的乐趣。这类书的读者可以洞悉精神病患的内心，探究发生谋杀案的世界，自己却安然躲在书外的安全世界不受干扰。但我仍深信，读者渴望阅读真实犯罪故事的真正原因，是他们相信一定能读到很精彩的故事。我选书时，寻找的是包括人物、情节、场景、结构、结论等所有要素的好故事。

我常收到满怀希望的作者寄来的关于恐怖犯罪案件的剪报，他们会问：“这个案子能不能写成一本很棒的书？”我往往回复“不能”。令人震惊的犯罪新闻不一定能变成引人入胜的书，二者有很大区别。我或许会迫不及待地拿起一份《纽约邮报》(*New York Post*)，阅读一个失业男子先举枪杀死老板，然后自杀的专题报道，但不见得会想读一本厚达三百六十页、关于这个案件的书。但假如有个故事是关于一个沉迷爱欲的美丽女子为赢得情人的心，小心翼翼地计划谋杀亲生子女，我的脸上可能会浮现一丝笑意。用周末时间来读这样一本书，对编辑而言倒是不错的主意！

第二个故事的案情和真相很吸引人，但要将之塑造成一本畅销书还需要其他更重要的元素——讲故事的方式。创作真实犯罪故事的作家必须具备小说家的能力，懂得如何刻画人物，制造悬疑，让故事生动起来。很多人都以为只要掌握了关于案子的资料，任何记者都能写出一本好书，这是极大的误解。那些周密的谋划令人胆战心惊，但除了唐斯（Diane Downs）还有被控谋杀亲生子女的其他女人〔还记得克里明斯（Alice Crimmins）吗？〕，因为鲁尔（Ann Rule）高明的叙事技巧，才使这本关于唐斯案的《小小的牺牲》（*Small Sacrifices*）备受瞩目。

要出版真实犯罪故事，我看重的是哪些要素？一位同事给这类书做了很好的分类：一种是有“震撼力”的故事，一种是有“诱惑力”的故事，而有“震撼力”的故事并不意味着更血腥！第一类真实犯罪故事通常会触动我们的内心深处。例如在《小小的牺牲》中，一位母亲杀死了她的亲生子女；在《突如其来的怒气》中，一位养子用刀刺死了抚养他长大的养父母。这些故事令我们既震惊又不安。母爱是神圣不可侵犯的，养子对拯救他脱离苦海的养父母也该抱有感恩之心，然而事情的发展却一反常态，作为读者，读完这些故事会觉得非常惶恐。

第二种则描述富人和名流世界发生的真实犯罪故事，往往涉及主角身份地位的衰落。如汤普森（Tommy Thompson）的《血和金钱》（*Blood and Money*）和赖特（William Wright）的《冯布洛的风流韵事》（*The Von Bulow Affair*）中，有钱有势的丈夫被控谋杀（或谋杀未遂）他们美丽富有的妻子，做丈夫的被拖进座无虚席的法庭受审，从此声名扫地，受害者也不复昔日风光。从这类书中，读者会因窥视有钱人的生活而得到刺激的快感，看到犯罪毁了富人的一生，也使他们有种满足感。“原来有钱人的生活也没那么棒！”这种有“诱惑力”的犯罪故事是我的最爱，掩卷之后，我往往会沉浸在自我满足的情绪里。

和小说一样，真实犯罪故事的人物刻画也很重要。现实中可能有很多有趣的人物，但若作者不懂得如何塑造，写出来的书还是必败无疑。故事中有英雄、坏人和受害者，每个人都扮演了重要角色，而我最喜欢的是坏人，个性越乖张怪僻越好！

亚历山大（Shana Alexander）的《胡桃钳》（*Nutcracker*）和科尔曼（Jonathan Coleman）的《母亲的请求》（*Mother's Request*）中，精心策划冷血谋杀案的社交名媛施如德真把读者给吓坏了。还有什么比做母亲的杀掉自己的孩子更糟糕呢？假如母亲威胁子女，要他们杀掉亲生父亲，不是更可怕吗？而无论是亚历山大还是科尔曼，他们并不满足于告诉我们施如德有多恐怖，还要展示给我们看。如果上帝浮现于细节中，那么魔鬼亦然，读这两本书的时候，我们才知道这个矫揉造作、一心往上爬，且十分重视公众形象的女人，私下里却很邋遢。她宣称自己是个慈爱的母亲，一心一意只为子女着想，实际上却是个精神虐待狂。这两位作者让她在残忍虐待女儿时暴露自己的病态。对这个故事来说，人物实在太重要了。读到最后，当我们知道施如德将会为她所犯下的罪行付出代价时，情绪才得以宣泄。恩格莱德的《超越理智》成功运用对比手法描写反面角色。他把外表端庄整洁、才智过人的寄宿学生海森，和性情骄纵、报复心重，协助策划谋杀自己亲生父母的女孩相对照，这其中显然有什么不对劲的地方，所以我们渴望知道更多内情。

犯罪故事中就没有英雄了吗？当然有。在《小小的牺牲》中，协助把唐斯绳之以法的胡吉抚养了唐斯遗下的两个孩子。和反派不同，英雄往往是靠顽强的决心，而非一次精彩的行动赢得他们的地位，作者的一大挑战就是如何把英雄的奋斗过程描绘得生动而感人。我认为，经典之作《致命影像》(*Fatal Vision*)的作者麦金尼斯(Joe McGinniss)把被害人麦克唐纳的继父卡萨伯写成了一个令人印象深刻的英雄。他是如何做到的呢？当卡萨伯开始怀疑他所信赖的女婿可能就是毁灭了他继女和孙子的怪物时，麦金尼斯让读者感受到他所遭受的痛苦。他把卡萨伯塑造成一个能被认同的人物，当他开始思考这个令人难以置信的可能性时，读者对他寄予了深切的同情。麦金尼斯强大的写作才华让读者沉浸在故事情境中，而不只是听他叙述客观事实。

至于可怜的被害人呢？从许多方面而言，这个角色都很重要，若非作者使我们对被害人产生关怀或被他吸引，我们为什么要读这本书呢？在《盲目的信念》(*Blind Faith*)中，麦金尼斯再度向我们显示了他的作品大获成功的原因。正因为马歇尔是个尽责的母亲和妻子，全心全意做好贤妻良母，所以她死于买凶杀害她的丈夫手中时，整个事件才显得格外讽刺、震撼人心。麦金尼斯一开始便带我们进入马歇尔的家，看她为儿子做热烘饼，看她带着愉快的热情参与孩子们的体育活动。她很享受和他们在一起的时光，孩子们也贴心地回报她的爱，因此当我们发现残忍杀害母亲、把她从孩子们身边夺走的人竟是父亲时，我们真恨不得把这父亲撕成碎片。在弗伦奇《无人回应的哭声》中，被害人格雷戈尔一开始就已身亡。这对作家的写作能力是一大考验，弗伦奇通过描写朋友对她的怀念，令这个人物变得栩栩如生，到全书结尾，她已成为整个故事的主宰，朋友们因为她的身影萦绕不去而感受到的痛苦，读者也能切身感受到。

除了人物刻画，我还会寻找哪些要素？推理小说迷都知道深入调查很重要。而真实犯罪故事的长处在于真实的描写。作者可以描写侦探抵达犯罪现场时发生了什么；可以解释法医工作的复杂程度，以及他在定罪时扮演的重要角色；可以带读者深入了解警方的内部工作，看看每位警察如何各司其职；还可以把追踪杀人犯的辛苦侦破过程写得趣味横生。当然，运气也很重要。在《超越理智》中，恩格莱德让读者跟着侦探近距离调查美丽的海森和她古怪的情人，直到他们逃到英格兰，失去踪迹为止。之后，他又把读者带到一家英国百货公司，看到一对年轻夫妇因偷窃而被捕，而这时据案发已有数日。这位英国侦探感到有点不寻常，他很快发现他们的身份证明是伪造的，并找到案情之间的关联，使这本书的破案过程充满悬念和戏剧性。

作者必须明智地从堆积如山的材料中筛选出重要内容，编成一个扣人心弦的故事。听过长达几小时法医证词的人，都知道那有多沉闷，若作者逐字逐句地转录，则根本不是故事，只是录音。和推理小说家一样，真实犯罪故事的作者必须自行决定在什么时候、以何种方式向读者一点一点透露信息，即在动笔前，他就已经把案情的来龙去脉搞得一清二楚。这段虚构的话可以说明作者是如何制造悬疑效果的："史密斯侦探在研究溅到墙上的血迹时，某个画面浮上心头，他突然领悟到那个可怕的夜晚究竟发生了什么。但是，他很怀疑自己能不能证明这件事。"他还没告诉我们到底发现了什么，读者的心就一直悬在那里，于是作家可以利用这个机会分散读者的注意力，让他们不断猜测，吊足胃口。这要比以下写法有趣多了："史密斯侦探在研究溅到墙上的血迹时，他明白琼斯就是谋杀犯，因为……"这时故事才进行到全书的四分之一，叫读者怎么有兴趣继续读下去！

背景和现场感能使故事有宏伟阔大的结构体系，真实犯罪故事尤其如此。在麦金尼斯《盲目的信念》中，他把新泽西的汤姆斯河小镇描绘得如在目前（从地理位置到小镇风貌无所不包），几乎和主要人物一样令人印象深刻；卡波特《冷血》中克拉特家族被谋杀的堪萨斯小镇也是如此。而汤普森的《血和金钱》中，主角希尔的故事和对德克萨斯州与德州居民的描写所占篇幅几乎一样多。

在这里，我奉劝真实犯罪故事的作者都修一些关于诽谤和出版的法律课程。所有真实犯罪故事类图书都在法律调查上耗费了大量时间和金钱，如果作者很清楚需要掌握哪些文件，如何措辞才能免于诉讼，那么将大大节省时间和金钱。

对作者而言，审判场面是写作的一大考验，所有的角色和情节都汇集到这里，爆发强烈冲突，唯有技巧纯熟的作者才懂得如何使之戏剧化。长篇累牍的法庭审判文件会令我读不下去。如果读者想读的只是审判文件，我们只须出版法庭记录就好了，但那必定是一部极为沉闷的书。身为读者，当故事中的起诉人和辩护律师像古罗马竞技场上的角斗士一样在法庭上激辩时，我希望书中的描绘能令我身临其境。塔伯曼（Bryna Taubman）在有关钱伯斯案的《预科生谋杀案的审判》（*The Preppy Murder Trial*）中，再现了两位才气纵横的律师利特曼和费尔斯坦剑拔弩张的交锋。他们雄辩滔滔，年轻的生命和谋杀了年轻女性的犯人审判都悬而未决。在被害人和谋杀犯的家属随事态发展而表现出不同反应的同时，作者也要设法让读者的情绪也随同情心的摇摆而忽上忽下，这是大多数真实犯罪故事的关键所在，这种场面应该是（也必须是）有震撼力的。

当我读完三百六十页的犯罪故事，又有何收获呢？如今，往往在尚未进行审判时，出版社就已和作者签约拟订出书计划了，这很难保证读者在读完全书后会觉得有所收获。若嫌犯无罪开释，也可以写成一本书；但如果读到结尾真凶仍逍遥法外，读者往往不会满意（就像一部没有结果的推理小说一样）。毕竟，真实犯罪故事不是小说，作者在现实面前实在无能为力。所以我关注的往往是比较有可能将罪犯绳之以法的案例。

这类图书的前景如何呢？自新一轮真实犯罪故事的热潮兴起，许多作家、编辑和出版商就一直在预言这类图书的衰败。是的，以如今大家一窝蜂出版这类图书的盛况，市场可能很快饱和。写得不太好的书无论包装多么吸引人，终究逃不过失败的命运，唯有真正的好书才能脱颖而出。但我很确定：只要还有妻子和丈夫、父母和子女相互残杀的事，就会有人去写，也总会有人想读。这种出版类型会一直存在下去。只要找对了作者，真实犯罪故事一定可以大卖。

Chapter 22
第二十二章

制造悬疑
——编辑犯罪小说

凯文 Ruth Cavin

在一九七九年加入素以出版英国推理小说闻名的沃克出版公司前，凯文一直是位作家和外审编辑。加入沃克后，公司开始购买美国作家的作品，凯文买下了许多作家的第一部犯罪小说，包括克赖德（Bill Crider）、埃尔金斯（Aaron Elkins）和希利（Jeremiah Healy）。犯罪小说也成了她专擅的领域。一九八八年，她跳槽到圣马丁出版社，同年获颁美国推理小说作家协会的奎恩奖，以表彰她对出版这类图书做出的贡献。

“ “没人能给你提供写好犯罪小说的公式——如果能的话，写出来的一定不会是好小说。”凯文在她内容翔实的文章中说道，“好的犯罪小说是以案件为核心的。我称之为‘犯罪小说’而非‘推理小说’或‘侦探小说’，是因为前者涵盖的范围超越了侦探小说的严格限制。但无论怎样命名，那个谜题简单、角色千篇一律的时代已经一去不复返了。”

一旦买下小说，凯文和作者的工作就开始了，从“问作者几个问题，修改几个令人困惑的句子”，到建议他“改写几个片断，重新思考几个重要的情节，或重新塑造一个人物”，都在她的工作范围内。她通过电话、传真和编辑信件，试图解决手稿中存在的各种问题，如告诉作者如何避免跑题和连篇累牍的提示，如何增加悬念、塑造人物（通过他们的语言、举止和别人对他们的评价）等。

最终她寻找的是“一流的犯罪小说……它的引人注目之处在于它新颖、独特，甚至格调古怪。若作品具备这种特质，编辑会很愿意和作者一起努力，必要时甚至会花很长时间，把书雕琢到理想程度。的确，编辑的一大挑战是激发作品的潜力，也正因如此，编辑工作才如此令人振奋，如此值得投入”。

有时作者会问我有没有编辑犯罪小说的“指导原则”，我会面无表情地告诉他们，的确有。在打字机或电脑上打出的手稿，必须采用双倍行距、单面打印，千万不要在每章开头都另起页码。很多人都想找到写犯罪小说的神奇“公式”，我遇到的最极端的例子是在一次作家会议上，有个女人逼问我谋杀案到底应该在哪一页发生。

哦，天哪，你可把我考倒了。

没人能给你提供写好犯罪小说的公式——如果能的话，写出来的一定不会是好小说。

好的犯罪小说是以案件为核心的。我称之为“犯罪小说”而非“推理小说”或“侦探小说”，是因为前者涵盖的范围超越了侦探小说的严格限制。但无论怎样命名，那个谜题简单、角色千篇一律的时代已经一去不复返了。

犯罪小说的情节必须有一连串设计巧妙的问题，把罪案和牵涉的人物包罗其中。要布满悬疑，并有合乎逻辑的推论，能解释之前所有的神秘事件。

就小说而言，书中的人物要真实可信、独一无二、有血有肉。他们或许是好人，或许是坏人，也可能两方面都有一点。但他们必须都是真实的人，你怎么会关心纸娃娃身上发生的事呢？

这类书还要有浓厚的现场感。不只让读者看到场景或地点的描述，也要让他们仿佛身临其境，感受那片风景、那个房间、那所房子、那座城市、那个小镇的特殊风情。之所以能让读者产生这样的感觉，是因为作者对他所描绘的景物深有感触，懂得如何让它们逼真地跃然纸上。要达到这个境界，作者必须懂得选取微小的细节来勾勒场景，删掉那些无关紧要的一般性描述和寻常细节。

既然是小说，就需要文笔好。我在意的并非作品风格是简洁如海明威，还是繁复如普鲁斯特（Marcel Proust），而是这本书是否沉闷不堪或模糊不清。我注重文字的精确性，注重其能否准确表达作者的真实意图，而不只是接近作者的意思。

因此，好的犯罪小说只谈犯罪是不够的，还必须具备所有“优秀主流小说”的重要特质。一本会被提上出版计划的犯罪小说，至少要具备发展出这些特质的潜力，我们的目标是在出版前充分发掘它的潜力。

好，现在我们已经拿到这份我读过且很欣赏的小说手稿，看到了它的潜力，也买下了版权。但这并不意味着我认为这部作品已经完成，只要文字编辑再做些小小的修饰（如改改标点符号之类）就能出版。手稿往往还需要修改，修改幅度要视情况而定。可能只要问作者几个问题，修改几个令人困惑的句子；也可能建议他改写几个片断，重新思考几个重要的情节，或重新塑造一个人物。

第一阶段的改稿可以通过与作者面对面（往往由出版社请客，与作者共进午餐）或电话讨论来完成。更普遍的（至少对我来说）是写信给作者，详细说明我认为哪里有问题，哪里需要修改，并附上修改建议。并非每位作者都会收到这样一封信，因为不是每份手稿都需要人幅修改。如果故事讲得好，我会用铅笔在页面空白处写一些注记，以便作者收到编过的稿子时可以做些小小的修改。

别忘了，我们讨论的是在上百份稿件中精选出来准备出版的作品。也就是说，我对它的写作技巧、人物塑造和气氛营造基本满意。

如果这些都没有问题，只是情节有缺陷，倒是没什么关系。情节可以完善，而糟糕的写作技巧、单薄的人物形象和苍白无力的背景则很难修改。除非当时神志不清，否则我买下的所有稿子都是可以进行修改的。

因此，编辑给作者的信几乎只谈故事情节、悬念设计方面的问题。假如我不得不对作者说："小说中的人物很不真实。"那么当初就不该买下它的版权。

作者收到编辑的信时，很可能大吃一惊。他已经花了那么长的时间写作，不断修改、琢磨，可能还四处请人批评指正，直至自认为已臻完美。现在，手稿却突然变成了一份有待完善的初稿。当然，情况往往都没那么惨，但当我们和作者讨论他们宝贵的创作时，常常会出现一些误解（至少是暂时的）。不过到目前为止，所有与我合作的作者都恢复了写作的自信，并在文坛上生存下来，继续着创作生涯。

我在信中或谈话中，不仅会告诉作者哪里写得不够好，还会提出修改建议。"这里，他可以告诉她档案不见了，这样她才有充分的动机去检查那个冷藏库。"其他编辑或许只会说："你这样写，她没有理由要进冷藏库，你得为她找个理由。"

有时是稿子结构有问题，不过我们往往只要把材料换个位置编排就能解决。最近有份手稿，每部分的内容单独看来都很精彩，合起来却有点怪怪的。小说的主角是简，故事却从比较无趣也不太重要的第二主角卡罗尔说起，而在接下来的三十页中，简只是偶尔在卡罗尔的印象中出现。所以在读者心中，卡罗尔很快占据了首要位置。但随着故事慢慢展开，卡罗尔的角色却变得可有可无，起初对她的强调反而令读者困惑不已。我告诉作者："改写时，请从简开始讲起，卡罗尔的角色自然会落在适当的位置。"

作者和编辑有一种通病，我姑且不太文雅地称之为“潜意识中的痒处”。他们总隐隐约约觉得稿子有问题，不是很明显的毛病，但就是感觉有点不对劲。我们在潜意识里很容易有这种认知，作者也最容易向它妥协。编辑很容易感觉到这个“痒处”，于是会直面问题，要求作者修改。

我发现经验不足的作者往往不懂得如何向读者交代故事背景。你必须让读者明白在故事展开前，究竟发生过哪些事。如果你只是纯粹地叙述，那么整本书很可能会冗长而沉闷。记住，背景信息不是情节的一部分，只是舞台布景，仅此而已。因此你必须交代得流畅自然，不着痕迹。能达到这种效果的方法有很多，有些十分奏效。

假设你的故事从主角乔开始。乔在纽约的 SOHO 区东游西逛，浏览商店橱窗，招呼朋友（表示他和附近的人都很熟）。他在超市入口处停下来，读着墙上张贴的出租告示。这里必须让读者知道：

1. 他的婚姻破裂了，问题出在他太太身上；
2. 他最近都借住在上东区他朋友的房子里；
3. 他目前在 SOHO 区找房子，因为他想从朋友那里搬出去。

你可以先讲故事再回溯……

自被老婆赶出家门，我就一直借住芭芭拉的房子。现在，我打算搬出去。

你也可以在两个人物的对话中提及背景信息，尽管这种方式往往显得牵强而虚假……

“你哥哥是那个和芭芭拉住在一起的人吗？”

“是，但他们之间没什么。我嫂子把他赶出去后，他需要一个地方住。他告诉我，他现在想搬出去了。”

“为什么呢？我知道他的 SOHO 做派，他不喜欢上东区？”

“不，他是个善解人意的家伙，不想一直打扰芭芭拉。”

如果你发现自己在长篇累牍地交代背景，最好停下来想一想，是不是最好及时拉回来直接叙述这一切，这意味着提早进入第一章，而这样做是合理的。

你最不想看到的是，小说中的人物像话剧开幕时拿鸡毛掸子的女仆，在房间里跳来跳去，嘴里喃喃自语：主人的小儿子今天下午要回来了，二十年前他和哥哥大吵一架后，就离家远走澳大利亚。你该尝试一下细腻的手法。

我还能协助作者加强小说的悬疑色彩。我很惊讶在众多手稿中，侦探查案的原因居然纯粹是因为发生了罪案。“喔，房东太太的喉咙被割断了。我们当然要报警，不过我们也可以自己想办法找出凶手。”不幸的是，单靠主角的进取心和好奇心，还不足以吸引读者读下去。

悬疑的氛围形成于可能发生的伤害。小说的主角预感有事要发生，必须尽快解开谜团，以抵挡隐隐迫近的危险。主角身边一定存在着某种潜在的威胁，或许另一宗谋杀案迫在眉睫，或许某个我们很关心的人被冤枉了，必须为他洗脱罪名；或许主角身陷极大的危险之中，必须尽快找到凶手并阻止他，否则……否则怎么样？会发生很可怕的事。身为作者，你可以决定否则将发生什么；而身为编辑，我可以告诉你这样写好不好，或为你提出其他建议。

跑题很破坏悬疑气氛。即使经验老到的作者也会犯这样的错误，我常为此感到讶异。犯罪小说比其他小说更须一鼓作气，你不能随便以无法推动情节发展、表现人物个性，或营造有气氛的段落为由来中断情节发展。举例来说，很多作者都觉得他们有理由交代书中人物的详细行程：

> 车子沿蒙特罗斯街开去，过了两个路口，左转进入南方街，从这里到第二大道往往很好走，但今天在左转到第二大道前，我接连碰上四个红灯……

作者如此叙述下去，直到主角抵达嫌疑人的家或犯罪现场。还有些作家老爱插入一些不必要的性爱场面，或长篇大论的政治见解，既影响了故事的完整性，又阻碍了情节发展，使读者觉得兴味索然。只有在确有必要的情况下，才能把行程安排、性爱场面、政治言论放进去，否则就不要轻易偏离主题。

作者会和我一起把问题彻底讨论清楚，过程往往都很顺利。大多数作者都很愿意认真思考我的评语，他们大都会接受我的建议，即使不赞同，也有充分的理由。当然，我们之间偶尔也会出现无法解决的分歧，这时除非问题太严重，否则我大都尊重作者的意见，即使有时会觉得这样做很不舒服。我个人从来不曾在重要问题上与作者僵持不下，最后不得不说："显然我们无法合作，我决定中止合同，请你们退回预付版税。"这种处理方式太过激烈，在出版界却屡见不鲜。

当然，编辑不见得永远都正确，任何人都有判断失误的时候，而且正确的做法也不止一种。如果说编辑的判断总是正确比错误的时候多，部分原因是他们在打造新书，推出上市，记录读者、书店、书评家的评价等方面累积了很多经验；再者，旁观者的看法无论如何都会对作家有帮助，出版人的意见尤其宝贵。我也写过书，深知"当局者迷，旁观者清”的道理。

拿到改过的稿子后，我就开始进行文稿编辑工作。这和文字编辑工作不同。文字编辑除了查找作者和编辑看漏的不当措辞，还要核对书中的各种事实——包括日期、数字、特定名称，必须确保它们前后一致——特定名称的拼写是否一致、标题大小写是否统一等。他们还要修正语法或拼写上的错误。

文稿编辑则需要仔仔细细阅读稿件，修改不通顺的句子，任何不清楚或奇怪的地方都要巨细无遗地询问作者，有时需要向作者建议更好的字词以供替换。我通常在页面空白处写下自己的意见。例如：

> •要盖住裸露的根部不用两个人动手，你可以让一个人做事，另一个在旁边看，这也是表现他们不同个性的好方法。
>
> •我不确定能看懂这里的暗示，请解释清楚。
>
> •她冲到门廊前，难道不会先把行李箱里的袋子拿出来吗？
>
> •这种写法是行不通的。因为：
>
> 1. 他们都曾发誓永不结婚。
>
> 2. 他们应该在其他人三十岁生日的时候，送他们拼花被。
>
> 3. 你写道：“大多数人拿到的结婚礼物都是拼花被。”难道他们都在三十岁时结婚吗？好像不太可能吧。就算他们的确在这个年龄段结婚，为什么拿到的礼物都是拼花被呢？请解释清楚。
>
> •这是读者第一次接触到一件貌似很重要的事实，因此你该立刻交代清楚——他们是在她失踪当天拿到支票的。

我不是吹毛求疵，只是在努力澄清所有含混的地方，把松散之处串联起来——这对推理小说是非常重要的。

尽管本文的题目是“编辑犯罪小说”，我却无法只谈如何编辑已签下的手稿，因为购买版权和出书前的种种准备一样，都是编辑的重要工作。

常有人问我：“你在找什么样的书？”这个问题几乎和“你最喜欢的推理小说作家是谁？”[①]一样令人恼怒。不过对于第一个问题，至少我已经有现成的答案了：我找的是好书。我真的不在乎书的风格是硬朗还是传统，是艰涩难懂还是学术气息浓厚，或是打“温情牌”；我也不在乎作者是用第三人称还是第一人称叙述（请不要尝试第二人称，这是行不通的）。我承认我有点讨厌用现在时写的小说，不过这只是我的怪癖，而不是一本书能否畅销的条件；每次碰到内容很吸引人，却用现在时写的作品，我还是会决定出版它。这本书可能很幽默，也可能很严肃；可能文学气息浓厚，也可能恰好相反；主角可能是男性，也可能是女性；可能是异性恋，也可能是同性恋；可能是黑人，也可能是白人；可能年轻，也可能年迈；只要能让人信服就没有问题。我相信你明白我的意思：只要作品题材新颖，内容引人入胜，写作技巧纯熟，我对任何形态的犯罪小说都抱着开放的态度。

目前，只有少数出版社愿意考虑没有经纪人的新作者的处女作，我们公司就是其中之一。这导致办公室堆积的手稿以惊人的速度增长。当然，我们也会收到很多经纪人及合作过的作家的稿子，所以可供我们选择的范围很广。我会阅读每一份手稿吗？是的，每份稿子我都会看一看。往往读上几页，我就知道这不是我要的作品。

被我拒绝（在圣马丁，我们会用更温和的“婉拒”一词）的大部分稿子往往不是真的很“差”，至少许多作品都是值得尊重的，但

①我没有最喜欢的推理小说作家。你怎么能从席勒曼（Tony Hillerman）、托马斯（Ross Thomas）、格拉夫顿（Sue Grafton）和马许（Ngaio Marsh）这些各具特色的大师中只选出一位呢？——原注

我只能从堆积如山的稿件中挑选其中的一小部分。至于其他，我甚至不能告诉作者退稿的理由——即便我有时间也做不到，更何况我根本没有这个时间。作者都很希望编辑能告诉他们作品有什么明显的缺陷，好据以修改。他们很想听到我说："退稿原因是小说中的谋杀案发生在船坞这一点令人难以置信。"于是，他们把谋杀案现场改在温室，使作品达到出版要求。哎，实际情况根本不是这样!

实际上，编辑没什么可说的。即使稿子真的很差（我的一位同事在读一份手稿时说："我已经读了一百多页，再读下去就要抓狂了。"），我们也不可能写信告诉作者："这本书写得很烂，你根本不会写小说，还是转行吧！"所以，我们会用一些很有礼貌但毫无意义的措辞："这不是我们想要的作品"，或"这本书不适合我们的出版路线"。

至于那些写得还可以，却很乏味的作品，我们也无话可说。这类作品没有明显缺陷，每一件事都安排、考虑过了，作者的写作技巧即使不值得赞美，也让人挑不出毛病，小说人物的行为举止和谈吐都与正常人一样（尽管是很乏味的正常人）。这类小说缺乏原创力，只是模仿别人的写法，既无新鲜感，也无特色，更无亮点，我根本读不下去。尤其是当我在灰暗的周日下午，在空荡荡的办公室里偶尔读到一部佳作时，就更觉得这类作品枯燥无味了。所以"这不是我们想要的作品"或"这本书不适合我们的出版路线"说明了一切，因为对于平庸的作品，我们只能说这些。

我很不喜欢作者以顺应流行趋势的做法试图修改故事。三不五时，总会有一些想找报道素材的媒体人（以及其他出版社和我地位相当的人）打电话问我最近的趋势。他们毫无想象力，十有八九都是让我评论一下"冷硬型女性侦探小说的新趋势"。我不知道某个趋势什么时候会成为主流，什么时候会消失，但冷硬型女性侦探的出现是女性地位改变的结果，在这类小说的首创者和众多模仿者笔下，这种类型已存在多年，且会一直存在下去。这已不再是一股潮流，而是和男性侦探、智慧型侦探及遭人利用的都市警察一样，成为小说家惯用的手法。

不过，我确实偶尔会发现一些真正的流行趋势，年长的侦探就是其中之一。但是，不去写你真正想写的东西，而去写你认为会在大众市场上流行的人物或题材，是很愚蠢的做法。好书永远都会受大众欢迎。完全实际地来看，只要想想要花多少时间来写一本迎合趋势的书，又要花多少时间来出售版权、编辑、改写、发行——到那时，潮流早已不再是潮流了。善变的读者早忘了前两年他们很喜欢年长的侦探，这时流行的可能已是擅长精神分析的侦探。

如果你写的犯罪小说恰好迎合了当前的流行趋势，希望这是恰好因为你真心想写这样的作品，而不只是为了迎合趋势。如果你对这种题材不是发自内心地感兴趣，会清楚地反映在字里行间，你的小说也不会得到编辑的青睐。

有专长的作者是最幸运的。如果他们有强烈的进取心，又够聪明，就能把长项融入小说，甚至作为小说架构。在我读过、编辑过的犯罪小说中，有各种各样的侦探，有的是逃脱专家，有的是放射线研究员，有的是纳瓦霍裔[①]警察，还有法医、人类学家、占星家、纵火案调查员和古董专家等等。这些特别的元素为小说增添了丰富的色彩和趣味，让作者在众多犯罪小说作家中独树一帜。有一句老生常谈："写你最了解的事情。"这是很好的忠告，尤其是当你懂得一些不同寻常的事情时。但你必须是真懂，不能作假，否则一定会被拆穿。

我曾说，你很难教会作者如何塑造人物。好的人物对犯罪小说

①纳瓦霍(Navajo)，美国最大的印第安部落。——编者注

实在太重要了，会对作品产生关键影响。因此，我在这里提出几个可能有用的原则：

向剧作家学习。演的总比说的好。剧作家不像散文家，他们无法向观众形容剧中的人物。“他经常闷闷不乐，有时非常沮丧，觉得自己活在世上毫无意义。”你不可能在一出戏里这样描写一个角色。剧作家向观众介绍人物个性，只有三种方法可用：通过角色说的话，做的事，及他人对他的评价或描述。散文家没有这些限制，但也不妨记住这几种方法。

注意观察。我怎样强调观察的重要性都不为过。不妨注意一下不同的人如何以不同的方式来表达同样的想法，处事方式说明了一个人的为人。（如果你有机会观察陪审团审议，就会明白这一点。）可能的话，随时记录下你对别人的观察。尝试从他们的言行上看出他们是怎样的人。让我们暂时回到戏剧写作——这是一个很难掌握的技巧，对其他作家来说也是很宝贵的经验——考夫曼（George S. Kaufman）和费勃（Edna Ferber）创作的一个很老的剧本《摘星梦难圆》（*Stage Door*）涉及大量配角，很多年轻女性在整出剧中只有一两句台词。演出时常常出现缺少女演员的情况，于是导演让演员身兼二角。这也反映了两位剧作家如何在幕后精心地为每个虚构人物设计台词，不管角色多小，唯有被赋予不同性格，台词才会随之变化。

有的作者喜欢按他们认识的真实人物来塑造小说中的角色，或是在一个角色身上综合好几个熟人的特质。这种方法或许很有效，但要小心，如果你过于清醒地意识到角色和真实人物之间的对应关系，这个角色会始终和你有距离；但当你实际创造了一个人物，你对他的了解可能会比你对亲友及爱人的了解还要深。

总之，编辑都希望作者不辜负作品的潜力，把情节安排得合乎逻辑，充满悬念、趣味，能带给读者新鲜感，人物真实又“接地气”，使读者关心他们的遭遇，不管这种关心代表的是爱是恨，或只觉得好玩而已。

一流的犯罪小说绝非平凡的作品，它们具有独特的表达方式。这听起来很模糊，我无法表达清楚，但编辑却能立刻明白。可以说那是一种个人特有的沟通方式，它的引人注目之处在于它新颖、独特，甚至格调古怪。若作品具备这种特质，编辑会很愿意和作者一起努力，必要时甚至会花很长时间，把书雕琢到理想程度。的确，编辑的一大挑战是激发作品的潜力，也正因如此，编辑工作才如此令人振奋，如此值得投入。

Chapter 23
第二十三章

编辑普及版平装书的苦与乐

帕克 Mel Parker

帕克曾任伯克利出版集团（Berkley）总编辑，在任时买下了许多重要畅销平装书的版权，包括克兰西的《猎杀“红十月”号》（*The Hunt for Red October*）。

他现任华纳出版公司（Warner）平装书部发行人兼副总裁，主管以许多美国最畅销作家作品为主的出版计划，包括特罗、谢尔顿、德米勒（Nelson DeMille）、詹姆斯（P. D. James）、邦德（Larry Bond）、布朗（Sandra Brown）、莫瑞尔（David Morrell）、里普利（Alexandra Ripley）等。

“帕克写道：”回看九年前为《编辑人的世界》写的《生为平装书》（*Born to Be a Paperback*），我才意识到那的确是八十年代的产物——当时我对出版业的看法有点自以为是，充满了乐观和自信……可以说，普及版平装书在过去十年发生了巨大变化。”

本文的主题就是分析这些变化如何影响平装书的编辑和作者。他认为九十年代初的经济衰退是大众出版市场“唯一的压倒性因素”，对编辑－作者关系产生了重大影响：什么样的作品在如今的大众出版市场吃得开，如何编辑和营销这些书；大众市场的作者通过何种方式、在什么契机下能跃升至精装书领域；电视和电影给平装书带来的竞争压力；改版平装书的衰落；编辑对原创作品的重视等。

帕克提醒有心进入平装书市场的作者，“要变成聪敏的流行观察家，知道什么时候正酝酿什么潮流，哪些题材有可能脱颖而出成为重要的畅销书”。

帕克发现很多精装书出版社现在也出版平装书系，很多精装书的畅销作家也开始以先出平装书版本进行创作，他认为，和平装书或精装书编辑合作，“现在几乎没什么区别”。平装书编辑和精装书编辑一样，都要与作者密切合作，追求高品质的作品。他详细讲述了布朗如何在精装书和平装书领域都如鱼得水，成为畅销作家，也注意到“布朗的精装书和平装书编辑是同一个人。这和许许多多其他例子都告诉我们，有时平装书编辑已向我们展示了该从何处开始”。

回看九年前为《编辑人的世界》写的《生为平装书》，我才意识到那的确是八十年代的产物——当时我对出版业的看法有点自以为是，充满了乐观和自信。我们正迈向世纪之交，现在看来八十年代中期似乎仍是平装书出版的黄金年代。我认为，大众出版物是流行文化的核心，而平装书编辑工作的特别之处就是在看到全国各地的度假人潮身披海滩浴巾，手捧平装书时，感到这份工作的一切都是值得的。没错，当销量达到百万册时，出版平装书会充满乐趣！但到九十年代，我们开始付出代价，工作也比过去困难许多。身为华纳平装书部的发行人，我不能只管自己的选题，而要负责出版和经营整个部门的出书计划。可以说，普及版平装书在过去十年发生了巨大变化。

九十年代初，经济大环境很不景气，企业纷纷精简合并，加上成本升高，市场“缩水”，媒体竞争愈演愈烈，凡此种种，都阻碍了平装书出版的势头，使普及版出版领域受到很大冲击。在某种程度上八十年代的后遗症开始显现，出版业如今就像电影业一样，大腕（也就是畅销书作者）和强势而有才干的经纪人（即文学经纪人）主宰了产业的兴亡。出版商迫于保本压力，推出过量新书，增加品质图书的印量，使过多的图书泛滥于发行渠道，超出零售商（或顾客）的负荷时，这种效应就会持续扩散。由于出版业是为数不多的容许书商或经销商退回未卖出商品（即数以百万计的书）的产业之一，许多规模小、效率低的零售商和批发商退回的书甚至比卖出的还多。归根结底，我们在八十年代太贪心了，以为繁荣会一直持续下去，当时许多出版商的做法使我们如今要培养更成功的作家，为企业赚取更多利润，变得尤为困难。

在《生为平装书》中，我曾说："普及版平装书的出版市场是由许多专门市场组成的。"我的意思是，常居榜单中游的类型小说在当时仍有不错的机会。平装书编辑一直在寻找畅销的主流类型小说，例如克兰茨（Judith Krantz)、谢尔顿或斯蒂尔风格的现代女性小说，或是和路德拉姆、福莱特（Ken Follett)、克兰西风格类似的国际阴谋小说。能使有理想的作者学会写作技巧，有益于培养合格作家的言情小说、推理小说、西部小说和男性冒险小说也一直在榜单中游保有一席之地。梦想成为下一个卡斯勒（Clive Cussler）的作者可以在男性冒险小说领域初试牛刀，最终步入顶尖平装书作家的行列。随着平装书出版业快速成长，不太畅销的类型小说也形势大好，市场需要更多新书，原本不太畅销的领域成了培养未来作家的摇篮。在写作巨著的同时，作家至少可以靠写类型小说来养活自己。

但是，出版商很快意识到必须缩减出版计划。他们宁可少出些书，获得更高的利润——因为少出书可以节省不少人力、管理费用、生产成本等。从零售商或批发商的角度来看，少出书意味着更少、更容易把控的库存量，仓储成本也降低了不少。结果牺牲的是不温不火的类型小说和刚起步的作者，十年前，有代表性的超市都会有一排排展架，目之所及，上面不只摆满了《纽约时报》排行榜的每周畅销书，还有当时广受欢迎的推理小说、西部小说、男性冒险小说和其他类型小说。但是，当顾客扔到购物车里的平装书日渐减少时(纯粹是因为经济不景气时，一盒洗衣粉要比二点九五美元一本的平装书重要多了)，超市陈列的推理小说越来越少，在压力之下，出版社只好减少出书量。现在，同样的超市只会陈列畅销书排行榜上前十名的作品，每本的库存量均有所增加。但读者的选择余地和作家的出书机会都相应地减少了。

鉴于此，若经济萧条使不温不火的类型小说今非昔比，作为初出茅庐、想写畅销书的作者，你该如何进入这个领域呢？首先，要胸怀大志。在之前的文章中我曾提出，天生的平装书往往抓住了三大市场之一，这三大市场可以不太严格地依性别区分为女性市场、男性市场和跨性别市场。我的意思是，能成功打入女性市场的书，无论是写男权社会中想获得成功的女性所面临的种种挑战，还是为逃避现实而写的旧时代纯爱故事，都触及了当时大多数女性最关心的话题，触动了她们的内心。至于男性市场，畅销书强调的还是男人们关心的问题及阴谋诡计。男性爱看惊悚小说，因为他们喜欢冒险。如果一本书能把男性读者引入他们从未经历过的世界——不管是《高尔基公园》(*Gorky Park*)，还是《猎杀“红十月”号》的潜水艇——它往往会大卖，因为很多人的生活平淡无奇，逃避到另外一个世界是他们从这类书中得到的最大阅读乐趣。而像《出埃及记》(*Exodus*)、《根》(*Roots*)、《幕府将军》(*Shogun*)等成功的史诗作品则绝对跨越了性别的界限。这类作品融合了吸引所有读者（不论男女）的所有元素——浪漫爱情、冒险和阴谋，因此会大卖特卖。所以，如果你现在正想尝试写平装书，我刚才描述的畅销书巨著仍是你学习的对象，因为出版商想找的正是这种天生的平装书。

当所有人都在期待下一个斯蒂尔、克兰西或哈里（Alex Haley），能出的书也越来越少时，有心打入平装书市场的作者就必须变成聪敏的流行观察家，知道什么时候正酝酿什么潮流，哪些题材有可能脱颖而出成为重要的畅销书。有时，一本畅销书就可以创造一股新潮流。比如，《无辜的罪人》和《沉默的羔羊》就在图书市场造成了强大震撼，催生出一种新小说类型。《无辜的罪人》激发了读者对法律惊悚小说的浓厚兴趣，《沉默的羔羊》则聚焦连环杀手，创造了一种新的恐怖故事，掀起心理惊悚小说的阅读热潮。由这两本书改编，分别由福特（Harrison Ford）和安东尼·霍普金斯（Anthony Hopkins）主演的电影也非常卖座，社会大众充分表达了他们对这两种小说类型的兴趣。特罗和哈里斯（Thomas Harris）也为其他作者创造了新的机会。

有时改编的电影会引导文化趋势，刺激新的小说类型发展。斯通（Oliver Stone）具有争议性的成功之作《刺杀肯尼迪》（*JFK*）触动了一个国家的心弦；很多人认为，美国政府之所以决定重新调查肯尼迪遇刺案，是这部电影促成的。对那些雄心勃勃地寻找下一个大热题材的作家来说，《刺杀肯尼迪》是否会令所谓的“政治妄想类惊悚小说”卷土重来？在这类小说中，敌人其实在内不在外。当然，华纳出版公司的非虚构类平装书《暗杀者之路》（*On the Trail of the Assassins*）（电影《刺杀肯尼迪》依据的书目之一）表明，大众确实对这个主题感兴趣。这本书跃登《纽约时报》畅销书排行榜第一名的宝座，销量近七十五万册。由于能引发大众对阴谋小说的兴趣，政治惊悚小说或许会成为惊悚小说流行的新主题。还记得《五月里的七天》（*Seven Days in May*）和《谍网迷魂》（*The Manchurian Candidate*）吗？它们是不是另一个可以大做文章的政治妄想类惊悚题材？

电视似乎也是文化风潮的制造者。例如，“八卦类”电视节目似乎引起了大众对真实犯罪故事的兴趣。从电视节目诸如《当今时事》（*A Current Affair*）和电视电影《致命影像》来看，市场对真实犯罪故事的渴求似乎一直没有得到满足。普及版平装书出版商拼命想满足这种市场需求进而从中获利，结果出现了大量真实犯罪故事平装书（某些案件一旦告破就在短期内迅速被写成平装书出版)，很多都很畅销，如圣马丁出版社以达莫（Jeffrey Dahmer）案为基础推出的《密尔沃基谋杀案》。

有时，带动风潮的并非像特罗这样才华横溢的新作家，或好莱坞大片和流行电视剧，而是当时的社会、政治气氛。以近几年大受欢迎的军事科技悬疑小说为例。尽管克兰西以一己之力创造了这种小说类型，但当时整个美国已酝酿出接受这类小说的氛围。八十年代初，美国终于开始与越南和平共处，里根时代高涨的爱国主义及在越战时期成为众矢之的的军界不再受到排斥。当国人逐渐愈合了越战的伤痕，军人又再度成为“好人”，他们生活中的点点滴滴（包括军人生活和军事设备的每一个细节)都深深吸引着读者。换句话说，是当时的时代氛围，令《猎杀“红十月”号》成为热门畅销书，也引发了这类作品的畅销热潮。

与在文化迹象中寻找新潮流和新类型的信号同样重要的是，我们要知道何时市场已被廉价的跟风作品占领。举例来说，真实犯罪故事的市场就被一大堆描绘下流案件的廉价作品挤得饱和了。如果真实犯罪故事只是大量描绘不必要的暴力镜头，而没有深入挖掘凶手的心理动机，也没有跟随勇敢的警探一步步剥茧抽丝分析案情，它就是不折不扣的不合格作品。恐怖小说也同样饱受过度出版之害。只要在书店里找找“恐怖小说”你就明白了。当你发现一打作品都是以恶魔般的小孩为主角，或许就该替这类小说担心了。出版商称这种现象为“书名污染”。尽管斯蒂芬·金、孔茨（Dean Koontz）等作者的作品仍然大卖，但市场上充斥的大量拙劣仿作已经损害了恐怖小说的流行风潮。像消费者一样，读者想要的是真正的劳力士表，而非街角卖的冒牌货。

认准趋势以免把时间浪费在错误的类型小说上，还只是第一步。

另一个新情况是——改版平装书的衰落，或许为打算出版平装书的作者创造了新机会。九年前，我谈到平装书编辑有双重职务：原稿编辑和改版书编辑（即向精装书出版社购买改版版权的编辑）。我试着描述了改版编辑的独特乐趣——和记者发现下一条独家新闻不同，你要遍览精装书出版社的书目，寻找可以改版的、能在平装书市场取得巨大成功的作品。许多“天生的平装书”其实都经历了改版，而这部分工作对平装书出版社而言非常重要，因此许多平装书编辑唯一的工作就是购买改版版权。他们的工作范围涵盖每一家精装书出版社，要对所有的新书书目了如指掌，并想办法说服它们的附属版权部主管：对某本精装书来说，他们是最适合出版它的平装书出版社。他们必须和精装书出版社建立良好的关系，以便能得到所有重要作品平装书版权的竞标底价，使他们的公司在未来的改版拍卖会上以接近底价的价格拿到版权。如果平装书编辑把早上的时间花在编辑手稿上，那他很可能会用下午的时间和某家出版社的版权经理通电话，探询未来合作的可能性。

但在过去九年中，由于精装书出版社和社内的平装书部门合作得越来越密切，出售平装书版权的机会越来越少，改版市场也越来越小。作者和经纪人逐渐认识到，过去的改版合约没有什么经济效益，因为根据合约，精装书出版社有权卖出平装书改版版权，并和作者分享未来的平装书版税收入。而现在则有所谓“软硬兼顾”的合约，一本书的精装版和平装版版权同属一家出版社，作者无须再和任何人分享平装书的版税收入。出版社很欢迎这种新的合约形式，因为他们可以继续控制平装书的出版，而非听天由命。作者也很喜欢这种方式，因为如果由同一家公司来掌控整个出书计划，作家和出版社的合作会更有持续性。

建立这种关系网的结果是，平装书编辑大都被排除在改版领域之外。随着竞标平装书版权的机会越来越少（举例来说，在八十年代，每周都有重要的平装书拍卖会，现在却几乎看不到了），平装书编辑面临的压力更大，他们必须策划原创作品，而这对于正在寻找出书机会的作者而言则是一大福音。早年间，平装书编辑要在购买改版版权和策划原创作品之间尽量保持工作量上的平衡——当时有潜力成为畅销平装书的作品也比现在多得多。而今，他们把更多的时间花在寻找原创作品上，增加了对这类作品的需求。

这的确是好消息。如果你立志成为平装书作者，在和编辑打交道时，应抱有怎样的期望呢？同平装书编辑合作与同精装书编辑合作，有什么不同吗？答案是，现在几乎没什么不同。在精装书和平装书出版社完全各自独立时——属于不同公司，或虽属同一公司，却分属不同事业部——往往是由精装书编辑买下作品版权，和作者一起修改原稿，对全书进行编辑。平装书编辑在这方面几乎没什么贡献，他们的职责只是以平装书形式重新出版这部作品，规划平装书的出版和营销策略。但目前在许多出版公司里,这种“楼上－楼下”的关系已经改变，比如帕特南－伯克利出版集团（Putnam Berkley Group），他们意识到，许多帕特南的精装书畅销书作家，如克兰西、史宾瑟（LaVyrle Spencer）、格里芬（W. E. B. Griffin）等，都是由伯克利的平装书编辑引介而来。平装书编辑帮他们逾越了平装书和精装书之间的传统鸿沟。事实上，平装书编辑和作者的日常工作重复了所有编辑和出版的必经步骤。由于版权是平装书编辑买下的，若日后再出精装版，作者往往会选择与原来的编辑合作。

我们姑且找几个典例，看看平装书编辑如何与作者一起工作。假定出版社决定出版一部重要的平装原创作品，是一位新作者创作的关于美国西部开拓史的英雄传奇，他以写作大纲和一章样稿说服了出版商，使他们相信他要讲的是个伟大的故事，而且历史细节正确——他本人是美国西部史专家，也会是个优秀的作家。一旦出版社买下版权，编辑就会写信给作者，建议书中某个人物或许应该扮演更重要的角色。假定这部小说讲的是一对夫妇正携手建立一个强大家族，他们受加州淘金热吸引，到西部去追求财富与名声。在最初几章，太太这个可能会出彩的角色似乎分量太轻。平装书编辑会在信中提醒作者注意这一点，也会就全书的整体方向提出重要意见。假如作者也一直在怀疑这是故事发展的一大缺陷，编辑的提醒会令他安心不少，因为他知道编辑和他看法一致。

一年后，作者交来完整初稿——编辑也开始进行主要的编辑工作，他会再写一份更全面的修改意见给作者，指出仍需要注意的、比较严重的结构性问题。或许在这部家族史诗中，有一条关于子孙相争的副线没有发展好；或许是整个故事的比例不太对，作者花了太多笔墨来酝酿这个家庭离开密苏里的情节；或许是在关于印第安人的部分遗漏了重要的历史细节；或许是书中的有些谈话不像发生在一八七六年的西部边疆，更像纽约的客厅中。这封信会列出所有这些问题，一方面表达了编辑对作品的强烈兴趣和热情，另一方面这些技巧性建议会使作者意识到书的全部潜力。建设性的意见会给作者很大鼓舞——也会使他明白自己是在与一位用心且用功的编辑合作——于是他回到打字机前，根据编辑的建议加强人物刻画，润色历史细节，或调整某部分情节的节奏。

接下来，作者交回第二稿，大家开始振奋起来。作者和编辑都知道，一本好书差不多已经诞生了。现在要做的只是个别的文稿编辑工作——比如某处还需要修改一下对话的口吻。这时编辑才真正拿起蓝色铅笔来编辑手稿，当然所有的改动都要征求作者同意。可能编辑对书中某些不统一的地方还有疑问，他往往会用便利贴标示在页面空白处询问作者。当作者同意了所有改动，回答了所有问题后，作品就准备进入文字编辑和生产制作流程了。编辑和作者会达成这样的共识，他们富有建设性的精诚合作是为着同样的目标——让作者创作出最好的作品。他们可能会在一些小问题上产生分歧，而定稿则是作者对编辑信任的产物，也为之后面临的销售挑战打下坚实基础——因为作品畅销与否不仅要靠出版社的销售力，它最终面向的是在平装书货架前逡巡的善变顾客。

不消说，要把原创平装书成功地推出上市，会面临很多挑战。我在之前的文章里说过，平装书往往不太容易得到评论家的青睐，直到现在依然如此。但我已认识到，评论家垂青与否不见得会影响原创平装书的成败。最主要的是业务人员是否认真对待，因为这种书的销量是未知数，没有过去精装版的销售数字做参考。平装书编辑可采用的方法之一是恳请其他畅销书作家推荐。尽管这种方法有时被过度滥用，但可引用的推荐语确实有助于作品定位。作品本身则是另一个激发业务人员兴趣的“销售工具”。若把作品定义为延续米切纳（James Michener）和拉摩（Louis L’Amour）传统的西部拓荒史诗，寄给每位业务人员，让他们人手一份，这样做会很有效，若能在封面上附一些推荐语就更好了。有引人注目的叶形装饰、起鼓工艺或精美插画，这样的封面本身就是重要的销售工具。

最后一点，作者可能是其作品的“最佳推销员”。一个有效的方法是旅行宣传，即出版商安排作者到全国各地去见主要客户。有时与批发商进行“司机”式的简短早餐会，让作者直接会见订购客户及货车司机，因为他们是实际拜访个人客户、检查库存、确保新书能有醒目展位的人。如果主要客户和他们的员工都读了书稿，拿到了上面印有新书图案的T恤，并很高兴和作者在早餐会上见了面，他们就会大量订购新书，并记得在新书上市时把它放在最醒目的位置。这时编辑不仅需要负责该书的编务，也是它在出版社的经纪人，还要挽起袖子，摇身一变为多才多艺、精通各种推销技巧的营销专家，同时也要懂得和营销人员沟通，促使他们把这部作品变为成功的畅销书。

看完所有这些，你还想做平装书作者吗？会不会有这样恼人的疑问："如果我的第一部作品是精装书，会不会得到更严肃的对待？"好吧，现在是时候将"作者必须从精装书开始他们的职业生涯"这个概念抛诸脑后了，或者说，我们迫切地需要这么做。如果对你来说最重要的是评论——无论什么类型的作品，若评论界的喝彩是你的创作动力——那就从精装书开始吧。即使在我写了《生为平装书》九年之后，平装书想在评论界赢得应有的关注，仍有很长的路要走。所以，如果你的小说是关于五十年代一位中西部年轻人的成长经历，你想从媒体评论中得到滋养，把书交给独立书店销售，那么精装书最适合你。安·泰勒就是这样起步的；如果她是你的文学偶像，我的话则不足以说服你以平装形式出版处女作。所谓"商业作者"创作的主流类型小说往往占据了畅销书榜单的前十位，如果你在这个领域里创作，那就从平装书开始吧，你也能达到他们的高度。斯蒂尔、安德鲁斯（V. C. Andrews）、戴利（Janet Dailey）和格里芬等畅销书作家都在平装书市场建立了自己的读者群。他们通过成功的平装书在市场上"播种"，赢得了大批忠实读者，最终转战精装书市场，这些读者仍追随其后。

或许你仍会问："为什么我必须花时间建立读者群？为什么不能马上就在精装书上孤注一掷？如果我写了一个非常棒的法庭故事，也许我能成为下一个特罗。"答案是，如果只有少量广告、促销或公众支持，甚至要同出版社密密麻麻书目单上的其他精装的处女作竞争，你“非常棒”的法庭故事最终只卖了平平的一万五千册，那你设想的一切就不太可能发生。相反，如果你的手稿到了平装书编辑手中，他告诉经纪人他很喜欢这部作品，书的主角——那位洛杉矶的年轻检察官可以在系列作品中持续出现；他满怀热情，愿意把这本书放在平装书出版计划的第一位。现在作者要问自己，我是想要一本堪堪卖一万五千册的精装书，还是预计能卖到四十万册的超级平装书？同一本书以不同形式出版可能会有何种不同局面，这里有更详细的展示：

	精装	平装
定价	19.95 美元	5.95 美元
版税	10%（每售出一本 2 美元）	10%（每售出一本 0.6 美元）
首印	15000 册	400000 册
广告 / 促销预算	5000 美元	50000 美元
作者巡回旅行	无	安排巡回旅行，向主要客户预售作品
评论	可能会在相当一部分主流报纸上看到评论	主流报纸的平装书推荐栏中会有评论
实际销量	12000 册	225000 册
预付	25000 美元	25000 美元
版税收入	24000 美元；还需要再赢利 1000 美元，作者才能拿到更多的额外版税	135000 美元；作者拿到额外版税 110000 美元

同一部手稿被呈送给两位不同的编辑，其最终结果往往截然不同。作者会因为自己的作品是精装书而倍感自豪，但他大有前途的法庭故事只卖了一万两千册。因此，这本书无法吸引大型平装书出版社购买改版版权；精装书的销量不足以说服出版社把它当成一部杰作。作者已收到两万五千美元的预付版税，而这本精装书最终只赚了两万四千美元，所以作者不会再拿到额外的版税。这时，即使精装书出版社有自己的平装书部门，它在平装书市场的机会也同样渺茫，因为精装版乏善可陈的表现掩盖了它的光芒。

而选择平装路线的作者会发现自己的作品大获成功。一个作品只卖一万两千册的作者写的下一部法庭故事，精装书出版社会拿不准是否还要继续做下去。而在第二种情况下，平装书出版社已签下第二本书的合约，因为第一本书成功大卖二十二万五千册让他们备感欣喜。同时，精装书作者收到了很多让人肃然起敬的好评，平装书作者则仅在平装书推荐栏中得到一点鼓励。至于他们的未来，选择精装书的失意作者会继续创作下一部扎实的法庭故事，投给另一家精装书出版社，和一位想在他身上碰运气的新编辑合作。而选择平装书的作者则被出版社看好，第二本原创平装书被列为重点书，首印五十万册。这时，具有讽刺意味的是，这位平装书作者比起先选择精装书的同仁在精装市场占据更有利的位置。如果他的第二本（或第三本）原创平装书登上畅销书排行榜，编辑和出版社会认为他在精装市场大有可为，而选择传统精装路线的作者已无法与之相比。

在华纳这样的出版集团里，精装书和大众平装书的出版其实是在同一楼层进行的。当代女性小说畅销作家布朗的故事表明，出版平装书能为作者在精装书领域的发展奠定坚实的基础。布朗出版了许多平装版言情小说，拥有忠实的读者群，确立了她在华纳平装书书目上的主导地位。她那才华横溢的编辑缇吉（Jeanne Tiedge）成为她最积极的代言人，极力向公司管理层推荐，说她是女性小说领域重要的新秀，必将成为闪亮的明星，因为读者很喜欢她的作品。如果图书销量的持续增长反映了读者对作者的看法，那么读者显然爱上了布朗。她的小说不仅有很棒的男女主角，而且展现了她巧设情节的才华，增强了故事悬疑感，扣人心弦。缇吉说："布朗作品的魅力在于她的小说主题总是非常温暖的：善总是战胜恶，爱更能征服一切。无论她笔下的女主角是在努力克服近亲强暴的恐惧，还是其他自私角色的攻击，她总因相信自己、相信所爱的人而成功。"

每一本书都有新出现的可爱人物为布朗带来更多读者，她在华纳出版的第三本重点平装书《镜像》(*Mirror Image*)登上了《纽约时报》畅销书排行榜，长居榜上长达两个月之久。一年后，她的另一本书《深宫春色》（*Breath of Scandal*）也登上了畅销书排行榜，不久，华纳意识到布朗已为进军精装书市场打下了良好基础。就像缇吉指出的："当布朗的作品内容越来越丰富，她也越来越成功。坦率地说，因为她越写越好，越写越长——无论在情节的复杂程度上还是人物和支线的深化上——我们为她出版精装书似乎是顺理成章的。她能从类型小说作家蜕变为主流著名畅销作家，主要在于她不断挑战自己去写最好的故事。"

显然，华纳对布朗作品的质量很有信心。为什么他们要修正之前的成功定位呢？为什么不让布朗继续写平装书？为什么要冒险出版精装书？答案很简单，出版商做出这种商业决策，是根据布朗平装书销量和销售势头，很多平装书的读者会追随她的脚步，继续购买精装版。史宾瑟和迈克诺特（Judith McNaught）等作者从平装书转战精装书的成功事例鼓舞了华纳，他们认为布朗能成功转战精装书市场。她的书一本比一本卖得好，口碑也越来越好，她已成为作品的最佳代言人，足以使每一个大客户相信她将屹立不倒。在华纳宣布将为布朗出版精装书以前（现在，她的书定价将从五点九五美元变为十九点九五美元），书商早已欢欣鼓舞，因为他们也相信，布朗的时代已经来临。

布朗在华纳出版的第一本精装书《法国丝绸》（*French Silk*）登上了《纽约时报》《出版人周刊》和其他美国畅销书排行榜，其精装本和平装本都是读书协会的重点选择对象。显然她在精装书市场出击成功。而在整个过程中最特别的一点是，布朗的精装书编辑和平装书编辑是同一个人。这和许许多多其他例子都告诉我们，有时平装书的编辑已向我们展示了该从何处开始。

Chapter 24
第二十四章

步入中年的编辑人 与步入中年的大众平装书

冈珀茨 Mark Alan Gompertz

刚入行时，冈珀茨在俯瞰出版社（Overlook）工作了十年，曾任副总裁和编辑总监。也曾在皇冠出版社工作，离开皇冠后，他到埃文大众平装书出版社（Avon）任副总裁兼发行人。他参与出版的图书有：戴维斯（Kenneth Davis）的《不太懂历史》（*Don't Know Much About History*）、桑德海姆（Stephen Sondheim）和拉派恩（James Lapine）的《拜访森林》（*Into the Woods*），以及麦克法兰（Dennis McFarland）的《音乐室》（*The Music Room*）。

“冈珀茨生于二十世纪五十年代初，正是船锚出版社（Anchor）首次引入平装书概念之时。他注意到，“二十世纪现已进入最后一个十年，大众平装书和随它一起成长的读者都已步入中年。是时候针对这个独特的出版领域提几个问题了”。他的确提出了几个极具挑战性的问题，并给出了突破传统的答案。对于大众平装书的出现、特点和内容，对于这种独特开本的编辑、作者以及被其改变阅读习惯地的数百万读者，人们有很多疑问和误解，冈珀茨将在本文中一一澄清。

他以饱含感情的专业笔调——以及与其年龄不符的青春活力——回顾了大众平装书在编辑和营销上的发展历程，也描绘出读者特征的变化：过去他们是“雅皮士”，现在则被称为“婴儿潮一代”。冈珀茨则称他们为“文化的一代”，认为“四十年来大众平装书的发展和它们的编辑正反映了这代人的需求”。他承认“这类图书和它们的编辑现在已没那么大胆，却比以前更务实”，他相信“一如既往，新一代的编辑和读者会在这个阶层中出现，他们会更勇敢，更有创新精神，会为大众平装书注入新的生命”。

风趣而博学的出版人桑顿十年前预测，大众平装书产业仍将存活下来，尽管当时经济萧条，出版业规模大减。他在上一版《编辑人的世界》中，曾以这段话做文章的结尾："我预言，下一版《编辑人的世界》中……将有另外一篇文章告诉我们大众平装书的最新发展。"

桑顿很聪明！大众平装书的确存活了下来（尽管十年后再现经济衰退），而我将在这里告诉你们大众平装书的最新发展。你可能很好奇为什么这个人是我，我有什么资格来写这篇文章？

其实，大多数出版人（包括大众平装书的出版从业人员）都是意外踏入这一行的。到一九八九年，我已在精装书出版业工作了十四年，对平装书领域知之甚少。当然，我编辑的书曾被印成平装版，但那和我在本文中讨论的编辑、出版平装书是两回事。

我出生于五十年代初，那时船锚出版社刚好首次推出大众平装书，而当我们（我和平装书）步入七十年代，埃文和其他一些出版公司开创了新的平装书出版形式。对我们这一代人来说，平装书是一种可供选择的阅读形式。当时最精彩的书包括《局外人》（*The Stranger*）、《等待戈多》（*Waiting for Godot*）、《荒谬地成长》（*Growing Up Absurd*）、《五号屠场》（*Slaughterhouse Five*）、《最后的全球目录》（*The Last Whole Earth Catalog*）等。那时的我是个过度热情，又非常浪漫的年轻人，我送给当时的女友一本《私密手记》（*Notes to*

Myself），而她送我一本摄影礼物书《男人的家庭》（*Family of Man*）作为回礼。

桑顿写那篇文章时，大众平装书刚跨入而立之年。而今，二十世纪已进入最后一个十年，大众平装书和随它一起成长的读者都已步入中年。是时候针对这个独特的出版领域提几个问题了。什么是如今所谓的“大众平装书”？在购买版权和策划平装书的过程中，编辑扮演了什么角色？大众平装书的读者是谁？我们如何接触到这群读者？大众平装书可以像它刚起步的那几年一样大胆创新吗？还是像许多中年人一样，声名鹊起后就变得有点枯燥乏味了？它在下个世纪还会存在吗？

和人生中很多事一样，对大众平装书和它的编辑，人们也有很多疑惑和误解。一个长期盛行的说法是，大众平装书只能吸引中上阶层的读者。这完全不正确。不过是因为船锚从一开始就致力于出版“高质量”的大众平装书，许多人就认定这是该产业的主要形式——一种主要针对学术、文学领域和中上层读者的形式。他们忘了，很多关于俄罗斯方块、吃豆人、新街边男孩、魔方等内容的书，以及历史、言情之类的类型小说，也都是以大众平装书的形式出版的。

我们所说的“大众平装书”是什么意思呢？严格说，它的开本比普及版平装书大，价钱也更贵。它的大小一般和精装书一样，但零售价只有精装书的一半。除了开本和价格，大众平装书的装订也比小开本的廉价平装书更牢固，保存时间更长。它的封面和版式设计也更精致、更吸引人、更高端、更有品质（但并不总是这样）。它们通常采用直销的方式，或由销售代表推入特定市场，如书店和图书馆。有些大众平装书也有自己独特的批发渠道，如机场或超市。

从管理角度来看，推出大众平装书是出版社实现利润最大化的办法之一。为什么不呢？从理论上看，销售大众平装书的利润更高，退书也更少——精明强干的书商会定购“恰到好处”的数量。他们必须这样做，因为大众平装书的订单成本更高，他们不能像处理普及版平装书那样，把书皮撕下来寄回出版社就可以要求退款。他们要自己负担邮费退回整本书。这也难怪下订单时他们都非常保守。

大众平装书往往是出版社的长销书，许多公司能因此扩大出版种类，签下并提供种类齐全（包括各种形状、大小和发行方式的图书）的完整产品线。

大众平装书能让出版社涉足更多的领域。虽然普及版平装书的零售点比较多，但以这种形式出版的图书毕竟有限，只包括改版的畅销精装书，或言情、科幻、惊悚、西部等类型小说。对编辑来说，谈到非虚构类大众平装书时，往往能想到广泛丰富的题材，包括历史、科学、健康、心理、旅游、商业、参考书、神话、新纪元运动、育儿等等，其为我们提供了丰富的信息。而当我们谈到大众小说时，想到的往往是文学性较强，或比较艰深的书，如《蝇王》（*Lord of Flies*）、《帕里斯·特罗特》（*Paris Trout*）、《曼波之王的情歌》（*The Mambo Kings Play Songs of Love*）、《占有》（*Possession*）等。

出版大众平装书可能会带给作者更多的机会，这取决于他们写的是什么类型的书。由于书店的展示空间很重要，图书的平均上架天数越来越短。普及版平装书的上架寿命只有三到六周。大众平装书则为六到八个月，这使它们有更充裕的时间发掘潜在读者。如果一本书在书店站住了脚，书商每年都会重下订单。我们称这类书为长销书，出版长销书正是大众平装书出版社的重要基础。长销书像年金，每年都会为作者带来版税收入，为出版社增加收益。许多大型出版公司都有强大的长销书书目。

普及版平装书和大众平装书的界限非常模糊。我们常在编辑会议上热烈讨论，某本书到底应该以普及版还是大众版平装书的形式出版。要回答这个问题并不容易。以饮食类图书为例，这种食谱能吸引大众市场吗？〔如《健康生活新开始》(*Fit for Life*)〕书商会不会大量订购这本书，从而证明大众图书市场真的存在？另一种问法是：这本书会不会通过批发商进入没有多少平装书展示空间的超市？定价高到何种程度会使消费者望而却步？作者是家喻户晓的名人吗？我们付了多少版权费？如果所费不菲，就必须把它投入普及版平装书市场。这些永远都是重要的考虑因素。以谭恩美的处女作《喜福会》(*The Joy Luck Club*) 为例，该书的平装版版权以一百二十万美元卖给兰登书屋旗下的维塔奇出版社。由于作品的文学性较强，我们猜维塔奇大概会以大众平装书的形式出版。但兰登书屋的决策者认为，若要尽快回笼资金，或许应先推出普及版平装本，所以这本书后来转给了兰登旗下的普及版图书出版部巴兰坦图书公司。

另一个始终存在的误解是，大众平装书的编辑不过是再版者，阅读过许多样稿或已出版的精装本图书后，买下平装版版权。这其实大错特错！购买改版版权只是编辑选书的方式之一。实际上，九十年代的大众平装书编辑越来越难买到其他出版社的精装书版权，因为出版公司现在往往把平装书版权交给自己旗下的平装书出版社。结果，大众平装书的编辑推出了越来越多的原创作品。

原创是最有创造力、最有趣的图书品种，但也最花功夫。和出版精装书一样，你必须先有好的构想，然后锲而不舍地丰富完善它，寻找最好的作者并争取到他，谈判版权合约，花时间编辑，并确保营销和业务人员知道该如何把它推出上市。出书构想源自四面八方：阅读报章杂志时，和朋友、家人聊天时，搭公车时，放松休闲时，都有可能想到好点子。(有一次在戏院中场休息时，我站在大厅里，突然有了一个构想。)但就大众平装书而言，你必须先了解市场，才能判断想法是否合适。当你要决定某本书究竟该先出精装版、普及版平装书还是大众平装书时，并没有一定的规则可循。你必须问自己一大堆问题，才能找到答案。

举个例子来说吧。我们曾出版过一本叫《如何当个令人惊讶的主管》(*Secrets of the Astonishing Executive*）的书，作者赫茨（Bill Herz）是个有企业管理硕士学位的生意人，碰巧也喜欢魔术。在这部反传统的经管指南中，他教企业主管们如何利用简单的日常物品在办公室表演魔术，目的是帮主管激励下属，并告诉他们如何打破与客户交往的僵局。商业图书一般都先出精装版，因为它们的读者付得起高价，而且很多报刊都只刊登精装书的评论，从不涉及平装书。但这本书不太一样，它很实用，又带点幽默色彩，很可能会更吸引相对年轻的中层主管，而这类读者往往习惯购买平装书。

这位作者常年受邀到“财富五百强”企业去演讲，这本书得到了许多名人推荐，《华尔街日报》(*Wall Street Journal*）也刊登了书评。所以至少有两件事已发生了明显变化：我们有很多可以印在封面上的宣传语，而且如果价格合理的话，在作者的讲座现场也能卖出大量的书。重要的是，我们知道批发渠道不可能卖出这么多书，所以我们放弃了普及版平装书的想法。显然，这本书最适合的出版形式是大众平装书。

许多书以平装形式出版，会立刻比精装版卖得好很多，因为它的主要市场其实是平装书市场：如教读者“如何做”的实用手册、育儿指南、关于另类保健和另类文化的书，或是幽默类、流行文化类图书都是如此。有时则不过是价格因素作祟。埃文曾出过一本厚达六百页的《流行文化目录大全》(*The Whole Pop Catalog*)，二十美元的定价差不多是市场能承受的极限了。这本书的装帧和怀旧的内容天生就适合做大众平装书。

但是，如果作者或经纪人为了声望、评价或图书馆市场，坚持要先出精装书，又该怎么办呢？如果这本书的目标市场负担得起精装书的零售价，又该怎么办呢？你当然不想错过出书机会，也可能认为尽管真正的读者在平装书市场，但也需要以精装的形式先打下基础。编辑可以先找一位对这本书有兴趣的精装书编辑，他通常会选择本公司旗下的精装书出版社一起买下精装、平装版的版权。接下来怎么处理要由几个因素来决定，包括每位编辑的工作习惯和风格及两人之间的配合。图书类型、谁擅长本书涉及的领域、谁和作者或经纪人的关系比较好，也是重要的决定因素。比如，如果这个项目先由埃文来做，平装书编辑可能要先做大量编辑工作（策划和文稿编辑），也有可能两位编辑会一起讨论手稿，一起写信答复作者。之后，精装书出版部——威廉·莫罗出版公司（William Morrow）的编辑会盯紧出版流程的各个阶段，在销售会议上做展示，推广宣传。下一年度，我会在平装书销售会议上做同样的工作。

假设有位经纪人寄给我一份关于二战时期美国历史的出版提案，我认为它可能成为该领域的经典之作，甚至有可能成为教科书，我会把提案拿到威廉·莫罗，请一位了解这类图书和市场的编辑看一看。如果他很喜欢这本书，我们会先各自计算损益数字，然后把二者相加，决定该以什么价格买下版权。如果我们买到了这本书，作者完稿后可能会把稿子交给与他合作得更愉快的那位编辑，也可能会交给我们两位。出于礼貌，收到稿件的编辑往往会通知并影印一份给另一位。然后他们就要根据工作计划开展编辑工作了。

理想状况下，两位编辑对作品的优缺点看法一致。一位编辑会指出某些需要修改之处，而另一位又能看到其他问题。有时他们观点不一致，会一起向作者说明，再由作者决定采纳谁的意见。我总是坚持一起发编辑信给作者，以免他困惑。有些编辑可能很在意谁该在信上署名的问题，这种情况下往往是由“发现”了这本书或是做了更多工作的人署名。如果和我合作的是老派、传统的精装书编辑，我往往会让他来执笔，只要他在信上提及我是另一位编辑，并说明我的意见就好了。这不见得是最好的做法，有时会很伤感情，但总体而言利大于弊。我由衷相信，对作者来说，他的稿子被两位训练有素的编辑看过，绝对是大有裨益的。

精装书编辑和平装书编辑携手合作的原因有很多。多数时候纯粹是出于金钱上的考虑。如果精装书编辑很想出版某本书，但它的版权费很高，他就会找一家平装书出版社合作，开出更好的谈判条件，或许就可以击败竞争对手。

有时情况则恰好相反。某家平装书出版社可能和某位作家有过合作，而这位作家从未出版过精装书，或不满意他目前的精装书出版社。如果大众平装书编辑觉得很值得的话，他会把作者介绍给自己公司旗下的精装书出版社。

由于平装书出版社负担了至少一半的版权费，因此对书的精装出版方式——从书名、封面设计到营销计划都有发言权。再强调一次，平装书出版社能发挥多大的影响力因不同公司和不同出版计划而异。据我的经验，精装书编辑和平装书编辑处理作品的方式不会有太大差别，因为他们考虑的是同一群读者。但是，不同出版社的营销方式会很不一样——从选择书名到封面设计、广告、宣传，都相去甚远。

举例来说，我认识的一位精装书编辑买下了一部有争议的作品，作者是一位备受尊敬的社会学家。他的精装书出版社选了一个很长、很严肃，但很权威的书名，封面上除了书名没有任何图案。与他合作的大众平装书编辑要求换一个更短、更有趣味的书名，并在封面加上插画，以凸显争议性主题。精装书编辑希望得到的是评价和声誉，平装书编辑却希望这本书会让人眼睛一亮，马上注意到它——而且多年后仍会记得从而成为长销书。有时这两种思路可以并存，但若找不到一个双方都赞同的解决办法，一年后出平装书时，也是有机会换掉书名和封面的。

八十年代初，正当桑顿的文章备受关注时，大众平装小说开始发生一些有趣的变化。二三十岁的年轻人开始写活力十足的新潮小说，这些精装版小说激起了大批读者的热烈反响。由埃文领衔的大众平装书出版社买下这些书的改版版权，换上了大胆摩登、像唱片封套一样的封面。书评家对这类小说青睐有加，故而出版社决定直接以大众平装书的形式出版其中的某些作品，最成功的畅销典范是麦金纳尼的《如此灿烂，这个城市》。

但这股风潮只是昙花一现。太多出版社一窝蜂地赶流行，市场很快就饱和了，这种“青春小说”的读者也移情别恋了。另一个问题是，好的纯文学小说的版权费简直是天价，出版社必须卖出大量的书才能赚回预付版税。但是，当出版社为了市场考虑直接出版平装书时，报章杂志却不肯评论这些小说。

在创办埃文大众平装书出版社时，我们决定每月只出一本小说，因为许多竞争对手都在缩减大众平装小说的种类。这样可以在一本书上下更大的功夫，广告、促销和宣传经费也会更加充裕。当然，这表示我们必须小心谨慎地选书，一旦选定就要花大价钱买下版权，把它列在出版计划首位，给予更多关注。我们如此签下的第一本小说是麦克法兰的《音乐室》，这本书带给我们巨大的成功。但这种机会只能偶尔碰到，唯有当你选对了书时才会发生。

虽然编辑很想出版大众平装小说，但现在要出这类书却变得很困难，因为目前的读者数量不足以支撑这个领域的图书出版数量。除少数作品外，尽管平装书比较便宜，但大多数平装版小说的销量都不会超过它们的精装版。似乎有一定数量的读者愿意以精装版的价格来购买高品质的平装版小说，但一年后这本书改版上市时，剩下的读者却寥寥无几。出版精装书的好处是这种形式的书往往会受到书评家的青睐。但一年后,似乎已经没什么人记得曾读过相关书评。所以大多数平装书出版社都在缩减出版计划。近年来能幸存的似乎只有赢得重要文学奖项的书，如美国国家图书奖的获奖作品。

到九十年代初，精装书、平装书出版社联手购买的大多是非虚构类图书的版权。

我们这群有幸参与大众平装书编辑工作的人，在购买版权到发行上市的过程中发现了很多将精装书和大众市场结合在一起的出版技巧。除了工作时可能要开更多的会，大众平装书编辑的生活和精装书编辑没什么不同，如果是在一家针对大众市场的出版社工作则更是如此。不过，为了如期完成出版计划，平装书编辑的工作节奏要快得多，压力也更大。貌似我们公司没有这么多会议，不过在平装书出版部增加了一种叫“目标营销”的会议，目的是唤起业务部门对于某些书的重视，这些书由于题材特殊，可能需要开发特殊的销售渠道。这类会议还可以训练编辑从发行人的角度思考。开会前，编辑必须想清楚他为何要买下一本书的版权，市面上有哪些同类图书，与这一本比起来如何，可以把新闻稿和书评寄给哪些专业媒体，或要在哪些杂志上登广告，有哪些特殊的市场是销售人员平常不太会去开发的，作者如何进行促销，如何利用他的人脉协助我们……关键问题是，谁会对这本书感兴趣，我们如何接触到这些读者？

在编辑大众平装书的过程中，我学到的重要一课是，不要一心指望畅销名作改版后也会大卖。有些畅销书改版后确实很成功，但也有一些在一年后改为平装书时却令你大失所望。我们差点买下两本畅销名著的平装版版权，一本是菲利普斯（Kevin Phillips）的

《富人政治与穷人政治》(*Politics of Rich and Poor*)，一本是努南(Peggy Noonan)的《我在革命中学到的事情》(*What I Learned at the Revolution*)。这两本书的平装版版权都在拍卖会上卖了个好价钱，平装版却卖得并不好。很可能是因为精装版推出时吸引了太多媒体关注，短期内带动了读者的抢购热潮，使它们登上畅销书排行榜。而平装书出版社正是在这两本书最炙手可热时以高价抢到了版权。但是，这类书的真正读者其实是买得起精装版且想先睹为快的人。一年后，这群读者的兴趣早就转移到其他事情上了。

如果你关注一下平装书的畅销排行榜，就会发现很多书从未在精装书的畅销榜单上出现过，简直不知是从哪冒出来的。比如《不太懂历史》《海蒂怀孕大百科》(*What to Expect When You're Expecting*)、《少有人走的路》(*The Road Less Travelled*)。我参与了《不太懂历史》精装版和平装版的编辑工作，因此知道这本书的平装版为什么会成功。这部广受欢迎的问答录讨论的是人们应知的美国历史，而我们这一代人不是觉得学校的历史课很沉闷，就是早忘了当年所学，或是对过去听到的讹传（比如华盛顿和他的樱桃树）抱有怀疑态度，对这本书自然反响热烈。作者以略带戏谑的口吻对每个重要的历史事件都做了简短说明，吸引了一大群工作忙碌但仍有求知欲的人。它的精装版卖出了相当可观的数目，书评和口碑也都很好，可书店常常断货，精装版又实在太贵，而且尽管它的封面很漂亮，但还是显得太过严肃。

它的平装版以精装版一半的价格问世，且有一个颇具嘲弄意味的封面，看起来没有精装版那么严肃；书的开本也很小巧且便于携带，包装上还印着精彩的推荐语。由于精装版供不应求，很多顾客一直买不到书，所以现在很多书商都大量订购。书店为这本六月上市的平装书打出的宣传语是“给父亲和祖父最好的父亲节礼物”，加上法定假日持续推出的有趣广告和广泛宣传，这本书的平装版不但登上了畅销书排行榜，而且停留了好几个月。

当编辑把公司的大众平装书书目视为一个完整的出版计划，他也会从发行人的角度来考虑选题，寻找强化竞争优势的途径和机会。比如，若他曾出过一本卖得很好的关于苏联的书，那么他就会注意其他与苏联有关的作品，思考是否可以策划一个书系。前面提到的《不太懂历史》畅销后，我们又与作者签下了《不太懂地理》（*Don't Know Much about Geography*）与《不太懂世界史》（*Don't Know Much About World History*）。制约无限可能性的只会是想象力和大众对书系的欢迎程度。

即使一本书刚上市时表现得不太好，之后作者还是有机会活跃于各种演讲场合，或在媒体上大量曝光。编辑有责任持续关注这些发展，并提醒销售部门适时重推这本可能重获生机的书。

让我们再次回到桑顿的文章，那时，毫无价值的图片集之类的作品、临时起意买下的大众平装书如上文提到的关于魔方的书，都曾引领一时风尚。现在，除了大牌作家的幽默作品和一些古怪、媚俗的快餐作品，这类不能被反复阅读的书已销声匿迹。我总试图远离潮流中心，当你的跟风之作终于上市时，三心二意的读者已经开始追赶另一股潮流了。

我写这篇文章时，出版业正处于萧条期，因此我们失去了很多冲动型购买人群。但我相信，无论经济大环境如何都没有关系：认真的读者还是会去书店寻找内容充实、比精装书便宜的好书。我相信无论是现在还是下一个世纪，他们才是大众平装书真正的读者。如果出版公司的老板耐心一点的话，他们会看到许多人早已看到的事实：出版公司壮大自己的唯一办法，就是出版每年都能带来稳定利润的长销书。放慢脚步，稳定发展，才能在竞争中获胜。大众平装书编辑的天职就是要认清这一点。然而，若千载难逢的机会降临（比如一本适时推出的当红流行摇滚乐团大事记），也不要不屑一顾。

大批我们过去称之为“雅皮士”的读者现已年纪渐长，成为我们如今所谓的“婴儿潮一代”。我把他们定义为“文化的一代”。这代人变得更沉静、内省，更注重家庭生活。这些读者寻找的是优秀的严肃小说，人文气息浓厚的非虚构类图书，以及内容不太艰涩或学术意味不太浓厚的通俗作品。四十年来大众平装书的发展和它们的编辑正反映了这代人的需求。我认为这类图书和它们的编辑现在已没那么大胆，却比以前更务实。但一如既往，新一代的编辑和读者会在这个阶层中出现，他们会更勇敢、更有创新精神，会为大众平装书注入新的生命。在下一版《编辑人的世界》中，一定会有这样一位编辑继承我的事业。看看那时平装书出版业的最新“真相”，一定是件很有趣的事情。

Chapter 25
第二十五章

编辑非虚构类图书的“政治正确性”问题

沃尔夫 Wendy M. Wolf

沃尔夫是哈珀－柯林斯的资深编辑，也曾在万神殿出版社担任同一职位。她编过的书涵盖历史、流行文化、音乐、体育、传记、科学和幽默故事等不同领域；合作过的作者包括康芒纳（Barry Commoner）、克里斯戈（Robert Christgau）、德拉瑞亚（Vine Deloria）、莱勒（Tom Lehrer）、格罗宁（Matt Groening），以及“巨蟒剧团之飞翔的马戏团”（Monty Python's Flying Circus）的克立斯（John Cleese）、帕林（Michael Palin）和其他成员。

“针对所谓“政治正确性”的争议，非虚构类图书编辑应扮演什么角色？编辑应该顺应趋势，为有争议的文字、观念，以及政治、社会、个人状况和关系贴上“另类标签”，将文化中的痼疾和问题改成如今通行的委婉表述，还是应该依照传统完全充当作者意图的传达者？如果作者的意图与当今主流文学界、学术界，甚或与编辑本人的政治信仰、性信仰或社会信仰截然不同，又该怎么办？

沃尔夫在处理这些争议问题时，意识到她对作者、出版社，“对这个世界或西方文明中一些尚无定论的概念及对自身”都有责任，“根据我的认识和经验，想要清醒地立足出版界，必须特别重视‘责任’二字，尽量认清各种相互冲突的职责间的制衡会对不同议题产生什么影响”。

政治正确性对她如何选择非虚构类作品，同作者、出版社、读者之间的关系，对自己的诚信、良知和人性都造成了极大压力和影响，在这篇雄辩滔滔、感情充沛又不无争议的文章中，她会一一谈及这些问题。

她写道：“复杂的观念必须通过严密的检验以证明其论点是站得住脚的。但我们不能因为害怕财务压力，害怕和有争议的想法发生关联或担心违背主流思想就放弃出版人的责任。身为他们信念的捍卫者和忠实的编辑，作家或许会对我们有所亏欠，但我们对他们也同样如此。”

许多和我一样从编务助理做起的朋友，后来都想通了，转行做房地产或其他更有发展的行业。只有个别吃苦耐劳的人长期待了下来。要牢记两个字——“抉择”，如果一个编辑不能坦承自己是自愿选择这个行业的，那么当她想要厘清编辑工作中的一些困惑，面对“我该如何选书”这个不时会碰到的问题时，迟早会遇到麻烦。

我的答案很简单。身为编辑人，我负有好几项责任：对作者、对出版商、对这个世界或西方文明中一些尚无定论的概念及对自身。其间十有八九我不知该如何区分这些责任，因为它们之间都有所关联，而当这些责任无法协调、与利益发生冲突时，我也不禁怀疑，编辑只不过是文化官僚或文学界中无足轻重的一个小角色。根据我的认识和经验，想要清醒地立足出版界，必须特别重视“责任”二字，尽量认清各种相互冲突的职责间的制衡会对不同议题产生什么影响。这就是我思考无处不在的“政治正确性”问题的背景。

编辑常要面对一连串的抉择。当你接下一本书时必须回答自己，为什么要接下它，是否愿意承担可能出现的后果。这些抉择会以不同的方式发挥作用——当你决定签约某家公司，在任期内都要同他们合作时；当你留下工作记录时（你可以看到账单上都包含什么项目）；当你的老板从长远和短期来对你进行评估时。

在我选定一本书后（我想大概和我的大部分同事一样），我会思考它将如何达到我曾为自己设定的目标或期望。或许是为了得奖、制造话题、攻击对手、侦破一桩案件、娱乐别人、骚扰别人、反对政府，或许纯粹为了欣赏愉悦，为了作为送给妈妈的圣诞礼物，或是为了破旧立新，为了给一个被广泛讨论的议题提供一份可靠的分析，为了说明如何修理坏掉的蒸汽管道等等。并不是每本书都能带来突破性的变革，很多书除了博君一笑外其实没有任何更高深的意义——我经手的书中可以列出很多这种情况。永远不能肯定地说，这些理由中的一些比另一些更有说服力。我对自己的出版计划及行业的发展有自己心目中的优先级，其他人也同样如此。我希望大家看法一致，实际上却不然。我们能做到的，只是尊重彼此的决定，况且没有哪个因素（不管是利润率还是目前的政治狂热）是出书时必须优先考虑的。

促使我争取某本书的原因往往是上述若干因素的奇怪组合，很难明确地说究竟是被哪一项打动的。电脑系统开发人员努力想研发一个数据库，将编辑做决定的过程简化为一串变量和程序，结果只是感到开心又挫败。我们很高兴地在会议上敦促他们开发这些资源，他们只是礼貌地回答："事实上，这个系统不怎么管用。"

我不太认同目前流行的说法：许多人声称编辑已被剥夺了做决定的权力，他们的职责不过是产出能在市场上销售的图书而已，完全不必操心书的内容和影响；他们只不过是一群中立的推进者，而非对思想负有责任的捍卫者。事实上，有些人认为我们根本没这个权力——我们算老几，凭什么决定哪些观念能流传，哪些不能呢？所有的观点、所有的作者难道不应该自由地接触到读者吗？我们只要出版大众想看的或是能卖得动的书就好了；编辑应该尽量站在中立、不偏不倚的立场上。但要决定大众想要的是什么并不像表面看起来那么简单。近来公众对剥夺公民文化权、出版标准管控的愤怒和与新霸权力量的争辩俨然成为"政治正确性"议题的新主流。对于“大众”究竟包括哪些人，他们想读或应该读的是什么样的作品，出现了许多相互冲突、相互矛盾的看法。

你喜欢一本书的原因可能很多，正如作者写这本书的原因也同样很多，但身为组稿编辑，如果你假装在选书过程中毫无立场或不做选择，这本身就是一种非常危险且自欺欺人的立场。即使是那些声称自己不过是抱着为公众服务的心态，提供“大众想阅读的东西”的人，实际上也都在做出评判，且他评判的不只是某一位作者、某一份出版计划或只是自己的兴趣，而是这个世界上广泛而通常不可知的阅读品位。有关中立的问题就到此为止。

我无意指出哪些出书理由更为充分，只是想说，从接下某本书或某个构想，到筹措资金、监督出版流程、协助出版社为其定位，编辑终究必须负起做决定的责任。对我而言，只说“因为这是大家想读的书，所以我决定出版”不是一个令人信服的理由，因为你必然已经深思熟虑过了。隐藏在这种论调背后的是喋喋不休的抱怨：编辑是市场的牺牲品，被环境所迫而不得不违反个人意志，出版一些没有品位的书籍。我发现实际情况往往并非如此。书又不是信天翁，会不知打哪儿飞来自动落在你头上（尽管很多时候在编辑过程中确实如此）。没有人会完全违背自己的意志和判断去出一本书。在你内心深处，有个声音低语着，出这本书是有原因的。

在理想的世界里，我们通过出版有吸引力、富启发性的书使自己和公司利益融为一体，且总体看来，这样的书能让公司获利。《华盛顿邮报》的体育专栏作家博斯韦尔（Thomas Boswell）说，“你无法从棒球球员一个星期、甚或一场球赛的表现来评判他的球技——而只能通过长期观察。”对编辑、作家，甚至出版社书目而言也是一样。我们不能期望一位球员一上场就击出本垒打，而且就我所见，我们也不应该只根据一本书可能带来的利润或它是否畅销来评断其价值。

首先，我们的长期预测能力实在有限。我们都知道畅销书排行榜上有哪些常胜将军，但假如只愿意跟风出版既有品种和类型，那么不但可能错失许多有趣的新书，也可能赚不到什么钱。之前我也是读者（持怀疑论者），你若问我，我也不会想到一部意大利人的手稿、一位符号学家写的复杂难懂的历史推理小说竟会如此成功。谁知道《玫瑰的名字》在合适的、精明的出版人手里会爆发什么样的能量？这在娱乐界也适用，问问第一个听猫王唱歌的音乐制作人就知道了。

其次，书从一开始就兼具表达思想和市场流通两种重要功能，当我们把二者分开考虑，并局限于眼前的市场需求时其实有极大风险。即使我预计某本书的读者很少，也仍会将其潜在读者群（这本书可能会吸引、应该会吸引到的读者群）考虑在内。当我试图做这种假设时，必须自问，读者是否一定要赞同书中内容，因为不管过去还是现在，提供我们认为的大众需要的东西，并不意味着一定要出版没有价值的作品。但在此过程中，我们必须明确定义“读者”，而多数时候，我们心中的读者就是会去市郊商场的消费者。

即使编辑声称他的评判标准完全取决于市场或利润，某些时候，他仍要为自己的失败做出合理解释。我们花在自我反省上的时间太少了，如果这样做了，我猜我们会发现，虽然决定签约新书的理由各有不同，但其实所有决定都是综合了价值判断和预估销量的结果。由此看来，编辑并非多少都对市场感兴趣，追逐大众市场的编辑可能比只关注特定读者群的编辑更不在意市场因素。我们必须考虑到所谓特定读者群到主流书店买书的权利，假如完全屈从于销量，那就不啻将特定读者排斥在市场之外的共犯。关于这一点，我在后文还会详细说明。

目前，当许多关于历史、史学史和语言的传统假设都受到质疑时，编辑要面对的一大挑战就是诚实对待读者或买书的人。处于弱势的作家声称我们歧视他们的读者，因为他们不是“传统”意义上的读者（白种人、受过良好教育、家境优越、是图书俱乐部会员）。我想某种程度上他们说得没错，零售书店对“非传统”读者提供的服务的确很差。这听起来像是一个互相指责的怪圈，所有参与其中的人都有义务尽力打破这个恶性循环，但当我们设法通过出书来传达更多不同的声音时，就不只要扩大作者群，也要兼顾读者。开放图书市场，支持图书馆，提升大众知识水平——这些工作其实和发掘新的畅销书作家一样重要。

我们编的大部分书不会引发太多争议——至多是大家对销量有不同的预估，或是对封面究竟要用红色还是蓝色争执不下。那么，当我面对所谓“相对麻烦的出版计划”——提倡不那么主流的想法、挑战传统和一般观念，令人心烦意乱且只会制造麻烦的非虚构类图书时，该怎么办呢？

很简单。我知道自己有一个选择——我必须明白我为什么要出这本书，还要署上自己的名字——它能为这个世界、这种论点、这位作者、我的公司和我自己带来些什么，并以此为出发点。说白了不过就是为自己的决定负责并坚持这种选择。我知道就一个出版计划做的决定会影响到某段时间内手头的其他计划，而在某一年很吸引我的作品很可能隔年就变成老生常谈。没有任何一种标准可以长期套用，因为其中变量不但因人、因书而异，也会随时间而改变。我个人并不认为利润是最重要的衡量因素，不管怎么说都不是真有那么多钱可赚。如果你志在不计任何代价使利益最大化，那么干脆去卖鞋算了，至少卖不出去的话还可以留着自己穿。

不过还有部分问题没那么简单。假如某本书的论点不但不顾通行的观念或品位，也违背了你自己的感觉和价值观，那该怎么办？

例如某作者在脑研究领域做了一些开创性研究，描述也十分有趣，但他要证明的是，人类不但在脑部结构上有种族差异，智力和能力也会因此受限，他的研究十分精彩，结论也很反传统；又或者，某个声名狼藉、被卷入政治丑闻的人跑来找你，答应供出一些名字（可能会澄清他自己），你知道此人的名字会吸引很多关注，带来大把钞票，但也相信这个人其实并不清白，政界的任何一方都可能会攻击另外一方——右派攻击左派、黑人攻击犹太人、女性攻击男性，提倡“家庭价值”的人指控同性恋者的阴谋等等。捉对厮杀的对手和可利用的争议是没完没了的，对我们的讨论而言，争议详情并不重要，重要的是，当你既被出版提案或手稿内容吸引，又深受立场困扰时该怎么办呢？

这时通常会出现两种可怕的结果：要么一赔到底，要么更糟——这样一本令人憎恶的书反而大卖特卖，毕竟它迎合了大众的口味，说出了他们愿意相信的事情。那又该怎么办呢？

目前，大家普遍认为不应避开争议、压制小众言论、控制话语、磨平尖锐思想的棱角，或审查出版内容。在某种特殊情况下，即使出于“最仁慈的目的”，对出版内容的审查还是会限制言论自由。如果我不审查他们，他们也没有理由审查我。然而，这并不意味着编辑或出版社有义务出版任何书，出版社也不会只因某本书的内容会引发话题就拼命向大众市场推销——我认为在讨论“唯市场论”及以商业选择为名行内容审查之实等问题时，这一点非常重要。我们应该意识到，行业的选择不仅为我们带来了责任，也为我们提供了保护。

近来，很多美国人都在讨论所谓的“左派新麦卡锡主义”——当“政治正确性”的专制作风发展到极致时，任何论述历史或描绘过去与未来的文章都必须通过严格审查，以检验其中是否有歧视性语言、霸权文化假设，或有意无意地忽视了美国社会中那些传统弱势特殊利益团体或种族（非白种人，通常指非欧裔）。跨越文化和政策版图的作家，从休斯（Robert Hughes）到伍德沃德（C. Vann Woodward），通过《纽约书评》《村声》等各种媒体探讨了“政治正确性”在大学校园造成的白色恐怖影响之深广。我无意毫无准备地冒险加入这场论辩，只能从选书编辑的角度，谈谈我眼中“政治正确性”强势的主导地位。我也只会以最近的畅销书为例，说明哪些书最好卖，哪些作家大赚了一笔。其实，对“政治正确性”的愤怒或许正是另一波联系紧密的人口若悬河地宣扬自己偏执想法的表现。可以仔细看看布鲁姆、帕格利亚（Camille Paglia）、德·索萨（Dinesh D' Souza）、赫施（E. D. Hirsch）的销售数字。看来捍卫旧的社会体制才有好的市场反馈。

在我看来作为一个编辑，我无权判定你是否有资格出版图书，耶鲁的终身教授同样没这个资格。这有点老生常谈——我喜欢，或至少尊重你想表达内容，并会自行从中寻找有价值的地方。不消说最理想的状态是言论和利润能够达到平衡。

书现在已经成了名牌T恤、摇滚录影带或名人推荐的早餐之类的名人效应延伸商品。当只涉及足球运动员或影视明星时基本是无害的，这些书也许不能挽救西方文明或促进人类自由，通常也不会伤害任何人，带来的收益还能让我们好好用在其他更值得的地方。但请想一下下面这幅更令人困扰的景象吧！

假如某个立场极端、具争议性的人物〔比如杜克（David Duke）〕带着他的出版提案来找我呢？当然，他的知名度很高，照理也该听听他的观点以判断是否合理，此外还需要考虑这样一本书能带来多少收入和利润。他会说，毕竟还是有很多人支持他的立场，愿意听听他会怎么说。但如果我要出他的书，必须先回答自己几个问题：这本书会提高任何社会群体的利益，或升级任何关于种族、社会福利和政府角色的论辩吗？当我供给他一个发表意见的平台时是否也赋予了自己原本完全无法接受的立场以某种正当性？如今，关于杜克的大批资料不出所料地令人避之唯恐不及；尽管这些材料可能会很耸人听闻，假如无法说服自己，我的答案还是“不”。如果另一家出版社愿意出版这本书，我可能会质疑他们的判断，但这也是他们的权利。没错，这纯粹是出于我个人道德和政治立场的决定，而决定出版这样的作品也是基于同样的理由。在这个领域，没有非关个人决定这回事。一本书最终以什么形式呈现，无论如何都取决于作者自己的坚持或拿着削尖的铅笔的编辑。当我判断一本书的“价值”，以及它可能给我、给出版社、给这个世界带来什么样的危险时，虽不见得总能成功，至少可以提醒自己尽力注意到我希望它呈现的面貌和它的本质与局限性之间的差距。

身为编辑，我们面对的往往并非多么严重的良知危机——就算是一篇立论充分的文章也会有几处较生硬的转折，抛出几个较危险的论断。我没有什么必须坚守而不可变通的守则，且试图不跟随任何教条，保持开放的观念。“就是个大杂烩。”我经常这样描述一个复杂的出版计划。出书过程中很少出现意外，即使你花时间好好研究了资料贫乏的三页出版提案，也未必就能完全弄明白其中的所有问题。而我必须决定是否要投入心力出版这部作品，一旦做了决定，接下来唯一的责任就是帮作者弄明白这些事情。

即使有一个计算机程序能帮你条分缕析，你仍然无法摆脱成本效益分析、界定成本或效益构成，这没有公式可循。因为利润而决定做某本书，并不比根据“政治”原则理由更充分，更容易拍板。这并不是一个确定的选择，反而更加复杂，当编辑在例行会议上阐述他为什么要做这些事时，通常会引起很大的分歧。不幸的是，当我们错误估计了读者数量和作品的吸引力时，很少会花时间去探究原因。

那么，如果我的办公桌上摆着异端分子的大胆著作，我该怎么办?

依我看，编辑对一本书的干预或影响在三个阶段体现，每个阶段都有各不相同的机会和条件影响着一本书的出版。第一阶段是当我考虑是否要签下一本书时。以前我手中会有部分手稿和详细的作者背景资料作为参考，而现在，如果我可以拿到三篇与这个选题毫不相干的杂志文章和十页写作大纲就已经很幸运了。不过我仍然掌握着有助于深入了解这本书的调查工具——这段争论会将文章导向何处，大纲中的第二主角还有很大发挥余地，作品中的哪部分内容我觉得还有点问题。

首先，我会和这个领域中我认识并信任的朋友谈一谈。作为一名兴趣广泛的编辑我有自己精通的领域，但在很多领域中，我不能假扮专家。我的一项才能（或许只是一项职业技能）就是知道如何从专家口中得到有用的建议。其次，如果可能，我会设法和作者见面。如果我发现作者似乎只是根据我办公室中的窗户有多大来判断我的身份地位，而不是研究我书架上有什么书、我脑袋里装了些什么东西，或是我的文件柜里有什么文件，那么未来我们的关系如何大概也不难想象。在必要或适当的时候，我也会解释我在哪些地方和他意见不同，这本书的论点可能有哪些薄弱之处和雷区。显然，这些潜藏的问题只靠你手边的写作大纲是绝对无法发现的，必须要有足够多的细节讨论和自由坦诚的交谈。

和每位作者都变成最好的朋友不是重点，但如果双方没有互信的基础，编辑很难开展工作；我没办法和我不尊敬、不认同的作家进行对话。我相信，作者也有权“发现”编辑的立场，正如编辑有权了解作者的立场一样。因为一旦做了出书的决定，就必须做下去；签了合同就不能再含糊其辞。在还没有做出出版承诺之前的第一阶段，你应该好好把作者看清楚，因为一旦你接受了这本书的前提、主体和结论，就必须尽心尽力，使它更臻完美。

接下来进入第二阶段，这时编辑的角色再清楚不过了：编辑必须跟踪、纠缠、折磨、质疑、挑战、刺探、攻击、哄骗、赞美作者和他的作品，直到书中的论述无懈可击，或是作品达到双方都能接受的出版水平。在第二阶段，作品是否“能被接受”，会在法律、道德和经济上都产生深远影响，因此作者和编辑的共识非常重要。事实上，这是许多具有争议性或冒险出版的图书至关重要的临界点。也正是在这个阶段，我必须在讨论中经常提醒自己——这本书究竟属于谁，这是作者的著作，而不是我的作品。我们在哪些地方看法相同，哪些地方见解相异？

我喜欢浪漫地想象我们所有的争辩都围绕深奥的政治真理而展开，但事实上，问题往往不在内容，而在于表达方式——尤其是关于读者究竟是谁，以及读者会对作者的遣词用字有什么反应等方面。愤愤不平的作者可能会把这种讨论归咎于观念不同或内容审查，但我认为这通常是自欺欺人的说法——在完成初稿的过程中，语言、表达方式和遣词用字，正是敏感又坦率的编辑最能为作者提供帮助的地方。

我不赞成把“政治正确性”当成一个固定词语；我认为遣词用字的细节确实非常重要，而且会试图向作者表明这个看法。根据我的经验，这些想法往往会直接影响作者的行文方式，如果作者本人就细腻敏感，那么他选择表达方式时也会如此。我会尽量让作者了解在字词选择上可能造成的影响，比如写到“人类”时是用“mankind”

还是“humanity”;或是帮他们解决选词的困难,比如是用“美国土著”(Native American)还是“美国印第安人”(American Indian),是用“黑人”(Black)、“非洲裔美国人”(African American)还是“有色人种”(people of color)或其他更“复古”的表达方式——也许在历史文献中还有其他令人印象深刻的用词。我试图探索一些有争议的名词、更改其所蕴含的政治意味,如“柬埔寨”(Kampuchea)和“缅甸”(Myanmar),我们(或《纽约时报》)通常认为这两个词是当下的流行用法,是出于政治正确性的选择,而其实这种表达是一小部分专制分子强加的,并不是人们的自由选择。

你可以让自己陷入语言的纠缠中,在选择描绘特殊利益团体的用语时试图满足不同群体的要求。在很多情况下,我觉得这是弱势群体无法掌控自身处境的实质体现,因此至少要在被贴什么标签这件事情上有自己的主张。根据作为中小学生得来的经验,我们知道“贴标签”会产生强烈而持续的影响,因此你往往必须对政治、语言和传统常识都具有相当的敏感度。很多时候,你只要改写某些句子,就可以避免为某些团体贴上累赘的标签。一般而言,要慎用混成词,多用一般的名词和动词。我认为这不失为理顺文句纠缠混乱的好办法。

在英文中,性别代词的选取可能会有意无意地造成煽动或离间。我不认为存在一种隐含的规则规定了哪种用法最正确,这时就需要作者和编辑一起讨论为什么要做出这样的选择,以及这种选择是否是在信息充足和方向清楚的情况下做出的。作者是否试图选用目标读者赞同的措辞?如果二者都赞同这种用法但目标读者群以外的其他读者却不喜欢又该怎么办?该以谁的意见为准?

我通常都把自己的角色定位为“温和的读者”。也就是说,我的职责不是纠正作者的遣词用字,而是提醒他这样措辞可能会造成的影响："这是我读过这句话后的理解，你是想向读者表达这样的意思吗？你认为这是最有效（或最直接、最有感染力、最有煽动性）的表达方式吗？"每一本书出版时，我们几乎都问同样的问题：你有足够的文献支撑论点吗？有证据吗？表达有效吗？遣词用字是否精准？这是你想达到的效果吗？当我对作品的论点、假设或结论不以为然，又要抱着没有先入为主的态度聆听作者的回答并不容易，但我的职责并非把自己的意志和世界观强加给每一部作品，而是让它们能从我的质疑中获益。

什么时候这个过程才会结束呢？显然每本书走的路都不同，但最后总是殊途同归。当作者可以很肯定地告诉我："这就是我想说的，想批评的，而且我绝对会为自己的话负责"（或者有时是，"我已经尽了最大的努力，我认为这样已经够好了"）时，这本书就完成了。在正常的情况下，那也正是我从一开始就认为这部作品应该呈现的面貌，而且我同样为这个结果负责。

这时候，我（就像连接电池的两极一样连接着读者和同事们）必须决定要不要接受这份初稿。在一本书的生命中，这是第二个关键时刻。一旦出版社接受了一本书，就要担负起法律责任，在一定期限内出版这部书，而且我坚定地认为，不管外界观念如何转变，出版商都应该履行法律规定的出版义务。事实上许多出版合约中也特别说明了当出版社未能履行出版义务时该怎么处理，可见并不是人人都能达成一致。我意识到，在脆弱的市场中，经常变动的意外事件会令出版商受到重重限制，但我们最好在决定出书的时刻，就勇敢正视这些现实问题。

第三阶段是手稿完成准备出书的阶段。碰到可能引起争议的作品时，我认为我有责任为这本新书先在社内铺路，让销售及营销人员做好心理准备。包括警告他们这本书可能会引起的争议是什么，有多严重；评论家可能会有什么反应；在学术或政治论战中作者究竟属于哪个阵营等。预警能帮助他们事先做好防卫准备；如果我能帮社内的宣传公关人员做好心理准备，以使他们面对充满敌意的记者时不致措手不及，或是让业务部门明白这本书的写作背景，就不大会出现不愉快的意外或是达不到期望值的情况。正确地“定位”一本书和预估读者数量同样重要，如前所说，长远来看，往往是具有突破性和爆炸性观念的图书意外地累积了最大利润，但不切实际地过度营销一本新书，不见得会给作者或出版商带来好处。我们越清楚这本书为何重要以及对它的期望值有多高，就越会在这本书的表现远远超过预期时感到欢欣鼓舞。

出版社总喜欢声称他们在出版争议性题材时不带任何价值判断，完全保持中立——这种论调非常需要严密检验。这可能会导致两个结果——作者希望我们出版的是绝大多数读者不喜欢的作品（因此他们不会掏钱买书）；而我们很不喜欢的作品在“外面”却会被很多读者欣然接受，争相购买。一种普遍的观点是，当出版商只不过单纯地“提供大家想看的书”时，他们就没有任何过失，出版社原本就有义务提供涵盖各种素材、各种论点的图书。因此，出版令人厌恶但流行的作品被视为保持中立，编辑只不过是遵从大众口味的小人物罢了。事实上，图书出版的过程中，没有哪一环节是真正中立的。至少就今天的图书出版状况而言，选择出一本书其实就是借着商业化的方式包装作者的论点，也就等同于认可了这位作者或公众人物。

我想我们往往以市场导向的伪装来掩饰自己在道德上的责任。我们并不是把未经消化的原始资料呈递给大众阅读、分析、反馈。在我们包装、介绍、描绘一本新书时，其实就在试图影响和引导书评人、书商和读者对这本书的看法。我们不能一方面说“读读这本书，然后自己下判断”，另一方面又说“这就是真理”。出版本身，以及广告、作者巡回宣传和各种营销活动相当于我们认可了作品的真实性和正当性，我们有意通过对这本书的定位——封面设计、广告文案、营销活动，甚至书脊上的名字和公司标志等等来影响舆论或市场的接受效果。

出书一度是（现在有时候仍然是）成名的一种途径，现在则越来越和其他媒体事件、题材滥用等牵扯不清了——拍电影、上脱口秀、拍运动视频、为意大利面酱或香水代言等等。不利用这些机会赚钱的出版商大概是傻瓜，但我们不该让原本作为出版副产品的名气变成签订出版合约的先决条件。尽管不是人人都同意我的说法，我还是认为出版商有义务给没什么名气、没什么资格进行九城巡回宣讲的作者以表达意见的机会，能否在大书和小书之间维持平衡，也显示了出版社能否明智地认识到，我们不只是文化产品的销售者。

自然而然地，我很容易被与自己信念相合的作品吸引，但也曾多次改变自己的想法，同样多次（至少暂时）改变了作者的想法。偶尔，我会碰到一本将在论战中扮演关键角色的作品，因为它的立场相当极端。不管这本书的主题是什么（比如女性主义心理学、国家药品政策、黑人资本主义、印第安殖民政策等），其论点都远远超出了我个人的接受范围。但只要我坚信，让这个极端论点有表达机会将有助于真理越辩越明，那么出版这本书就是负责任的行为。这一筛选的过程是否让我把自己的个人意志和偏见强加在社会大众身上了呢？当然。但这和你因认定某本书会畅销就签下它有什么不同吗？

图书和出版社都具有巨大而且可怕的说服力，我们每个人都绝不能忘记这一点。假如你真的相信数字能说明一切，那么与电视或电影吸引的观众相比，我们对整个世界的影响几乎难以察觉；但我们能够影响论辩、观念、个人形象、公共政策、国家的良知和意识；也因出版具有如此深远的影响力，我们责无旁贷，必须兼顾主流和非主流、传统和叛逆的意见，给弱势群体和无名小卒发言的机会。我知道自己对于付我薪水、期望从我身上得到回报的出版公司有应尽的义务，也认为他们会了解，除了现金收益之外，回报还有许多不同的形式，而且我一直试图证实这一点。改变我们的思考方式有其独特价值，而图书已经被证实是带动这种社会变迁的持久有效的工具。

我并不是宣称，我支持不加选择地出版某些煽动性题材的作品，仅仅因为它们是非主流的；复杂的观念必须通过严密的检验以证明其论点站得住脚。但我们不能因为害怕财务压力，害怕和具争议性的想法发生关联，或担心违背主流思想就放弃出版人的责任。身为他们信念的捍卫者和忠实的编辑，作家或许会对我们有所亏欠，但我们对他们也同样如此。

Chapter 26
第二十六章

编辑虚构类图书
——关于“政治正确性”问题

丹尼 Michael Denneny

丹尼是圣马丁出版社的资深编辑，也是专门出版同性恋文学的石墙酒吧书系的主编。他的著作包括《爱人：两个男人的故事》（*Lovers: The Story of Two Men*）和《恰好的热情：有关爱情的真实故事》（*Decent Passions: Real Stories about Love*）等。他曾编辑过《最初的爱、最后的爱：〈克里斯多弗街〉的新小说》（*First Love/Last Love: New Fiction from Christopher Street*）和《〈克里斯多弗街〉读者》（*The Christopher Street Reader*），现在正准备出版文集。他是《克里斯多弗街》杂志（*Christopher Street*）的创办人之一，在加入圣马丁出版社之前，曾任职于芝加哥大学出版社和麦克米伦出版社。

“在这篇雄辩滔滔、直言谈论政治正确性和它与小说关系的文章中，丹尼思考了政治正确性究竟会对作者和编辑的表达自由造成什么样的影响，这种影响是好是坏？

丹尼奉行“编辑的最高准则：永远要记住，这不是你的作品，而是作者的作品”，他承认对小说中少数族群——尤其是非裔美国人和同性恋者——的刻画非常敏感，但他提醒编辑在引导作者呈现其最佳作品的过程中不要向任何压力屈服，无论它在当前主流文学领域、学术圈和大众媒体圈多么不得人心。“事实上，无论需求多么急迫，立意多么良善，严肃的艺术作品都不能被当成宣传或公关的工具。”

在对编辑处理政治正确性问题所面临的道德和审美困境进行了有趣的探讨后，丹尼总结道：“一般而言，想要确保小说的政治正确性是具有误导性的，这相当于试图监控作者的想象力。自从柏拉图第一个把诗人驱离他的理想国之后，热衷政治的人物就一直存在这种倾向。今天这种趋势再现是不幸的，它只不过是政治狂热复兴后的副产品，这种倾向永远都潜藏着自以为是、不能容纳异己的危险。”

“身为编辑人，我衷心拥护个人发挥想象力的自由，自由创作的成果从来不会给现实世界带来什么伤害。而不幸的是，政治行为却不然。除非政治正确性能切实地（而不只是在理论上）带给我们更美好的世界，否则我不愿意让它们控制文学想象力的王国。”

有关政治正确性言论的风潮近年来已席卷了各类大学校园，正入侵我们的新闻杂志，这正是文化经历深刻蜕变时产生骚动的一些信号。过去几十年，美国文化界发生了一些相当引人注目的变化，在关于政治正确性的讨论中，我们也能看到随之而来的不同力量的博弈。长久以来，美国文化都是由相对少数的一群人——忠于盎格鲁－撒克逊文学与文化传统、说英语的男性——主导、界定和评断的，尽管占统治地位的所谓高雅传统和各种本地传统维护者、移民中的坚持己见者之间存在着紧张关系，美国文化的主流还是未曾改变，凡是从英国殖民地开始本国历史的国家都有类似情况。

然而二战以后，无论在文化（从五十年代出现的都市男性犹太作家，七十年代的黑人女作家，到今天的同性恋作家）、人口分布，还是社会基础上美国都发生了翻天覆地的巨变。举例来说，六十年代的伯克利大学校园中，只有百分之三的非白人学生，而到一九九一年的秋季，超过一半的新生都来自于非盎格鲁文化传统。如今，高等教育、文化熏陶对弱势族群开放以及多元主义的兴起已是不可逆转的趋势，如果事实的确如此，那么在我看来，这种变化不仅会表现在作品上，美国文化的结构和本质也将发生微妙的转变。

这种根本的转变当然也为我们文化工作者带来了困惑、冲突和困扰。近来许多人在演讲中特别强调政治正确性的问题，有些人甚至以政治不正确的罪名攻击作家，说他们冒犯了少数族群等等。这类争议往往会影响出版进程，不只给作家本人造成压力，也会影响书评人的意见和读者的反应，还会给负责这本书的编辑抛出如何下判断的难题。

当一位出身弱势族群的作家成功唤起公众注意时，他不仅会感受到身为作家的分量——身处出版领域与生俱来的公众性，也会感到身为某一群体代言人的沉重负担。虽然他试图表达的是自己独特而真实的想法，也仍然会被他人认为反映了某个族群的观点。这是历史遗留而无法避免的困境；每位作者都必须设法在表达自己的真情实感和对他所代表的群体负责之间寻求平衡。在我看来，其中没有绝对的准则，编辑的职责是既要对此问题有一定敏感度，又要扮演作者的隔音板。基本判断往往是作者反复斟酌的结果，而不是编辑强加给他的；编辑的角色则像是个不带任何评断、始终无条件给予支持的心理医生，有时这个角色沉闷乏味，就像一面回音壁，却符合编辑的最高准则：永远要记住，这不是你的作品，而是作者的作品。

事实上，无论需求多么急迫，立意多么良善，严肃的艺术作品都不能被当成宣传或公关的工具。奇怪的是，尽管苏联实验了五十年的现实主义文学最终以失败告终，很多人还是看不清楚这一点。我的意思是，“一个人遇上了拖拉机，爱上它，并最终与它共结连理”是不合格的作品，如果我们选择艺术（自柏拉图开始，我们是否需要艺术对政治家来说便成了一个严肃的问题），就必须放弃一个荒谬的想法——艺术能够为任何人提供典范。我不明白这个想法是怎么流传开来的，只要稍微动下脑筋就能把它一脚踢开。《荷马史诗》（*Homer*）中的阿喀琉斯当然不是古希腊人的典范，因为他拒绝了所有关于节制的忠告，残忍嗜杀，这并不符合希腊人对“人”的定义；同样，福楼拜（Gustave Flaubert）笔下的包法利夫人也并未打算指导法国女人该怎样生活。文学的典范理论把文学过度简化，同时也曲解了文学与人生的关系。

不过这样一种趋势也不难理解，过去在美国文化中备受忽视、或形象曾受到扭曲的社会团体很不喜欢被描绘（尤其是被自己人描绘）。自从罗斯（Philip Roth）的《波特诺伊的抱怨》（*Portnoy's Complaint*）风靡一时后，许多群体开始倾向于根据作品对其公众声誉造成的影响来评判这部小说。这种做法非常短视但又经久不衰，例如最近尚吉（Ntozake Shange）和克莱默（Larry Kramer）的作品都遭到了自己所在族群的猛烈抨击。就我所见，作者别无选择，只能默默承受种种情绪化的攻击和批判，同时坚持自己的看法；而编辑的职责是支持作者面对这一切。这有时会给编辑带来伤害——虽然比不上作者所受的伤害——但正如我母亲所说，有些事天生如此。当斯派克·李（Spike Lee）宣布他想拍一部关于马尔科姆·艾克斯（Malcolm X）的电影时，各种忠告和非议如狂风暴雨般涌来，结果他说："假如你不喜欢我拍的这部关于马尔科姆·艾克斯的电影，那就自己去拍好了。"我认为这是面对这种情况时最聪明的反应。

这时候，作者和编辑时常会感受到屈从和妥协的压力，但这不过是作者与社会、个人才华与传统之间紧张状态的另外一种表现方式。传统和当前所强调的政治正确性在话语权上总是占上风，而我认为编辑有责任支持作者展现个人才华、表达独特观点，以维持平衡。

除了保护作者不必屈从于他所代表的人群对其在政治正确性方面的要求外（"这样写对犹太人有好处吗？"），当作者和编辑来自于不同社会阶层时，编辑往往会碰到其他更微妙的问题。就像平克维兹（Joan Pinkvoss）所说，最危险的状况是一位白人编辑和有色人种作家合作时，他常常会不自觉地想把作家笔下的内容改得更能被白人读者理解和接受。每一位编辑都必须抵抗住这样的诱惑，在整个编辑过程中，他必须坚持作者真正的心声和观点。编辑工作的目标是使作品更加完美，而不是改变它的本来面貌。从美国黑人音乐发展史中，我们可以清楚地看到用白人文化包装黑人歌曲的伎俩，在我看来，这是一种商业和文化上的掠夺，假如编辑也这么做将是严重的罪行；即使作者为了商业上的成功，愿意——也渴望这么做。对我来说，这种迎合市场的行为已经和你当初买下版权的理由背道而驰——你当初不正是因为这本书的观点新颖独特、有震撼力，能开阔你的视野才签下它的吗？

想让黑人作家更为白人读者所接受而非让作品被更广泛地接受，其实是对作者的严重背叛，因为这种行为暗藏的企图是把作者心目中的读者变成了编辑心目中的读者。这完全违背了多元化出版的目的，和早期探险家、人类学家的作为没什么两样，他们把在全球各地碰到的“奇特”人类样本带回欧洲，目的只是为了娱乐或教育欧洲人。这种行为把文学变成了动物园，令人厌恶至极。多元化出版的目的，是将该领域向过去一直被拒之门外的圈子开放，同时也让其他圈子听到不同的声音；当然，一开始听到有人用方言或是你不熟悉的口音发声时，需要花一点时间才听得懂。编辑的责任从来都不是让大家用同样的方式说话，而是让读者感受到各种不同声音的丰富性。

大多数政治正确性问题的产生，通常是因为作者和他所代表的阶层对于该如何在大众面前描绘自己所在的圈子有着不同看法，也有时候是因为作者以负面方式描绘了其他圈子的成员。事实上，在我们的印象中，大部分就此进行的公开讨论都表明，这是个相当重要的问题，比如在大众媒体上出现的美国黑人不是罪犯就是吸毒者，这破坏了整个种族的形象——当然，目前大众媒体是否真的还在制造这种偏见又是另一个问题了。不过根据我的经验，出版界很少出现这种状况。我们现在很少在新书中看到作者以刻板的负面印象来描写美国黑人，即使偶尔出现，也多半因为作者缺乏想象力，作品充斥着陈腔滥调（这表明他是个很糟糕的小说家），而不是因为种族主义。另外，除了个别英国作品，我们在小说中几乎也看不到反犹太色彩了。

我们偶尔还是会在作品中看到考虑不周的反同性恋言论，编辑的职责就是提醒作者注意这点。假如这样的言论对情节发展或人物刻画都不是必要的，那么编辑应该提醒作者注意这部分内容可能会对读者造成的影响。（很显然，描写一个反感同性恋的角色或一段反同性恋情节并不能使作者真正反对同性恋行为。）我最近正在编的一部小说中有个角色断言："我不是同性恋（I am not queer）。"我在旁边贴上了请作者注意的标签。在我看来，文中用"queer"而不是"gay"这个词，可能有以下几种用意：（一）这人是坏蛋，因为坏蛋才会使用这种恶语（这人在小说中的确是个坏蛋，但这时读者还不知道）；（二）这个角色对同性恋十分憎恶，而且这件事会影响到情节发展；（三）这个角色对这件事非常反对，显然他不确定自己的性向或在这件事上有挣扎，而这或多或少会影响到情节发展。由于第二和第三项解释显然不符合情节发展，我认为作者犯了个错误，他不该太早在这部推理小说中泄露这个角色的讯息。但经过讨论，作者发现其实他原本确实想指出这个人物有着严重的性压抑倾向，这是他一直想要着重表现的主题，只是在写作过程中走偏了，于是他修改了几个地方，令情节发展得更自然（他并没有删掉这部分）。

如今这类字眼在小说中出现，会比在现实中出现产生更严重的后果，已是不争的事实，这是作者必须考虑的。一位女主管在办公室破口大骂可能很平常；但假如一位女主管在小说中破口大骂，可能会让读者误以为作者在影射什么，而其实作者根本没那个意思。因此，编辑最主要的职责是澄清作者的意图。

当然，编辑也可能碰到反同性恋、有种族歧视或反犹太倾向的作者，这种状况下，你可以简单选择拒绝出版他的作品。但在这里我要先说清楚：我选择拒绝某位作者的书并非因为“出版内容审查制度”。出版内容审查制度是对出版的禁令，通常只有国家或教会之类的社会机构才有权力执行，身为编辑或出版发行人，我们选择是否出版某些书籍完全是个人品位的问题，而与内容审查制度无关。只要作者还可以把作品拿到其他地方出版或者在无人肯出时选择自己出版，那就不存在所谓的“出版内容审查”，有的只是商业或社会层面的问题，这与前者是完全不同的概念。

当然，有时候你会发现，某位反同性恋、有种族歧视或反犹太倾向的作者确实是位非常出色的作家，著名诗人艾略特（T. S. Eliot）和庞德（Ezra Pound）就是很好的例子。我常常想知道，如果我碰到一位确实非常杰出，却（比如说）有反同性恋倾向的作家该怎么办？这种情况从未发生过，尽管我非常好奇，坦白说我不知道自己会作何反应。我能想象得出的，是自己会出版一位非常优秀的同性恋作家的非虚构类图书——比如法拉汗（Louis Farrakhan）的散文。

一般说来，我坚信一位编辑自己的政治立场、观点和偏见都不应影响到编辑进程，尽管有时我会因此陷入某种奇怪的处境。我在编辑利迪（G. Gordon Liddy）的自传《意志》（*Will*）时，发现自己得帮利迪改写那些攻击一九六八年芝加哥民主党大会上的学生激进分子的词句。在我家的餐桌旁，我不停地劝他删掉某些修辞，劝他一再推敲对反战示威者的攻击，使其变为有实质内容的评论。自从利迪知道我也是当年的示威者之一，我们之间就一直存在某种尴尬的气氛。幸运的是，尽管政治立场不同，我们后来却成了很好的朋友。为了报答我在编辑上给他的帮助，利迪答应我，他会阅读阿伦特（Hannah Arendt）的《论革命》（*On Revolution*），这稍稍安慰了我除却编辑职责之外的那部分良心。

从某些方面来说，如果与作者的人生经历或政治信念截然不同，编辑他的作品反而比较容易，与作者立场越是接近，要做好编辑工作越难。因为编辑与作者之间的差距越大，编辑越会自律和警惕：你会发现自己在努力发挥工作需要的想象力和情感上的共鸣；这种自律显而易见，有时甚至十分痛苦。但当你处理那些能切身感受或政治立场接近的作品时，反而很容易在不知不觉中陷入文章的情境里。在签下奥尔特曼（Dennis Altman）的著作《美国的同性恋化，同性恋的美国化》（*The Homosexualization of America*, *The Americanization of the Homosexual*）之前，他曾和我有过开诚布公的长谈，因为我在这个领域中很活跃，也写过这方面的文章，我完全可以理解奥尔特曼的担心：由于我俩背景太过类似，可能会影响他所表达观点的完整性与意见的独立性。事先的心理准备让我们把编辑流程安排得很顺利，尽管我并不完全同意书中的观点。令我十分骄傲的是，最终奥尔特曼让我确信，他觉得这本书还是一部完全出自他手的完整作品。

或许在今天的同性恋小说中，最敏感的问题是如何在艾滋病猖獗的年代描绘不安全的性行为。一方面，阿利森（Sasha Alyson）强烈主张阿利森出版社（Alyson）推出的任何小说绝不能描绘不安全的性行为；另一方面，我的一位老朋友、艾滋病患者辛格（Warren Singer）常和我讨论阿利森的主张，他的立场是："上帝啊，只有在自己的想象中我们才不必进行安全的性行为！"两者的矛盾带来了永无休止的哲学辩论，最好的解决方式则是就具体案例逐个加以讨论。

最近我读到一个关于同性恋的爱情故事，故事发生在一位HIV阳性带原者和一位HIV抗体呈阴性的人之间，文中清楚交代了他们的抗体状况。在故事中，那位阳性带原者在做爱之后才发现保险套破了，无论是故事中的主角还是作者都没有对这个情况加以评论就让故事继续发展下去，但我觉得不满意。到这里我完全读不下去了，因为我不知道该如何解释这个突发事件。假如在恋爱中发生这样一件事你一定会觉得事态严重，所以这件事对于整个故事的发展也应该产生很大的影响，但作者并没有交代清楚。这就好像你随随便便说了一句：客厅里有一头大象，然后对此绝口不提一样。这是不合理的，正如契诃夫（Anton Chekhov）所说：假如在一出戏的第一幕中出现了一把枪，那么最好在最后一幕结束前让它发射，否则它就不该出现在第一幕中。在当代同性恋小说中，假如有个角色身上发生了不安全的性行为，那么作者必须考虑是否要做出解释，因为读者心中一定会有疑虑。毕竟时代不同了。同样，如果今天书中人物不经意地说出“犹太小子”或“黑鬼”这样的字眼，读者一定觉得作者是有意用这些词来凸显人物性格，尽管六十年前我们可能不会这么想。

我想，就编辑工作而言，重要的是不要执着于一般规则——那往往没有什么用，但针对具体状况，编辑必须提醒作者，读者会从这样的事件中得到什么暗示，并确定作者不会因疏忽而制造出他不希望看到的效果。作者也许会有意把某个角色塑造得面目可憎，但很少有人希望自己表现得令人讨厌。一如既往地，编辑的角色是帮助作者实现他的写作目的，而不是确保他的政治正确性。

一般而言，想要确保小说的政治正确性是具有误导性的，这相当于试图监控作者的想象力。自从柏拉图第一个把诗人驱离他的理想国之后，热衷政治的人物就一直存在这种倾向。今天这种趋势再现是不幸的，它只不过是政治狂热复兴后的副产品，这种倾向永远都潜藏着自以为是、不能容纳异己的危险。

政治激进分子和诗人永远都按不同的鼓点前进。身为编辑人，我衷心拥护个人发挥想象力的自由，自由创作的成果从来不会给现实世界带来什么伤害。而不幸的是，政治行为却不然。除非政治正确性能切实地（而不只是在理论上）带给我们更美好的世界，否则我不愿意让它们控制文学想象力的王国。

Chapter 27
第二十七章

与专家结为盟友
——如何处理学者的著作

伊赛 Jane Isay

伊赛于一九六三年踏入出版业，担任哈考特－布雷斯出版公司（Harcourt, Brace）的审稿人。自一九六四年起，她在耶鲁大学出版社（Yale University Press）工作了十五年，一九七九年以执行主编的身份离职。之后，她先后任职于基础读物、哈珀－罗、西蒙－舒斯特、爱迪生－韦斯利（Addison-Wesley）等出版社。一九九一年，她离开爱迪生－韦斯利，成为格罗赛特出版社（Grosset）的发行人，让这个属于帕特南之子出版社的品牌起死回生。

“在这篇发人深省的文章中，伊赛探讨了当遇到学者型作者时，编辑和作者之间固有的“特殊张力和机遇”。她写道：“著书立说的学术权威和凡事力求尽善尽美的编辑之间存在着固有的不平等，在比任何人都懂得自己作品主题的学术权威和努力想把这部作品改得尽善尽美的编辑之间，必须形成一种特殊的结盟关系。”

伊赛在此援引了一些独特的编辑实例和经验，对学者是为圈内人写作，试图吸引更多的研究人员，还是希望吸引普通读者，以及他们和编辑的关系，提出了直接、实用而坦诚的建议。

伊赛写道：“学者通常不太信任比自己学识浅薄的人。”因此她建议编辑应表现出“极大的兴趣和尊重”，同时“如果编辑对作者专业领域有丰富的知识储备，那可真是一大恩赐，因为这样一来，编辑就成了经验丰富的读者，也和作者找到了共同语言”。

学者写的书，无论是写给同行的纯学术性作品还是打算吸引不同领域学者的半学术图书，甚或是希望引起普通读者兴趣的学术普及读物，都能从编辑和专家的合作中获益。作为任何出版公司都在寻求的基本成功要素，这种结盟关系很重要也很微妙，并极易受到其中的特殊张力和特殊机遇的影响。在本文中，我首先要谈的就是这种关系，然后简单说明不同类型的学者作品在编辑实务中有何差异，并提供一些小窍门。

出版非虚构类作品的大众图书编辑通常习惯编辑职业作家的作品，因为许多作者都是记者出身，出于职业习惯他们很愿意依照编辑的建议修改文章。但著书立说的学术权威和凡事力求尽善尽美的编辑之间存在着固有的不平等，在比任何人都懂得自己作品主题的学术权威和努力想把这部作品改得尽善尽美的编辑之间，必须形成一种特殊的结盟关系。编辑的态度应该是，对作者的写作主题，尤其是作者本人，都表现出极大的兴趣和尊重。

如果编辑对作者专业领域有丰富的知识储备，那可真是一大恩赐，因为这样一来，编辑就成了经验丰富的读者，也和作者找到了共同语言。学者通常不太信任比自己学识浅薄的人，而且往往会先入为主地认为编辑对这个学术领域的无知会导致他在编辑这本书时无从下手。有时编辑刻意表现得无知和天真，反而能提醒学者看到书稿中表述不够清楚的地方，从而迫使他多做解释；但当作者的目标读者是其他学者时，就很需要编辑的学术素养了。充分了解作者的学术领域，甚至对他的写作主题具有主见，可能是能否顺利编辑的关键。学问渊博、行事老练的编辑有时能鼓励作者，有时则能提醒作者可能遭致批评之处，这会令新书更加出色。

我曾经编过一本著名精神科医生的作品，他的写作主题是精神医学与哲学的关系。我就这个题目下了好一番功夫研究，懂的甚至比他还多。在编辑手稿的过程中，我可以指出哪些论点会引起哲学家的不满，从而令他陷入不必要的麻烦；于是作者根据我提出的建设性意见强化了自己的论点。这一点并不容易，因为这位作者和其他各行各业的专家一样，总是希望自己能一手掌控新书的内容。还有一次，我和一位出色的《圣经》文学评论家合作，当时他的书还剩最后一章有待完成。为了让他明白我想看到的最后一章是什么样子，我用犹太人赎罪日结尾的仪式做比喻，他立刻明白了我的意思并依此完成了最后一章，而这本书也成为二十世纪圣经批评学中最有影响力的一部论著。同时，编辑也必须明白什么时候该坦承自己的无知。我曾经为了一个字的用法写信询问诺贝尔经济学奖得主、计算机天才西蒙（Herbert Simon）："我在第三版《韦氏字典》（*The Merriam-Webster Dictionary*）上找不到这个字。"他回答："编辑答应我，他们编第四版时会把这个字放进去。"

随着编辑和作者不断地对话沟通，双方对彼此的信任也在慢慢滋长。即使不谈公事，两个人一起聊聊天甚至说说学术圈的闲话也是十分重要的。编辑会因此得知很多圈内的事情，对于可能的读者群也会有更加深入的了解。而作者则找到了并肩作战的战友，减轻了独自走向大众图书市场所要面对的压力。不无遗憾地说，要学者接受学识不如自己的人的意见并不容易，如果这个人还比他年轻，那就更困难，况且作者总是不断听到出版著作时会碰到的种种恐怖传闻。如果作者能以开放的态度好好斟酌编辑的意见，那么编辑流程将会加快许多，也会更顺利。

无论什么样的作品主题，优秀的编辑都能看出这本书在论点、架构、文字、内容明晰度等方面的问题。我认为学者需要克服的最大问题是态度，不要总认为自己了解自己的作品、同行的评价也不错，这本书就随时都可以出版。没有人喜欢听到编辑说这本书还需要修改，尤其当编辑不是这个领域的专家时。但根据我的经验，真正伟大的学者反而能够虚心聆听坦率的批评，愿意察纳雅言，做合理的修改。而防卫心态往往导致得不偿失。

在谈及专业领域、作品手稿甚至大千世界的过程中，作者与编辑的信任关系是在双方都表示满意的基础上缓慢构建的。而假如作者是自己领域的佼佼者，且没有特别理由需要看重或听取编辑的意见，这时你就不能过高地估计这种信任的重要性。假如作者认为编辑根本不了解或不欣赏他的学识，想让他听取你的意见简直比登天还难；反之，如果他看得出你很尊重他的专业，那么进行说服就容易多了。我曾编过一本社会科学著作，很显然，作者的研究振奋人心，这部著作也非常重要，但全书充斥着专业术语，因此我请人把它整个改写了一遍。结果这本书大受好评，销售成绩也大大超出预期，但作者却一直不肯原谅我。我拼命想替换那些学术名词，令他觉得我对他的研究领域不感兴趣。他的感觉是对的，我不只伤害了一位作家的自尊心，也伤害了一位学者的自尊心。作者往往都很敏感，即使你不直接说出反对意见，他们也感觉得到。因此假如你对某个学术领域根本不感兴趣，最好不要编辑与之有关的书。当你说错话时，学者脸上的表情实在很难看；但假如你编辑的书涉及你感兴趣的领域，那么你们会合作得非常愉快。

纯学术性著作

纯学术性著作的写作对象是学术界的读者，因此编辑面对的挑战和机会不多，可发挥的空间也比较有限，不过仍可以在许多方面为作者提供帮助。你首先要弄清这项研究在目前主流学术界的地位，以便协助作者预先清楚书中的哪些部分相对薄弱，容易遭受不公平的批评，从而给予强化。假如这本书的研究主题原本就备受争议，作者就需要在开头几章解释本书的写作目的，澄清哪些不是他的原意。还有些学者大胆尝试跨学科领域，这时就更要有人从旁协助，确保他们对新学科的见解和在专业领域的论述一样有说服力。

再者，写作和编辑学术性著作有几个基本原则，我称之为“三种解放”：

第一，把作者从学术论文的写作模式中解放出来，避免冗长的前言、文献资料的罗列、多余的批注、研究目标的重复论述等。

第二，把作者从过度的“旁征博引”中解放出来。不自信的年轻学者或立论大胆的作者往往每写几句话就附上一个注脚，证明自己确实读遍了所有相关论文和书籍，以此来壮胆。只要你能让作者相信，这本书的论点已有足够的说服力，这些注脚就会消失不见。

第三，把作者从害怕遭受攻击的恐惧中解放出来。极具说服力的学术著作本身就是最好的辩护。仅靠口头辩护不具备足够说服力，告诉作者你觉得这本书有多好（当你确实如此认为的时候），或是多大胆，情况才会真正大有改观，进而创造出一种令作者能大胆说出真正想法的氛围。

半学术性著作

第二种是半学术、半通俗的著作，这种作品的目标对象是更为广大的读者群，需要下的功夫也更多，但其主要读者仍然是学者专家。这类书可能是跨学科著作，可能是为交叉学科的学者介绍某一学科重要知识的读物，或是对其他学科发展有重大影响的原创性著作。美国许多大学出版社或像基础读物、诺顿、自由出版社这样的名社书目中都包含这类作品。这些出版社的作品多年来备受肯定，且已积累了足够声望，使得这些半学术、半通俗的书能在大众媒体（如《纽约时报书评》《纽约书评》）上获得广泛的评介。作者和编辑可以用很多方法增加作品的可读性，而且由于创作题材和论述范围相对更广，作者也希望能有更广大的读者群，因此编辑时间也往往比较长。以下是一些建议：

要确保作者从一开始就建立一种全盘关照的开阔视野。全书开头的序言是论述关键，必须等到整部著作完成后再动笔。因为只有到了这个时候，作者才能真正掌握整部著作的广度与厚度。

要说服作者，这不是在写推理小说，不必等到结尾才揭晓谜底（也就是学术结论）以制造惊奇的效果。作品前几章就应该包含对作者观点清晰有力的陈述，只有导向正确，读者才能领会论据的组合方式。

序言和结论必须同样铿锵有力，语调一致。只有两者前后呼应，作者才能明确观点，重申这部著作的重要性，令写作和阅读的过程更加振奋人心。

作品前几章最好都是概述性质，具体问题留到后面再谈。尽可能把详细资料收在附录中。再次强调，如果你希望吸引外行读者的兴趣，普及性的信息能令他们继续读下去，而深奥的学理则很可能令他们望而却步。

要合理安排全书结构和章节次序，尽量做到明白易懂，不要让读者读得稀里糊涂。我发现小标题很有用，它不仅能为读者服务，对作者也大有帮助。你会惊讶地发现，拟定小标题的过程也是帮你厘清论点顺序、指出混淆之处的过程。

每一章的开头也非常重要。花一点时间设计引入新素材的方式，让读者清楚全书的动向是非常值得的。

为每章取个有创意的标题也大有助益，还要注意把章节顺序安排得有逻辑而合理。

最后是书名。书名为一本书的增色虽比不上衣着打扮对个人形象的提升，但很棒的书名有时确实能扭转乾坤！我津津乐道的一个故事发生于我在耶鲁大学出版社任职时。当时我有幸为一位伟大的近东史学家雅各布森（Thorkild Jacobsen）编辑著作，这本巨著原本叫作《四百年来的美索不达米亚宗教》（*Four Millennia of Mesopotamian Religion*）。编辑经常从莎士比亚作品和《圣经》中寻求书名灵感，而当时我正在为手边另一本当季出版的赫斯伯格神父（Father Theodore Hesburgh）的著作书名翻阅《旧约》。我没有找到赫斯伯格那本书的书名，一段以赛亚诗篇却映入我的眼帘。在诗篇中，先知斥责以色列人崇拜偶像，称之为“黑暗的宝藏”（The Treasures of Darkness）——而这正好是个绝佳的书名。另一次经验是我任职于基础读物出版社时，我有幸和加德纳（Howard Gardner）合作，编辑他那本关于多元心智的开拓性著作，书名就叫《多元智能理论》（*A Theory of Multiple Intelligences*）——后来我打电话给加德纳，建议他把书名改为更引人注目的《心境》（*Frames of Mind*）。这两本书原来的书名都变成了副标题，作品本身则在广大读者群中产生了深远影响。

以上所说的出版技巧并不是图书大卖的保证，成败的关键还是在于作品的原创性和实际价值。但假如编辑能在上述要点多花一点心思，就能令真正重要的学术著作更顺利地接触到认真的读者。

通俗学术读物

对于通俗学术读物又该怎么办呢？学者的著作如何才能打动公众，吸引外行读者呢？关于这部分，我们所知有限，但我相信，能吸引普通读者的学术著作必须具备以下两个特质：作者讲了一个很精彩的故事或是提出了一个重要的原创论点。

当然，对历史事件的精彩叙述总能吸引普通读者，最好的例子就是描述南北战争历史的一系列成功的学术著作。小说技巧往往能帮助学者把故事说得引人入胜。如果麦克弗森（James McPherson）在写作《为自由而战》（*Battle Cry of Freedom*）时是以《战争与和平》（*War and Peace*）为蓝本，我一点都不会感到惊讶。我不认识沙玛（Simon Schama），但他对节奏和时机的把握几乎和小说家一样敏锐，因此他的书读起来也就趣味盎然。能够把故事暂时打住，转而集中描述一个人物或某个重要时刻是小说家的惯用伎俩，但喜欢阅读历史书的读者也会欣赏这种写作方式。小说家的另一种惯用技巧是运用戏剧性的细节来点出更大的问题，学者写作时也可以借用这种技巧。〔达恩顿（Robert Darnton）的《屠猫记》（*The Great Cat Massacre*）就很好地运用了这种技巧。〕此外，塑造完整的人物性格也能为学者著作增色不少。〔盖伊（Peter Gay）就很擅长于此。〕当作品不适宜借用小说创作技巧时，以古喻今也是个好办法。很多人知道，肯尼迪（Paul Kennedy）的编辑建议他在《大国的兴衰》（*The Rise and Fall of the Great Powers*）中加写最后一章，讨论全书主题和当今欧洲形势的关联，结果这一章吸引了评论家的注意，这本学术著作也因此登上了畅销书排行榜。

另一个吸引公众的方法是观点鲜明。布鲁姆的《美国精神的封闭》就是个很好的例子。没有人预料到这本书能销售几十万本，但作者强有力的观点把他推到了风口浪尖，出书的时机又抓得恰到好处，接下来的发展也就顺理成章了。

我发现当知识分子想为一般读者写书时，有时会因低估读者的水平而过度简化他们想表达的内容，甚至误以为应该用日常化的语言来写作。这些手段其实用处不大。大部分有兴趣阅读严肃书籍的读者想要得到的是能激发他们思考，又可以和别人讨论的新观念。他们很愿意提升自己的知识水平，只要作者不把他们弄糊涂了就好。观点前卫、表述清晰、文笔优雅的作品在出版市场上更有可能成功。瑟罗（Lester Thurow）的《零和社会》（*The Zero-Sum Society*）就是个很好的例子。当然有时适度的模糊也不无好处。我不建议你朝这个方向努力，但我们都见过《哥德尔、艾舍尔、巴赫》（*Gödel, Escher, Bach*）、《皇帝新脑》（*The Emperor's New Mind*）这类图书的大卖特卖。对这类书稍有涉猎就能让读者觉得自己很聪明，尽管很多时候他们读到一半就放弃了，还是会觉得自己很有长进。

当然，也有不少通俗学术图书惨遭滑铁卢。想登上畅销书排行榜，除了编辑和作者的努力之外还要有很多其他因素的配合，例如新书即将出版的书讯在学术圈广泛散布；很多书评人被书的内容深深打动；将新书出版的消息渗透到普通读者群中……当然还要得到幸运之神的眷顾。可以确定的一点是，如果没有一个好故事或强有力的论点，评论家和读者是不会乖乖地坐在那里，阅读一本通俗学术书的。所以，我们应该好好鼓励学者将重要课题的研究结果付诸笔端并出版，但不要期待这些著作会带来太大的销售突破或在市场大获成功。

这三种学术书的编辑中，哪一种最有趣呢？多年来，可以说三种我都很喜欢，但现在我觉得第三种最有趣，因为一方面要忠于学术研究，另一方面又要吸引广大的读者群，这是极大的挑战，也是充满冒险的旅程。假如你很幸运地找到了愿意从事这类写作的学者，我祝二位好运，同时读者也有福了，因为他们将会从你们共同创作出来的好书中获益。

Chapter 28
第二十八章

与小出版社共舞
——回归传统出版方式

沃克 Scott Walker

沃克是成立于一九七四年，以出版诗集、小说和非虚构类文学作品为主的格雷沃夫出版社（Graywolf）的创办人、编辑总监及发行人。他曾任教于拉德克利夫出版研习班（Radcliffe Publishing Procedures Course）和丹佛出版研究所（Denver Publishing Institute），经常就不同的出版议题发表演讲、提出建言。

“在什么情况下，作家会选择小出版社来出版自己的作品？小出版社能提供什么大出版社无法提供的好处？什么样的情况，什么样的时机，什么样的作者会更愿意接受小出版社提出的较低的预付版税和细致入微的关照？相比之下，大出版集团虽然支付大笔预付金，但作者面对的通常是冷漠和彻底的忽视。沃克在这篇论述详尽、感情充沛的文章中，带领我们走进具有奉献精神和理想主义色彩的小出版社，上述问题的答案只是文章的部分内容。“对它们而言，‘非重点新书’的概念根本毫无意义”，他一针见血地指出，“每一本书都同样重要，都要卖好。”

沃克为适合的作者勾勒了和小出版社合作的种种好处：它们对文学作品有更高的接受度、采用创新的营销手段，“它们更倾向于用心、用脑来解决营销问题，而不是什么都靠钱打点”；编辑更关注图书的销售状态，和作者的互动也更深入持久。

沃克写道：“十年前，甚至五年前，小出版社可能是许多作家的最后选择，而现在，它们往往成了作家首要的、最好的选择……这就是传统的出版方式：用心出好书。这也再一次证实了，只要挑对了作者和书，‘小’的不仅是美的，而且是更有效率的。”

如果作者担心自己的书湮没在出版社浩瀚无边、只有寥寥几本能引起它们注意的书目中；如果他的书看起来不是那么大众化；如果他希望自己的作品能再版；如果他更喜欢与发行人和编辑保持一种相知相长的长期合作关系；或者他希望出版社能对他的书更加用心——在编辑、设计、生产及营销各个阶段都细心照料、热情对待……那么，这位作者应该考虑找一家小一点的出版社合作。

近二十年来，格雷沃夫出版社出版过许多并不那么大众化的小说、非虚构类图书和诗集。这些书的作者以文笔上佳、对好文章有敏锐的艺术感觉而著称。格雷沃夫出版社经常通过编选优秀的专辑来呈现某些重要的文化议题，例如《格雷沃夫辑五：认识多元文化》（*The Graywolf Annual Five:Multi-Cultural Literacy*）就是一部讨论争议性话题的开创性作品。我们也出版过以老龄化、酗酒或家庭问题为主题的短篇小说集。这些书都设计得十分精美，而且在营销方面，除了往一般书店铺货外，还把书铺向大多数传统出版商想都没有想过的地方：以老龄化为主题的小说集可以卖到州、区政府的老人事务办公室和各医务所；关于家庭问题的小说集在心理医师那里大受欢迎；还有许多环保团体购买我们的小说和诗集赠送给他们的成员。

我之所以以格雷沃夫出版社为例，是因为这是我最了解的一家，事实上，其他许多小型独立出版社的情形也都相差不多。对它们而言，“非重点新书”的概念根本毫无意义，每一本书都同样重要，都要卖好。

小出版社不太可能将所有人力、财力资源全部投注在一本“有可能成为畅销书”的作品上，也不太可能只把精力花在某一部分市场上（例如只做连锁书店），他们会跑遍天涯海角，找出所有的潜在读者——因为他们必须这样做。

十年前，甚至五年前，小出版社可能是许多作家的最后选择，而现在，它们往往成了作家首要的、最好的选择。

有数以百计格雷沃夫这样的小出版社在过去十五年间脱离了发展势头迅猛的大型出版社，雨后春笋般冒了出来。它们出版的正是被许多商业化大型出版社退掉的稿件。这些大型出版社被财团收购之后，较之优美的文句，管理层已逐渐将业绩作为首要之事，各种经济压力也迫使他们将资源集中在一些“重点书”上。凡是不能让出版社快速回收成本的书都不再有出版机会——包括所有看似会销量平平的小说、诗集、散文集、哲学书、自然史著作，以及某些尚待开发的实用类图书等等。到了九十年代，这种情形更是变本加厉。

同一期间，独立的小出版社抓住了出版业格局变化的机会，在各类图书出版中进步神速。今天，小出版社很可能在全美各地都发展了经销商，在连锁书店的销售中也表现优异，它们的出版类型繁多，封面和版式设计也高于一般水平，而且通常都能提供所有的相关服务——极具创意的宣传工作、作者的巡回宣传之旅、国内外的附属版权销售、提供准确而及时的版税报告、给付版税等，而这些一度是大型出版社才具备的优势。当大型出版社将精力都投在迎合连锁书店，削减待出版书目、集中力量出版畅销书时，独立的小型书店需要想办法与之区别开来。结果，小出版社不仅出版了更有品质和知名度的作品，又正好迎合了独立书店的需求，形成了一种百花齐放的局面。

当然，选择那六七家大型出版社出版自己的作品还是有很多理由，连锁书店中能看到的书百分之八十五出自这些隶属于外国财团的大出版社。如果你的作品恰是能被大众接受的为数不多的类型，拥有真正意义上的“广大”读者群，大出版社往往会提出十分优厚的预付版税，动用他们的营销手腕，为你打造出一本畅销书；你会受邀到像四季餐厅之类的高档餐馆吃午餐，从一个城市飞到另一个城市进行宣传，住最好的酒店，在《纽约时报书评》整版广告创造的温馨、热烈气氛中举杯庆功。

然而对大多数作者而言，跟大出版社合作出书也有不少弊端。他们经常会问以下问题：

跟我合作的编辑怎么了？你的作品确实被买下了版权，却没得到用心的编辑。（好好享受那顿午餐吧——也许此后你的编辑便音讯全无了。）几乎在所有的作家聚会中，你都能听说出版界大腕们玩的“抢凳子”游戏：某本书一共有三四位责任编辑，因为从出版社拿到授权到新书正式出版期间，责任编辑接二连三地离职。由于责任编辑是这本书最主要的社内支持者，而从前任编辑那里接手后热情却会降温，因此就算这本书最终有幸面世，它也是个被遗弃的孤儿。

人都跑到哪里去了？有一次，格雷沃夫出版社替一位作家出了一本精装书，平装版则由一家专攻大众市场的大型出版社出版。然而，自签约之后，她就再没从这家大出版社的任何员工那里收到过任何消息，直到她在美国笔会上堵到这家公司的宣传主管。这位主管告诉她，单在七月一个月内，他们就要推出八十五种新书，她的书也只是其中之一，但这八十五本书中，出版社只能挑其中两本做重点营销，很多书似乎都没经过思考就出版了，出版后便陷入了尴尬的沉寂。

书到哪里去了？大多数大众图书只有平均十天的展示寿命，之后这些被扯掉封皮的书就会被退回出版商那里结算，内页则被拿去“再生”。大部分图书的营销顶多维持三个月，之后这本书只有两种结局：要么宣告停版，要么被丢在长长的图书目录之中。

对某些作家而言，丰厚的支票也许可以补偿一切痛苦，但也有许多人已经开始意识到，寻找小出版社合作才是绝佳的选择，因为他们采用的是传统的出版方式。

在小出版社当编辑事实上跟在大型商业化出版社任职没什么两样。同样是想方设法找选题、签约、准备出书。但对作者来说，其中的分别体现在小出版社的态度和投入上，而这足以使出书从孤立的行为变成充满互动的愉快经验。

小出版社的编辑会更仔细地阅读那些没有通过经纪人、自己主动投来的稿件，而不单单依赖选题小组来筛选。虽然小出版社的编辑或许无法很快回复投稿者，因为相对于大出版社的编辑而言他们要读的稿件实在太多，但至少每份稿件都会被一位资深编辑认真考虑。

也许你无法从小出版社拿到那么优厚的预付版税（不过仍能得到一个合理的价钱），但你极可能收获持续的赞扬与支持。一年只出二十本书的出版社没有失误的余地，他们必须好好照顾每一本书，更加审慎地留意每一个细节，与作者好好沟通。在某种程度上，小出版社的编辑更像一位作者，在传统观念中，他们都是为所热爱的事业而努力的爱好者，而并非只为了钱。不止一位小出版社的编辑把接受稿件的授权比作下决心结婚，对他们而言，这不单单是出一本书，而是对一位作者的心血结晶和未来负起责任。作者会备受尊重，享受在长远合作关系中必然会有的职责之外的关怀。编辑是你可信赖的代言人、职业顾问和啦啦队长——将来你写的每一本书都会有他从旁支持。

许多作者或经纪人现在都明白，小出版社的预付版税也许比较低，但它们愿意花较多精力在营销上，并且会使出全身解数让你的书再版，因此从长远看，从小出版社那里拿到的版税反而更高。举例来说，北点出版社（North Point）出版马卡姆（Beryl Markham）的《夜航西飞》（*West with the Night*）之后，前三年总共才卖了约五千本，但在第四年却卖出两万九千本，随后三年，这本书更是荣登平装书畅销排行榜。事实上这是由于北点出版社一直对这本书忠心耿耿，想尽办法不让它绝版，而且不停地宣传，才使读者终于"发现"了它。如果这本书落在一家大出版社手里，恐怕撑不过一年便会绝版了。

在许多大出版社里，庞大的官僚体系往往使得作者和他们的作品最终销声匿迹，但小出版社就不会发生这种状况。大部分小出版社的编辑除了选书，也身兼文稿编辑、执行编辑（协调安排文字编辑和校对人员的工作）、法律顾问、接待员、行政助理等职务。换句话说，在传统意义上的编辑－作者关系里，完整地扮演了编辑的角色。小出版社的编辑选书时，不会像大出版社的同行那样在编辑会议或营销会议上受到百般阻力。当然，身为编辑，你必须能说服其他同事，让大家感受到你对这本书的热情。在小出版社里，人际关系较为密切，编辑的策划案更容易获得成功。当这本书得以出版时，责任编辑带头冲锋陷阵；书评开始出现时，他们会和作者联系讨论；而当作者开始创作新书时，他又变身啦啦队长。

小出版社的编辑通常会密切参与市场营销的设计等环节，而作者也依所能参与程度在整个出版流程中扮演成熟的合伙人角色。小出版社更能认识到，一位充满参与感的作者威力有多么强大，他们会鼓励作者热情参与，表达想法。也会请作者为封面设计提供创意，为勒口撰写真正能打动人心的文案，提议在愿意接受的书店举办新书签售会等。小出版社一定会格外重视作者曾经留下过足迹的地方，在这些地方的图书馆、大小书店和报章杂志以及所有作者能想到的故乡媒体上广为宣传。

某种意义上，小出版社在营销上的做法不像大出版社那么大张旗鼓，但效果绝对不遑多让。因为大型出版社的出版量往往很大，它们顶多能将新书通过常规渠道铺货出去（例如连锁书店以及较大型的独立书店等），刊登几个广告，然后就赶着处理下一季的新书了。而对小出版社来说，每一本书都必须拉动更多业绩，因此更要用尽一切创意，深入开拓营销渠道。

小出版社往往将营销重点放在真正关心好书的书评家和书店上，努力唤起这些爱书人对他们新书的热忱。出版社的编辑也许会亲自写信，连同样书一起送到各地的书店老板手里，或者社里某位营销人员早已摸清了书店采购员、店员的阅读喜好，永远能适时地利用书信或电话勾起他们对新书的兴趣；更不用说精心设计宣传海报，仔细安排作者的巡回推广等活动了。优秀的小出版社发行人往往能利用许多成本低、效果好的宣传方式，在常规渠道之外达到宣传新书的目的。

大部分小出版社不仅会关注传统市场，更会花时间拓展其他新型的市场。（对小出版社来说，时间和创意抵得过大出版社的雄厚资本。）例如全球佩科特出版社（Globe Pequot）不仅在书业做了很好的市场营销，还以许多充满创意的方式进行销售：在自行车行卖与骑行有关的书；在旅馆卖掉的旅馆类图书几乎和在书店卖掉的一样多。西尔出版社（Seal）在非大众图书领域生意兴隆，他们把标题醒目的有关女性向暴力妥协的图书卖给全国的受虐女性庇护所。格雷沃夫出版社曾经出过一本关于加勒比海地区民间故事的书，我们把它定位为短篇故事选集，它是民间传说，也是散文诗和童书，我们向研究加勒比海的相关机构和故事协会推销这本书。这种尝试不见得很成功，但我们确实付出了努力。更为成功的案例是我们把一些老旧的短篇故事集既当作优秀的文学选集向大众市场营销，又卖给拥有老年客户群的医生和退休护理中心。

当出版市场萎缩，越来越多的大型出版社相互兼并，作者也开始把眼光投注到纽约之外的天地，挑选优秀的立志出版好书的独立小出版社合作。

查查畅销书排行榜和报纸的书评版，你可能发现不少书都是由桑德茅斯出版社（Thunder's Mouth）、阿尔冈昆出版社（Algonquin）、工作者出版社（Workman）、编年史出版社（Chronicle）和其他许多著名的大学出版社出版的。即使是文学性较强的格雷沃夫出版社也有像尤兰（Brenda Ueland）的《假如你想写作》（*If You Want to Write*）这样迄今已卖出十二万本的作品。小出版社是营销商，但又不仅仅是营销商；它们关心自己出版的书，而且得到了读者和作者的关心。他们都需要创造利润，但由于管理费用相对较低，又较难承担巨额的预付版税，他们更倾向于用心、用脑来解决营销问题，而不是什么都靠钱打点，而这样往往能让一本不起眼的书在市场上胜出。

这就是传统的出版方式：用心出好书。这也再一次证实了，只要挑对了作者和书，“小”的不仅是美的，而且是更有效率的。

Chapter 29

第二十九章

雕琢艺术品
——编辑小说

塞尔 Faith Sale

塞尔是帕特南之子出版社的副总裁兼执行主编，自一九七九年至今一直在此工作。她曾当过十几年的自由编辑，还在达顿出版社做过两年的资深编辑。她目前也是美国笔会中心（PEN American Center）执行董事会成员和自由写作委员会（Freedom-to-Write Committee）的联合主席。

“我对小说的热爱更多出于直觉，而非知识上的理解；更多基于情绪，而非斟酌后的判断。”塞尔说，“与之建立联系的那一刻，正是我成为这本书（或这位作者）忠诚的拥护者、呵护者、支持者、代言人、保护人的时刻。”

塞尔在这篇发人深省的文章中畅谈了她对作者、对编辑艺术和技巧的无限热情。

她首先对编辑的角色做出了富有见地的界定：“协助自己欣赏的作家塑造和润饰作品的过程，对我而言是一种爱的表现”“我不停地提醒作者，我提出的任何意见、在手稿上添加的任何注记都只是建议而已”“我试图成为作者手稿最敏锐、最有共鸣的读者（至少在这部作品出版以前）”。

然后她带领我们观摩了一次非典型的编辑工作流程：一部小说的发现、编辑和出版。她在此讨论的小说是福勒（Connie May Fowler）的《糖笼》（*Sugar Cage*）。从她对作品的第一印象（“我立刻发现这本书很好看，禁不住想一直读下去”）开始，我们分享了她引导作品从手稿变成成书的全过程。我们和她一起，同作者的经纪人就这本书谈判、讨论，同作者通电话、会面，提出具体的编辑建议，阅读作者的修订稿件。

当她和艺术总监讨论书的护封，和设计师讨论书的整体设计时，当她撰写封面文案时，当她呼吁书评人的关注时，当她以自己对小说的热情感染了销售人员和附属版权谈判人员时，我们都在旁观看。

读塞尔的文章，就好像和一位敏锐又有创造力的优秀编辑一同工作，既见证一部小说诞生的过程，又同时了解编辑和作者之间可以发展出多么有效且有益的关系。

我们离开之时，她正满怀激情地期待着福勒的新作，即使知道经纪人会开出一个很高的价码。“毫无疑问，我们会经历相同的过程。但这就是图书编辑的工作，也是我喜欢做的事。”

要我谈怎么编一本小说实在很困难（这本书的编辑正好能证明这点），因为我的编辑方法完全因人而异，有时甚至对同一个作者的作品也会采用不同的编辑方式；更重要的是，对我而言，编辑小说完全是一种个人经验，而且我乐在其中。事实上，顶着编辑（不论你在这个词前面添加什么样的形容词）的头衔，我每天在出版社所做的多半是烦琐杂务或日常工作，但协助自己欣赏的作家塑造和润饰作品的过程，对我而言是一种爱的表现。

在我看来，优秀的作品——巧妙的遣词造句，唤起真实的情感，揭露隐藏的真相——是最高的艺术表现形式。我自己从来达不到这样的水平，但很骄傲能为这门艺术服务。因此，在编辑一本小说时，我始终抱着这样的精神：我不停地提醒作者，我提出的任何意见、在手稿上添加的任何注记都只是建议而已。我深信整部作品最后必须完美地呈现出作者希望的面貌，即使有把握自己的建议能令作品更臻完美，也仍会坚持告诉作者："这是你的书。"曾经有位作者在从我的见解和直觉中获益后对我说："谢谢你，我知道我暴露了自己，但这正是我想要的样子。"

我试图成为作者手稿最敏锐、最有共鸣的读者（至少在这部作品出版以前），这意味着我必须赢得作者的信赖，令他对我本人和我的见解都感到安心，这也是我会不自觉地在每年合作的四五位作者面前扮演不同角色的原因。我有时表现得像母亲、姐妹或侄女，有时则扮演老师或学生；有时我像个监所管理员或保姆，有时又是作者最好的朋友。我认为作家和编辑之间的关系自有其独特性，因此我无意在这里点明我具体在哪位作家面前扮演什么角色。

对我而言，“编辑小说”的工作要从挑选作品开始。假如作者是个新手，通常我们需要看到整份手稿；假如作者已有作品出版过，可能我们只会要求看到部分手稿或写作大纲；知名的作家甚至只需要做出模糊的口头承诺。但我通常认为建立一个长期规划是必要的，因为我深信不该孤立地看待作者的某一本书，而应着眼于他整个写作生涯的发展。

我曾出过霍夫曼（Alice Hoffman）九部小说中的八部，史密斯（Lee Smith）的七部小说，巴塞尔姆（Donald Barthelme）最新的四部小说，目前正在编辑谭恩美的第三部作品。一旦我被一部小说打动，就准备尽一切努力为它保驾护航，想办法让它接触到最广大的读者群。无论这意味着按部就班地走完一系列出版流程还是负责作者的改写工作，或者拼命在社内出头以引起关注。

一旦我“上钩”了就会对这本书许下长期承诺，遇到再大的阻碍也坚定不移。但我不会伪装，我对小说的热爱更多出于直觉，而非知识上的理解；更多基于情绪，而非斟酌后的判断。与之建立联系的那一刻，正是我成为这本书（或这位作者）忠诚的拥护者、呵护者、支持者、代言人、保护人的时刻。

我固执地维护时常会吓到社里那些必须顾全大局的宣传、销售或其他人员，他们必须反复斟酌衡量，在书目中有所取舍，而我只求力争其中一本书的待遇。并非我喜欢站在同事的对立面，但作品还是应该被放在第一位。

决定接下某本书后，我必须考虑如何向作者传达我的想法，让他知道怎么做才能让作品更加完美。我们永远不应该把书改得不合乎作者原先的想象。身为作者的最佳读者，我会表达对全书或其中某一部分的感受，然后问："这是你想让读者感觉到的吗？如果不是，我们一起想想，怎样才能让读者产生你想要的那种感觉。"换句话说，我要帮助作者达到他想要的效果。

过程中一定会有很多面对面交流或电话讨论，有时讨论的目的只是确定我没有误解作者的意图。在这种时候（其实是所有情况下），我从来不写所谓的"编辑信函"，有时我会听到其他编辑说："哟！我刚写完一封十二页的编辑信。"我很好奇，在他们还没听到作者对第一个问题的回答之前，是怎么提出第二个问题的。

不久以前，我碰到一位作家（我不得不承认，这是一位为了好莱坞丰厚的利润而放弃写书的作者），他很怀念自己以前的编辑，那位编辑会在满满十页的信纸上提出大概三百个修改建议，之后却能欣然接受作家轻描淡写的一句"你真是个好编辑"作为回答。我不会把编辑、作者之间的对话看成一种竞争、一种考验，或是一张成绩报告单。如果我尽了本分，我提出的每一点建议即使不能让作者完全采纳，至少也会让他好好思考。

对我而言，编小说是个有机的过程。在反复的交流中，作者和编辑都能从聆听、表达和写作中获益。这是一个累积的过程，总能在现有的基础上继续深化或丰富。理想状况下，编辑可以引导作者重新想象或创造而不只是在这里那里修修补补，可以把原本只是差强人意的作品变得光彩夺目。作者和我可能一起讨论出整本书或其中某一章、某一个场景，或是某个人物的行为、某部分情节转折的各种可能性，而最终定稿时，没有人记得（也没人在乎）哪部分是出自谁的主意。

我关心的是小说人物的对话——节奏、措辞、甚至内容；我也关心事件发生的顺序与其本质，确定作者不是为了符合时间顺序而生编了一些事实，或是两个角色在同一个地方同时去世——在作者虚构的小说世界里，这根本不合逻辑。

我不记得已听作者说过多少次，“但这一幕是根据我的亲身经历发展出来的”“我的父母实际上就是通过这种不可思议的方式认识的”，或“我认识一个温文有礼的银行职员，他就叫那个怪名字”等等。我会回答：“这种事发生在现实生活中是可以的。但不适合在小说中出现。”每个人都遭遇过很多巧合，但不能把这类巧合写进小说，因为这太像设计拙劣的桥段了，再三强调“但这是真的”也没有用，最好的小说必须比现实还要真实。

有时只是提出一个问题，就可以激发作者找到原先谁都没有想到的修改方式。这令我想到欧文形容当年罗宾斯（Henry Robbins）如何编辑他的《盖普眼中的世界》（*The World According to Garp*）和《新罕布什尔旅馆》（*The Hotel New Hampshire*）的前几部。罗宾斯会说：“这个地方有点软。”于是欧文就以他自己的方式加强那一段。至少在当时他认为这是最好的编辑方式。

相反，最令人寒心的是我听到有位编辑说：“你相信吗？和我合作的年轻作者刚刚歇斯底里地打了一通电话给他的经纪人，抱怨我对这部小说造成了‘可怕的伤害’。真是太糟糕了，我做的一切工作都是不得不做的。我真庆幸那通电话不是直接打给我的——我可有很多话要说。‘伤害’？真是的！”对我而言，这种情况简直无法想象。我从来不会拿着铅笔直接在手稿上修改，在和作者讨论之前，我只会在页面空白处列出问题或评语。也就是说，我不会直接下处方，只会指出有问题的地方，如果作者邀我参与修改，我才会和他一起想办法。

作者对这部分编辑工作的反应特别有趣——有时甚至有点吓人。我第一次编海勒（Joseph Heller）的手稿时几乎不敢和他对话。这就发生在不久之前，而且毫无疑问我已是个成年人了，但我还是觉得心虚，我算老几，居然妄自以为可以把世界级作家的作品修改得更好？而他的反应证实了我的恐惧，他几乎对我的每一个修改提议都摇头说不。然而渐渐地，在连续几周每天长达几小时的电话长谈后，他回头修改了我建议修改的每个地方。

在编辑工作接近尾声时，他授权我在联络不到他的情况下可以放手修改任何我觉得有必要修改之处。这是最可怕的——我没有在未经他同意的情况下做任何一个微小的改动，也绝不会这么做。

事实上，当新作者太快接受我的建议时我反而会有点担心。我总是告诉他："请不要就这么修改，这只是你可以考虑的一种可能性。好好想一想，确定你是不是真的想这样改。"我知道——而且我觉得应该告诉每位新手（同时提醒其他人），任何文稿都绝不会只有一种合理的修改方式。

对我而言，编辑过程绝不是把整份稿子从头到尾看完第一遍就结束了，我会反复阅读，反复和作者讨论，直到作者准备放手（或我觉得可以说服作者放手了）。

在文字编辑阶段，我仍会从旁协助，回答文字编辑提出的一般性问题，并就此征询作者意见。如果文字编辑对作者思路的理解与我相异，我会用铅笔把作者的回答加在原稿上。稿件排完版后，通常我不会再看一遍校稿，但这并不意味着放任不管，我仍会不时和作者碰面或电话沟通，为他记下校稿需要更正之处，以确保作品万无一失。我也会检查校对人员更正之处，以确定作者的文风不会被照本宣科的文法纠正破坏。我还会随时跟进后续的生产环节，免得作者和我在书印好之后才发现一些意外情况。

同时，我还要关照到出书过程中的种种烦琐步骤：图书目录、营销和宣传计划、封面文案等等，都要一一知会作者（或向作者索要手记）。接着就到了作品脱离作者掌控，等待书评人评论的恐怖时刻，这段时间是最让人七上八下的。即使像冯内古特（Kurt Vonnegut）那样自视甚高、脾气古怪的老作家在等待新书问世时也会战战兢兢。这正是作者最需要编辑扶持与宽慰的时候，也许这时你已陷入对下一位作者作品的初期编辑或是对前一位作者积极的出版发行之中，但这时你至少要记得暂且搁置手边的其他作者。

我很想找一个典型的例子来说明以上论断，而事实上，根据我的经验，没有一个例子能称之为"典型"。但不管怎样，以下是福勒处女作《糖笼》的故事。一九九〇年六月，福勒的经纪人把她的小说寄给了我，我一直很欣赏这位经纪人，但始终没有机会和她合作。她对福勒的小说寄予很高的期望，希望能找到识货的出版商。她准备同时把小说初稿给几家出版社评估，看看谁出的价钱更高。但她说目前只给我一个人看了手稿，因为直觉告诉她，我会喜欢这部小说，会和她一样慧眼识珠。她对这本书未来的编辑期望有点高，这给我造成了一定的心理负担，但我开始读这份手稿时——顺便说一句，这本书当时还有一个令人难以忍受的无聊题目《埃尔祖列大道》（*Ave Erzulie*），尽量抛开金钱和其他压力后，我立即发现这本书很好看，禁不住想一直读下去，看看接下来会发生什么，作者如何解决这一系列困境。

小说描述的是居住在佛罗里达东北部一个小镇上的两个家庭。这两对夫妇是我们每天都会碰到的那种普通人，他们碰巧在一九四五年的同一天结婚，度蜜月时又住在同一家海滨汽车旅馆。后来，他们又发现彼此是隔壁邻居，同住在一个名叫"天马"的、以拥有过多监狱而闻名的小镇上。在小说中，卢尼斯和朱厄尔斯这两家人二十年来既是朋友，也是敌人。卢尼斯的儿子埃默里是个让他的风流父亲头痛不已的年轻人。小说的每个人物都讲述了故事的一部分，除了埃默里之外，还有五个不同的叙述声音。因此不难想象这样一部小说一定存在它的问题，而我在阅读过程中也确实发现了很多问题，但我还是继续读了下去。

必须指出，我不是那种要对是否出版一本书纠结很久的编辑。我可以很轻易地对大部分书稿下判断，或许这是我能在出版界存活的唯一办法。

事实上这就像个科学实验：如果我捧起一本小说后就想一口气把它看完，那么我就应该出这本书（至少尝试出版）。这部小说优点和缺点同样鲜明——序幕和其他部分有点不搭；场景描述太过啰唆；小说中最丰满的角色玛丽亚出场太晚，关于她的部分集中出现，而不像其他角色那样贯穿整部作品——但我完全为这位真正的作家折服了。这位叫福勒的作家是个充满智慧与关怀，而且思虑周密的人，她不是只把写作课上学到的技巧搬到纸上练习，也不是在玩“看看我能带给你多少惊吓”的把戏。这部小说写得非常真实，她创造了一个有血有肉的世界，每一个人物都栩栩如生，而且最重要的是，她令读者关心这些角色的遭遇。

所以我告诉这位经纪人，好，假定我对手稿的解读没有违背她的设想，我有兴趣出版这位作家的这部小说。但考虑到作者和我需要在这部作品上花费的修改功夫，如果预付版税超过经纪人开价的三分之一我都会深感不安。也就是说，经纪人必须做个决定，要么接受我的条件，要么按照原计划把手稿同时送给几家出版社，让他们竞标。我的理由是，这本小说目前还没有成熟到能被广泛传阅拿给社内其他同事评估的地步；而说句实话，这本书也还没好到能拿给那些可能会购买图书俱乐部版权或其他版权的外人看的程度。或者说，在我心目中，这部作品在绝版之前能创造多大的收益、多大程度上满足经纪人期望达到的经济价值目前还无法确定。我成功地说服了经纪人，只有通过我的协助与作者的修改（假定她愿意这么做），这本书才会真正具备她所预期的价值。

其间还有个小插曲，在经纪人同意之前它差点半路被其他社签走。但她相信我对这部小说的直觉，也认为我是最适合的编辑，我们公司是最适合合作的出版社。最后我们商定，即使在预付版税还没有完全付清时，假如这本书很快创造了销售佳绩，我们会立即增加作者的酬劳（当这部作品的再版版权卖到了六位数时，我们确实很快支付给了她其中的一部分）。

现在该谈谈作者了。

福勒其实才三十出头，她在作品中流露出的惊人智慧令她的经纪人和我一度以为她大概已经一把年纪了。我很坦白地告诉她，读她的小说时哪些地方让我觉得别扭，读完序幕时，我以为罗斯·卢尼斯是小说的主角，而玛丽亚却没有得到应有的对待。我说，在我看来，由于这本书有九个真实角色的叙述声音，因此不需要太多的场景描写，而这些叙述也似乎不够平衡，全书略显散漫无章。

这通电话的不可思议之处在于，显然福勒很渴望听到这些意见，她比我过去合作过的任何作者反应都要热烈，但她说没办法在电话中表达清楚，她会寄一封信给我，详述改写计划。

几天后，我收到了她的信。她说她想改用伊内兹作为小说的开头。伊内兹是个黑人女仆，知道很多她自己不想知道的事情（例如金博士就要死去）。我们都认识到，这样一来伊内兹就可以作为线索人物建构全书体系，而不只是个小角色。她也对我的其他建议做出了回应，很清楚我的要求是什么以及手稿的哪些部分令我感到困扰。我也立刻知道，我们步调相同，一定能合作愉快。我们已经步入正轨了。

六个月过去了，在作者对作品进行了大幅修改后，我来到她位于圣奥古斯丁海滨的小房子里，坐在餐桌旁一起讨论。

目前这部小说已在外观上呈现出不错的面貌，但实际上还有很多事要做：每一章的编码、题目、日期，以及叙述者的名字。我认为这些信息都应随着故事的发展自然呈现出来，而不是把它们生硬地加入。经过反复讨论，我们想出了一个办法，就是把全书分成两部分（后来又改成四部分），而不是原先一章接一章的形式。我们就哪些部分需要删减，哪些位置需要调整，哪些人物需要加强刻画力度形成了一致意见，于是福勒又回到她的文字处理机前工作，我则飞回了纽约。

大约又过了一个月，福勒把改写完成的手稿寄给我。我们就要成功了。这已经是我们希望看到的样子，但还需要一些修补、删减和大量的文稿编辑工作。对我而言，文稿编辑还有很多工作要做：包括确定全书在风格和措辞上前后一致——这个男孩用这样的语气和别人谈话是不是听起来太老气横秋？这个人真有可能这样诅咒吗？还要建议删减或压缩某些场景，让小说读起来更简洁有力。此外，还要指出时间上的错误、不当的用词、沉闷的段落，以及任何可能令读者读不下去的问题。

听起来好像还有一大堆工作要做，事实则绝非如此。这是编辑工作中最令我感到愉快的部分：和作者一起工作——我要特别强调“一起”二字——听到她的回应，看到她找到能充分表达想法的改写方式。眼看一部小说逐渐成形，就像在观察一位雕塑家的工作，看着作者一步步精雕细琢，深入挖掘并且展现小说人物的内心世界。

对我提出的所有建议（记住，我提出的只是问题和建议），福勒的反应是在几星期后再度寄来一份修改过的稿子，这期间我们也有过几次电话讨论。

此时（在我收到初稿十个月后，同时也是签订合约的八个月后），我准备让其他同事阅读这份手稿，于是我把稿子影印后分头送给宣传、附属版权、销售部门的同事和其他编辑，同时还送了一份给文字编辑。大家读后都十分振奋。

我们还把稿子专门送给一位出版商评估是否要购买改版版权（而不是举行一场拍卖会）。经过谈判，他们的出价正是我们预期的六位数。（我无法证实但心里知道，他们从来没有对一份尚未付印的手稿出过这么高的价。）

图书俱乐部的情形也差不多，他们都相当精明，经过几轮竞标最终我们得到了很不错的五位数报价。其他部门（特别是发行人）也都非常兴奋，但我知道假如我给他们看的是最初的手稿或改写中某一稿，他们的反应绝对不会这么热烈。要激起社内同事的热情，必须给他们看接近定稿的作品。

文字编辑的过程就比较接近例行工作了。我们已经挑出了大多数明显硬伤，文字编辑只须再尽心一点就可以了。但当我边和福勒通电话，边在稿子上记录她想做的改动时，我注意到几个颇为困扰的问题。每一次，福勒都会提出新的线索或想法，带来新的共鸣，对我而言，印象最深的就是年轻的埃默里准备入伍、奔赴越南战场的那一幕，他必须先想办法处理掉父亲的车子。在清理仪表板下的杂物箱时，他发现了一个U形发夹，他很确定这是母亲多年前留在那里的，而我对这一点一直有所质疑，他怎么知道那不会是他父亲的情妇留下的呢？福勒完全相信那是埃默里母亲的发夹，但她也很坚持小说里不能有任何暧昧不明的地方，因为情妇事件已经过去很久了。挂断电话十五分钟后，她加上一段新的叙述，打电话回来念给我听，她念的时候声音哽咽，我听了也热泪盈眶：

我检查了汽车内部，看看有没有什么私人物品。里面干干净净，什么都没有——除了仪表板下的杂物箱里有一条妈妈的玫瑰色围巾。我们以往总喜欢送她玫瑰色的东西当生日礼物，天哪，那可真是好久以前的事了。那条围巾一定早在爸爸去世前就在那儿了。有那么一瞬间，我想把它留在原处，不，或许我应该留着它。这条围巾质地柔软、布满灰尘，它蕴含着一种甜蜜的感觉，令我泫然欲泣。太蠢了，从我拥有这辆车子的时候起，它就一直躺在这里，可在今天以前，我从来没想起过它。但是，他妈的，我很快就要去当兵了，为什么不随身带一点妈妈的东西呢。我把围巾放进行李袋里。

“你怎么会想到要这样写？”我问她，“你从哪儿得到的灵感？”

“你问对了问题。”她说。

假如这是我的墓志铭，我会非常欣慰。

编辑实务中与文字有关的部分就到此为止了，其余的工作则充满了政治意味。

首先，是书本身。封面设计必须符合这本书的风格并体现其特色、风格和内容，最好能在视觉上就表现出这部小说的情感特质。对福勒的小说而言，我希望封面能表现出一种炙热感，那种佛罗里达、加勒比海的热度，但不要出现具体的人物或时间，而且画面要很美。我特地请了一位美术研究员找来一些绘画作品，我和艺术总监花了一个星期挑选出其中最抢眼、最绚丽的。我们花费了很多功夫才把背景颜色、图片大小和复制品的色调调整到令人满意的程度。几个月以后，在咨询了所有部门的意见，又相继去印刷厂耗了两天之后，我们终于得到了令所有人满意的效果。

至于内页，美术编辑和我一起决定了字体、标题大小和所有其他要素，下意识地，我们希望能让读者感觉进入了一个独特的小天地，一个这部小说独有的世界。我们花了几小时来挑选每章开头的小装饰，为小说的九个叙述者各自挑选了一个不同的设计。

同时，我也征询了其他人的意见。新书诞生的每个阶段——尤其是作者的处女作——都需要有些辅助手段来帮助它接触到目标读者群。在新书出版之前，这本书将来的销售者——出版社的业务人员必须说服书店进货，并且给这本书醒目的陈列位置；还有书店店员，他们也会向顾客加以推荐。处女作通常不会引起公众关注，也不会有书评家预做评论，因此新书最可能获得的支持只有知名作家的推荐语，而我的职责就是找到声誉良好、有影响力、又愿意提前读这本书的人。

在这个阶段，我们拿到的还只是打字稿，任何潜在的读者都不会愿意从邮差手中接到这样一份稿子（假如还要劳他大驾到邮局去领，就更糟糕了）。此外，一位作家好不容易摆脱了巡回宣传、讲课或审稿工作，终于可以把时间花在修改自己作品上时，在这个宝贵的时刻打扰他，实在再唐突不过了。但福勒不认识任何可以上封面广告的知名人士（在这个浮躁的网络时代和互相吹捧的文化氛围中，这事太不可思议了），所以这个重责大任就完全落在了我身上。我很不喜欢要求合作的作家推荐彼此的作品，但偶尔（只有当我觉得他们确实会被作品吸引时）也会请其中一两位作家阅读手稿，坦诚地提出他们的评价。毕竟，我认为如果我们都知道自己可以谨守诚信，为什么只不过因为他们都和同一位编辑合作，就要被剥夺相互评价作品的机会呢？事实上，他们很愿意推荐那些能打动自己的、其他编辑请他们评论的小说。只不过我需要确定，他们都能坚持自己的固有标准。

于是，我联系了三位我认为会对这部小说感兴趣的作家，他们也保证会诚实地提出意见。现在我们有了霍夫曼、史密斯和谭恩美的评语，我将评语在社内传阅之后附在了样书上。

下一步是销售会议。在会议中，编辑必须面对三十几位负责跑书店的销售人员，说服他们这本书绝对值得对书店下一番功夫。结果读完样书后，他们跑得比我还快，他们要求我亲自写一封致书商的编辑信函，随第一批试读本送出去。我并不喜欢写这种制式的信函，也从未做过这种事情，因为我过去看到的这类信函读起来总是像在叫卖一样，我无法忍受这种过度营销的做法，尤其现在牵涉到的又是一本我非常喜欢的书。事实上，我更喜欢用这样的语气来介绍一本书："我很喜欢这本书，希望你也会喜欢。"我无法忍受那些陈腔滥调的文案：出色的、美妙的、震撼人心的、耀眼的、独一无二的……除非是在媒体刊载的书评中出现。但销售部门要求我写这封信，而我也答应了。

信是这样写的：

敬启者：

我从未写过这样一封信，或许以后也不会再写。但我真的相信，促使我动笔写这封信的小说是一部非常特别的作品。

福勒是住在圣奥古斯丁的一位年轻女子，《糖笼》是她创作的第一部小说，这部作品已经吸引了一大批各个领域的读者，包括出版社的同事（从美编、宣传、销售，到版权人员），第一位读到手稿的平装书出版商（结果口袋书开出了六位数的高价来购买改版版权），还有我们所有的销售人员（很可能也包括了您的业务员）。

我始终相信，一本书生命中最重要的一刻，即是它被呈到您手中的时候。毕竟我很清楚，过去我发掘的许多作品之所以能大放异彩，全都有赖于您的支持，尤其是谭恩美的《喜福会》。当然，其他如霍夫曼和史密斯的作品也都要感谢您的支持。

自然我希望您也会阅读《糖笼》，喜欢《糖笼》，并且推荐其他人阅读这部作品。

谢谢您，谨献上诚挚的祝福。

塞尔

我收到的反馈十分令人振奋，也让我相信，额外付出的心血完全没有白费。各地书商纷纷寄来回函及订单，地区性的书展也邀请福勒去做访谈，最大的图书经销商贝克－泰勒公司（Baker & Taylor）要求我们为他们的销售人员提供特别试读本，还有许多客户要求我们提供放在书店的大幅宣传易拉宝。

最后，该是施压的时候了——对可能会写书评的评论家、书评版编辑、可能推荐这本书的人，还有很适合为这本书立口碑的人谨慎地施压（说的话要因人而异，只对某些人谈某些书）。在与文艺界人士交往多年之后，编辑必须深谙此道；由于作者和评论家都非常敏感，而文学的见解又多半差异很大，所以施压时必须小心翼翼。过去十年来，我编过的书使自己小有名气，如果我希望某人评论一本新书，双方都会有种默契——我在业内有一定的成绩，我编过你大加赞赏的X、Y、Z这些好书，我不会随随便便就到处推荐一本新书。我把这视为编辑工作中很重要的一部分，但要做好这部分工作没有捷径可循，唯有慢慢累积成绩（即使书不畅销，至少要有文学上的突破）才有办法做到，而且要用适度、细腻而周到的方式。

现在这本书已经出炉了。这时我等待着书评和书店的销售报告。我知道我已经恪尽职守，做了所有编辑能做的事，其他的一切远非我能掌控，只能听天由命了。

福勒现在正在创作另一本小说，我很乐意出版它。我还没有看到只言片语，但我对她很有信心。毫无疑问，几个月后我就会看到这部小说的手稿；毫无疑问，经纪人会开出很高的价码；毫无疑问，我们会经历相同的过程。但这就是图书编辑的工作，也是我喜欢做的事。

Chapter 30

第三十章

一个变化万千的天地
——编辑非虚构类图书

弗里德曼 Fredrica S. Friedman

弗里德曼曾任利特尔－布朗出版社的资深编辑、读者文摘出版社（Reader´s Digest）的资深编辑及同名杂志编辑。一九八八年起，他就任利特尔－布朗出版社的副总裁、主编兼副发行人。

“除了乐观的个性，非虚构类图书编辑必须具备两种基本特质，以求在‘探讨’和‘阐释’问题的两类图书之间保持活力与平衡：一是要广泛涉猎各种题材，并对其中几项有深入了解；二是要具备在市场上寻找能‘卖座’的突出题材的能力，也就是那些当前热门，或在相关领域有突出贡献的题材。”在这篇引人入胜的文章中弗里德曼探讨了编辑非虚构类图书所面临的风险与回报。

弗里德曼对非虚构类图书编辑所需的知识储备和商业意识提出了有价值、有深度的见解。她探讨了非虚构类图书的选书标准：作者对材料的掌控力、争议性和创造力。“作为编辑，我不会因为‘喜欢’而买下某些书的版权，甚至不会因为我觉得它们很重要、应该被出版而买下，虽然这些因素明显都是出版进程中很重要的部分。我买下某些书的版权，是因为我觉得它们能打入某个市场，有人会去读，出版社能赚到钱——换句话说，任何一个行业都会制定获利目标，出版业亦然，与其他行业没什么不同。”她通过和自己的作者——包括艾默里（Cleveland Amory）、德肖维茨、罗恩（Carl Rowan）、泰格（Lionel Tiger）之间几个趣味横生又发人深省的小故事，展现了编辑非虚构类图书的方法与技巧。

在美国，每年新出版的非虚构类精装本图书有三万八千五百种之多，而同一时期出版的小说大概只有五千五百种，二者数量几乎是八比一。这同时传递出一个重要讯息：非虚构类图书是个广阔无边、变化万千的天地。从政坛回忆录到文学传记，从真实犯罪故事到养猫须知，从科学前沿到古今议题的探讨及再探讨……简单地说，所有已经发生、正在发生，可能发生的事，都为非虚构类作家和编辑提供了素材。一位名叫洛厄尔（Amy Lowell）的编辑曾指出："这些书要么是把利剑，要么是场春梦。"编辑这类图书最大的挑战是灵光一闪的同时，也能找到适合的出版角度。

除了乐观的个性，非虚构类图书编辑必须具备两种基本特质，以求在"探讨"和"阐释"问题的两类图书之间保持活力与平衡：一是要广泛涉猎各种题材，并对其中几项有深入了解；二是要具备在市场上寻找能"卖座"的突出题材的能力，也就是那些当前热门，或在相关领域有突出贡献的题材。每个编辑都必须知道数十年来出版业的商业运作情况：销售、市场营销、账务处理。编辑并不像浪漫想象中那样，每天坐在幽雅的办公室里看稿，唯有在与某位作家相约于金碧辉煌的饭店吃午饭时才偶尔被打断（当然也有特殊状况，我们后面再谈）。编辑首先要适应的是——图书出版业就是卖书。我在签下非虚构类图书时必须清楚地知道，它适合哪类市场——买总统回忆录、女性读物和好莱坞轶事的就是三类不同的读者。而今，成功的编辑除了有责任帮作者策划选题、写就最好的作品，还必须懂得定位及营销，使作品接触到更广泛的读者群。作为编辑，我不会因为“喜欢”而买下某些书的版权，甚至不会因为我觉得它们很重要、应该被出版而买下，虽然这些因素明显都是出版进程中很重要的部分。我买下某些书的版权，是因为我觉得它们能打入某个市场，有人会去读，出版社能赚到钱——换句话说，任何一个行业都会制定获利目标，出版业亦然，与其他行业没什么不同。

出版行业的每个“产品”都是独一无二的，因此必须为它们制定不同的策划和营销方式。一位编辑每年推出十二本书，就像同时开了十二家商店，希望每家都能有足够的客源，获得基本利润，尽管可观的开店成本中还包括了创造独特产品的费用。每一本书都是独特的、互不相干的消费品，却被编入同一个系列，为它的续篇、整个系列、同领域的其他图书，或至少为接下来要出版的平装版（如果初版是精装版的话）创造持续性需求。在其他行业，以鞋业或媒体业为例，生产出的每一双鞋子或每一篇报道、每一期杂志，都不过是整个行业的一部分，都是以同样的模式冲压成型，在同一个模子里复制过去的成功。而每一本书都是独立的产品，卖座与否主要取决于其价值。这也是编辑的乐观、自信和动力之源。要知道，每一本书都是独一无二的，比鞋子有趣得多。编辑图书的最佳状态，是能在智识上受到启发，让产品的制造者——编辑与书籍的影响力、持久性、不朽性联系在一起——书可以被永远存放在国会图书馆，其他产品则很少具备这种能持续影响我们心智和生活的影响力，或令我们为之疯狂。两只鞋子通常相差无几，如果这款卖得好，你就会生产几百万双同样的。现在回头来看看前面提到的非虚构类图书的年出版量：所有书中，或许只有三百种能登上各类畅销书排行榜，只有几千种能创造销售佳绩，有机会再版，为作者和出版社创造利润。

成功的编辑必须多才多艺，要能洞察当季及下一季的市场需求。就我而言，我并不打算成为通才：我不可能学问渊博到对各种非虚构类题材都能判断准确。我的学术素养偏向于历史和政治，对当代社会现状也很感兴趣，因此我的编辑领域集中在五个方面：第一，传记与自传〔包括华盛顿政治和媒体名流的传记，如麦克纳马拉（Robert McNamara）、布坎南（Patrick Buchanan）、古德温（Richard Goodwin）、拉里·金（Larry King）、拉瑟（Dan Rather）等〕。第二，社会史与文化史（如伟大的房地产王朝、雷诺家族、二十世纪三十年代的巴黎等）。第三，当前热点问题（如耶路撒冷问题、女权运动的失败、《华盛顿邮报》与《纽约时报》的竞争等）。第四，偶尔我也会出版一些内容古怪、无法归类的跨界之作：在我有幸和艾默里合作，出版他最新的两部著作《来过圣诞的猫》（*The Cat Who Came for Christmas*）、《猫与守财奴》（*The Cat and the Curmudgeon*）后，动物传记也变成了我的第二专长。这两本书缔造了一百五十万册的销售佳绩，在美国出版界大放异彩。就像九命怪猫一样，这两本书不但出了精装版，还出了平装版，被译成七种语言，几乎自成一个小型出版系列——这正是每一位出版商所期望的，一个可以带动各种副产品的产品序列。此外，我也出版关于少数民族各种争议性问题的著作。美国著名专栏作家、前任大使和内阁成员罗恩决定写自传时，令我颇为兴奋，尽管他事业有成，但至今仍像大都市里的黑人小孩一样，对白人愤愤不平。结果，《打破藩篱》（*Breaking Barriers*）成为一本打动人心的书，谈的是为了让不同肤色的公民都能过上平等生活，美国人还应做什么。他的看法打动了许多人，使这本书登上了全国和各地的畅销书排行榜。当德肖维茨决定着手写作《肆无忌惮》时，我对这位哈佛法学院教授、知名诉讼律师产生了兴趣，不是因为他描述的法律生涯上的种种挑战，而是因为他对当前美国犹太人处境的评估。他声称，与大众的观念相反，犹太人在美国并非一等公民而是二等。我认为如果能有生动有力的例证来支持这个有争议性的观点，这本书将能打入我所谓的“大屠杀心态”市场，唤起那些已被同化的犹太人心中潜藏的恐惧：美国随时可能再度兴起反犹太风潮，造成严重后果。结果，这本书的精装版销售了二十万册，高居《纽约时报》非虚构类图书排行榜首位。

我是怎么买到这些书的版权的呢？大都是经纪人主动联系的结果。就非虚构类图书而言，经纪人送来的多半是出版提案，以纲要的形式呈现作者意图，说明各章的具体内容和主题。聪明的经纪人和作者还会随提案附上样稿，通常是其中的一两章，或初稿的一部分；偶尔甚至会有一卷关于作者的录像带，表明其在电视访谈上是很“上相”的。若作者出版过畅销书，或是声望卓著的名家时，经纪人通常只寄来一封两三页的信，简短描述这部新作，有时甚至只是口头说明：经纪人带作者来和编辑发行人当面谈谈；作者过去的成就、出版的作品、获得的荣誉，都是参考的基础。至于那些羽翼未丰或不太流行的作家，最能证明他们能力的是一份完整而有说服力的手稿。作者必须显示出掌控素材的能力，不管是出版提案还是样稿，都必须写得条理清晰，观点一致，表达方式简洁扼要，且前后呼应。除此之外，非虚构类图书的出版提案还必须包括另外两个要素。第一个我在前面已经提过了，就是争议性。就我所知，如果一个题目会激怒某些读者，同时感动另外一群读者，就会对销售很有帮助。第二个要点虽不见得总是管用，但确实是作品能否脱颖而出的关键，那就是创造力。不管某个选题的史料多么重要，材料多么翔实，若作者不能以戏剧化、有震撼力的方式表现出来，就无法使读者和编辑感兴趣。聪明的经纪人也会在作者第一次递交出版提案时就帮他为作品定位。编辑对提案永远都有两种截然不同的反应：不是“市场上同类竞争作品已经太多了”，就是“我们正需要这样一本书”，作家必须了解市场上有哪些与你竞争的同类著作，并在出版提案中列出来。

举例来说，自出版了艾默里谈宠物的两本书后，我学到了一些营销知识，同样也适用于其他作品。比如，获取以下信息会很有用：美国有多少人养猫？（五千六百万。）关于宠物的畅销书卖了多少册？这位作者的著作和其他同类作品有何不同？（他的写作风格机智风趣，对宠物性格描绘生动。）作者有与媒体打交道的经验吗？（他上过所有重要的电视谈话节目和报章杂志专访。）当然，我也知道作者是美国动物基金会会长（喜爱动物的人没有不知道他的！），且在《大观》（*Parade*）杂志的专栏拥有六千六百万名读者。作者把这类资料都附在出版提案中，至少他向编辑透露的讯息是，除了关心自己的写作素材，他还很关心外在的市场状况。因此，我从一开始就知道，我将会与一位对卖书也很感兴趣的作者合作，他会积极响应我们在编辑或其他方面提出的建议。

有时，编辑会主动向作者邀稿，或为某个特定题材发掘写手。我每周都可能会写几封短柬给我感兴趣的作家——我很欣赏他在报章杂志上发表的某篇文章，或是很喜欢他的上一本著作。有时这些信不过是表达我的仰慕之意，有时我读到的文章可能令我想到一些可以出书的题材。为了能广泛了解各领域的作家及他们的写作风格，我每个月会“阅读”（至少翻一翻）四十到五十本杂志，每天会读好几份报纸。为了跟上最新的行业发展动态，我也会阅读市场上反响热烈或登上畅销书排行榜的新书。由于密集的工作强度——我每年都会接到八百到一千份出版提案，必须编辑出版十二到十八本书，也许另外还有四十本分别处于不同的进度中——我几乎很难有时间构思新创意，发掘适合的作家（更何况接下来还要谈判预付版税，签订令各方都满意的合约）。

有一种情况稍有不同（今年有三本书属于这种情况），就是和已成功合作过的作家一起推出新书。由于《打破藩篱》的成功，罗恩和我开始讨论这部回忆录该有什么样的后续作品。和所有好书一样，在编辑《打破藩篱》的过程中也割舍了很多好故事，我们都认为这些素材值得重新利用。后来罗恩想到以新方式重组这些故事，构思了一部非常独特的传记。他曾为美国公共广播公司（PBS）制作过两个得奖的电视访谈节目，访问对象是马歇尔大法官（Thurgood Marshall），因此和马歇尔有过非比寻常的近距离接触。而且从民权运动起他和马歇尔就是老朋友，共同经历过人生的某些关键时刻。于是他提议写一本新书《筑梦人与破梦人：马歇尔大法官的世界》（*Dream Makers, Dream Breakers:The World of Justice Thurgood Marshall*），这是第一次有人以内行的视角来描述美国首位黑人法官的崛起和他的人生故事，市场立刻给予了热烈反响。另一个例子是德肖维茨，我们用另一种不同方式发掘了他新书的选题。在评估了几个他建议的最新诉讼案例后，我提议，《肆无忌惮》的读者对书中的问题和解答尚不满足，他们的兴趣刚刚被激发出来。我要德肖维茨思考一下这个题材还可以朝什么方向发展，于是就有了《我们还有未来吗？》（*Is There a Future for Us?*）。从犹太人同化问题牵涉出几个分议题，如不复存在的犹太式幽默，犹太裔白领和盎格鲁－撒克逊人同为被告时所受的不同待遇，全书呈现了宽广的视角。

没有一位编辑能凭空出版图书，所以我一旦拿到出版提案和样稿，觉得对它感兴趣，也看到了销售潜力，就会和社内的一两位同事商量。编辑总希望能激发社内关键人物的热情。我可能会把资料拿给负责连锁或独立书店营销和销售的业务主管，以及熟悉平装书、图书俱乐部和有声书版权的附属版权部同事。版权部总监也是决策中的一环，他对我们出版的每本书都负有责任。在决策阶段，我们必须决定要出多高的价钱买下版权。我们可能直接向作者的经纪人出价；假如经纪人把出版提案同时呈给几家出版社评估（即所谓的“一稿多投”），在我们表示感兴趣后，经纪人会安排一场竞标会。没错，和艺术、珠宝、邮票、古董和其他拍卖会一样，你通过电话竞标，几个回合下来，通常是出价最高的出版社获得版权。而经验老到的经纪人会以书面形式注明：“作者保留选择非最高价竞标者的权利。”这有可能是某家出版社提出了更有野心或更有创意的营销方案，也可能是作者对某位他认识的编辑特别垂青，或是他对某家声名卓著的出版社特别信任。

如果我们成功获得了版权，就要开始拟订合约。这时我开始和作者讨论编辑流程。假如我们没有合作过，谨慎起见，我倾向于先看到一部分手稿，而不是等到初稿全部完成。有时作者希望每写完一章就交给我看，我会很乐意阅读，因为我的目标是以作者感觉最自在、最有效的方式来协助他。如果我事先读过部分手稿，就有机会了解作者的写作方向、风格和具体内容，从而指出正确的修改方向，免得全稿完成后再做改动就更难了——在开头五十页就更改叙述腔调或调整整体思路，不会比写完四百页才来大翻修更痛苦吧！我知道作者一旦交稿，都很想知道我的反应，因此收到稿子后，我都会打电话告诉他们来稿收到，我会在当天或本周或下周花时间阅读他的作品。编辑是作者和外界联系的纽带，我试图一收到作品就立刻帮他们消除独处带来的紧张不安。

在出书的第一阶段，以及接下来的初稿阶段，我会边审稿边问自己：作者达到写作目的了吗？如果没有，他还需要做什么？或许他需要更清晰的分析；戏剧化的事件应放在某一章的开头而非结尾；也可能是他的文句太复杂了，以更直接的方式和读者沟通能让全书的风格更活泼；还可能作者的论断需要其他文献佐证。我会一边读一边做笔记，一旦理清了得失，我就会写一封信给作者。这封信通常有三至五页的篇幅（取决于样稿的长度和它的复杂性），我会在信中指出样稿的优缺点及其中不通顺的地方，并提出修改建议。我尽可能写得非常详细，还会在手稿的相关页面以黄色便利贴标示我的看法——如果需要的话，我会逐行逐段与作者对话。举例来说，回过头去看《肆无忌惮》，尽管这本书的初稿已十分打动人心，但我知道它还需要进一步打磨，吸引潜在的读者。有些书随内容的逐步推演，重点会越来越清楚，但我要找的是一开头就吸引读者情不自禁地读下去的理由。我建议作者把其中一段结论移到前面作为开场白，把它变成一种恳切的呼吁和组织全书脉络的蓝本。他在书中陈述犹太人是二等公民、反犹太气氛日益高涨，他也体会到我先前提过的“大屠杀心态”，且从一开始就对此表示理解。这样做的关键在于，作者的看法在一开始就和读者的感受产生了共鸣。因此，厘清作者的想法和意图无论对编辑还是销售都很有帮助（别忘了这本书最终大获成功）。

从初稿到定稿，通常都有三个不同的编辑或改写阶段。尽管作者可能已经把手稿改写了很多遍，但对编辑而言，他是第一次读到这份稿子。在初稿阶段，他会在给作者的信及黄色便利贴上说明稿件中存在的较大缺陷，提出明确的修改建议，比如这本书需要更多的分析或更多的轶事；主题表现得不够清楚；材料组织混乱等。在二稿阶段，作者已对这些问题做出了修改，编辑会更仔细地进行修订：或许观点已经说清楚了，现在需要逐章铺陈，强化、深化主题。这时往往要花更多时间在人物细节的刻画上——不只说明他们在书中的身份和定位，还要凸显个人特色（举止姿势、说话语气等）。我会再次用便条标示需要修改的地方，再写一封信，一方面祝贺作者取得进步，另一方面说明还有哪些地方需要改进。这时的便条通常会比初稿少很多，信也会比第一次短得多。到终稿阶段，大问题都已经解决了，整部作品风格清晰，叙述顺畅，只剩最后的润色：增加戏剧性，为达到平衡或加强震撼力而凸显书中某个人物，更贴切地渲染气氛（在那个重要的日子里，天空到底是哪一种蓝色？），润饰结尾，让读者读完最后一页时，在感性和理性层面都回味无穷。

到定稿阶段，稿子已从一份粗略的提纲变成一部有血有肉、丰富多彩、描绘细腻的作品。编辑信函和黄色便利贴，详尽的建议和贴心的支持，是我陪伴作者走过这段路的方式。在这个过程中，我是作者最专业的朋友：一直在他身边，最希望他能成功。但有实力的编辑不仅是作者的崇拜者，还必须是个能言善道的批评者。我欣赏瑟伯（James Thurber）的一句话："我从来没写过一篇尽善尽美、无须改进的文章。"

当作者和我都觉得已尽了最大努力时，我们已经在"编辑－作者"的合作关系中各自履行了义务和责任。如果新作充分发挥了它的潜力，作者的努力将会受到盛赞。无论编辑在幕后做出了多少贡献，新书的成功永远先属于作者。责任编辑的满足感源于知道自己尽职尽责，协助作者发挥了他最大的潜力，清楚地表达了他的想法。即使有营销人员的努力，书的命运仍掌握在善变的老天爷手上，在每年出版的将近五万种图书中，只有一小部分（或许只有几百种）能名利双收。正如我的同事所言："你只能祈祷自己是幸运的那个！"

为了在这个竞争激烈的行业中生存下来、站稳脚跟，编辑必须对他所编的书充满信心——这本书很棒，下一本还会更棒！他必须精力充沛，且愿意付出额外的时间工作，因为常规的上班时间实在不足以应付大量的阅读和编辑工作。在朝九晚五的工作时间里，编辑多半在办公室里开会（和宣传、广告、营销人员开会；和其他编辑讨论各种问题和工作计划；和经纪人讨论将来可能出版的新书；和法务部讨论某份手稿可能牵涉的法律问题；和合同部商量谈判条件；和附属版权主管商量什么时候把某本书的平装版版权卖出去)。一直要到下班后，编辑才有空开始整个出版流程的源头——阅读出版提案和手稿。五点半以后，电话铃逐渐减少，我通常会在办公室再待两个钟头；一周有两三天，我会在晚饭后再读几小时书，有时做一些编辑工作。为了能不受干扰地专心处理手边的稿件，每个周末最好能拿出一整天来连续阅读和编辑它们。

这样做值得吗？对大多数编辑而言，这份工作当然无法带来财富或名气。但当你处理非虚构类选题时，浩瀚无垠的素材像整个世界在你面前展开。作为编辑，你的回报在于有机会不断地学习：每天都能接触到无数深具启发性的想法，就像你可以在大学里同时主修很多专业一样奢侈。你还有机会认识许多古怪有趣、学识渊博的作者，他们往往比一般人更疯狂、更迷人、更事业有成。最重要的是，你因此跻身于少数能用工作改变世界的幸运儿之列：你出版的书会对读者产生深远的影响。

编辑的生活中也会有令人愉快的额外奖赏。有时你要到作者的居住地去——或许每年一次，幸运的话，他刚好住在洛杉矶而不是波士顿。有时，你也确实有机会请作者到豪华餐厅吃午饭。人类学家泰格在新书《追寻快乐》(*The Pursuit of Pleasure*) 中的致谢深得我心。他提到《新共和》杂志上刊登的一篇文章在出版界引起热议，文章的作者把编辑分为两类，一类辛辛苦苦地编辑手稿，另一类则只负责在四季餐厅与经纪人共进午餐，购买新书版权（接着把文稿编辑贬低为无名的助理编辑)。泰格说："……看在现代出版史的份上，我很乐意记录下我奇怪的亲身经历，在我和 F. S. F. 友好的合作过程中，出版商没请我吃过一顿饭。"为了不让别人占先，我立刻打电话给泰格：“我请你吃饭，你挑餐厅。”他说：“拉特斯吧。”于是我们在拉特斯餐厅共进了一顿美味午餐，更棒的是，在吃甜点前，我们已经在计划下一次合作的新书了。

这个故事是真的吗？你不妨去买泰格的下一本书，读一读扉页的献词，然后自己下判断吧！

Chapter 31
第三十一章

一种充满革命意味的文学
——编辑科幻小说和幻想小说

西尔伯萨克 John W. Silbersack

从十三岁起，西尔伯萨克就或多或少地扮演了编辑的角色，他当时极力促成多佛出版公司（Dover）的布莱勒（Everett F. Bleiler）再版詹姆斯（Montague Rhodes James）的小说集，并根据销量拿到了酬劳。他曾为企鹅出版公司创办了科幻小说ROC书系，也曾在一九七八至一九八一年为伯克利出版集团规划过科幻小说的出版计划。他写过好几本书，包括畅销作品《不装模作样的科幻小说》（*No Frills Science Fiction*）。写下这篇文章后，西尔伯萨克于一九九二年加入华纳出版公司，担任其旗下奎斯特出版社（Questar）的总编辑。

“ “一九九一年间，仅在美国，科幻和幻想小说就已演变为二十多亿美元的庞大产业。”西尔伯萨克在这篇包罗万象又颇具争议性的文章中，审视了科幻小说编辑的多重角色、面临的问题、工作中的苦与乐、成就与挫折，以及科幻小说和幻想小说在文化中的重要性。“如果把科幻小说从过去五十年的发展历程中彻底抹去，那么这个世界的面貌不仅会全然不同，而且会非常局限！”

西尔伯萨克探讨了科幻小说的诸多方面，包括科幻小说编辑的角色（“我尝试为作者做的事情，是关注他们的书及其生涯的发展方向”）；给作者机会“在情节、主题、角色、观念上做实验，而在如今出版界的大环境中，原本是不怎么鼓励实验的，至少不鼓励那种反复进行、不断摸索的尝试”，这种自由也确保科幻小说编辑能在公司的大架构中开创一个品牌；独特的营销方式，因为科幻小说的读者是追着作者来读书的；以及科幻小说与美国文化的相互影响。

西尔伯萨克谈道：“新作家似乎花很多时间去担心‘作者－编辑’关系会终止——很多时候甚至在这种关系尚未建立时便开始担心。对此，我只有两个认定标准……‘它值得我们花功夫去做吗？’‘这样做行得通吗？’……我的意思是，除了书本身的优秀品质和市场价值，我要意识到作者和我还能为对方做些什么，不只是丰厚的预付版税和一沓手稿而已……因此，我给年轻科幻编辑的建议是，不要自贴标签。这对青年作家同样适用。”

据科幻和幻想小说刊物《轨迹》统计，一九九一年间，仅在美国，科幻和幻想小说就已演变为二十多亿美元的庞大产业。随着象征未来的二〇〇一年逐渐临近，相关数字肯定会继续增长到超乎大家想象的地步，就像五十多年前，平装书进入大众市场产生的革命性影响一样。

直到一九七七年《星球大战》（*Star Wars*）上映前，科幻小说实际上是靠一小撮专业科幻编辑推动和经营的，他们供职的出版社在全球不超过六家，且差不多都在美国境内。十五年后，这股浪潮蔚然成风，已非引领科幻小说走出被忽略的荒漠一隅的先锋编辑所能操纵，未来的蓬勃发展更非任何个人或集团所能掌控。经济和流行趋势上的成功，使这个原本只专注于探索未来的小众文化，一反常态地变为一场跨文化（也是跨媒体的）盛宴。在这个进程中，科幻小说——或者我们编辑所谓的科幻小说——究竟是什么，其定义已变得十分灵活。除了方便营销或市场定位，定义已经没有太大的意义。对任何有兴趣写作、出版或阅读科幻小说的人，特别是刚出道的作者而言，弄清这些变化的前因后果才是至关重要的。

科幻作品一度被局限在小众杂志和廉价平装书中，相当于文学的秘密地带（如果文学也需要一个秘密地带的话），直到二战后，科幻小说才真正跨越国界。这些小说中自成一家的独特语汇、思考模式，和需要理解的诸多概念，早已成为大部分文化人语汇中的一部分。

短短五十年间，科幻小说和幻想小说从边缘、非主流的圈子中走出来，被主流文化所接纳。讽刺的是，这种接纳包含科幻小说的方方面面，除了它的起源——今天，科幻小说的资深爱好者在给“科幻”下定义时，更关心的问题是“什么不是科幻”。作为一种出版类型，科幻小说依旧未被接受，依旧被局限在一隅。除非它已不是科幻。

讨论科幻小说及幻想小说，不能不谈到自六十年代中叶起蓬勃发展的媒体，否则就是隔靴搔痒。这是自虚构类图书全球化之后，大众文化的又一次重要“演化”。科幻小说惊人地成长为价值数十亿美元的庞大产业，几乎囊括了所有电子媒体，从电视到电脑游戏无所不包。今天，推动科幻小说向一种类型文学发展的力量往往跟文字没什么关系，顶多算是远亲。和大多数编辑一样——也许不只是大多数，所有我认识的科幻小说编辑都纯粹是因为热爱这类图书才进入这行的。当图书出版逐渐让位给其他媒体，纯粹的热爱让位给实用主义和商业化追求，我试图在这股洪流中尽量保持自我平衡。

起初并不是这样，至少在我入行时，“八面玲珑”并不是我考虑问题的重点。我对科幻小说的认识跟一般读者一样，并非基于什么特殊研究，甚至不是出于兴趣。科幻小说只不过是我进大学前阅读领域中的一部分。但跟大部分科幻小说读者一样，阅读时我会全心投入，尽管这种情形只出现在我的青少年时代。那些可以称得上科幻小说的经典文学作品我都读过，对主要作家和他们的生平事迹也大致了解，甚至还模模糊糊地知道是哪几家出版社出版了这些书。（顺带一提，在本文中，除非我特别声明，否则我说的科幻小说是包括幻想小说在内的，尽管比较准确的说法应该是幻想小说包括科幻小说。）我读这些书的时候，并未料到今后会走上编辑这条路，我只不过刚好符合科幻小说最典型的读者模式：追着作者来读书。

“追着作者来读书”这句简单的话，其实是出版业极为重要的头等大事，而我发现它对我的职业生涯也同等重要。

这句话的含义，是指某些读者很注意他们一直在读的书是谁写的，如果他们喜欢这本书，就会去找这位作者的其他作品。这种阅读模式是古往今来所有出版人的梦想，在大型出版集团统治天下的今天更是如此。为什么？因为这种阅读习惯能克服大企业经营出版业时遇到的困难——他们必须大规模地批量销售商品。

事实上，要在有二亿五千万人口的美国营销任何东西，成本都很高。销售效果最好的是洗洁精、肥皂、家电及汽水。可口可乐绝对负担得起每年几百万美元的广告预算，大家都心知肚明，明年、甚至十年后，可口可乐还是会在市场上赚个盆满钵盈（如果他们不再随意改变可乐口味的话）。

相对而言，某作家的第一本小说尽管得到了书评家和文学大家的极力赞美——也许是一件艺术精品，但鉴于出版社花在广告和促销上的资金，或许只能投放到几个主流市场，在两个月左右的销售期间产生效益。所有的出版学导论都会提到一个金科玉律，大多数引用它的人都表示赞成——在出版这个小众行业中，每本新书都是独一无二的产品，所有营销工作都要从头做起。“畅销书作家”的绝对优势只是特例，在这个不温不火的图书世界里，每个人都是无名小卒。今天，“不温不火”是指没上过《纽约时报》畅销书排行榜，而榜上来来去去大都是那二十位作家。

一年后，或两三年后——这取决于某作家的创作力——作为他的编辑，如果你运气够好的话，又得从头来过。近年来，书店的电脑化成为一种不幸的趋势，书商都是按作者上一本书的销量来决定新书的预订量。如果他们严格执行这种做法，总发行量会越变越少，直跌入“印量－订量”的恶性循环。

但是，科幻小说是不同的。

科幻小说吸引的是"追着作者来读书"的读者。出版社卖出的书，和在这本书上的花费，都可以帮助作者的下一部作品，以及之后的一系列作品，这种效应会累积下去，终有一天你的书会出现在某个畅销书排行榜上。其他许多类型的出版物也有这种特性，而科幻小说的读者在这一点上似乎特别突出，他们特别能容忍这些作者——还有，我特别要指出这一点，包括他们的编辑。

科幻是一种自由度极高的类型小说，它甚至没有一个明确的定义：推理小说，幻想曲小说，科技悬念小说，科学小说，恐怖小说，黑色幻想小说——其混乱程度可见一斑。我写这篇文章之际，"美国科幻小说作家协会"（Science Fiction Writers of America，SFWA）刚刚改名为"美国科幻暨幻想小说作家协会"（Science Fiction and Fantasy Writers of America，SFFWA），改名的过程也不无争端。不管是好事还是坏事，混乱的界定最终导致了野心勃勃的作者和编辑说什么是科幻，什么就是科幻。在这方面，我想其他同行都和我一样无所不用其极，基本上我们扮演的是守门员[①]（引自非常适用于我前公司状况的论文）而非检查人员的角色。

有一个流传很广的笑话，说出版商（之前是经纪人）会给每一部野心勃勃的新科幻小说贴上"崭新的"标签。同样，科幻小说也经常为了突破条条框框而创造（或试图创造）各种稀奇古怪的故事背景或人物。然而，从日常生活的角度来看，科幻小说是十分保守的行业——科幻小说的编辑更加保守。事实上，科幻小说编辑通常生活在反对声浪中（到了九十年代，关于性的描写才终于在科幻小说编辑手中留得一席之地），对那些怪异荒谬、十分离奇的可怕情境极

① 布恩（Thomas L. Bonn），《拥挤的交通，繁盛的文化——论平装书大变革中新美国文库的文学守门员角色》（*Heavy Traffic and High Culture: New American Library as Literacy Gatekeeper in the Paperback Revolution*），纽约：子午线出版社（Meridian），1990 年。——原注

为熟悉。一方面，科幻小说的作者有极高的自由度，就这一点，我想不出还有哪种类型小说的作者比得上；另一方面，这种过度的自由也有些令人感到不安。他们滥用自由，通常是因为异想天开（人们几乎很难想到这种可能性）——希望下一本书能为出版商和作者带来巨大收益，哪怕只是让大家过上一种体面的生活。太多的作者一方面害怕编辑审查会否决他们的构想，另一方面又贪图市场上巨大的商业成功，从而舍弃了实验性质浓厚的概念和写作风格、政治和社会批判性，写出更安全、更迎合大众、更有可能带来巨大收益的小说。所有工薪阶层都知道，定期拿到的支票最能令人变得谨小慎微。

讽刺的是，其他类型的出版物通常都有一些领军人物，这些作者不只在题材上独树一帜，作品的销量也超越同辈，只有科幻小说能在畅销作者之外养活一大群作品销量平平的作者。当一些很有创意、特立独行的作者或编辑大获成功后，似乎都会引起其他人盲目模仿的心态。往好的一面想，这种模仿终究算是人们对创造力的一种支持和赞颂。而另一方面，大家的注意力不再集中于最初那本富有创意、超越前人的小说上。

科幻小说和幻想小说的极致是一场文学革命。与所有"寓言式"作品一样，无论科幻小说还是幻想小说的主要目的都是对现存事物的质问。科幻小说把这种原则发挥到极致，所有关于外太空、异形怪物、脚趾毛茸茸的霍比特人等等的描述都像是在逃避现实。其实这些不太可能发生的事大部分都只是装饰而已。一百年来写得最好的科幻小说和幻想小说，从威尔斯（H.G.Wells）到托尔金（J. R. R. Tolkien），从海因莱因（Robert Heinlein）到赫伯特（Frank Herbert）、勒古恩（Ursula LeGuin），从霍尔德曼（Joe Haldeman）到拉斯（Joanna Russ）、狄兰尼（Samuel R. Delany），他们都在深入探讨社会变迁，而不只是书中主角各种稀奇古怪的际遇。虽然采用了一种不真实的方式，但科幻小说其实是一种最具政治意味的文学。千真万确，在很多国家，如苏联及南美洲的独裁政权中，科幻小说和幻想小说能屡屡逃过审查成为表达心声的一种方式，无论是叫魔幻现实主义，还是童话故事，这类书为我们保住了一种表达的自由。就算在西方，也很少能有小说像冯内古特的《五号屠场》、海因莱因的《异乡异客》（*Stranger in a Strange Land*）、赫伯特的《沙丘》（*Dune*）或勒古恩的《黑暗的左手》（*Left Hand of Darkness*）那样，塑造出自己时代的氛围。平装版图书的出现，让大众被蜂拥而至的各种社会思潮所环绕，但作为一种类型文学，科幻小说和幻想小说是最为突出的。

不过，就像前面我提到过的，这种理想之所以具有革命意味，是因为它坚持在政治路线上既不偏左，也不偏右。奇怪的是，我觉得作者有时比编辑还保守。作者往往想写些编辑会出版的东西，因为他们必须要谋生；大部分编辑却会在讨生活的同时，偶尔想办法支持一匹不怎么讨喜的“黑马”，尽管他们并不靠这些黑马为生。

当然，以劳动和热情谋生是作者和编辑的共同目标，我们都希望过上好生活。我无法代表所有的科幻小说编辑说这样的话（尽管几乎所有人都毫无例外是我的朋友），但我知道，除了以此谋生，我们也都被边缘化了。

就某方面来说，这种边缘化来自科幻小说与众不同的特性。我不用说明这种差异性是什么，所有内行都明白科幻小说和幻想小说如何与众不同，可除了以玩笑的方式，我们不知道怎样将它诉诸语言。悲哀的是，这也许正是科幻小说最独特之处。整件事成了个大笑话，越是郑重其事，越让人觉得好笑。哪怕是最著名的科幻小说和幻想小说，要将其浓缩成摘要已经十分荒谬，在一群只会冷嘲热讽的营销人员面前做这样的介绍，就更滑稽可笑了。在这种传统的两难局面中，所有特立独行者必会遭到轻浮对待，于是科幻小说只好徘徊在主流之外备受嘲笑。在我的经验中，科幻小说是与众不同的，因为它是一种“臆想”，你必须“有点怪”，才能弄懂它。从出版的角度来说，科幻小说编辑大多自力更生，坚持着自己的事业。其他的出版同行永远不会承认他们对政治、文学、通俗文化的忽视，但他们会爽快地承认自己“就是弄不懂科幻，毕竟那只是些蠢东西，对不对？”

其实，科幻小说的编辑并非活在真空里。他们在大办公室上班，因为只有大出版社才能奢侈地容许科幻这种小众系列存在。但大出版社的各个部门——如营销、策划、宣传、文案、广告等——却不一定都具备与科幻读者沟通的专业能力。这意味着科幻小说编辑要协调这些事情，但这通常是权宜之计。不管他们是什么职衔，只要有需要，他们就不只是编辑，还会扮演出版商的角色。因此在多数大型出版社，科幻小说编辑会在工作初期就担负起许多理应在多年后才须承担的责任。我二十二岁时就在谈判六位数的生意，我的作者都比我年长两三倍甚至四倍，我的同事都是经验丰富的出版界老将。我常感身处极乐世界，因为科幻小说赋予我们高度的自由。最重要的是容许我们全心投入，尽情参与，充分学习。也许这就是为什么相当一部分科幻小说编辑出身的人如今都在经营出版社：阿罗尼卡(Lou Aronica）在矮脚鸡图书公司(Bantam)，爱德华兹(Malcolm Edwards）在格拉夫顿(Grafton,哈珀－柯林斯英国分社)，寇斯特(Elaine Koster）在新美国文库，尼曼(Nanscy Neiman）在华纳——这一长串名字足以令人印象深刻。

对科幻小说编辑而言，这种责任有吸引人之处，也有让人生厌的地方。吸引人的原因，是我们可以在一个较大的组织机构内管理一个相对独立的小事业部。而不那么吸引人的是你不得不应付商业需求与艺术要求之间的冲突。我猜科幻小说编辑比其他编辑更需要平衡这两种矛盾，像两个同时浮在半空中的球。

因为上述原因，科幻小说往往处于夹缝之中。出版社不得不小心翼翼地在商业化和文学性、娱乐效果和教育意义、科学和幻想、直销和批发、独立书店和连锁书店、专业书和大众书之间维持平衡。这些也是二十一世纪出版社面临的议题。前方并非只有一条通路，我们有不同的视角处理工作。从为“科幻小说”下个定义开始……

科幻小说编辑所做的工作，其实与科学并无太大关联。许多大出版社的科幻小说编辑，也负责一般人认为绝不同于科幻小说的作品——幻想小说。其实除书脊上的系列名不同、封面风格稍有差异之外，科幻小说与幻想小说是毫无差别的两类出版物。

相较其他小说，它们都是异类，因此科幻小说的“可能是”与幻想小说的“不可能是”并无本质区别。我的意思是，较之于批评家所说的主流畅销书和类型读物，科幻小说简单而纯粹。可根据科幻小说书评家和部分书迷的意见，科幻小说其实并不简单而纯粹。书评家抱怨科幻小说内涵不够丰富，书迷们则认为恰好相反。究竟孰是孰非？所有编辑都知道，这其实取决于某一本书或某位作者的个人贡献，而非它属于哪一类作品、封面上的广告词如何、引入什么冗长无聊的概念、传达什么信息、进行怎样的大肆炒作。总而言之，不是看出版社给它贴上什么标签。说到底，真正的“简单而纯粹”是指写作本身。

我认为，所谓的主流读者应该读读我编过的那些最好的书，这会令他们大开眼界，我也不会亏本。可事实是这类读者一般不会像书呆子那样，他们对书的关注程度不够。也就是说，他们不爱在阅读上冒险，不会强行拓展自己的阅读经验。他们根本不用功。

科幻小说的读者是书痴，因为他们肯用功去读书。可悲哀的是，这些读者中也只有少数愿意走出他们喜欢的阅读领域，但无论如何，他们已经是出版社梦寐以求的读者了。他们拼命地读，尝试阅读新作者的书，互相交换喜欢的作品，支持他们喜欢的作者到海角天涯。这就是为什么出版商很爱这些读者的原因。

这里的损益表很简单：科幻小说之所以能吸引出版商，是由于读者“追着作者来读书”，其首印的销售业绩就不错，且后劲十足。科幻小说编辑往往依赖于不错的首印销量及高效的营销。例如，一些不算太畅销的典型大众小说一开始也许只卖掉首印量的百分之五十——尽管是平均数值，这也是一个不错的成绩，但科幻小说可能会达到百分之七十。假如其他条件相当，科幻小说的盈利当然会更高。

虽然优秀的作品经得起任何人的考验，但不是每本书都如此。那些不太符合期望，或不完全符合期望的书还是会再版。大家会问，科幻小说编辑看中的是这些公认的垃圾作品的哪一点呢？编辑可能会这样回答：是乐观、愚蠢、无心之失和太看重“小说创意”混合作用的结果。对其他的类型读物而言，这些因素结合在一起似乎不太可能产生一本书，更不要说是一本商业化的书了。科幻小说却做到了——尽管毁誉参半。

这是因为虚构类作品不一定要像科幻小说这样（至少不必全然如此），也不需要符合学院派或学术素养很高的读者心目中的小说模样。科幻小说被归为创意文学，在某种程度上这也是评判科幻作家的标准，而这种标准未见于其他主流文学。当然，大多数情况是“没什么创意”，但也有很多作者、小说，甚至是流传下来的经典之作都只强调了“创意”而将书中角色、情节及写作风格悉数降至次要位置。更进一步说，小说与争议只有一线之隔，众所周知，这条界限又极不可靠，但人们都承认，科幻小说在娱乐的外衣下常传达某种讯息。科幻小说是我所知道的唯一一种大家会记住作者的类型文学作品，他们预言的宇宙飞船、人造卫星、核能装置、太阳反射器等各种发明更是被广为传颂。

没错，科幻小说似乎认为自己是在通俗文学与现实世界之间开疆拓土，且喜欢夸耀曾预言过的很多事。（最终，幻想小说与科幻小说分道扬镳，转而探询内心而无视令人不安的现实。）不过，关于未来的作品其实和描写过去的作品差不太多，都有许多我们无法理解的发明和夸张的构想。哈特维尔（David Hartwell）在上一版《编辑人的世界》中就其中的历史因素做过非常有趣的讨论。简单说，对科幻小说编辑而言，商业因素压倒了先锋派的实验性发明，但对于传统的爱迪生式发明，他们则赞赏有加。在公司约束下，科幻小说编辑仍被赋予一种罕见的自由，他们可以出版自己喜欢的作品。有时他们钟爱的作品和市场因素很难协调一致，而这正是工作重点所在。这种平衡有时会倾向一边，有时又倾向另一边。我认识的大多数编辑都在追求平衡，尽管这难以驾驭。无论如何，这已足够让作者有机会在情节、主题、角色、观念上做实验——而如今的出版界大环境是不太鼓励实验的，至少不鼓励那种反复进行、不断摸索的尝试。

我负责的每一本书都像一场实验，所有工具都是为这个直觉式的流程服务：挑选大量手稿，进行有效营销。但我的日常工作却不是这样，我的时间都花在编辑会议、封面会议、宣传推广、定价、销售、营销，以及替绝版书做“验尸报告”上。如果只是白忙一场、一事无成的话，这一切都是难以容忍的。但这种合作的过程至少让我觉得出版是世界上最充实、最令人振奋的工作，这就够了。我们讨论的结果仍然充满实验性，有很多潜在风险，但也出版了很多书，它们成为一个生死与共的整体，在市场上博取关注，创造业绩。整体来说，我们的出版业似乎在蓬勃发展。对我个人而言，这是最好的报偿。

不在会议桌旁的大部分时间，编辑都在给作者、经纪人和各个领域的“消息灵通人士”打电话，大家印象中，编辑都舒舒服服地安坐在暖烘烘的办公室里，窝在扶手椅上，整日只管读书。但这跟我的经历相去甚远，完全脱离实际。

如果说这种情形真的发生过，大概只存在于二战前某些低产量精装书出版社，比如当时的斯克里布纳之子、克诺夫、达顿或帕特南之子等。这绝不可能发生在如今占统治地位的大型大众平装书出版社中，而那正是科幻小说的营盘。我经常对很多新作家（包括科幻作家）感到吃惊，因为他们以为时代没有前进，还停留在战前。

如今的出版业尚未进入高科技时代，但已在转变。如前所说，科幻在普及版平装书领域如鱼得水，无论是书的种类还是发行量都很惊人。据《轨迹》报道，在美国，仅一九九三年就有三千种新的科幻和幻想类作品出版。排行榜上前五大科幻出版社的书就占了八百多种，平均每家一百六十种。这些并不全来自科幻小说出版部，但绝大部分都是。而大多数出版部都会努力让每本书得到应有的关注，更确切地说，是作者认为它应得的关注。

就我而言，按照出版计划每个月我都会处理五六本新书，大部分是平装本，也有一部分是普及版平装书或精装书。每本新书都需要进行一定程度的编辑、包装及营销，而其中的大部分工作都由我的小组承担，一位编辑及一位助理编辑与我一同负责。每个月都有许多经纪人送稿子来，我们三人平均每月要读四十二份手稿，其中大多数至少被浏览一遍才会被刷掉。而这些大都是我们利用下班后的时间进行的，上班时间都用在推广这些下班后发现的杰作上。

精于计算的读者很快就会得出结论，我有一个工作再工作的悲惨人生，但事实并非如此。部分原因是，每本书都是令人回味无穷的新经验，甚至连不太好的书也时常如此，编辑工作（任何一种编辑工作）是一项寻宝大行动，每个转角处都充满惊喜与回报。和大多数编辑一样，我认为工作应该充满乐趣，很多时候也的确如此。

如果我的工作变得不那么有趣了，大致是因为我们戏称为“作者－编辑”的情侣关系出了状况。我说“戏称为”，是因为这其实并不是一般的情侣关系，而是一种婚姻关系，牵涉到其中蕴含的情感和契约意味。这样的情况已多次发生：满怀期望的作者在跟有合作可能的出版社谈判时太过坚持，据理力争，完全忘记了我们也有自己的预期。新作家似乎花了过多时间去担心“作者－编辑”关系会终止——很多时候甚至在这种关系尚未建立时便开始担心。对此，我只有两个认定标准，同时也是我决定出版某本书的判断标准：“它值得我们花功夫去做吗？”“这样做行得通吗？”具体到“作者－编辑”关系，我的意思是，除了书本身的优秀品质和市场价值，我要意识到作者和我还能为对方做些什么，不只是丰厚的预付版税和一沓手稿而已。

我尝试为作者做的事情，是关注他们的作品及其职业生涯的发展方向。这种关注不一定总体现在用红笔拼命改稿子上。显然，我尽量避免遇到那些问题不断、需要大费力气的书稿。如今，我总试图买下不太需要修改文句的稿子，而将精力集中在书的结构、情节和角色上。但这些问题与作者写作生涯的发展及我们的销售业绩相比，也只能算是次等重要而已。我的编辑建议往往是一种宽泛的生涯指导。作为商业化的作者，我试着引导他们走上一条在我看来最能获益的道路，这也对我的出版计划有所助益。很多时候，这也体现在整体的出版方向上。必须补充一句，我的引导不是珀金斯那样的长辈式指引，我运用各种方式来提供建议——不同程度的劝诫、示范和经济影响。这完全是一种相互妥协——或许我们可称之为作者与编辑之间的“社会契约”，而不同于企业与卖方签订的法律文件。无论如何，我们的共同议程是发展。

我想这正是编辑科幻小说、幻想小说和编辑其他类型作品的差异所在（如果这种差异确实存在的话，因为两者往往很难分辨）。举例来说，我对新任编务助理说（顺带一提，编务助理不一定要懂科幻），我希望他们把这类书稿当作任一类型作品来读，如果他们在阅读过程中碰到一些愚蠢的异形怪物的名字，产生阅读障碍，可将那些怪物一律称为“弗雷德”。这往往很有效，因为对虚构类图书来说都一样，不管故事发生在六十年代的鲍威里街还是中土世界，每本书都必须靠它自身取得成功。因此我给年轻科幻编辑的建议是，不要自贴标签。这对青年作家同样适用。

但我说过，这里可能存在一些差异。如果真有差异，那就是科幻小说编辑的小天地与整个世界之间的特殊关系。我希望在科幻小说编辑眼中，每一部作品不只是一本书，而是与每月陆续出版的书组成一个整体。目光更长远的话，要看到一年或许多年后，每一本出版过的作品会对整个系列的形式和定位做出何种独特贡献。

我认为这是一件好事（尽管许多作者可能还看不到这能为他们带来什么好处），但我不能、也不愿意说这是科幻小说独有的特质。我认为，所有优秀的编辑都在安静而有力地筑建一个庞大的帝国。只不过由于各种历史因素，科幻小说编辑往往在很年轻时，便学会了这种思维方式。

有些权威人士认为，玛丽 · 雪莱（Mary Wollstonecraft Shelley）的《弗兰肯斯坦》（*Frankenstein*）是科幻小说的滥觞，另一批人则认为，威尔斯的科学浪漫小说才是科幻小说的鼻祖，还有一些人则追溯到古典及中古时代的幻想文学，这与我们今天所理解的含义颇有分别。

更狭义但或许更精确的观点是，许多人将近代科幻小说的起点定在发行人根斯巴克（Hugo Gernsback）创办科学小说杂志《惊奇故事》（*Amazing Stories*）那天。有趣的是，给科幻小说下定义（至少是创造这个词语）的并不是作家，而是一位编辑。

而今的科幻小说编辑可说是三位前辈的传人：珀金斯，他是所有编辑人的英雄；巴兰坦（Ian Ballantine），满腔热忱的编辑人和创业家，虽有点落伍，却是最优秀的；朱迪·德尔·雷伊（Judy Lynne Del Rey），一位业务熟练的专业能手。自此，所有成功的科幻小说编辑都像是科学怪人制造出来的怪物。

科幻世界中还有许多开疆拓土的重要角色。这里只列举其中一小部分：DAW出版社的唐纳德·魏赫姆（Donald A. Wollheim）、德尔·雷伊出版社（Del Rey）的莱斯特·德尔·雷伊（Lester Del Rey）、新美国文库的塔利（Truman Talley）、王牌出版社（Ace）的卡尔（Terry Carr）等。当然，还有一群富有传奇色彩的杂志编辑，如《惊愕》（*Astounding*）及《类比》（*Analog*）的坎贝尔（John W. Campbell），无论在五十年前还是五十年后的今天都同样具有影响力。如今，他们的接班人（大部分在图书出版界）仍薪火相传，或创办了许多专门出版科幻小说的出版社，如TOR出版社的多尔蒂（Tom Doherty）、比恩出版社（Baen）的比恩（Jim Baen）；或使一些老旧的出版社重整旗鼓，如王牌出版社的艾莉森（Susan Allison）、DAW的贝琪·魏赫姆（Betsy Wollheim）、德尔·雷伊出版社的洛克（Owen Locke）等。还有一些编辑说服了新的出版企业增加科幻小说系列，出版他们最爱的作品，如阿弗诺玛出版社（AvoNova）的道格拉斯（John Douglas）、奎斯特出版社的汤姆森（Brian Thomsen）、矮脚鸡－斯派分社（Bantam Spectra）的阿罗尼卡，先后在口袋书出版社、阿珀出版社（Arbor）、威廉·莫罗出版公司（William Morrow）工作过的哈特维尔，以及在企鹅ROC书系工作的我。多年来，科幻小说已由出版界一个重要的组成部分变为一个给予编辑充分自由的独立世界。

有趣的是，真正将科幻小说定位为类型出版物的是独立编辑而非出版公司，只消查查有多少品牌是以编辑名字命名的，就可见一斑了。

无论是擅长经营的商业化编辑，还是同样精明、以营销及管理技巧著称的企业出版委员会，运作的关键是将科幻小说与其他出版物区分开来。与推理小说、言情小说、西部牛仔小说不同，越是将科幻小说划分开来，它越能蓬勃发展。

这也许不是巧合，就像某些人所说，十九世纪开始出现的高等与低等文化分化潮将一些经典科幻小说卷入其中，到二十世纪末两种文化再度合流时，也有一些科幻作家参与其间，如冯内古特、博伊尔（T. Coraghessan Boyle）、巴拉德（J. G. Ballard）、勒古恩等。另一些明显属于主流文学领域的作家，像莱辛（Doris Lessing）、阿特伍德（Margaret Atwood）、哈普林（Mark Helprin）等，赫然将科幻小说的技巧运用在自己的作品中。而标榜“魔幻现实主义”的南美洲文学则在走当年爱伦·坡（Edgar Allan Poe）及洛夫克拉夫特（H. P. Lovecraft）的老路。

还有很多作家，似乎同属两个阵营，不知为何仍不太为人所知，如狄兰尼、拉斯、沃尔夫(Gene Wolfe),也许还有那么十来位。实际上，这道鸿沟是可以跨越的，科幻小说编辑也充分意识到越过鸿沟所能带来的名与利(但就西部牛仔小说或言情小说来看就没有这种可能)。如果深入反思一下，我们会发现许多科幻小说的编辑和作者正一脚陷在泥潭里(所有人都承认这一点),一脚踩在星空上,有点前途未卜。科幻小说领域已经设有太多奖项，这一行的作家最好像读者一样保持清醒，不要太看重荣誉，因为已有太多雨果奖或星云奖的获奖作品绝版或销量不佳。

更棘手的是整个科幻领域引起的坚持和关注。科幻小说界太急于让现实世界接纳自己，又太骄傲，不愿承认我们还不属于那里。这在一定程度上造成了编辑工作的完善程度配不上科幻小说所取得的成就。在过去五年中，科幻小说已在主流畅销书排行榜上占有一席之地，成为“文学”小说的组成部分，实质收益也相当可观。尽管一路走来深感艰辛，但这种最丰富的出版类型将被广泛接受。我认为科幻小说已对当前的思想和论辩做出了重要贡献，促使我们更加了解科技，更深入地思考人类意识形态这种形而上的问题。如果把科幻小说从过去五十年的发展历程中彻底抹去，那么这个世界的面貌不仅会全然不同，而且会非常局限！

Chapter 32
第三十二章

改变孩子一生的书
——编辑童书

福格尔曼 Phyllis J. Fogelman

福格尔曼是戴尔青少年读物出版社（Dial Books for Young Readers）的总裁、发行人兼总编辑。一九六一年，她出任哈珀－柯林斯的制作编辑，从此进入童书出版领域；一九六六年从哈珀离职后，加盟戴尔出版社新成立的童书部，担任总编辑，一九七六年被任命为副总裁；一九八二年，公司更名为戴尔青少年读物出版社，她成为发行人；一九八六年，被任命为戴尔出版社总裁。与福格尔曼共事过的作者和艺术家包括狄龙夫妇（Leo and Diane Dillon）、杰弗斯（Susan Jeffers）、凯洛格（Steven Kellogg）、莱斯特（Julius Lester）、迈尔（Mercer Mayer）、平克尼（Jerry Pinkney）、泰勒（Mildred D. Taylor）和威尔斯（Rosemary Wells）。

“福格尔曼以其广博的见闻带领我们畅巡童书编辑的独特世界。她有文中表达的为丰富、提升儿童的想象力全心奉献的激情，以及对变化万千的现实世界的看法。她描绘了童书编辑、艺术家和作者携手合作，打造一本风趣幽默、文笔优美的经典作品那独特而富有创造力的愉快经历。（“但大多数情况下，作者根本无法参与选择插画家，在书的策划过程中，甚至没有机会和插画家说话。”）

她意识到，童书编辑除了要了解孩子喜欢哪些书，还要考虑如何吸引成年人，因为在孩子拿到之前，书是被成人挑选购买的。她写道：“最重要的是要知道孩子喜欢看哪些书。如果编辑还记得儿时的感觉，当然最好不过了。”

在本文中，福格尔曼对一本书的商业、销售和营销给予了专业审视，而提案的激情则是最主要的决定因素。“如果我对某个计划很有兴趣，深受感动，相信它能吸引孩子，我会先做出版决定，再仔细思考该把它塑造成何种形式。”

她认为“出版业是个人在选择和最终结果上尚能真正施加影响的少数行业之一。”“从事童书编辑工作的原因之一，是我明白书对孩子来说是多么重要。一本好书能改变孩子的一生，影响他们对事物的看法。参与童书编辑过程不仅是非常有趣的事，也是十分重要的责任。”

编辑和出版童书最令人满足的地方，是挖掘作者或作品的潜力。拿到一份手稿时，我的职责是评估这部作品有没有可能成为一本经得起时间考验的优秀儿童读物。我的决定部分取决于个人品位，部分则要靠我对童书市场的了解。最重要的是，这部作品必须能感动我。

和童书作者一样，童书出版社以出版这类特定图书而著称。如今，出版业是个人在选择和最终结果上尚能真正施加影响的少数行业之一。这在编辑过程中尤其明显。编辑童书的一大好处是，编辑可以(也必须）和艺术家共事，这也是我从入行到现在，一直乐在其中的工作之一。

另一大乐趣是童书领域丰富多彩的出版形态，从给婴幼儿读的纸板书、图画书，到给青少年读的虚构和非虚构类图书，童书的主题和形式可说是五花八门，选书标准却相差无几。

无论是幼儿图画书还是青少年小说，都必须写得生动有趣，具有能吸引这个年龄层读者的主题。儿童小说的情节和人物必须扣人心弦；非虚构类的童书则要在内容上正确无误，写作水平要像小说一样生动优美。其实这和挑选及编辑成人读物没什么不同。但在选择童书时，为了接触到真正的读者——孩子，我们必须先要考虑这些书对成人有没有吸引力。尽管有些孩子会自已买书（主要是平装书），但一般都是大人为孩子挑选、购买。而且青少年读物也必须先经过书商或图书馆馆员的筛选，这些也大都是成年人。

对童书编辑来说，除了要了解成年人会买哪些书给孩子，最重要的是要知道孩子喜欢看哪些书。如果编辑还记得儿时的感觉，当然最好不过了。我从来都搞不清楚，是因为身为童书编辑，常要回忆童年，才记得那么多儿时感受，还是因为童年给我留下的印象太过深刻，我才决定编辑童书而不是成人读物。

但我很清楚，从事童书编辑工作的原因之一，是我明白书对孩子来说是多么重要。一本好书能改变孩子的一生，影响他们对事物的看法。参与童书编辑过程不仅是非常有趣的事，也是十分重要的责任。儿童大众出版物（也就是你能在书店和图书馆找到的书）和教科书不同，它们是为了让孩子享受阅读乐趣而存在的。好的儿童文学作品（不是基础教材）不但能给孩子带来乐趣，也能激发他们的想象力，使他们增加知识储备，更好地认识世界和生活在其中的人们。

儿童读者比成人更容易被打动，也更脆弱，究竟什么书适合孩子读，自然是众说纷纭，莫衷一是。有些编辑和父母一样，一心想保护孩子远离社会上的危险和病态。并不是每个好选题都适合出童书，但我认为，广博的知识——不是匮乏的知识——才能将孩子武装起来，帮他们做好面对现实世界的准备，而不是让他们活在我们希望他们看到的世界里。

如今，即使是生活在备受保护的环境里，孩子也能轻而易举地接触电视和电影，这些影视媒体呈现出的现实世界要比大多数童书描述的更加陌生而残酷，童书反而会以更感性、更细腻的方式来处理这些棘手的话题。

艾滋病话题就是其中之一。最近我们出版了《瑞安·怀特的故事》（*Ryan White: My Own Story*），一本从十岁小孩到成人都可以看的书。

瑞安与艾滋病魔奋战五年，直到十八岁去世，其间他还要与周遭各种偏见、歧视，甚至暴力抗争。我知道，这个故事非常重要，从签约的那一刻起，我就很清楚自己必须格外努力，才能让这本书赢得广大读者的青睐，因为许多人根本不想阅读这类题材。我们觉得有必要发动一次媒体宣传，引起大众对这本自传的关注。尽管后来这本书登上了《纽约时报》畅销书排行榜，但有些书商仍然因为它的主题望而却步。

童书应该表现出一个国家的多样性。美国从来就不是一个纯粹的白种人国家，但在七十年代以前，你根本无法通过阅读童书发觉这个事实。从十几岁起，我就深切地意识到，美国孩子应该尽可能多读一些少数民族作者写的、关于少数民族的书。

小时候，我生活在新英格兰地区的一个小镇，镇上的人口只有三万左右。九岁前，我已读完了公立图书馆收藏的所有童书，其中没有一本是黑人作者写的，也没有关于黑人的故事。我当时并没有多想，直到四年后，我在家里找到一本赖特的《黑孩儿》(*Black Boy*)，一两年后，我又找到了他的第一部小说《土生子》(*Native Son*)。我突然记起，我唯一一次在书中读到有关非洲裔美国人的记载，是在四五年级社会课学到南北战争的时候。教科书上说，尽管蓄奴制是不对的，但当时大多数黑人都有很好的待遇，过着快乐的生活。虽然当年的我并不是那种经常质疑学校教学内容的学生，但我立刻就知道教科书上的话不可能是真的。奴隶不可能喜欢自己像家具一样被主人拥有，他们怎么可能快乐呢？赖特写的两本书和其中关于蓄奴制的内容对我产生了很深的影响，我想这种深受某本书影响的情况只能发生在年轻的时候。我知道，这也是为什么我在六十年代末加入戴尔出版社后，就开始出版有关黑人的书，而且一直持续到九十年代的原因。

我加入戴尔担任青少年读物的总编辑后，曾读到一部成人图书部打算出版的手稿，名叫《小心，白人！》（*Look out, Whitey!*），作者莱斯特是位很棒的作家，我建议他考虑写童书。

几周后，他带着四五个构想到我办公室来，当他提到在国会图书馆做研究时收集过几位曾是奴隶的人的语录时，我立刻说："这就对了，我们先从这个构想开始。"终于有一本可以告诉孩子奴隶真正感受的书了。一九六八年我出版了这本《身为奴隶》（*To Be a Slave*），它后来获颁纽伯瑞儿童文学奖银奖，在当时，对一部非虚构类图书，尤其是黑人作家的作品而言，这实在是极不寻常的荣耀。此后，许多四五年级小学生都是通过这本书来了解美国的蓄奴制度，即使到现在，我仍认为《身为奴隶》是我出版过的书中最重要、最令人满意的一本。此后，我仍致力于发掘不同种族背景的出色作家和艺术家。

就在这周，我收到《雷莫斯叔叔最后的故事》（*The Last Tales of Uncle Remus*）的手稿，这是莱斯特改写的非洲裔美国人民间故事系列的第四本，也是最后一本。一九八五年，我提出这个出书计划，第一本《雷莫斯叔叔的故事》（*The Tales of Uncle Remus*）出版于一九八七年，而这本《最后的故事》将在一九九三年出版，这是我们合作的第十本书。

六七十年代，民权运动带来的社会和政治进步，促进了许多少数民族作家和插画家特别是黑人作家的崛起，受这股热潮影响，许多黑人远赴非洲，尤其是加纳，他们回国后写了许多书，画了许多插画，我也陆续出版了其中很多作品。源自非洲的艺术和设计图样，以及斯瓦希里语为童书注入了新风貌。在我心中，多元文化至此才真正诞生，是当今童书界的一股重要力量。

当缪里尔·菲灵斯（Muriel Feelings）提出《摩雅就是一：斯瓦

希里算术书》（*Moja Means One: A Swahili Counting Book*）的出书构想时，她想用简单的油毡块艺术品作插图，而我建议请《身为奴隶》的插画作者汤姆·菲灵斯（Tom Feelings），也就是她后来的丈夫来画，结果他美丽的插画凸显了这本书的价值。一九七二年，汤姆·菲灵斯获凯迪克银奖——他是第一位获此奖项的黑人画家。一九七五年，他又因《江博就是你好：斯瓦希里字母书》（*Jambo Means Hello:A Swahili Alphabet Book*）再度获此奖项。

我曾邀利奥和黛安·狄龙夫妇为他们第一部绘本《草原之环：肖尼传奇》（*The Ring in the Prairie: A Shawnee Legend*）画插画，这本书于一九七〇年出版。几年后，我告诉他们，我有一些非洲民间故事可供他们进行艺术创作。他们做得很好。一九七六年，利奥凭《为什么蚊子在人们耳边嗡嗡叫》（*Why Mosquitoes Buzz in People's Ears*）成为第一位获得凯迪克金奖的黑人艺术家。一九七七年，狄龙夫妇再次因《从阿善堤到祖鲁：非洲传统》（*Ashanti to Zulu: African Traditions*）获得该奖。同年，戴尔出版的另一本书，泰勒的《隆隆雷声，听我呼喊》（*Roll of Thunder, Hear My Cry*）荣获纽伯瑞金奖。泰勒是第二位获此殊荣的黑人作家——她以大萧条时代自己家族在密西西比发生的故事为基础创作的书，陆续获得了很多奖项。平克尼是一位非洲裔美国艺术家，为“雷莫斯大叔”书系和圣·苏西（Robert D. San Souci）的《会说话的蛋》（*The Talking Eggs*）画插画，后者获得了一九九〇年凯迪克银奖和科瑞塔·史考特荣誉奖。

从六七十年代起，我们开始出版美国印第安人的民间故事。一九九一年，杰弗斯完成了《老鹰兄弟，天空姐妹：西雅图酋长的话》（*Brother Eagle, Sister Sky: A Message from Chief Seattle*）的插画，这本美丽的书在一九九二年的《纽约时报》畅销书排行榜上待了好几个月，主要原因是其环保内涵：我们是土地的守护者，而非拥有者，这一直都是美国原住民的理念。

想想看，美国有数百万居民来自拉丁美洲，而拉丁美洲裔的童书作家却少得可怜。其中一位重要作家是莫尔（Nicholasa Mohr），我编过她在戴尔出版的三本书。《在纽约》（*In Neuva York*）是一本故事集，里面的故事相互关联，这本书曾获美国图书馆协会青少年好书奖。《费丽塔》（*Felita*）和《回家》（*Going Home*）是写给更小的孩子看的，作者根据她在纽约的成长和第一次返回故乡波多黎各的经历写成。这两本书引发了热烈回响，许多有类似经历的孩子纷纷来信表达共鸣。

偶尔会有人问我，做童书编辑需要什么样的专业训练。两个基本素质是：终身热爱阅读，且兴趣广泛。童书编辑必须能让心情在很短时间内从谈判版权轻松自如地转换到鼓励作者完成作品上，这涉及到一点非专业的心理学知识。童书编辑还必须能在定稿前或开始插画创作前，与画家快速商定绘本形式，预估销量，以便预估制作成本。这一切很可能都发生在踏进办公室的半小时之内。童书编辑不但要懂得挑选、编辑手稿，能和不同类型的画家打交道，也要充分了解设计、制作、营销、宣传和附属版权的种种事宜。

说了这么多，在整个出版流程的开端，编辑仍然只能在办公室里独自看稿。但也不总是这么孤独。自兼任戴尔出版社的总裁和发行人起，我几乎没时间在办公室独自看稿。有处理邮件的时间，我就已经谢天谢地了！我往往是在拥挤的地铁上，或是晚上十一点在家里的沙发上阅读手稿的。

无论职位如何，在阅读手稿阶段，我只是一位读者，为作品所牵动。如果计划出版的是作家与插画家合作的绘本，那么我也是一位鉴赏者，负责欣赏和评估手中的画作（通常这个阶段都还只是一些不成形的线描稿）。如果我对某个计划很有兴趣，深受感动，相信它能吸引孩子，我会先做出版决定，再仔细思考该把它塑造成何种形式。

编辑童书的过程，最主要的是和作者、插画家一起工作。根据我的经验，这种合作关系最重要的是彼此信任。当作者被要求修改手稿时，他必须相信编辑很清楚自己在说什么。这也是在签约前我喜欢和新作者见面的原因。双方必须有相当程度的信赖才能建立有效的合作关系，只要有可能，我希望都能和作者当面谈谈他的作品有哪些地方需要修改，并听听他的意见。

信任和诚实在编辑关系中非常重要，就像在任何良好的合作关系中一样，而且它们必须永远都是双向的。近年来，我逐渐明白，和一位作者或插画家共事的时间越久，越有利于维护双方的关系。因为每合作出版一本书，我对他们的了解就多一分；对作者来说也是如此，他逐渐知道从某位编辑那里可以得到什么样的指引，也会对编辑抱有比较合理的期望。每个人对编辑的要求不同，有人希望在下笔前先和编辑讨论构想；有人却不让编辑事先介入，直接寄来整份手稿或插图样稿。

从七十年代起，我就和威尔斯合作，编辑出版了四十余本她的著作，包括绘本、纸版书、中年级儿童读物和青少年小说等。威尔斯希望我除了编辑她的作品，还能帮她决定在众多出书构想中应该挑哪些题目、依照什么顺序来做。

一九七七年的一天，我接到一通电话，一个熟悉的声音讲着熟悉的话语："福格尔曼，我又有三个新想法，你帮我拿拿主意，我该先进行哪一个？"（在九十年代，接到这类电话的次数更频繁了，现在威尔斯手边往往同时有四五个写作构想。）据威尔斯描述，第一个构想是常规的绘本，第二个是我们一直在讨论的青少年小说，第三个则是新构想：一本给很小的孩子看的短绘本。听完她对最后一个构想的概括，我立刻说："先写这本。"

一个月后，威尔斯带着《马克斯的第一个字》(*Max's First Word*) 的设计图样走进我的办公室。那简直太棒了。我又请她回家再写三本关于兔子姐弟鲁比和马克斯的书，在一九七九年连续出版了这四部作品。这是美国首见的高质量纸板童书，和过去的同类出版物都截然不同，因为书的内文都是内容精彩、结构完整的小故事。这个系列一炮而红，纸板童书迅速风靡美国和海外。在这个策划案中，我的第一个贡献是让威尔斯专心创作这几本书。在预估印量后（当时还没开始编辑工作），我需要想个办法，在新书上市的第一年就使马克斯系列成功大卖。纸板书的定价要很便宜，这意味着印量必须很大才能降低单位成本。在七十年代，要让一向标榜高品质，不做大众市场营销的戴尔出版社销售如此数量庞大的童书，而且几乎全靠书店渠道，当然是一场赌博，但这个系列很成功，我们很快就不得不加印。一九八五年，戴尔出版了威尔斯的第二批纸版童书，还是适合学龄前儿童的马克斯书系，仍然大受欢迎。

出书后，威尔斯和我都忘了当时花费了多少心血，直到几年后，有人邀请我们以作者和编辑的身份谈谈纸板童书。我重读了当时的资料，并把早期的设计图样拍成幻灯片，好让听众明白一本书是如何成形的，以更好地说明大会的主题——作者和编辑的合作关系。座谈会上，我们谈到了《马克斯的早餐》(*Max's Breakfast*)，在我放幻灯片之前，威尔斯没看过幻灯片的内容，她当时说："这本书我们完成得很轻松。"她完全忘了，在把作品修改到完美无缺前，我们费了多少功夫。

现在《马克斯的早餐》开头是："把蛋吃掉，马克斯。"马克斯的姐姐鲁比说。"大坏蛋。"马克斯说。

当初稿出现在屏幕上时，我们可以看到，鲁比的开场白和现在一样，下面一句则是："'毒药。'马克斯说。"接下来，鲁比拖着马克斯到屋子的各个地方，指给他看哪些是应该避开的真毒药。我向作者指出：这种告诉孩子家里有哪些有毒物品的方式很有指导性，但以此作为本书主题并不合适——这是我的贡献。但如果威尔斯不愿重新构思，这本书不会以今天我们所看到的面貌呈现。

我始终认为，作者和编辑的关系中最重要的是改稿过程本身。如果双方都很努力，有才华的作家或画家会在这个过程中提升自我，创作出更好的故事，更优秀的作品。但如果作者不愿修改作品，有些手稿只能半途而废，无法出版；有些尽管勉强出书，却有很多需要改进的地方。编辑的修改建议必须让作者觉得言之有理，而且很重要的是，他们要想办法使作者明白为什么要这样改。

大多数专业作家都会认真聆听编辑的意见，采纳他们的建议进行修改，而那些没什么自信的作者往往不太愿意修改作品。威尔斯曾说："福尔格曼就坐在我的打字机旁。"长期合作之后，威尔斯甚至在我还浑然不觉时，就能预料到我对某件事可能会有的反应。

单单是"修改"二字，在某些作家或有可能成为作家的人听来都是一种诅咒。但在泰勒的第二部作品（也是她的第一部小说）《隆隆雷声，听我呼喊》获纽伯瑞金奖的那个晚上，她告诉我，她之所以选择戴尔来出版她的处女作《大树之歌》（*Song of the Trees*）（该书荣获一九七三年跨种族委员会图书奖，委员会向很多出版社寄送了获奖图书），而拒绝出价更高的另两家出版社，是因为我要求她修改作品。泰勒继续一丝不苟地不断修改自己的作品，她一直是位杰出的作家。

出版社会收到各种各样的投稿。过去合作过的作者或插画家交来的新作往往比较适合我们的出版方向；其他新作品则通常要经过长时间的讨论才能真正动笔完成。

但发掘新秀也非常重要，新人是出版社生机的源泉。戴尔出版社每一季都会引进新的作家和插画家。很多新人是通过引荐来的，其他则由经纪人推荐。对那些从未出过书的作者来说，要找经纪人代理，就像想办法出书一样困难。每年出版社总会收到几千份满怀憧憬的作者从全国各地寄来的投稿，每年平均会有六千份，每一份我们都会去读。尽管这是个繁重的工作，但我还是坚持去做，因为偶尔我们也会从中找到佳作。

一九七三年，我们出版的贝莱尔斯（John Bellairs）的《墙壁中有钟的房子》（*The House with a Clock in Its Walls*）就是这类作品。几年前，贝莱尔斯寄来一份三百页的手稿。年轻的编务助理安德森（Karen Andersen，她现在是一位作家兼插画家）写信告诉他，如果他愿意把稿子的长度减半，把主角从中年大叔改成小男孩，我们会很乐意重新评估这部作品。一年后，被修改过的手稿毫无征兆地回来了。从这部作品开始，我们陆续出版了十三本贝莱尔斯的书，每一本都大获成功，都有精装版和平装版，到目前为止仍持续再版。近几年来，我们从投稿中签下了一些绘本和两本小说，虽然所占比例不高，但我真心认为，只要有机会发现一颗明珠，所有花在阅读手稿上的时间都是值得的。

有些作品在其他出版社屡遭退稿，戴尔出版后却大获成功。比如格林（Bette Greene）的第一本小说《我的德国士兵的夏天》（*Summer of My German Soldier*）。这本书出版后不久，格林告诉我，在经纪人把稿子寄给我以前，她已被十一家出版社退稿。结果，一九七三年出版的这本小说大获成功。只要一想到新书出版前要经过多少次改写和修正，我就很能理解为什么许多出版社宁可省点力气算了。但是，从第一次读到这部手稿起，我就被这个故事和其中流露的情感深深吸引了。《我的德国士兵的夏天》精装版仍在再版，平装版销量更高达一百余万册，它还曾被改编为两小时长的黄金档电视剧。然而，当手稿还处于修改阶段时，我常怀疑自己是否做了正确的决定。

有时，当我看到某部作品也会对自己说：这本书很精彩，但它适合给孩子看吗？如果它真的很特别，我往往会赌一赌，看这位作者是否能向童书领域发展；插画家的情形也一样。从收稿的那一刻起，我们就会自问：哪类孩子会喜欢这本书？对孩子而言，蛇有什么意义或重要性吗？如果这是绘本，什么风格的插画能把它表现得生动有趣？

选择插画家或许是出版绘本过程中最重要也最困难的工作，因为这需要文字和插画能和谐配合。我不会让图画详细地描绘故事，因为这样一来，书的内容就会变得沉闷而重复。我想找的插画家必须能突出或中和故事里的某些特点——如幽默、温馨或美丽等等。而好的插画也能延伸一本书的意义，甚至赋予它全新的角度。

有时，插画家也是文字作者，这种情况下，在编辑第一次看到作品时往往就有了完整的版面设计。这是因为艺术家常通过具象的方式来构思创作；通过线稿，编辑可以了解插画家想要表达的东西，或是他想讲的故事，然后协助他把文字和插画改到可以出版的程度。在这种情况下，往往只有版面设计，没有文字稿，直到整个构想已讨论得比较成熟，该进行文字排版的时候，编辑才会一并考虑编辑绘本的两个重要方面——文字和插画。

凯洛格曾与我合作过二十七本童书，其中有十五本由他创作并绘制。他是一位杰出的作家和插画家，许多作品都能轻而易举地迅速出版，终稿基本上都与最初的草图大纲相差无几。他的新作《圣诞巫婆》（*The Christmas Witch*）就是这样。其他有些作品的出版过程则复杂许多，如《好朋友》（*Best Friends*）。几年前，我们两人受邀到华沙尔夏季出版研究院演讲，决定讨论《好朋友》。这是一部绘本，以一种温馨而幽默的方式捕捉童年时而狂喜、时而困扰的情绪。凯洛格把最初的草图寄给我，以便我制成演讲用的幻灯片。他附的字条写着："亲爱的福格尔曼，怀旧的感觉如何？这是《好朋友》的草图，你第一次看到它们已经是十二年前的事了！"这六张草图，每一张都有我的批注，展现了一个从有趣的构想逐步发展成一本精彩的绘本的过程。

当计划出版的手稿被送到出版社后，戴尔的美术总监泰洪（Atha Tehon）就会参与选择插画家和策划绘本的全过程。每个出版社的做法不同，戴尔的方式是团队合作，大家很容易就能互换角色，每个人都反反复复考量内文、审视插图，回过头来再看内文。如果作者不是插画家，那么一部优秀的绘本应是两位有才华的艺术家合作的成果。但大多数情况下，作者根本无法参与选择插画家，在书的策划过程中，甚至没有机会和插画家说话。作者的视角往往太过具体，又充满个人色彩，反而可能会限制插画家自由发挥的空间。从我的经验看，这确实是坚持"各自独立但相互平等"原则时会碰到的情况。

作为发行人和总编辑，我要知道一本书到底有没有市场，才能决定它是否值得出版。有时，我会在一个新出版计划的最初阶段，就和销售部、市场部的同事进行讨论，听听他们对潜在市场的看法和意见，比如他们认为这部作品可能会卖出多少本——这类书往往都是"新奇事物"，比如立体书。而在书的大部分内容都还有待与作者讨论修订时，要和销售人员讨论作者的想法是件很不容易的事——尽管他们一样有才华，而且非常支持我们。

出版童书总是存在风险的。没有人能从一开始就料定一本书能在市场上大获成功，或是备受评论家青睐！但这也正是童书领域如此吸引我的原因之一。发掘有潜力的新作家的成就感，协助插画家画出他心目中图画的挑战感，以及参与整个创作过程的满足感，正是童书编辑工作值得我们继续付出的理由。

Chapter 33
第三十三章

提供系统化的知识
——编辑参考书

莫尔斯 Linda Halvorson Morse

莫尔斯早年曾在麦克米伦出版社工作，负责一部重要的学术性百科全书。后来她去了马萨诸塞州的希思出版公司（D. C. Heath）负责策划历史、政治学方面的教科书。莫尔斯现任牛津大学出版社纽约分社（Oxford University Press in New York）主编，主管大众参考书部，该部门的核心项目是单卷本百科《指南》（*Companions*）、配有大量插图的口述史和编选的各种文集。

“如今，越来越多的出版社开始大量出版参考书，涉及的学科也更加多样。莫尔斯写道：”当今社会，人们需要、也希望能轻松获取系统化的知识。”

莫尔斯认为，学术参考书通常是多卷本，“大多卖给图书馆或其他研究机构”，大众参考书则往往是单卷本，“是为满足广大普通读者的业余爱好……除了邮购和其他购书渠道外，在零售书店也能买到”。

编辑独立著作参考书的方法和普通非虚构类图书并无差别。“由多位作者合著的参考书则要面临一致性、团队合作和长期项目管理等各种特有问题。”莫尔斯通过自身经历——“以一部由多位作者合著的大众百科全书为例”，讨论了“尽管学术参考书是以较特定的读者群为目标，但在编辑工作中面临的挑战则大同小异”。

莫尔斯在这篇包罗万象的文章中探讨了编辑参考书的各个重要层面：从策划选题，选择合作的编辑委员和撰稿者，策划每一卷的内容，到监督长期项目的执行情况等。

至于未来，在莫尔斯看来，由于电脑技术应用越来越熟练，参考书编辑在处理具体编务、行政工作上有了更大的自由度和灵活性，“有了光盘、在线服务等新技术，电脑也将不断改变读者获取信息的方式——但在我们心中，新科技永远无法真正取代制作精良的大部头参考书”。

在大众眼中，出版参考书没有什么高潮迭起的戏剧性变化。它必须靠慢慢累积学术知识来完成。严格说来，这是一个复杂精密、细致深入、备历辛苦的过程。自第一位编撰百科全书和字典的人把注意力集中在搜集、整合人类知识上起，如今已有大大小小不计其数的百科全书和字典争相仿效这种做法。尽管智力活动过程在本质上没有太大改变，出版环境却已和过去大相径庭。参考书出版社的数量、图书涵盖的题材、出书的种类都大大增加，隐藏其后的是市场供需的现实状况。当今社会，人们需要、也希望能轻松获取系统化的知识，而出版社也和其他行业一样，提供的是市场需要的“商品”。

什么是参考书？

参考书有很多种形式。尽管各类参考书都无法被简单而狭义地定义，但当我们看到时往往都会马上知道它们属于哪种类型：如普及性百科全书、专业性百科全书、指南、手册、字典、词汇表、书目、索引、年鉴、地图集、文选等。当口述史或概论的内容十分全面而权威，能使读者获得关于某领域的完整知识时，也可被归为参考书。

参考书的目标读者群十分广泛。针对学术界或专业人士的参考书大多卖给图书馆或其他研究机构，装帧和定价也会根据实际情况有不同的考虑。在美国，这类参考书的单册定价通常高达数百美元，全书厚达数千页，且每套都有好几册。不管是经常修订的专业手册，还是几十年才修订一次的学术总论，目标读者都是学术界人士。大众参考书就不同了，它是为满足广大普通读者的业余爱好而出版的，也是相关领域的学者或专业人士的二手数据来源。这类参考书往往只有一册，价格也在一般购书者负担得起的范围之内（目前定价五十美元已是上限），除了邮购和其他购书渠道，在零售书店也能买到。

这些书有何共同点呢？回答这个问题之前，我们首先要考虑，对读者而言，参考书的用途是什么。一般而言，参考书不是让人从头读到尾的书，而是供读者查询特定信息之用。因此必须对书中知识做系统化编排，使整部书结构清晰、便于查询，如按字母、主题或年代顺序排列，避免读者在令人望而生畏的资料中猛翻一气，而是能迅速找到所需信息。对读者来说，参考书的系统化使他们能轻而易举地获取知识。

其次要从经济利益的角度来看。出版界普遍认为，参考书是长销书，也就是说，它们不仅是出版当年的重点书，而且能在市场上卖好几年，甚至以修订版的方式存在好几代。和言情小说等畅销书比起来，参考书是出版社长期稳定的收入来源，且其收入能被预估出来。另一方面，制作参考书的成本也很高昂，不但编辑费用可观（要耗费数年时间），而且只要书还在市场上销售，营销费用就必须一直花下去。参考书的寿命可是相当持久的。

参考书的需求

出版商往往能敏锐察觉读者需求。如果初为人父母的读者需要了解最新的育儿知识，如果律师需要一本关于新税法的系统化手册，如果一般读者需要一部包罗万象、从音乐谈到考古学的参考书，细心观察市场的出版商总会有所反应，抓住机会。他们或自行规划，或从出版提案中谨慎寻找适合的作者。在商业、法律、医疗、工程及其他专业领域的参考书都拥有广大的读者群：学术界读者需要从科学到人文艺术的各种系统化知识，一般读者也渴望获取关于园艺、政治、文学等学科的权威信息。

那么，有没有什么特别适合出版参考书的题材呢？有。比如新兴的学术研究领域在学科架构和知识体系上尚未完善，就为出版参考书提供了好机会。女性学术创作在过去十几年集中取得了很大的成就，关于她们的原创性研究正在被各类参考书汇编整合。前沿学术研究也为出版参考书提供了丰富的可能性，较典型的如军事史研究，已经超越“战鼓和号角”的局限，囊括了重要的社会层面。另外，有些题材更是一般读者百看不厌的，比如美国西部、南北战争、福尔摩斯等。

编辑多位作者合著的参考书

抛开参考书的装帧、定价和营销差异不谈，编辑学术参考书和大众参考书所面临的挑战其实大同小异。据我的经验，更大的差异在于参考书的作者是一位还是多位。独立著作的参考书都一样，涉及全面、均衡、权威性、持久性等特殊责任，其编辑流程和本书其他章节所描述的类似，本文不再赘述。而由多位作者合著的参考书则要面临一致性、团队合作和长期项目管理等特有问题，适合在本章着重探讨。

我以一部由多位作者合著的大众百科全书为例，尽管学术参考书是以较特定的读者群为目标，但在编辑工作中面临的挑战则大同小异。

要出版一部有分量的参考书，无论从哪方面说，都需要相当程度的付出——我指的不只是资金上的投入，还包括耗费的时间。从构思到定稿，整个编辑流程很可能需要两三年甚至更长的时间。如此大的投入，编辑过程自然很辛苦，必须事前就花很多时间深入讨论许多实际问题、规划行政工作流程，等到计划开始执行时才边做边改几乎是行不通的。在接下来的几页中，我会谈到编辑参考书的几个基本方面（当然，由于出版参考书的公司很多，编辑流程也会不太一样），并谈谈这个过程所体现的作者与编辑的关系。在这种长期合作中，如果双方能在工作方式和知识目标上达成共识，不仅更容易成功，也能更好地享受编辑过程中的乐趣。

购买版权

在这个阶段，出版社首要之务显然是探究出一个完整的构想，并决定它是由社内编辑自行完成，还是借助社外资源。组稿编辑会先做非正式调查，列出一串关键问题，征询他所认识的学者、图书馆管理员、书店经理及销售、营销人员的意见。

有些问题和市场有关。同类图书上市时卖得怎么样，长期的销售情况如何？有没有哪一部书在市场上占有绝对优势？开放的市场充满机会，封闭的市场则恰好相反。还有，什么样的读者会有兴趣买这样一部参考书？出版社的立场是，理想的大众参考书应该能吸引广泛的读者群。举例来说，一部完整而权威的国际政治大众参考书，无论对比较政治学、国际关系、历史、经济学和相关领域的学者，还是从事新闻业、国际商贸和外交的专业人员，以及渴望了解世界的外行读者，都很有吸引力。百科全书的形式可以容纳多重探讨方式，如简述、整合（整合内容，提供背景以方便理解，或整合某一特定话题的多种观点）、阐释（提供对某一主题的原创性思考），使每个读者群都能根据自己的需求从中得到收获。

其他问题则涉及参考书的实质内容。这部书讨论的是一个崭新的领域吗？它有超前的题材，无论是普通爱好者、学者还是专业人士都非常需要它吗？刚刚萌芽的学术领域可能还不够成熟，无法清楚完善地表达，不是好的出书题材；那些活跃而成熟，能引发热议的学术领域才是最理想的。还有更重要的问题：什么样的内容能令这本参考书具有独特的文献价值，有望成为这个领域的标准参考源？它的涵盖范围应该有多大？

最后，出版社很可能会考虑，在规划出版新的参考书时，最重要的是在社外选择一位总编辑。我故意使用“总编辑”这个称呼，而不是“作者”；因为这个人或许要比自己独立撰写一本书做出更大的贡献，他必须在更高的位置上发挥作用，在上百位撰稿人之间扮演协调者的角色。因此，总编辑在学术、专业背景上的资历及经验非常重要，这代表了他对材料的掌握程度，以及被读者和评论家接受的可能性，而这也恰好是一部参考书权威与否的评判标准。

出版社想找这样的总编辑：对所涉及的领域有实质性突出贡献的人，对该领域的外沿及争议性话题、研究中值得注意的新方向及突出的学术和专业观点都有广泛了解。出版社往往偏爱人脉广、能吸引众多优秀人才（担任编辑、顾问或特约撰稿人）一起参与项目的人。还有一个重要的考虑因素是，这位总编辑候选人要能预估这部书的潜在读者群，并把书塑造成符合读者特殊需求和趣味的样子。如果总编辑很清楚书的读者群，他也能为营销策划带来创意构想。

在这个阶段，总编辑和出版社的组稿编辑密切合作，共同拟订初步计划——往往以出版提案的形式呈现。我会鼓励未来的总编辑斟酌计划的所有层面，即使一时不容易找到答案也无妨，至少我们能了解计划向前推进时需要解决哪些问题。我会要求未来的总编辑把工作重点暂时放在该领域的研究现状和大众的兴趣点上，（如该领域有什么有趣的问题，为什么这本参考书会有市场？）针对目标读者和可能涉及的范围进行规划，并安排行政工作，包括拟订进度，在总编辑和出版社间做适度分工。我们会请局外人评定这份提案的可行性，几经修改才能得到出版社的最终批准。

这个阶段必须解决的还有“人事”问题。原则上，总编辑会挑选四五位学者和专业人士做编辑委员，与他们密切合作。编辑委员会增强参考书的专业权威性，同时也负责一部分编辑工作。一个人的视野往往无法涵盖内容广泛的参考书涉及的所有范围，而编辑委员会的集体视野能确保全书涵盖的内容更加全面而均衡。这使总编辑成为编辑委员与出版社之间的总调度，他代表编辑委员会做出最终的权威决定。

最后，编辑顾问会为整个出版计划补充专业意见。编辑委员是主动参与创作，而编辑顾问则扮演较被动的角色，如评估内容规划，在他所熟悉的领域推荐专家撰稿人等。

策划阶段

双方签订出版协议后，出版社和总编辑（或编辑委员会）的长期合作关系就正式展开了。这时，出版社可能会指派一位社内的策划编辑负责这个项目，引导编辑委员会做出大小决定，逐步确立全书的组织架构和重点内容。策划阶段最主要的任务是完成一份详细的内容规划，这个创造性过程大概需要一年多的时间，进行密集的编辑作业。（在按字母顺序排列的参考书中，用“索引条目表”似乎比“目录”表达得更贴切。这类参考书的读者会依据字母顺序查找自己感兴趣的主题，因此并不需要目录。）尽管在选题阶段，大家已经对书的涵盖范围和内容做了大量思考，但唯有在所有编辑委员都确定下来后，才能认真规划出细部架构。

重要参考书的主要编辑目标是“全面”和“均衡”：确保书的内容涵盖了该领域、该学科的所有层面，同时也给次要的议题保留了适度空间。典型的安排是每位编委就自己所负责的领域策划出一张题目单，这些题目单会被整合成一张要目单，再由编委会反复讨论修改，建立所有题目之间的整体关联性。同时，编委也会定期集会，评估全书内容有无不足、偏颇之处或其他缺陷。此间也可评估相关领域的专家，提名撰稿人。

合著的参考书面临的主要挑战显然来自于一个不争的事实：这不是一个人而是许多人完成的项目。为了有机协调所有人的工作（包括视角、叙述方式和语气），必须在策划之初，就从外部施压。为了在一致的目标下完成各自的任务，总编辑有必要向所有未来的撰稿者说明整部书的架构和内容，以及他们的文章在书中扮演的特殊角色——也就是说，文章所探讨的内容将会是读者在其他地方看不到的。这样一来，让撰稿者了解目标读者是谁就非常重要，他们要据此选择与读者相应的表达方式。

在策划阶段，编委会和社内编辑会为撰稿者拟出一份说明上述问题的参考资料。除一般性描述，我们还会为每篇文章准备一份“范围说明”，说明文章需要涵盖的内容和重点，指出为确保全书完整性，哪些事例或话题是本文应探讨的，并列出本书计划涵盖的相关主题文章。这份“范围说明”会在编辑与撰稿者充分讨论后做出必要修改，这样出版社和撰稿者从一开始就会对文章的写作目的达成共识。与每位撰稿者重复这个步骤，可以避免在范围上有疏漏，或文章之间彼此重复。同样，撰稿人也需要在编辑风格、参考书目编排方式，及手写稿或电子稿的格式上受一些指导。这些细节上的详细指导可以避免日后编辑工作上的许多麻烦。

在见过并参与策划过许多参考书后，我能明确两件事。第一，策划参考书题目单的过程永远比大家预想的复杂许多。任何项目在实际策划过程中都有层出不穷的复杂的概念性的争议，以至于所有参与者都开始怀疑自己当初怎么会答应加入这个绝望而冗长的计划。但坚持下去总会得到回报，这种感觉就像戴上眼镜，把世界聚焦在眼中，再复杂的百科全书最终都会步入正轨。此外，出版社必须不计代价，想办法让所有的编委聚集一堂，厘清全书的具体内容和组织架构。面对那些不可避免的考验，在讨论中激发出的团队精神会成为一股重要的凝聚力。

行政工作

一旦题目单最终成型，撰稿者也都确定下来，就要开始着手行政工作。要依照初期规划的分工方式具体实施，常见的安排是由出版社负责所有的行政工作——包括约稿、准备和寄出撰稿合同、收稿、送稿至编委会评估、管理档案，这样编委会可以集中全副精力在内容方面。但是，唯有出版社专门指派一位社内编辑负责处理大量琐碎的日常行政工作，这种安排才有可能实现。这样一来，出版社要额外花钱指派一位项目编辑（他可能会同时处理好几个项目），但好处是这个项目能按照进度如期出版。无论在行政上做怎样的具体安排，所有参与者都必须尽力让每一篇稿子尽快走完编辑流程。

当一个项目牵涉到上百位撰稿者和百篇以上的文章时，档案管理就是很大的挑战。已实现电脑化的出版社最理想的做法是为该项目建立一个专门的资料库，并定期维护，经常更新有关文章标题、内容、篇幅、截稿时间、应付稿费、目前进度等种种数据。这样可以使社内的项目编辑轻松地和每位参与者保持日常联系，并有一张能随时跟催的交稿清单。（十几年前，我初次参与一个多人撰稿的参考书项目时，电脑还不普及，我们在墙上贴了一张很大的进度表，标明每个阶段需要跟催的稿件。）当然，如果总编辑精通电脑，或有其他方法来解决这个复杂的问题，也不一定需要出版社来处理。这是个很实际的决定：究竟谁最适合掌控日常的存档、拟订进度、跟催、传递稿件等种种细节？有趣的是，电脑在前文提到的策划过程中也扮演了重要角色，资料库可以把长串的名词分门别类，检测涵盖范围是否足够、题材是否均衡等问题。

编辑阶段

开展上述行政工作的同时，编辑工作也在进行中。在编辑稿件的过程中，存档、写催稿信、把交来的手稿转呈编委会审核等工作仍然需要有人同时来做。在编辑阶段，每篇稿子都要经过内容和写作风格上的审核、改写，及最终的文字编辑工作，整个进程往往都由项目编辑来协调。截稿日期则视项目的时间长短而定，不到一千字的稿子从约稿到截稿可能只有三个月，而六七千字的长稿就可能有将近一年的写作时间。

对大多数参考书项目而言，有效的安排是每篇文章最好都由至少两位编委审核：一位是该领域的专家（通常被称为“局部编辑”），另一位则是总编辑(他要对全书负责,必须阅读每一篇稿子)。基本上，局部编辑和撰稿者要就须修改的部分进行沟通，并最终定稿。如果他们在策划阶段已充分沟通，这时的改动往往会很少。

当读者翻开参考书时，若发现书的涵盖范围不够完整，或表达的立场太过狭隘，立刻会大失所望，因此编委在阅读每篇稿件时，都必须评估它的内容是否均衡、正确、完整，并向撰稿者提出具体的修改意见。同时，总编辑必须从文章能否与书中其他相关文章匹配的角度做出评判。此外，很重要的一点是，在评估和校订文稿的过程中，必须注意稿子是否具备好文章的构成要素——论点是否清楚、举例能否支撑观点、能否吸引读者兴趣等，无论对参考书还是其他形式的作品而言，这些都是必备要素。或让撰稿者参考局部编辑的具体建议解决文体问题，或让局部编辑在审阅文章时尝试编辑文稿；小问题可留待最后的文字编辑解决。当然，很重要的是，无论编辑如何改稿，必须让撰稿者有机会亲自过目，并认可所有的修改。

在编辑的最后阶段，所有定稿的单篇稿件都要按字母顺序汇总。这时，引导读者查询特定信息的编辑架构（即交叉引用系统等）已设计完成并插到稿件中了；对大多数参考书都很重要的索引也已进入了校对阶段。这些最后的收尾工作需要编辑对全书内容和相关文章的形式都有所了解，因此最有效的方法是由总编辑和社内编辑共同处理。只有经历过在参考书中找不到所需信息的困境，你才会意识到这个阶段的编辑工作是多么重要。现在，所有的稿件都已经准备就绪，可以付印了，幸运的话，几个月内这本书就可以正式问世。

前景展望

只要把一句古老的格言稍微修改一下，就会很适用于描述参考书出版业的本质：事情越是一成不变，变数就越多。我可以想象，在未来几年，我所熟悉的参考书出版业不会有太大改变，我和同事们仍会继续寻找选题，尝试以新视角来看“旧”题目，也会积极寻找新题材，希望能跟上读者兴趣变化的脚步。我们也会为高成本、高收益的大部头参考书项目费尽心力。也许，沿着这条路走下去，我们会认为自己参与了一些真正重要的事，这些事使世界变得更美好。而我们的工作内容似乎还是那样，尽管我们必须做得更好、更快，才能在竞争越来越激烈的市场上生存。更可能改变的是我们的工作方式，而非工作内容。电脑会帮助我们迅速而灵活地检查工作计划，也会帮助我们以更有效率的方式处理琐碎的行政工作。有鉴于此，我们能编出更好的参考书。当然，有了光盘、在线服务等新技术，电脑也将不断改变读者获取信息的方式——但在我们心中，新科技永远无法真正取代制作精良的大部头参考书。

Chapter 34
第三十四章

人生的编辑者
——编辑传记

戴维森 Peter Davison

现任职于霍顿－米夫林出版公司的戴维森，自一九五〇年加入哈考特－布雷斯出版公司起，先后加入了哈佛大学出版社（Harvard University Press）、大西洋月刊出版社（Atlantic Monthly），并在一九六四至一九七七年就任大西洋月刊出版社主编，与此同时，他也是《大西洋月刊》的诗歌编辑，出过九本诗集、一部自传和一本谈诗歌的书。

“戴维森在这篇优美的文章中写道：“细节是传记的生命。”传记作者、自传作者和他们的编辑都会喜爱文章中提出的明智建议和幽默智慧。

他从事传记编辑工作已逾四十年，出版的作品包括米德尔布鲁克（Diane Middlebrook）的《安妮·塞克斯顿传》（*Anne Sexton: A Biography*）（塞克斯顿和她的心理医生会面时的录音被出版曝光，引起了一些争议，编辑对此的评价是一个有趣的案例），他大方地同我们分享了处理编辑和作者关系的经验。他详尽地谈了与编辑传记和自传相关的各种细节、问题与想法：寻找至关重要的文件并取得法律授权；处理著作权和私人信件的公有权问题；获得所引文本和照片的许可，确保拿到被描绘和引述的人物授予的豁免权；懂得应付那些惜字如金或滔滔不绝的人；传主尚在世或刚刚去世的话，还要应付他们的配偶；避免涉嫌诽谤的威胁和惩罚；选择一个对传主没有明显好恶的作者；向作者建议一个引人注目的开场白和让人心满意足的大结局；向作者推荐关于传主的重新评价等等。

借用法国批评家罗兰·巴特（Roland Barthes）的妙言——传记是不敢具名的小说，但戴维森却敢于在此明白无误地告诉我们编辑他人人生的艺术：

“自传作者是否应该‘从头说起’呢？往往不然。我们所有人脱离母体的过程都大同小异，唯有产科医师才对此有兴趣。

“编辑的工作方式应像父母一般温柔，尽管有时为了让这本自传更真实可信，他们也必须表现出为人父母的严厉。

“传记作者真正的天分在于他有没有足够的同情心和想象力来写出别人一生的故事，甚至最后连传主本人都说，‘这是最接近我的描述。’最糟糕的莫过于作者禁不住诱惑，把传主改写成一个他希望变成的人物。

“编辑的教训是，为了还原事实和历史真相而写出最好的传记当然很重要，但是先拔头筹可能更有赚头。”

四十年来，我的工作一直都是编辑传记和自传，无论长短、厚薄，它们的传主都有不错的声望，包括卡鲁索（Enrico Caruso，我编的第一本书）、康奈尔（Katharine Cornell）、塞克斯顿（Anne Sexton）、霍姆斯法官、庞德、小鲍威尔（Adam Clayton Powell, Jr.，我目前在编的书）等；自传作者包括卡津（Alfred Kazin）、莫厄特（Farley Mowat）等；克罗南伯格优雅的回忆录《玉不琢不成器》（*No Whippings, No Gold Watches*）；庞德女儿瑞秋维尔茨（Mary de Rachewiltz）爱的狂想曲《谨言》（*Discretions*）等。二十年前，我本人也出过自传，名叫《一半的记忆》（*Half Remembered*），而今为了出平装版，这本书最近增补并修订了内容——尽管我还是不记得另外那一半。

我从未编辑过诸如现在市面上的十四本玛丽莲·梦露（Marilyn Monroe）传一类的名人传记；对另一种“特殊类型”的传记也很不在行——这类传记的出版社为了造成市场轰动，获得免费宣传，往往故意夸耀他们的书“未经授权”，似乎存心和打诽谤官司的律师斗法。这类书大胆宣称自己未经授权，其实是为了向大众暗示书中包含了许多名流不为人知的内幕。如果你想从本文中寻找如何写这类书的秘诀，那一定是白费力气，事实上，我建议你根本不要尝试。这是个危险的游戏，你需要极其厚颜无耻，且有本事在材料中恶意地添油加醋。

法国评论家罗兰·巴特曾写道，传记是不敢具名的小说。这句话用来形容自传似乎更贴切，一般来说，回忆录都是活人写给活人看的，往往会自我粉饰，只有极少数会坦白地自我披露，如圣奥古斯丁（Saint Augustine）和卢梭（Jean-Jacques Rousseau）的同名自传《忏悔录》（*Confessions*）。大多数自传作者都把自己当成典范，当成受害者，当成智慧之源，有时也会当成开玩笑的对象。毕竟，尚在人世的自传作者必须面对活生生的读者。编辑的首要之务，是确定作者对人生故事的主题打算采取什么态度。他必须对作者和他的人生有深入了解，才能帮作者做出选择。当编辑对此并不了解，只能从某个自抬身价的名人口中努力挤出几分真相时，要这么做并不容易。若编辑根本不认识作者就更困难了。如果作者声名远播，或不具备足够的公众吸引力，出版社则很难在第一时间就决定签下这部作品。如今我们无须考虑这样的特例：一位名人先写好回忆录再寻找出版社。在“经纪人”的时代，情况正好相反。

有些我合作过的自传作者对自己的经历有太多想要表达的东西；但更多的作者则不愿意讲太多，他们无法想象把自己或配偶心目中不好的一面暴露给别人看。这时编辑的工作方式应像父母一般温柔，尽管有时为了让这本自传更真实可信，他们也必须表现出为人父母的严厉。除了暴露狂，没有人想在大众面前脱裤子，而这些暴露狂中往往恰有极好的传记作家，如米勒（Henry Miller）——出于某种原因，他的书也可以称之为小说。更糟的是，在大庭广众面前揭发他人隐私，是编辑和作者的律师的心腹大患。

自传作者是否应该“从头说起”呢？往往不然。我们所有人脱离母体的过程都大同小异，唯有产科医师才对此有兴趣。如果自传作者能从稍后某个有意义的场景或片断谈起（无论他当时是个孩子，还是已长大成人），就在某种程度上奠定了全书的风格和倾向，这样能更好地讲故事，因为叙述重点被放在重要事件上。曾写过数卷回忆录，八十几岁时还完成了葛兰姆（Martha Graham）传记的德·米尔（Agnes De Mille）从不“从头说起”。即使处女作《舞向吹笛手》（*Dance to the Piper*）也是从葛兰姆十岁时如何发现好莱坞说起——当时她父亲放弃了舞台导演的工作，转往电影业发展，于是他们搬到了好莱坞。那时，她还没发现自己的天赋。直到年纪稍长，她的舞蹈天分才开始展露，将她之前和之后遇到的一切事物都染上了鲜活的色彩。卡普兰（Justin Kaplan）关于马克·吐温（Mark Twain）的传记杰作是从马克·吐温三十一岁时说起的，因为“在马克·吐温成熟的文学生涯中最戏剧化的部分，是他发现了可以把过去作为素材”。

维多利亚时代的著名哲学家罗素（Bertrand Rusell）却选择了“从头开始”的方式（“我第一个鲜明的记忆是一八七六年二月到达彭布罗克邸园的情景”）。在谈到不幸而多病的双亲前，他先介绍了地位尊贵的祖父母（他的祖父是当时的首相）。双亲相继过世，把罗素和哥哥弗兰克留给祖父母抚养，他们的童年在祖父母的荫庇下享尽荣华富贵。而和其他孩子相隔绝的成长环境，使罗素在九十年的生命里，一直非常渴望与他人，甚至整个人类产生共鸣。童年经历告诉他，没有谁会同情长在高门的寂寞孤儿，他从小就常在哲学中寻找慰藉，以绝伦的心智来保护自己柔弱的感情，对每件事都有自己的看法。

自传不只和传主的性情息息相关，也和作者设定的目标读者关系密切，编辑必须对这一点足够敏感。凯南（George F. Kennan）精彩的回忆录的读者以前只知道他是美国外交发言人的幕僚，“遏制”政策的幕后策划人，其实他也是个有故事的人。他从儿时在中西部度过的快乐童年谈起，做了一辈子外交官，那是他回不去的梦中乐土：“的确，不是每个人都能清晰地回忆起自己童年的成长。恐怕我就是记不清的那一类。”在驻派国外多年后，他回到家乡，但威斯康辛早已不复当年的纯朴。凯南回忆录一方面大力提倡外交上的现实主义，另一方面又隐隐为他想象中天真纯洁的美国低吟着挽歌。难怪他总那么明显地表现出对今日美国的不满。

我想自传比其他类型的书更要注意叙述语调的问题：作者以怎样的笔调描述自己？凯南是怀旧的，罗素是诙谐的；而在诗人庞德和拉奇（Olga Rudge）的女儿瑞秋维尔茨的自传中，她率先描绘了得知身世前的孩提时代，和养父母一起度过的多年纯朴而愉快的乡居生活——并始终没有偏离这个主题。自始至终，她崇拜庞德浮沉起落的作家生涯，却一直希望能重拾过去的纯朴，甚至以某种方式来影响庞德——但她始终不明白，这是庞德最不喜欢的生活方式。在编辑这本书时，我鼓励她强调自己对父亲的崇拜，淡化他的反犹太主义色彩，因为并不是每个认识庞德的人都觉得他如此值得崇拜。

自传往往都不知该如何收尾，因为根据定义，主角直到故事结尾都依然在世。可供选择的收尾方式都不太令人满意：在笑声中结束或许是最好的选择，但这是使用频率最低的方式。步入婚姻殿堂（通常是第二或第三次了），从此过着快乐的日子是常被采用却不太令人信服的结局。以所爱的人（如妻子、父母、孩子）去世做结尾非常感人，但读者不禁会怀疑作者告诉我们这一切的动机。编辑最好能提些更出彩的建议。康罗伊（Frank Conroy）《时间静止》（*Stop-Time*）的结尾是当代自传中最令人难忘的段落之一，当他的车子以九十英里的高速滑过马路，“但前轮撞到了路边的矮栏，车子仿佛啦啦队长手上舞弄的指挥棒，不停地旋转……然后，车子突然微微一倾，一切都静止了……”

接下来谈谈传记。我想区分两个完全不同的问题：早已作古的人的故事，和刚去世不久的人的故事。前者的素材要从文献和其他资料中发掘，后者则往往要依赖还在世的人的合作意愿——如死者的丈夫或妻子、被指定的遗产执行人、律师等。这两类传记有不同的写作方式，也需要编辑提供不同的协助。但无论哪一种状况，编辑首先要百分之百确定，作者深深崇拜传主，或很认同他的为人。为什么呢？因为作者很可能要和他的写作主题共处至少五年，有时甚至超过十年，这比大多数美国人的婚姻还要长久，他会发现很多想象不到的事。为英国作家哈代（Thomas Hardy）立传的作者发现，当哈代看到或听到罪犯被处以绞刑的时候，会产生性亢奋。他以一系列诗作悼念知名而美丽的亡妻，以致破坏了他的第二次婚姻，而实际上他的第一次婚姻一点都不美满。作家奥威尔（George Orwell）的传记作者则发现，尽管奥威尔对底层民众寄予了深深的同情，但私下里他却是个脾气乖戾、很难相处的人。赫伯斯特（Josephine Herbst）传的作者也曾经对波特（Katherine Anne Porter）传的作者透露，波特曾向美国联邦调查局出卖她最亲密的朋友赫伯斯特。在我碰到的传主中，似乎只有契诃夫没有严重缺点，最能被为他作传的人接受，但他也是最难捉摸的一个人。

如果传记作者在了解了传主的种种缺点后选择把它们曝光，那么他的写作时间很可能会比预期的多一倍，因为如果作者很不齿传主的所作所为，却要逼迫自己以同情的态度来描写他，是很困难的事情。尽管托马斯（Dylan Thomas）在世时许多女人争相向他投怀送抱，但他过世后，除了妻子，没有一个女人客观地评价粗鲁好色、耽溺酒精、有自我毁灭倾向的托马斯。不过他才三十九岁就英年早逝——活到九十岁高龄的人不可避免会留下卷帙浩繁的相关文献，传记作者可能要花很多年在庞杂的材料中搜寻，作者和编辑能活到材料齐备的那一天吗？曾经为海明威、契弗（John Cheever）、斯科特（Winfield Townley Scott）等人立传，经验丰富的专业传记作家唐纳森（Scott Donaldson）发现，在他研究长寿而经历丰富的麦克利什（Archibald MacLeish）的一生时，经过精心计算而拟订的进度表根本没什么用，书的内容牵涉之广，远远超过他的预期。编辑的职责是了解状况，说服作者材料已经够多了。有时他会缩短内文，有时会删减参考书目和附注。从商业的角度看，读者想阅读偶像的人生故事，当然要付费，但费用也是有上限的。

要为早已作古的人立传，须注意的第二个问题是：相关文献保存在什么地方？谁控制着它们？这些材料能不能被直接引用？这个问题排在时间因素之后。如关于鲍斯韦尔（James Boswell）的材料在他过世一百五十年后出现在马拉海德古堡，之前没有人想到这些文件会藏在这里——接下来，就必须确定文件的所有权了。

编辑能协助作者做的第三件事是鼓励作者以当代视角重新评价传主。海尔布伦（Carolyn Heilbrun）在她眼光敏锐、令人信服的作品《描写女性的一生》（*Writing a Woman's Life*）中，针对传记作者（无论是男性还是女性）描写女性生平的方式提出了许多具有挑战性的问题；但现在许多传记作者都着力于重新发掘女性传主生平不为人知的一面，因此海尔布伦的价值观值得在每一部包含女性角色的传记中检验。

第二种传记可能是最难处理的一种：为刚过世不久的人写传，所有的材料和记忆都在其在世亲友的书柜、日记和脑海里，而且这些人都希望看到他们所爱（或不爱）的人的一生被“准确”地描述出来。对传记作者而言，最困难的情况莫过于要为英年早逝、毁誉参半的人立传，而相关材料还掌握在一位多疑的遗产执行人手里。最近发生的典型例子是可怜的普拉斯（Sylvia Plath），她在三十岁时自杀身亡，把所有的文学遗产留给了尚未离婚的丈夫。结果自她一九六三年过世起，每位想为她作传的作者（我数得出来的至少有九位，其中只有五位完成了他们的作品）要么得把手稿内容呈给她的遗产执行人审查——文中引用的每一句普拉斯的诗都必须得到允许，要么就干脆不引用她的任何诗句，免得还得征求遗产执行人的同意。（在审查内文时，遗产执行人还常常引用有关侵犯隐私权的法律条款和诽谤法来保护自己。）诗人艾略特的传记作者也碰到了类似问题，但对他们来说，得到授权要付出金钱上的代价，而不是内容审查。

我碰巧认识普拉斯和她的丈夫，几乎每一位想为普拉斯写传的人都跑来拜访我，但直到普拉斯去世二十四年后，她的遗著版权代理人休斯（Olwyn Hughes）才和我联系，希望我来编辑诗人兼评论家史蒂文森（Anne Stevenson）所写的普拉斯传，而史蒂文森正是我一向欣赏的作家。为满足普拉斯的遗产执行人对于内容正确性（和自我保护）的要求，史蒂文森一遍遍改写稿子，最终陷入瓶颈。这时，大家决定把稿子交给我，重新创作出既符合作者的观点和风格，又能通过遗产执行人严格检验的内容。也就是说，我必须一页一页地改写这份稿子，综合史蒂文森对普拉斯生平的看法与那个碰巧负责遗产执行的人的观点——他不仅受托管理普拉斯的遗著，也是传记中的重要人物。而我的版本砍掉了完整的传记内容，又必须兼顾作者的创作尊严及普拉斯的丈夫和妯娌的个人利益。这是我一生中最痛苦的编辑经验，因为遗产执行人想做的事享有法定权利，而作者则在道义上享有表达内心想法的权利。初稿完成后，编辑过程持续了两年，律师也在没完没了的谈判过程中扮演了重要角色。尽管困难重重，对我们这些认识普拉斯的人而言，这部传记《苦涩的名声：西尔维亚·普拉斯的一生》（*Bitter Fame:A Life of Sylvia Plath*）仍然是同类作品中刻画最深入、文笔最流畅的一部，描写了这位出色的女诗人一生中努力扮演好的所有角色——小说家、母亲、新闻记者、家庭主妇、厨师、知识分子、养蜂人等，但她始终不是崇拜者想象中的那位女权主义者。

问题类似、解决方法相反的例子是米德尔布鲁克写的《安妮·塞克斯顿传》。安妮·塞克斯顿也是一位自杀身亡的诗人，她的传记从授权到出版历经十年，经四位编辑之手才得以问世。盖拉斯（Jonathan Galassi）和塞克斯顿的大女儿（也是她的遗产执行人）邀请斯坦福大学教授米德尔布鲁克来写这本传记。利用基金会的赞助和个人资金，米德尔布鲁克花了五年多的时间整理从采访、研究、文件中获得的材料。而此时，塞克斯顿的心理医师奥恩（Martin Orne）方才同意与她合作，向她提供了三百小时的心理治疗谈话录音带。当时米德尔布鲁克已完成了大部分草稿，她先征询了遗产执行人的意见，问塞克斯顿的女儿是否同意她聆听和引用这些极为私密的内容。得到许可后，她暂时离开电脑桌，花了几乎一年的时间聆听和解读录音带中的谈话内容，她发现塞克斯顿的诗和她正在进行的心理治疗有密切关系。于是她根据这些谈话改写了全书。这时，我已经成为这本书的第四位、也是最后一位编辑。在第一位编辑的帮助下，这本书找到了合适的作者；第二位贡献了他的耐心和精神支持；第三位引导作者避开了故事中隐藏的诽谤和侵犯隐私权的风险，因为塞克斯顿爱过许多男人，还维系了一桩极度反传统的婚姻，她把大量的爱给了许许多多的朋友，也为事业献上自己残缺的人生，这保护了她摇摇欲坠的理智。

在极力促成本书出版的律师、塞克斯顿的女儿与律师丈夫的细心合作下，身为编辑，要看着书最后付印，我的工作是为米德尔布鲁克定稿前最后的改写提供建议。书中的每个字都出自米德尔布鲁克之手，但他必须在述说塞克斯顿人生故事时，注意不要冒犯到她的家人和朋友。从她的信件和诗作（或是从朋友和情人给她的信）中直接引用的句子都必须事先征求她丈夫、孩子、朋友、情人、同事的同意。米德尔布鲁克在写作过程中表现出的缜密和专业简直令人惊叹。除了逐行逐字地编辑文稿，建议她控制篇幅，我的主要贡献是利用我对塞克斯顿圈子的了解，告诉作者她的哪些朋友可能会提供更多信息，或以什么方式接触某人最有可能得到他的授权。

花了三年的编辑功夫，我很自豪地看到米德尔布鲁克的努力终于有了成果——但令人震惊的是，《出版人周刊》刊载的第一篇特约书评竟然引用了一位根本没读过这部传记的专家的意见，谴责作者引用心理治疗录音带是不道德的行为。出乎意料的是，此后我们遇到了很大的争议，从伦敦报纸的相关报道，到《纽约时报》的头版新闻，整个新闻界都在讨论这件事，这时离我们的传记问世还有三个月。我们预想的争议点在塞克斯顿的生活或她的精神病史。（事实上，她的第二位心理医生和她交往了两年，一边收她的诊疗费，一边写情诗给她，但精神医学界宁可在书里不要提到这个“小节”。）多亏这些精彩纷呈的评论和出版社精心安排的宣传活动，以及作者勇敢的担当，这本书才能叫好又叫座。

简言之，为刚辞世的人——尤其是文人写传，会碰到为早已作古的人作传时不会遇到的挑战，因为后者大都早已淡出公众视野，作品已公版，尽管法律仍规定，若要引用传主未出版的信件和其他资料，必须征求遗产执行人的同意，除非这些文件是公众人物的公开资料。著名的塞林格案的结果是，塞林格不准汉密尔顿（Ian Hamilton）引用他的信件内容，也不允许其对此进行意释和改写，双方在法庭上为此争辩不休。因此传记编辑必须及时跟进这方面的最新法律动态，或随时向了解情况的律师请教。

鉴于此，传记编辑特别要注意引文授权的各种烦琐细节，得到描绘或引述人物授予的豁免权，复制照片要经过许可。诽谤的秃鹰总是虎视眈眈地盘旋在传记写作的荒原上空。是的，出版合约规定了作者要对此负责，但如今，当作者要求出版社确保他们免受这些损失时，出版社就不得不负起更多的责任。一个有经验的编辑，会比绝大多数传记作家接触到更多的传记，他们必须确定自己已经关照到所有细节，才算尽到了所有责任。细节是传记的生命。

如果世上真有十全十美的传记作者，他应具备以下能力：要成为真正的作家，他必须懂得如何以灵活而敏感的笔触，架构、描述传主的故事；要善于从文件和访谈中发掘材料；要能老练地处理与传主亲人、情人、遗产执行人、子女、父母，及图书馆管理员、编辑的关系；要对传主的个性有透彻了解，抓住每一条真实的线索，摒弃所有虚假的材料；要注重内容的准确性，一遍遍反复核查每一项事实、每一份文件、每一张照片和每一条谣传。除了这些严谨的实际工作技能，传记作者真正的天分在于他有没有足够的同情心和想象力来写出别人一生的故事，甚至最后连传主本人都说："这是最接近我的描述。"最糟糕的莫过于作者禁不住诱惑，把传主改写成一个他希望变成的人物。

史蒂文森在写普拉斯传时，对她有了更深层次的了解，以至于后来她甚至比普拉斯的家人更同情她的际遇。米德尔布鲁克不曾想到，她会对传主有如此透彻的了解，后来她很欣赏塞克斯顿从坚持诗歌创作中得到对抗破碎人生的力量。斯蒂尔（Ronald Steel）在写李普曼（Walter Lippmann）传时（他在开头这样写道："李普曼被培养成了一位绅士。"），发现自己越来越不能认同他的脾气、对犹太教的态度，和他人生中的其他方面。斯蒂尔的编辑是伟大的威克斯（Edward Weeks），他是李普曼的挚友，编辑过好几本李普曼的著作。斯蒂尔到处打听，或许是想找一位相对年轻资浅、认同他多过李普曼的编辑来负责此书。一年又一年，这本书已拖了十几年。威克斯运用了编辑最强有力的武器：耐心。利特尔－布朗出版社（尤其是销售部门）开始变得很不耐烦：李普曼已过世几年了（这项出版计划开始时他还在世，而且精力旺盛），销售部的人想象不出谁还会对李普曼传感兴趣。这个故事给编辑的教训是，不要太把销售部门的话当真。一九八〇年，《李普曼与美国世纪》（*Walter Lippmann and the American Century*）出版后，得到了美国所有一流评论家的关注和赞誉。这部传记卖出了五万本，获得了班克罗夫特奖、美国国家书评奖和洛杉矶时报书卷奖。

就像米德尔布鲁克的经历，传记作者常要历经几年的痛苦挣扎，才开始认同传主。史蒂文森和普拉斯的故事就有个不太愉快的结局。在史蒂文森的普拉斯传《苦涩的名声》出版前，市面上已有两部普拉斯传了，其中一部的内容非常不准确，另一部则乏善可陈，出于当时的特殊原因，普拉斯死后被提升为虚幻的女权主义象征。这部史蒂文森辛苦完成的真实传记，饱受理论批评家的攻击和误解，且受到大众一定程度上的忽视。在英国，这本书因为受到了更加尖锐刻薄的批评而多卖掉了一些。我提到的上述三本书中，只有《苦涩的名声》没有成为畅销书。

这件事给编辑的教训是：为了还原事实和历史真相而写出最好的传记当然很重要，但是先拔头筹可能更有赚头。布林宁（John Malcolm Brinnin）的回忆录《托马斯在美国》（*Dylan Thomas in America*）是第一部写托马斯的作品，因而比其他六七本内容全面而完整的托马斯传记都卖得好——比如费茨吉本（Constantine FitzGibbon）扎扎实实写成的《人生》（*Life*），他在十年后才拿到托马斯版权托管人的授权。布林宁的作品还被改编成戏剧，让他和版权托管人赚得盆满钵盈。如果想缔造一个传奇，下手要快。

最可悲可叹的是美国诗人弗罗斯特（Robert Frost）的故事。弗罗斯特不幸亲自挑选了传记作者——一位名叫汤普森（Lawrance Thompson）的普林斯顿图书馆管理员。弗罗斯特在指定传记作者的二十五年后才逝世，此间，汤普森不仅积累了足够写三本传记的丰富资料（其丰富程度甚至是他无法独立完成的），而且开始对弗罗斯特充满敌意，他对弗罗斯特造成的名誉伤害，就像格里斯沃尔德（Rufus Griswold）在传记中全盘否定了爱伦·坡的人生那样严重。没有一位美国历史上的重要人物比弗罗斯特更需要一部能为他重建声望的传记，而他却必须等到他的遗产执行人都过世了，所有相关人士都不再有利益瓜葛后，才能得到应有的报偿。泰特（Allen Tate）称"罗伯特（Marse Robert）的朋友们"到处收集诗人的忠实拥护者在他死后做出的佳评，试图保护这位乡村圣人已为大家所熟知的形象。想想看，弗罗斯特是唯一一位在总统就职典礼上朗诵诗歌的诗人，他的画像出现在美国邮票上，他创作出美国文学史上最优美、诙谐、动人的诗句，却没能拥有一部完整的传记，因为他活得太久，自己又太早指定了一位错误的传记作者，不知道为什么这位作者对他满怀敌意。面对这种情况，我们只能说造化弄人，任何一位编辑都无计可施。

Chapter 35
第三十五章

编辑大众心理学和励志自助类图书

伯班克 Toni Burbank

二十多年前，伯班克加入了矮脚鸡图书公司教科书部，担任助理编辑，如今她已是该社的副总裁兼执行主编。她曾编辑过女权运动的早期著作，还有育儿、新世纪心理学、健康与医疗、康复及精神健康等方面的图书。与她合作过的作者包括福沃德（Susan Forward）、布雷萧（John Bradshaw）和乔普拉（Deepak Chopra）以及非自助类图书的作者波西格（Robert Pirsig）、托夫勒（Alvin Toffler）和戈德堡（Natalie Goldberg）等。

“往好的方面说，大众心理学和自助类图书是大规模知识普及运动的一部分。(往坏的方面说，它们意味着没人知道下雨天要避雨的常识。)”伯班克说，“这类书也带有独特的美国风格——提醒我们提升自我、自力更生的传统观念，以及坚信‘我能做到’的积极态度。只要方法得当，你可以掌控自己的人生！”

伯班克在这篇简明扼要而富有指导性的文章中，重点强调了写作和编辑这类图书的要点。她指出，“题目是自助类图书的命脉。和畅销小说不同，如果新书的主题无法切中读者需求，就算作者过去的书再畅销，也有可能一败涂地。”伯班克指出，自助类图书对宣传的依赖性很强，“在做编辑决策时，首先要考虑的是作者或本书的代言人”。这意味着作者必须拥有令人信服的专业资质和极强的表达能力，擅于做访谈节目、在研讨会上演讲，而且与这个领域的其他顶尖作家关系良好。

她强调说，编辑想找的是公式化的作品，“我宁愿书上还留有一点走刀的痕迹，一些混乱的迹象……对我而言，最好的自助类图书作者是亲身经历过困境并最终克服它的人”。

本文包含了作者职业生涯中的实例，探讨了以下话题：选题、购买版权、和作者一同策划和编辑文稿、市场营销、寻找新话题。她的文章就是一幅编辑和作品喜结良缘的肖像画。“我编辑的每一本自助类图书，都或多或少改变了我的人生，我相信这些书也会给读者带来同样的收获。”

在了解编辑工作前，我的理想是做一名教师，准确地说，是研究文艺复兴时期文学的教授。当我还是个窝在破旧公寓中苦读的研究生时，我对所有“通俗”作品不屑一顾。我唯一了解的心理学理论是用来解释莎士比亚（William Shakespeare）或弥尔顿剧作台词的。我花了漫长的时间才痛苦地意识到，我学东西很快，却不是当学者的好材料，我希望用一生探讨影响人生的课题，教书只是实现这个理想的途径。

我早就放弃向学术圈的朋友证明我编的书有其价值。大众心理学是出版社的谋生手段，是“速成的长销书”，常缔造惊人的销售纪录。但这类书也一直饱受诟病。有一次，我听到《纽约时报书评》的编辑辛克勒（Rebecca Sinkler）断然地说，《纽约时报》永远不会评论自助类图书，这类书大都是人云亦云。而在《纽约时报》畅销书排行榜上，自助类图书也被归到“忠告、实用及其他类”中，每周都不得不和戴眼镜的小家伙威利[①]厮杀，以求一席之地。

往好的方面说，大众心理学和自助类图书是大规模知识普及运动的一部分。（往坏的方面说，它们意味着没人知道下雨天要避雨的常识。）有时候，美国精神医学协会的年会刚刚开完几个星期，相关

①威利（Waldo），这里指英国插画家汉德福特（Martin Handford）创作的卡通人物，童书系列“威利在哪里？”（*Where's Waldo?*）是全球最经典的视觉大发现图书之一，自 1987 年出版以来，销量已逾五千万册。——编者注

的出版提案就已经放在我的办公桌上了。这类书也带有独特的美国风格——提醒我们提升自我、自力更生的传统观念，以及坚信“我能做到”的积极态度。只要方法得当，你可以掌控自己的人生！

八十年代的自助类图书对题材的挖掘越来越深入，令我最记忆深刻的错误之一，是没有设法拿到诺伍德（Robin Norwood）《爱得太多的女人》(*Women Who Love Too Much*)的改版版权，当时我认为“绝大多数女人”都不会认同这本书中描述的病态行为——包括盗窃癖、贪食症及自杀倾向等。当然，从那时起，严重的官能异常就已经成为电视脱口秀的热门话题。今天的自助类图书提供的建议比过去要明智得多，所引用的材料从生物精神医学的新发现，到新纪元运动[①]所推广的精神传统都包括在内。

购买版权

题目是自助类图书的命脉。和畅销小说不同，如果新书的主题无法切中读者需求，就算作者过去的书再畅销，也有可能一败涂地。当某个话题正热门时，即使另一家出版社已有了最重要的一部著作，出版第二好的作品也是值得的。在酒鬼康复运动刚刚兴起时，明星畅销作家沃提兹（Janet Woititz）《酒鬼的成年子女》（*Adult Children of Alcoholics*）可观的销量大大刺激了市场上并不知名的同类作品的销售业绩。个中秘诀在于要懂得在市场饱和前抽身而退。(如果做不到，可以在“情感依赖”等时髦词汇上做文章，我最近就是这么做的。

①新纪元运动（New Age Movement），又称新时代运动，是一种去中心化的社会现象，起源于七八十年代西方的社会与宗教运动。涉及层面极广，涵盖了灵性、神秘学、替代疗法，并吸收世界各个宗教的元素以及环境保护主义。——编者注

因为这些问题永远存在，只是常换标签罢了。）

也就是说，在做编辑决策时，首先要考虑的是作者或本书的代言人。因为自助类图书很难受到书评家青睐，必须要靠宣传造势。作者有什么专业资质？他研究书中宣扬的方法有多久了？他是否能言善道、风度翩翩，适合做电视脱口秀的特别嘉宾？他是否常受邀参加各种研讨会（高“曝光率”有助于增加这本书的长期销量）？他是否和这个领域的其他顶尖作家时有往来（矮脚鸡的新纪元书系尤其像个大家族）？他是否有办法得到名人推荐？

有时，我们会邀请特别受欢迎的资深作家和另一位作者合作，而如今的情况是，如果新书需要由两位作者合著，大多数作者在递交出版提案时就已经自行组对了。我们会以同样审慎的态度来评估合著者的背景和资历。如今的许多合著者都为作品提供了丰富的专业素材，不仅仅是捉刀代笔。

当然，书名取得好，绝对是很有帮助的《你不需要筋疲力尽地下班回家！》（*You Don't Have to Go Home from Work Exhausted!*）就是个好例子——尽管对这本书还一无所知，我的同事一听到书名就怦然心动了。但当我听到经纪人和编辑说出“噱头”“钓饵”或“把柄”这类字眼时，就气不打一处来，他们说得好像我们精明地操控着读者心理一样。（好莱坞的“高概念”说法稍微好那么一点，毕竟听起来更像是在说一种理念而不是厨房用品。）

事实上，我认为作者或编辑试图操控读者，读者其实心知肚明；无论作者的写作技巧多么老练，当他按照套路进行模式写作时，仍然瞒不过读者的眼睛。我宁愿书上还留有一点走刀的痕迹，一些混乱的迹象，而不要那么无懈可击。阅读出版提案时，能不能专心读下去，往往是最好的提示。在书海和在人群中一样，我们会被那种难以捉摸的所谓“存在感”或“真实性”的特质吸引，若作品缺乏这种特质，你花再多的精力去编辑它也无济于事。

对我而言，最好的自助类图书作者是亲身经历过困境并最终克服它的人。究竟作者要在书中展现多少亲身经历，完全取决于他的喜好。我曾力劝某些作者更大胆地剖析自己，但有时也不得不告诉某些作者，这种自我揭露可能会伤害到自己。（在一些成功的合作案例中，合著者自身正好也面临这样的困境，我找的正是这种选题。）

我很重视自己的感觉。当然，我要找的是既能平衡出版计划，又是矮脚鸡擅长的图书。但在出版界，单靠专业经验往往行不通；我在寻找更深层次的支持。有时，选题让我乐不可支，手舞足蹈，觉得此书深得我心："这本书简直是为我写的！"有时，我发现自己每次和人谈话时，都忍不住要谈谈选题中的某些观念；有时，我会出于个人原因，决定为我的家人或朋友出版一部作品。还有，因为我很瘦，所以我从来不出版减肥食谱。

与作者一起工作

大多数自助类图书的版权在选题阶段就已经卖掉了，所以我很早就开始履行编辑的职责。比如，布雷萧在天主教神学院受过教育，他把托马斯主义神学体系引入新作，但这种架构始终为其他作者所反对。我很不喜欢目前出版界直接跳到校稿阶段的做法，因为在过去，有时甚至已经排好版了，我还会移动某些章节的位置。

大多数首次出书的作者都会问："你们的标准编辑流程是什么？"我总是回答："我们没有标准的工作流程。"针对每本书、每位作者，我们都采用不同的方式。大多数作者愿意写完几章后就先寄给我看，以便我们能及早讨论，确定全书的风格，找出潜在的问题。我往往等双方逐渐建立共识后，才开始在稿子上用黄色便利贴逐条列出我的编辑意见。我更喜欢直接面对面或电话讨论实质问题的工作方式，这样作者、合著者和我更能合作愉快。

借着面对面讨论的机会，我可以听取作者尚未表达出来的想法和感受，开拓并深化书的内容。职业上的审慎往往令许多作者在下笔时分外谨慎克制。〔有一次我听到《美国健康杂志》（*American Health*）的编辑古林（Joel Gurin）这样告诉一群医生："一个自信满满、昂首阔步走进手术室，果断地划下第一刀的外科医生，提笔时却立刻变成了一个谨小慎微的官僚，未经许可不敢随便说话。"〕我往往会追根究底，发掘作者的幽默感、热情和同情心，以及行为举止上的魅力，我试图说服作者，这些正是读者希望他们展现出来的特质。

如今，多年累积的经验使我在发掘作者特质的时候，比年轻时更大胆，也更自由。我会嘲弄、挑战作者，也会为他们打气，并且拿捏施加压力的分寸。我会告诉作者，在合作过程中，哪些事最令我兴奋，哪些事令我觉得索然无味。我一辈子都在保持缄默，现在则开始懂得表露自我。脱离常轨，而不是"每分每秒"都在工作，更让我觉得舒适自在。有时，我往往是在休息或午餐时想出了最棒的点子。有一次，布雷萧高兴地带我参观他的新花园，促使我提议他写一篇关于花园的文章；结果，一篇动人的文章诞生了，它还被用作他的新书《创造爱》（*Creating Love*）的前言。

这些都是编辑工作的巅峰时刻——也是最美好的部分。但大多数工作其实只是在遣词用句的技巧上打转。大众心理学和自助类图书的出版目的是改变意识和行为。〔一九八九年，戈尔曼（Daniel Goleman）刊登在《纽约时报》的报道指出，在治疗一些轻微或中度问题时，某些自助类图书几乎和实际疗法一样有效。〕但要造成改变，这类书必须从一开始就让读者深有同感，且在全书中不断巩固这种关联。作者如何展现自己？他心目中的读者是怎样一群人？我常向作者引述老板贾菲（Marc Jaffe）的话："世上本无大众市场，只有一个个的读者。"我建议临床医师在写作时把读者想成他们最有趣、最有吸引力的病人，或是久别重聚的大学老友。毕竟作者是权威（否则我们为什么要信赖他写的书？），但读者也是聪明勤奋、反应敏捷的人（毕竟他买了这本书！），一旦明白这一点，书中就不会出现任何居高临下的苗头了。

在布雷萧的《回家》(*Homecoming*) 中，有一段关于"三合一脑"的文字描述脑部进化与构造的现代理论。首批试读稿子的读者中，有几位建议我们为避免不必要的麻烦，应该删掉这一段。我很辛苦地和布雷萧一起把这段叙述修改得更清楚，与前后文的关联更紧密，仍保留不删。在我看来，把笔锋从日常实例转向脑部研究的学术理论，正是布雷萧的一贯风格，他的文章之所以既吸引人，又有深度，部分原因也在于此。如果读者觉得很困惑，这段文章的难易程度恰好在他可以承受的范围之内。

自助类图书的内容可以分成三个层次：界定问题；诠释问题，探索根源；解决问题。但没有一个简单的公式可以告诉我们这三部分应如何串联。显然，在阅读之前，读者就已经认同了书中谈到的问题，这就好比只有病人才会跑去接受治疗。但是，这类书必须为探讨问题预留出足够的空间，因为即使是最好的建议，也需要一定的时间才能落实。有"临床经验"的作者会很容易明白这个类比。如果作者在第一章谈得太多，我会问他："你会在第一次治疗的时候，就和病人谈这些吗？"

我往往警告作者，我很喜欢反复推敲目录的内容和小标题的写法。我可能会花几个小时斟酌修改，让章节名和书名一样吸引人，也会适时使用对仗。小标题应该在每一章之间制造戏剧性的延续感，在编辑过程中，我往往会列一份小标题摘要，看看读起来是否通顺，从属关系和排列顺序是否正确。书上市后，目录和标题往往会变成重要的营销工具，提供销售重点和宣传语。

设计书的外观时必须具备同样的营销意识，我给设计师的备忘录通常一开始就要求“像X（以前出版过的某本书）一样开放、亲民的自助类图书风格”，同时明确我想突出的特质：动态的还是静态的、块状列表还是图解形式。奥德汉姆医师（John Oldham, M. D.）和莫里斯（Lois Morris）合著的《人格自我描绘》（*The Personality Self-Portrait*）中，有一个非常复杂的自我测试和同样复杂的计分方法。我们尝试了四种不同的计分表，直到作者和我都觉得改后的表格更清楚易操作为止。

在“如何做”这一单元，成功的关键在于必须真实演练，并能缜密地预料到可能发生的各种问题。为工作室设计的训练必须能用在每个人身上；关于人际关系的书必须考虑到在脱离了某种亲密关系，搭档（或配偶）固执任性的情况下也能大有作为。这时我要扮演逐字逐句认真阅读的读者，边读边在页面空白处贴一些黄色便条，上面写着：“我该在什么时候睁开眼睛？”“如果我这么说，他大发雷霆怎么办？”“针对这个问题，如果我的答案是肯定的，意味着什么？”

我认为若一本书的内容不够完备，作者自己也会注意到。福沃德在写《恨女人的男人们和爱他们的女人》（*Men Who Hate Women and the Women Who Love Them*）时，有一天她打电话给我，非常焦虑地说：“当读者读到这里时，会感到很愤怒。我不认为他们能自己应付这种状况，他们需要协助，需要非常小心，不要在盛怒之下冲动行事。我觉得暗示读者可以自己进行这个步骤，实在不够诚实。”“太棒了，苏珊！”我说，“你就把刚刚告诉我的这段话写进书里吧。”

在《回家》中，布雷萧很严厉地警告读者，出现哪些特定感觉时应立即停止试验；有哪些人根本不该进行这样的试验。同样，作者通常都会警告有毒瘾或酒瘾的人，在试验书中的疗法前，最好先试试其他自助类图书的建议。这种提醒关系到基本的诚信问题，而并非为了满足律师的要求。

在处理大众心理学的两个基本要点——病史和类型时，最能看出作者在写作上的造诣。当然，每位作者都站在弗洛伊德（Sigmund Freud）的肩膀上，骄傲地展示他们发现的“小汉斯”“狼人”或“俄狄浦斯情结”。作者可以把病史写得很程式化，充满陈腔滥调，暗示病人通过精神医师奇迹般的解析（或是吞了几片“百忧解”）之后，经过两个阶段的治疗，就日渐好转。但病史要为我们提供对特定问题的多面展示，让读者看到其中的微妙变化，洞见解决问题的艰辛过程体现出的价值。我们讨论的焦点主要集中在如何完整地表现书中的人物，如何描述病史，讲故事的节奏如何配合病情的解析，是否要在书中解决所有问题等等。

卡萨姜（Robin Casarjian）在写她的处女作《宽恕：得到内心宁静的大胆抉择》（*Forgiveness: A Bold Choice for a Peaceful Heart*）时，我们一起为如何描述病史绞尽脑汁。我对初稿的评语是“太抽象了”。而当我提议用典型案例时，她却说：“不够真实，不是我的风格。”在卡萨姜向她的朋友及病人征求有关宽恕的真实故事时，瓶颈被打破了。回信长得简直让人难以插入章节之中，里面满是我读过最感人、最富有戏剧性的亲身经历。于是，我们创造出一种特别的体式——“章与章之间的插曲”，用来安排这些故事。当销售部门要读样章时，我给他们看了这些故事。

最后，我认为最重要的还是故事。人们全情投入时学习效果是最好的，而自助类图书像侦探小说或言情小说一样，也有戏剧化的形式，也是一种娱乐。每个人都把自己的一生看成一个故事，自助类图书带给我们很大的希望——我们可以改变故事的结局。沉迷自助类图书的人并非一定不懂得自我调适，也可能是特别喜欢看这种从堕落到救赎，从混乱到有序，最终战胜命运的古老故事一再上演。

自助类图书的未来

经历过康复类图书热潮的人，现在都在努力捕捉下一季自助类图书的流行趋势。我个人醉心于生物精神医学的新领域，也对遗传、天性、神经学和脑部化学知识如何与精神动力学、行为学相互作用充满好奇。我最近才编完女演员杜克（Patty Duke）和医药记者霍克曼（Gloria Hochman）合著的《非凡的疯狂》（*Brilliant Madness*），这本新书融合了杜克罹患忧郁症的故事和关于这种疾病的最新研究。我知道这是一种新的潮流——逐渐去除精神病患身上的病痛烙印，拓宽我们对“正常行为”的定义范围，杜克的著作只是这股洪流中的一个例证。

我认为，自助类图书的范围会扩展到新纪元运动、康复心理学、超个人心理学开拓的新领域，人们会越来越重视精神关怀。大众对宗教和生命目的的新关怀会带领我们超越“文化自恋”的心理限制。

我也很好奇新兴的多元文化会对写作这类图书产生什么影响。我们或许已做好准备去面对这样一个事实，我们心目中的心理健康模范至少在一定程度上深受文化影响。离开家是成熟的唯一途径吗？自我牺牲究竟是一种高尚的情怀，还是助长了依赖性？攻击性是男性特质吗？自助类图书的译本特别难卖，因为不同国家的人看问题的态度很不一样。布兰登（Nathaniel Branden）最近出版了新书《自尊的六大支柱》（*The Six Pillars of Self-Esteem*），他是我知道的第一位探讨这种文化差异的作者。

最后，由于人口分布的变迁及艾滋病的出现，我们再度把注意力转移到老龄化和死亡等现实问题上，满足这方面需求的新兴出版领域开始出现。我理所当然地认定，许多中年读者需要阅读谈衰老的书；在父母过世后，我们突然意识到“该轮到我们了”，因此急切地想找到正确的养生之道。我们开始形成一种新的意识，把死亡视为成长的最后历程——我们必须从医院和医疗仪器手中把自己和家人夺回来。

我还记得沉浸于英国文学的那段日子，当第一次听到泰勒（Jeremy Taylor）的经典之作《神圣地活着》（*Holy Living*）与《神圣地死亡》（*Holy Dying*）时，我不以为然地狂笑。那是玩世不恭的年纪，我怀疑自己当时是因为泰勒如此直接地表达他对生死问题的关注而感到不安，但如今我乐于与支持泰勒想法的作家合作。我编辑的每一本自助类图书，都或多或少地改变了我的人生，我相信这些书也会给读者带来同样的收获。

Chapter 36
第三十六章

在梦想与现实之间
——编辑言情小说

马罗 Linda Marrow

马罗是口袋书出版社的资深编辑，自一九八二年入社工作以来，她负责策划和编辑了言情小说、推理小说、惊悚小说、真实犯罪故事和主流女性小说。与她合作过的言情小说作家包括狄弗洛（Jude Deveraux）、嘉伍德（Julie Garwood）和迈克诺特等。

“马罗的文章涵盖了当代言情小说和历史言情小说（“历史言情小说的时代背景从一〇六六年诺曼人征服英国起，到一九〇〇年止”），使编辑和作者清楚地认识到不同类型要有不同的精彩内容。

言情小说的作者和编辑都必须意识到，“言情小说读者希望男女主角直到故事结束都好好地活着，且深爱着对方；他们在小说的大部分章节中都不应该分开，故事应该在他们感情最充满希望的时刻结束。”

马罗介绍了历史言情小说的作者该如何开展有效研究，以重建一个真实的往日世界，塑造可信的人物。她也告诫作者不要过分突出这种研究，会拖慢叙述节奏。

对于如何处理对话（在历史真实和当代可读性之间实现平衡）、塑造角色（让人物在小说中逐渐成长、丰满起来），马罗都提供了有价值的建议。她提出，无论是写历史言情还是当代言情，都不要“只给人物设定正面的性格特点……假如我们在一个人物身上只看到美德，看不到任何缺点、问题，哪怕轻微的神经衰弱，那么读者立刻就会觉得这个人和他们距离很遥远”。

关于如何成功地写作、编辑言情小说，马罗在这篇切实中肯、条理清晰的文章中提供了很多有价值的建议，包括：如何生动描绘性爱场景；如何处理性冲动和性张力；如何营造童话般的浪漫氛围；以及听从出版社的指引，写作不同类型言情小说的重要性。

她引用天降奇缘书系的编辑达菲（Kate Duffy）的话，总结了为什么有这么多女性喜欢看言情小说：“假如浪漫像无礼的行为那么常见的话，我就该失业了。”

在平装书领域，言情小说是规模庞大、有利可图的出版类型；在精装书领域其地位也日趋重要。言情小说和推理、恐怖、科幻等类型小说一样，有各种各样的故事，但主要内容都是两个人坠入爱河。

目前出版的言情小说大致分为两类：历史言情、当代言情。当代言情故事发生在当代；而历史言情的时代背景则从一〇六六年诺曼人征服英国起，到一九〇〇年止。

类型小说必须符合某些规范，满足读者的期待。推理小说读者希望在故事开始没多久就出现一具尸体；言情小说读者希望男女主角直到故事结束都好好地活着，且深爱着对方，他们在小说的大部分章节中都不应该分开，故事应该在他们感情最充满希望的时刻结束。有些出版公司，特别是出版当代言情小说的公司，对其出版的言情小说内容有非常具体的原则规定。这些规则往往以内部报告的方式展现出来，我稍后会详细介绍。

历史言情小说作者面对的一系列挑战则大不相同。最明显的差异在于做研究花费的时间。历史言情作者要能逼真地再现一个与读者目前的生活截然不同的世界——一个与故事发生时的情景、声音、气息和社会风俗完全相符的世界。

作者必须时时提醒自己，要把故事讲得扣人心弦，使读者从开始读它的那一刻起就不忍释卷。编辑和作者切记：千万不要在言情小说中长篇大论地说教（简短地说教也不行），卖弄作者刚学到的新知识。作者在研究中发现的细节应该用来推动故事的发展，而非拖慢故事的节奏，也不能使情节发展脱离主线。如果作者在研究时代背景时获得的大量资料无法推动情节发展，无助于刻画人物，也不能引起读者的阅读兴趣，那么把这堆资料硬塞进故事里就显得既尴尬又可笑。小说中的每句话都应该为刻画人物和情节发展服务。契诃夫曾针对剧本创作说过一段话，也可当作写言情小说的基本原则："如果在第一幕中，观众看到墙上挂了一把枪，那么在最后一幕，他们必须看到这把枪开火。"

要研究作者选择的时代背景，是一项令人发怵的大工程。该从何着手呢？我往往建议作者先确定真实的历史事件在故事情节中起什么作用。故事中的人物会直接涉及历史事件吗？如果会，那么作者应该从各个角度挖掘当时所有的相关细节。否则他很难使读者充分进入情境。

我的经验是，只了解某个特定的历史事件并把它写下来还不够，作者必须创造出一个栩栩如生满是各色人物的世界。这些人物打算谈什么？当他们小睡醒来，或走下楼梯时，会看到什么景象？

即使在重大历史事件发生时，如战争、经济动荡，或繁荣时期，现实中人们也不会只谈那些重大事件或政治形势。虚构的人物若是如此就显得呆板无趣。言情小说的编辑和作者应该记住，现实生活中，人们不只谈论国家大事，也谈论日常琐事：衣食住行、生老病死、娱乐八卦。生动有趣的人物理应如此。当作者掌握了时代背景的基本史实后，就该开始从中寻找能构成情节的元素。

身为编辑，常有作者打电话问我，如何深入了解他们所写的时代？我往往建议他们翻翻描述当时衣着的书；阅读小说人物可能会读的、当时发行的杂志；那时的日记也会提供许多宝贵的材料，不仅包括日常生活的细节，而且能使我们了解当时的人在想些什么。他们担心三餐不继吗？他们有时间、有条件从事休闲活动吗？作者也可以从当时流行的食谱中找到一些线索：他们是否关心如何保存牛奶、鸡蛋、牛肉等新鲜原料？当时的时尚趋势能否告诉我们，那个时代的少女担心自己发育得太慢还是太快？还要多阅读与小说主角相似的人物传记。要找关于国王、王后、重要政治或宗教运动领袖的资料很容易，但要找到小镇镇长夫人，或名不见经传的公爵夫人的婢女的相关资料就困难多了。

作者还要设法了解当时的礼仪：什么是好习惯、好品位？什么样的举止会被认为是粗鲁无礼？为什么会有这些礼节？小说中的男女主角会注意这些礼节吗？和今天一样，某些行为对于某个阶层的人而言可能很得体，对另外一个社会阶层来说则不然。因此你必须谨慎考虑笔下人物究竟是何身份，对农夫的女儿和公爵的女儿而言，举止合宜的定义可能南辕北辙。

在发展情节、营造男女主角间的冲突时，可以好好利用这种差异。假定有个女主角是农家女，而男主角原本是个渴望致富的穷小子，后来离开村庄发了大财，现在回来，声称这位农家女是他唯一的真爱。可能会出现什么问题呢？如果男主角急于讨好他的梦中情人，给她留下好印象，但说话率直、讲求实际的女主角偏偏认定他是降尊纡贵、装模作样呢？如果她在全村人面前公然说男孩自离开后就开始摆架子，现在更是一副高人一等的样子，又会如何呢？于是，故事有了一个既愤怒又尴尬的男主角，和一位野蛮直率、冒冒失失的女主角——这是你通过对社会风俗礼仪的深入研究而制造出的有趣的冲突。

言情小说中最重要的元素就是人物（尤其是男女主角）。如果作者创造出来的虚构世界里没有可信的人物，那么她在研究时代背景、情节发展、增强现场感等方面投入的心血就没有什么作用。

新作家在刻画人物时最常碰到两个问题：第一，作者只给人物设定正面的性格特点，赋予男女主角太多正面的人格特质。假如我们在一个人物身上只看到美德，看不到任何缺点、问题，哪怕轻微的神经衰弱，那么读者立刻就会觉得这个人物和他们距离很遥远；作家不过是用硬纸版雕了个假人，而不是塑造了一个有血有肉，能令读者又哭又笑的真实人物。编辑和作家都应该回想一下，自己读过的小说中最令他们难忘的是哪些人物。作者塑造得最成功的人物往往只凸显自他最重要的一两个特质。同一种性格特点既可能是优点，也可能是缺点。举例来说，作者塑造了一个行事冲动的女主角。她往往想什么就做什么，闹了很多笑话，也带来很多麻烦，但她冲动的个性可能会令她不假思索地介入某件事，解决别人的难题，而稍微谨慎一点的人碰到这种状况则往往会却步不前。

新作家需要注意的另一个问题是要在全书持续发展人物性格。新手很容易犯的错误是，在第一章男女主角出场后，就让故事围绕着两人发展，却没有一步步展现他们的真实性格。在我读过的许多言情小说中，这是常见且致命的缺陷：很多小说有绝佳的开场，但越到后面越不吸引人，因为人物的动机、所做的选择和个性的转变都无法推动故事的发展。随着情节的展开，主角和某些重要或次要角色必须随他们在故事中的经历而有所转变。

说话往往是小说中的人物会做的第一件事。在任何小说中，对白都非常重要，因为作者要运用对白来塑造人物、讲故事。对历史言情小说作者而言，如何找到正确的对话风格是一大难题。对白一方面必须合乎小说的时代背景，但又不能太不自然、满纸古语，让现在的读者听起来别扭而造作；另一方面，遣词造句不能太现代，别不小心犯下时代错误。至于书中人物是否说方言的问题，我必须事先警告，很少有小说家能把方言运用得得体而具有可读性。我曾签过一本很棒的小说，但它却不太容易读，因为大半对白都充斥着浓重的苏格兰口音。经过无数次讨论，作者和我都认为，最好去掉所有重要角色对话中的方言，只让一个次要角色保留浓重的口音。

其实作者在决定整部小说的内容和风格时，会遇到同样的挑战——要在忠于历史和满足当代读者需求之间找平衡。作者必须决定小说与历史真实的接近程度。如果她犹豫不决，那么我会建议她先细读已出版的历史言情作品。她必须先了解读者对还原历史真实的接受程度，再决定要在真实和虚幻之间取得怎样的平衡。

历史言情作者千万不要写太过古旧的故事，因为这样的作品不再是浅显易读、逃避现实的娱乐。几年前，我买下一部自己非常喜欢的历史言情小说，却完全忽略了一个事实——作者过度精确地还原了那个遥远的年代，以至于无法让人轻松地阅读下去。直到书出版后，销售状况不如预期，我才不得不承认，这位才华横溢的作家写了一部优美的小说，却并不适合快节奏的大众阅读市场。

尽管我的说法可能会被某些作家和编辑斥为异端，但对很多作家而言，童话般的故事效果最好，最能俘获众多读者的心。这些作品往往有一种梦幻式的“很久很久以前”的特质。有时候，这类故事似乎并不属于某个特定的年代，只是隐隐约约符合现代人幻想中的中古世纪、十九世纪的英国，或美国西部开拓时代。这类爱情故事往往节奏轻快，由情感而非历史事件来推动情节的发展。

如果作家想要采取这种比较轻松、不那么写实的写作方式，她和她的编辑仍然要小心谨慎，正确描述当时人物的态度和价值观。

有时候，不那么忠于历史是可以被读者接受的；有时候，书中人物的想法举止和时代背景太过格格不入，使整个故事毫无说服力，无法吸引读者；这个“度”并不是很清楚。一般来说，作家在处理笔下人物的意见和想法时要格外审慎。举例来说，十九世纪的女主角对于避孕和离婚的问题，不可能和二十世纪九十年代的现代女性一样随便。作家必须找到平衡点，使读者暂时忘掉疑虑，完全沉浸在小说世界中。

当代言情小说的出版领地和历史言情截然不同。像哈利昆（Harlequin）、西露威特（Silhouette）、洛夫斯威特（Loveswept）、陨石（Meteor）等出版社都推出了不同的言情系列，每个系列都有自己的指导原则和相应的读者期望。要了解如何撰写不同系列的言情故事，作者应该在每个系列中挑几本书来读，并研读出版社提供的说明系列作品风格的写作指南。如果作者对某一系列作品感兴趣，想拿到内情报告，可以翻阅《文学市场》，通常图书馆的咨询台都会提供，里面有出版社和编辑的名字和地址。

当代言情作家和历史言情作家一样，必须擅长情节、人物和对白写作，在男女主角间制造适当的化学反应和性吸引力，并时常加以研究。尽管当代言情作者不用研究历史年代，但她还是需要寻找小说场景和主要人物的生平经历，并把它们写得真实可信。

成功的当代言情小说情节必须具备三个条件：满足读者对言情类作品的阅读期望；满足该系列的要求；写出一个优美精彩、可读性高的故事。当代言情小说的编辑不只要知道自己的系列要求，也要了解它与竞争对手的系列有何不同。不同的系列在作品篇幅、情节复杂程度和人物塑造上都大不相同。有些系列的编辑鼓励作者在故事中发展支线；有些则要求作者把情节发展集中在男女主角的关系上。

言情小说编辑必须能意识到，作者讲故事和表达情感深度的能力能否掩盖作品中须被改掉的瑕疵。“如果我觉得作者表达了我所需要的情感深度，我可能会买下这本在情节上还需要修改、推敲的小说。”西露威特出版社的资深编辑温格（Leslie Wainger）说，“有时，我会深入参与写作过程，和那些能写好爱情故事的作者一起动脑筋，构思小说情节。另一方面，即使有些小说很适合我负责的出版系列，但作品若缺乏我希望看到的炽烈情感，还是可能被我拒之门外。”

推出天降奇缘言情书系的陨石出版公司总编辑达菲说，她认定所有原稿上必要的改动，都要在她买下这本小说版权前完成。“如果作者空有好的构想，却没有执行能力，我绝不会勉强买下书的版权。”

由于这类小说的背景在当代，现实文化和当前事件也会影响到小说中的世界。“因最高法院的托马斯(Clarence Thomas)和希尔(Anita Hill）对簿公堂事件，我们很难买到男女主角是上下级关系的作品，编辑上也有困难。”达菲说。

但是，从买下版权到真正出书通常要花十到二十个月的时间，这对情节的时效性有很大影响。根据温格的说法：“我们无法与时俱进，因为出版日程安排不可能满足时效性要求。这类小说最重要的是谈情说爱。如果作者似乎在对某个主题发表长篇大论的演说，那么编辑就要考虑是否该把这本小说从出版计划中拿掉。读者寻找的是浪漫的幻境，我们不可能在现实和虚幻的界限上偏离太远。”

情色是言情小说的重要元素，许多人一想到言情小说，首先联想到的就是情色。然而，仅用几段乖张的对话和一些性爱场景代替男女主人公之间真正的性吸引力，这种想法无疑是错误的。如果一部小说没有性爱场面就传达不出情感热度的话，那么即使加上性爱场面，它也达不到好的言情故事需要的情感深度。

温格说，不同的当代言情系列最主要的区别之一，就在于他们处理性爱的方式。西露威特出版社的言情系列写作原则中写着：“尽管男女主角在婚前不会真的发生关系，性吸引力仍然是小说的重要元素。”而该出版社欲望系列的写作原则却是：“小说中的人物不需要有婚姻关系才能做爱，但他们绝对不会把性看得很随便。”

作者们常搞不清言情小说该如何描绘性爱场面。大多数读者都希望看到哪怕一点感官盛宴，具体到什么程度就看作者的了。想熟知目前流行的各种尺度的性爱描写，我还是建议作者大量阅读言情小说。必须确保性是情到深处，自然而然发生的，而不是无缘无故地强行插入。要知道，言情小说之所以有如此巨大的吸引力，性不过是其中一个因素。

每一部言情小说的核心其实都是女人十分关心的主题：男人和女人怎样才会产生爱情。大多数成功的言情小说都以种种有趣、刺激、戏剧化的方式，探讨男人和女人如何彼此沟通，在恋爱关系中如何相互磨合等问题。最成功的言情小说能令读者在那几小时中，深深相信男女主角坠入情网，经历了恋爱的种种兴奋、挫折、悲伤与喜悦。日常生活显然不可能这么精彩，而言情小说的魅力也就在梦想与现实的差距中产生。正如达菲所说：“假如浪漫像无礼的行为那么常见的话，我就该失业了。”

Chapter 37
第三十七章

一场精彩的探险
——编辑男性逃避主义小说

托宾 Greg Tobin

托宾曾是矮脚鸡图书公司的副发行人，负责策划西部拓荒小说和历史类图书，并在双日出版社主管西部小说系列。一九九二年八月，他成为美国每月一书俱乐部高级平装书俱乐部的编辑主任。

托宾于一九八一年加入美国西部作家协会（Western Writers of America），以真名和笔名发表过好几部西部小说。他最新一部署真名的作品是巴兰坦图书公司一九八九年出版的《大角》（*Big Horn*）。

“托宾认为类型小说（推理、西部、科幻和幻想、战争、言情、冒险）”反映了一群贪心读者的品位，他们想在某种特定的故事类型中，寻找刺激的阅读体验，但又希望读到的故事与众不同：能逃离沉闷的生活，进入危险的陌生世界，把自己想象成书中富有英雄气概又人情味十足的角色，在生死攸关的冒险和浪漫爱情中，做出正确的抉择和挑战”。

他认为类型小说的写作规则“会暴露作者的弱点，但也会激发他最大的潜力”“类型小说出产好作品，也能从好作品中获益”。

他写道：类型小说“是很多新作家的入行手段——他们在创作中得到奇思妙想，掌握讲故事的基本技巧，他们的处女作或前两三本书因此得以出版。如果一位作家有天分有野心，如果他更关注讲述的故事而不是还没挣到口袋里的钱，如果他能遍览其他同类型作品并从中学习，如果他能意识到市场支持什么——我会对他的手稿非常感兴趣”。

托宾讲述了决定开创一个新系列时要考虑的编辑、销售、营销因素，他如何和作者一起开展编辑工作（作者从来没写过足够撑起一本书篇幅的小说），如何制订出版计划并给予支持，也审视了这个系列惨遭滑铁卢并最终销声匿迹的原因。通过另外的例子，他揭示了如何运用自己的编辑和市场经验找到“打入既有市场的新方法”——拓荒小说。

托宾认为自己的职责是“永远忠于图书的最终决策者：读者。永远把读者摆在最重要的位置。如果没有忠实的读者，就没有我这份工作”。

我的职业生涯像一场探险，而我在出版界的第一份工作为这场探险奠定了基础。

七十年代末，我满怀要当编辑“开创一份事业”的雄心壮志来到纽约，在一家出版类型小说的小型平装书出版社找了份临时工作。

什么是所谓的“类型小说”呢？我指的是西部、推理、言情、恐怖、科幻、战争等小说。类型小说反映了经销商和日用杂货店、超市、书报摊等大型零售店的特殊需求，也反映了一群贪心读者的品位，他们想在某种特定的故事类型中，寻找刺激的阅读体验，但又希望读到的故事与众不同：能逃离沉闷的生活，进入危险的陌生世界，把自己想象成书中富有英雄气概又人情味十足的角色，在生死攸关的冒险和浪漫爱情中，做出正确的抉择和挑战。

还记得第一次读《哈迪男孩》(*Hardy Boys*)或《神探南希》(*Nancy Drew*)时的感受吗？也许是凡尔纳（Jules Verne）、巴勒斯（Edgar Rice Burroughs）或格雷（Zane Grey），第一次让你从平淡生活进入一个想象世界，超越了自己熟知的领域并有所期待。对我来说，这种感受意味着以上提及的所有作家作品，且不限于他们，但究竟是谁出版了这些让无数年轻人和成年人都如饥似渴的流行小说，我并不知道。

在我沉迷柯南·道尔（Conan Doyle）小说的日子里，以及我从事平装书出版的职业生涯中，大学教育和对西方文学的尊崇深深影响了我。直到今天，当我重新学习阅读、写作和基本出版原理时，仍在受这种正规教育的影响。

从第一份工作中，我开始学到这些基本规则，它使我完完全全明白了出版到底是怎么一回事，以及我适合什么样的工作。当时的我就像加盟锦旗冠军俱乐部前，在分会球队窝了几个赛季的年轻队员。从上班第一天起，我就受到绝佳的培训，因为什么杂七杂八的事情我都要做一点：从写文案到校对，从谈判版权到跟催版税、阅读成堆的稿件。偶尔，我甚至会做一点编辑工作！

直到今天，这些事务仍然占据我工作内容的一大部分。我在一家规模很大的出版公司工作——不过，从原始手稿或模模糊糊的构想到成为一本畅销书的基本流程，在哪里都是一样的。

为一个界定明确的出版类型选题和出书，对我而言非常重要。直到今天，我在阅读来稿或编辑已签下的手稿时，还是会被其中一些东西打动或吸引：我发现，在战争、恐怖、推理、西部和动作探险系列中也有许多杰作。我对吸引男性读者的书原本就比较有兴趣，后来我在出版社就专攻这种类型小说，为社里的收入做了不少贡献。

换句话说，我的兴趣已被激发出来，我被迷住了，我在编辑这一行的冒险开始了。我下定决心：要乐在其中。我一直都很喜欢逃避现实的故事，现在终于有机会把它们编成书了。

我们不妨先来看看，我心目中吸引男性阅读的类型小说有哪些潜在的基本原则。这纯属个人看法，其他人不见得会同意，但这些原则对我很有用。很早以前，我就问自己：这些小说的写作技巧这么精妙，是因为它们是类型小说吗？还是反之，虽然它们是类型小说，作者还是可以写得这么出色？在我看来（无论过去还是现在，多年的经验支持了这个结论），类型小说出产好作品，也能从好作品中获益。

为什么呢？类型小说有一套自己的写作规则，或许是情节发展上必须遵守的特殊传统（至少有一些禁区），或许是对角色和人物关系方面的要求（言情小说尤其如此），或许是篇幅上的限制（往往是出版商规定的，为图书定价考虑）。因此，作家必须在既定框架内，发挥讲故事的技巧，初出茅庐的作者往往低估了它的难度。这些规则会暴露作者的弱点，但也会激发他最大的潜力。

我在作家研讨会上演讲时，建议每位小说家都尝试写作推理小说。我的说法是：在“主流”小说中，你可以随随便便地处理谋杀案而不被读者质疑；在推理小说中，你却不能这么做。

举个例子好了：勒·卡雷（John le Carré）是三十年来最畅销的作家之一，他选择以推理小说和谍战小说的形式，表现卓越的写作技巧。没人能比他做得更好。

类型小说能磨炼作者的写作技巧。它是很多新作家入行的手段——他们在创作中得到奇思妙想，掌握讲故事的基本技巧，他们的处女作或前两三本书因此得以出版。如果一位作家有天分有野心，如果他更关注讲述的故事而不是还没挣到口袋里的钱，如果他能遍览其他同类型作品并从中学习，如果他能意识到市场支持什么——我会对他的手稿非常感兴趣。

无论是推理小说、西部小说还是探险小说，无论是新作家还是老作家，类型小说给作者提供了框架，作者必须在框架内，为特定的读者群创作引人入胜的故事，这绝非易事。其中没有公式可循，不过，就像前文所述，确有一些写作传统。

例一：动作冒险小说的主人公一定会在故事的某个时刻激发出近乎超人的体能，从而避开危险，奇迹般地杀死无数敌人；或是他一定会借助某种神奇的机器或武器，在千钧一发时逃脱。

例二：在传统西部小说中，主角总是大义凛然（未必非得保守刻板），黑白分明；坏人就是坏人。

例三：在推理小说中，总是有一桩罪案或是待解的谜团在结尾被解开。

除了建议作者修改内容，如今的编辑还有一个重要职能——扮演实质上的营销经理人。近年来，出版业和其他行业一样，深受经济萧条的影响。出版社不得不裁减员工，降低成本。

新近的财务现实，和近十年来选书编辑不担任文稿编辑工作的趋势，使我们多了一两个头衔。就我而言，其中一个是扮演营销“创意人”。这种转变背后的原理其实很简单：买下版权的编辑应该比任何人都了解这个领域的市场——否则他在做什么？

起初，这对我来说很难应对。我从未正式学过营销，但和优秀的营销人员共过事，我认为在这个领域，培训和经验很重要。而且，编辑要承担的责任够多了（你只要读一读本书的其他文章就知道了），谁还有时间干这个？不过，我仍然没有抱着成见去做这件事。

后来在某一时刻，我意识到自己也从未受过正式的编辑培训。我只是不断地向导师和同事学习，调整自己的编辑与谈判技巧，吸收别人的宝贵经验。从此，我将营销和编辑视作同一起点的工作，决定尽最大的努力，边干边学。这对我似乎很有效，以下就是我的做法。

首先，我买下每一本书时至少会回答一个基本问题：哪些人会买这本书？它的整体或局部市场在哪？我会根据答案制订编辑、发行、营销和销售上的策略。

最好的例子是我最近出版的一系列动作冒险小说。我记得很清楚，经纪人第一次打电话给我，是在十二月销售会议召开的前几天，他描述了这个系列的构想——联邦政府特许两名特种部队的退伍老兵开着一辆配有特殊装备的十八轮汽车，在开放式公路上与罪犯（比如盗匪、绑架犯、毒犯、走私犯、自行车盗窃团伙等）交战。书中还描写了一位与现任总统非常相像的总统先生。

从编辑角度看来，这个构想很吸引人，原因有二：第一，故事中有极丰富的动作场面，有好的角色，以及新奇的高科技设备，可以满足热血男人的幻想。第二，我正在寻找几个精彩的书系进攻动作冒险小说市场，在这个领域中，我们公司一向不如其他大众图书出版社那么专注于此。我们手上有三个待执行的提案，这是其中之一，我们为此打造了一个动作冒险小说的出版计划。

从销售和营销角度来看，这个构想也很吸引人，因为我们公司是第一家把货车休息站开发为平装书销售点的出版社。过去几年，我们的销售代表使很多货车休息站成为我们的老主顾，在那里铺设书架,架上铺满了书,并以宗教般的热忱维护着它们。我们出版过（且仍在出版）拉摩（Louis L’Amour）的作品，无论在哪个时代他都是最畅销的西部小说作家，绝大多数火车休息站都在卖他的作品，虽然他们对提升图书销量一点都不感兴趣——起码最初是这样。

显然，这位经纪人找对了出版社也找对了人，我们在电话上就差不多把事情敲定了。我十分兴奋，但仍请他把出版提案寄来，我告诉他我会和“我的人”谈一谈，看看我们能做什么。结果，他寄来的不是出版提案，而是这个系列第一本书的完整手稿。

我在读手稿的时候，同样的感觉又出现了：这是一部独特的作品，作者对材料十分熟悉，把故事讲得有声有色（这对任何类型小说都是至关重要的）。但看得出来他从未写过这么长的小说，这是他的痛苦之处——却是我的挑战所在！我兴致勃勃地编辑了整份文稿，然后约经纪人和作者当面讨论。

我搭飞机到中南部的一个大城市，作者和经纪人则开着车，走了相当长的路，和我在靠近州际公路的一个货车休息站碰面，在那里共进早餐。几杯咖啡下肚，我们逐页逐行，有时甚至一个字一个字地评阅他的作品。那是我最喜欢的一次编辑经验，我还记得作者从业余写手跃升为职业作家时，那发亮的眼神。他理解了，悟到了，他踏上了那条通途。

首先，稿子有很多拼写、文法和标点符号错误——很多作者都有这个问题，甚至资深作家也不例外。接着，是我最感兴趣的地方，有关写作的"效率"：是不是每一处"他说"或"她说"都要标注出来？这些地方真的需要三个形容词来修饰吗？你怎样才能摒除陈腔滥调，创造新的方式来表达大家都很熟悉的动作或想法？小说里的每句话都真的表达了你想表达的意思吗？

后来，作者依我的建议修改了原稿。接着，出版社要做很多工作，尤其是针对这一系列平装原创小说的封面"包装"。这是个充满阳刚之气、高科技和动作场面的书系，设计部发掘了一位新画家，他与整个团队保持了融洽的关系，设计了醒目的版式和插画，非常适合这本书的读者群。

我很骄傲能看到这本书和整个系列从构想到陆续出版。我们在编辑和封面装帧上都开拓了一片新天地。这个系列吸引了一群热诚的读者，带给了他们逃避现实的一大乐趣。

顺带一提，这件事的结局并非"从此幸福快乐"。这个系列起初卖得很好，后来销量开始下跌，两年多出到十几本后，我们决定停止出版。我开始检讨为什么会出现这种情况。

最终我找到两个直接原因。第一，动作冒险小说的市场已经急剧萎缩。克兰西等人的男性小说创造了超高销量，把许多人吸引到精装书市场，同时开始出现更大规模、内容更丰富的出版计划，创生出传统类型小说无法满足的新的阅读需求和期望。第二，出版社的销售结构在两年间有了重大改变。销售代表不再像过去那么积极地开拓新的货车休息站并为它们服务了；我们出版社与另一家出版社合并，成为大型出版公司。

将编辑和营销工作相结合的第二个例子，是关于如何找到打入既有市场的新方法。以西部拓荒小说为例，多年来我一直在编辑西部小说，它在男性大众小说领域稳稳占据一席之地。

在调查西部拓荒小说市场时（比如我们出版的哪类作品最成功，其他公司在出版哪种小说，哪些不太成功等等），我觉得一些描写“山地人”故事的高质量类型小说尚有发展空间。西部拓荒小说中最伟大的作品之一，是费希尔（Vardis Fisher）的《山地人》（*Mountain Man*）。在过去十年中，也有一些作者把十九世纪初的猎人、捕兽者和毛皮贩子等粗犷的山里人当作写作题材。

我也知道为数不少的读者至今仍热衷于这类作品，还喜欢再现山地人扛着长枪的生活方式。他们举办前膛装弹的射击比赛，聚集所有家庭按照“鹿皮”时代的方式扎营生活。尽管其他小出版社已经推出了好几个山地人系列，我还是建议公司推出新的系列——每年至少出版三本新书。

我谨慎地征询过一两位经纪人的看法，之后的某一天，我决定把整套构想向一位经纪人朋友和盘托出，他热烈地回应了我，却推荐不出一位我们两人都觉得够格的作家完成这个计划。但他很想参与进来，所以我们决定再认真想一想。

没过多久，我在一次午餐会上碰到了另一位经纪人（我和他的交情不如上面那一位），我得知有一位多才多艺、我很尊敬的作家正好是由他代理的。我不禁脱口建议，或许这位作家适合为山地人系列担纲。

现在，这个计划已涉及两位有兴趣的经纪人和一位作家。这超出了我的预期，我们反复讨论，商量出令各方都满意的安排。第一位经纪人成为这个系列的制作人，他的职责是保证交出我们可以接受的手稿。第二位经纪人则参与标准授权。迄今为止，这位作家已写出了三本书。

这两个真实的故事反映了我如何开拓男性通俗小说市场：我喜欢自己提出构想、找到适当的作者，也随时留意周围的机会。在这方面，我想许多编辑都和我一样。

我喜欢聆听自己内心的想法，遵循自己的品位，寻找独特而非主流的作者和作品。当拉摩、克兰西、斯蒂芬·金之类的畅销书作家开始吸引男性踏入书店时（在美国，女性是图书的主要客户和实际购买者），我们对新的男性娱乐方式和新的小说类型也抱着更为开放的态度。我之所以深度参与军事小说（还有非虚构类军事作品）的出版，完全是因为我肩负着为出版社占领世界的责任。因为职业关系，我与军事史结缘，并产生了浓厚兴趣。我与西部小说和拓荒小说结缘的情况大同小异，至今我仍在专攻这个领域。

当我的目标读者主要是男性时（当然不排除女性读者），我该如何评估手稿或出版提案呢？我有“两个 a”原则：动作（action）和真实性（authenticity）。它适用于所有男性小说。我们姑且以军事小说为例。

如今，越南空战小说的读者需要的是逃离当前处境，进入小说中的世界，尽可能近距离地体验书中人物驾着飞机躲避敌机导弹的想法和感受。几年前，一位一流的经纪人交给我一份手稿，从第一页起，我就被深深吸引。这是一位得过勋章的退伍军人写的第一部小说，我有很长一段时间没看过如此结构紧凑，技术细节处理深入的作品了。很多小说中的人物都呆板无趣，他们想得多却做得少。而在这部作品中，故事一直在发展，人物一直在行动，插入的技术细节也很得当，既不会阻碍叙事，又恰如其分地为读者提供了适当的信息。哇！作者天生是当作家的料！

结果是我们和经纪人买下了这部两卷本小说的版权，又签下了作者另外一部作品。

在西部拓荒小说中，从西部小说到北美史诗，我总试图在阅读中学到一些东西：或许是通俗小说中很少写到的北美原住民文化；或许是当时某个革命性的新武器；或许是关于土地在过去和现在如何成为冲突的根源，而非美好的家园（例如争夺水资源和伐木权）。而今，我们需要的是动作场面火爆而逼真的小说，要有真实的情境和人物。动作和真实性是我们必须遵循的两个原则。

对男性逃避现实小说而言，以系列形式出版是大众图书市场另一个必不可少的要素。营销编辑也必须考虑这个因素。

只要任选一家杂货店或超市的平装书书架，数一数各种类型小说中有多少系列，便很清楚了！根据展示书架的大小，我敢打赌你会找到至少四个，一般会有十多个不同的系列。为什么呢？因为对某一本或某一类小说而言，大众图书出版商想要的是最广大的读者群，一旦找到了市场，出版商和作者都能从持续“投喂”市场的行为中获利。对编辑而言，最大的满足莫过于作者快乐而成功，出版商也赚得盆满钵盈。

在充斥着大牌畅销书作家的世界里，系列出版的形式还能帮助没有名气的作家（比如那个卡车动作冒险书系的作者）在市场上顺利出击。非大牌作家的作品品质好价格低，但第一次上架会遇到很多阻碍（原创平装书最大的障碍是缺少书评）。对系列作品来说，出版社的支持和其在货架上的辨识度是很有帮助的。当然，前提是这个系列成功了。那么，什么时候出版社会在财务上采取更审慎的做法，叫停一个系列呢？往往是首印发行量低到出版社无利可图的时候；更普遍的情况是，当这个系列不再具备长销书的生命力时（尽管有时会有特例存在）。

目前我正在编辑三个西部拓荒小说系列，每个系列都已出版了二十几本书，各自的总发行量都在四百万到二千六百万册之间。短期内，我们不会放弃其中任何一个系列。但对那些不太成功的作者来说呢？你永远都可能和他签下一个新系列……

我的探险就在于发现这些“规则”，修正、调整、完善它们，帮助作者在日益艰难的经济环境中走向成功。而我的挑战则是学习并遵守市场规则，且永远忠于图书的最终决策者：读者。永远把读者摆在最重要的位置。如果没有忠实的读者，就没有我这份工作。

Chapter 38
第三十八章

延伸阅读
——有关编辑出版的参考书

布林达莫 Jean-Louis Brindamour
卢柏 Joseph M. Lubow

布林达莫于一九六〇年加入哥伦比亚大学出版社（Columbia University Press），他参与过编辑行业的每个环节，对所有层面的出版工作都有涉猎。一九七三年，他在旧金山创办了草莓山出版社（Strawberry Hil）。

以研究者身份闻名的卢柏，是草莓山出版社的资深编辑。他是《寻找答案：贝尔顿的故事》（*Reaching for Answers: Bill Belton's Story*）的作者。

“这份书目分为两部分——“有关出版领域的参考书”和“有关出版流程的参考书”，包含九十多部作品。附有说明的资料目录来自更大型的文件库——布林达莫在加州大学伯克利分校从教十四年，他和卢柏创建的出版规划资质认证采用了这个文件库。

如果编辑和作者想深入了解编辑的艺术和技巧以及整个出版界，这份书目是不可或缺的指南，它专为这一版《编辑人的世界》修订更新，引用、描述、批评了与此有关的最重要的大众图书和参考书。

出版是个宏大的课题，从最初的创意到新书销售的所有层面，都涵盖在这个范畴中。列出一份出版领域的完整书单几乎是不可能的，试图这么做也是不明智的。在此我只相应地列出其中一些样本，并附上简短说明。有些著作目前已经绝版了，但买不到并不意味着这些书不重要。对于经常再版和每年都会出版一次的书，文中省略了出版年份。

有关出版领域的参考书

Appelbaum, Judith. *How to Get Happily Published: A Complete and Candid Guide*. 4th ed. New York: HarperCollins, 1992. 一本写给作者的实用指南，特别是那些关注出版流程的作者。

Bailey, Herbert S., Jr. *The Art and Science of Book Publishing*. Athens, OH: Ohio University Press, 1990. 普林斯顿大学出版社（Princeton University Press）前任主编所著，分析出版界各种管理方面的问题，讨论了经济、组织结构、计划流程和环境等因素对出版业的影响。

Balkin, Richard. *A Writer's Guide to Book Publishing*. 2nd ed. New York: Hawthorn/Dutton, 1981. 以教科书体例讨论大众图书出版业，为

作者展现了出版商眼中的蓝图。

Bernstein, Leonard S. *Getting Published: The Writer in the Combat Zone*. New York: William Morrow, 1986. 这是一本个人色彩浓厚、具有娱乐性“出版”观点的作品。

Brooks, Paul. *Two Park Street: A Publishing Memoir.* Boston: Houghton Mifflin, 1986. 描述一个重要出版社的发展史。

Brownstone, David M., and Irene M. Franck. *The Dictionary of Publishing*. New York: Van Nostrand Reinhold, 1982. 一部涵盖了出版业（包括印刷、新闻、美术、摄影、计算机科学、销售、营销等）所有层面专有名词的词典。

Busch, Frederick. *When People Publish: Essays on Writers and Writing*. Iowa City, IA: University of Iowa Press, 1986. 一本反映作家的想法、动机、工作情况和困惑的书。

A Checklist of American Imprints, 1801—1819. Metuchen, NJ: Scarecrow Press, 1982. 一个重要的历史参考书系中的一本，该书系完整涵盖了十九世纪初以来美国的重要出版物。

Delliveau, Fred, ed. *One Hundred and Fifty Years of Publishing: 1837—1987*. Boston: Little, Brown, 1987. 另一部关于美国出版界主要贡献者的历史著作。

Dessauer, John B. *Book Publishing: A Basic Introduction*. Rev. ed. New York: Continuum（Harper）, 1989. 一部优秀的出版学概论，介绍了出版史和出版环境，引领读者了解出版流程、产品和市场。

Du Boff, Leonard D. *Book Publishers'Legal Guide*. Redmond, WA: Butterworth Legal Publishers, 1984, with 1987 paper supplement. 涵盖了出版史、行业组织架构、会计、财务、合约、知识产权法、诽谤、保护隐私权、反垄断法等多方面的内容。

Duke, Judith S. *Children's Books and Magazines: A Market Study*. White Plains, NY: Knowledge Industry Publications, 1979. 介绍当时的童书出版业，分析该领域的经济情况、社会趋势、市场状况及未来发展。

Geiser, Elizabeth, et al., eds. *The Business of Book Publishing: Papers by Practitioners*. Boulder, CO: Westview Press, 1986. 新人入门书，内容涵盖了出版流程的各个阶段及其功能。

Grannis. Chandler B., ed. *What Happens in Book Publishing*. 2nd ed. New York: Columbia University Press. 1967. 一部业内人士的文选，内容包括从出版理念到生产、销售的各个环节。

Greenfield, Howard. *Books: From Writer to Reader*. Rev. ed. New York: Crown Publishers, 1988. 书中提供了一些有用的观点。

Gross, Gerald, ed. *Publishers on Publishing*. New York: R. R. Bowker, 1961. 一部经典的出版人自述，读者能从中洞悉出版人的决策过程。

Horowitz, Irving Louis. *Communicating Ideas: The Crisis of Publishing in a Post-Industrial Society*. New York: Oxford University Press, 1986. 一部探讨当今出版业走向的学术概论。

Information Market Place. New Providence, NJ: R. R. Bowker. 出版市场系列年鉴之一。

International Literary Market Place. New Providence, NJ: R. R. Bowker. 每年四月出版，收录一百六十个国家的出版人、经销商、经纪人、图书馆和其他相关图书机构名录。

Literary Market Place: The Directory of the American Book Publishing Industry. New Providence, NJ: R. R. Bowker. 一本非常重要的书，被称为“出版界圣经”，完整收录了从出版商到书店、从文字

处理到市场营销等相关领域所有相关人士和公司的名字、地址、电话号码和其他商业信息。是迄今为止对出版业感兴趣人士的必读书目之一，但近来因为出版商狡猾地把其中某些信息移到其他的市场系列中，使这本书变得不如过去那么完整了。

Melcher, Daniel, and Mary Larrick. *Printing and Promotion Handbook*. 3rd ed. New York: McGraw-Hill, 1966. 根据术语的字母顺序排列，说明如何制作、营销、印刷出版物。

One Book/Five Ways: The Publishing Procedures of Five University Presses. Los Altos, CA: William Kaufmann, 1978. 一本关于五大高校出版社发展史的有趣个案分析：包括芝加哥大学出版社、麻省理工学院出版社（MIT Press）、北卡罗来纳大学出版社（University of North Carolina Press）、德州大学出版社（University of Texas Press）、多伦多大学出版社（University of Toronto Press）。内容涉及选题行政管理、编辑流程、设计和制作、销售和促销等方面的研究。有些人希望能再出一本以大众出版视角出发的类似著作。

Peters, Jean, ed. *The Bookman's Glossary*. 6th ed. New Providence, NJ: R. R. Bowker, 1983. 一本解释编辑、书商常用术语的实用指南。

Smith, Datus C., Jr. *A Guide to Book Publishing*. Rev. ed. Seattle, WA: University of Washington Press, 1989. 解释出版业一般通则的手册，教会想做编辑的人行业生存法则。

Tebbel, John. *Between Covers: The Rise and Transformation of Book Publishing in America*. New York: Oxford University Press, 1987. *A History of Book Publishing in the United States* 的浓缩版。

Tebbel, John and Mary E. Waller-Zuckerman. *The Magazine in America, 1740－1990*. New York: Oxford University Press, 1991. 另一本关于出版业的必读书。

Unwin, Sir Stanley. *The Truth about Publishing*. 8th ed. Revised and partly rewritten by Philip Unwin. London: George Allen & Unwin, 1976. 这部经典著作的初版成书于八十年前，内容是关于出版商对出版业的看法，修订版增添了最新资讯。

——. *A History of Book Publishing in the United States*. 4 vols. New Providence, NJ: R. R. Bowker. 完整叙述美国出版业发展史，是对这段历史感兴趣的人的必读书目。

——. *Religious Publishing and Communications*. White Plains, NY: Knowledge Industry Publications, 1981. 分析宗教图书出版业和宗教传播领域情况，研究宗教类图书的经济和社会趋势、市场和财务状况。还包括主要宗教出版机构的简介。

有关出版流程的参考书

The American Heritage Dictionary of the English Language. 3rd ed. Boston: Houghton Mifflin Co., 1992. 比大多数词典容量更大，收录近二十万个词，是同类词典中的杰作。

American Society of Indexers, Inc. *Register of Indexers*. Washington, DC: American Society of Indexers. 一份愿意接受外包索引编排工作的自由撰稿人名录。

Anderson, Margaret J. *The Christian Writer's Handbook*. San Francisco: Harper San Francisco. 宗教类图书的写作非常具有特殊性，这是一本为引导基督教图书作者了解整个出版流程、以基督教出版社视角专门设计的实用手册。

Art Index. Bronx, NY: H. W. Wilson. 依主题和作者顺序编排的美

国国内外艺术类文章索引。

Arth, Marvin, and Helen Ashmore. *The Newsletter Editor's Desk Book*. 3rd ed. Shawnee Mission. KS: Parkway Press, 1984. 适用于特殊领域期刊新闻原则的简明评论。

Beach, Mark. *Editing Your Newsletter: A Guide to Writing, Design and Production*. 3rd ed. Portland, OR: Coast to Coast Books, 1988. 时事通讯类出版物的实用指南，内容包括访问技巧、如何与志愿者一起工作、新组织如何利用微薄的经费策划刊物等。

Book Review Digest. Bronx, NY: H. W. Wilson. 除二月和七月外，每月出刊。刊载当季英文虚构类及非虚构类图书节选，依作者姓氏的字母顺序排列书目，并附有书名和主题的索引。如果你想了解市场动态，这本书具有极大的参考价值。

Books in Print. New Providence, NJ: R. R. Bowker. 年刊，每年十月出版，包含多册，附有标题和作者姓名的索引。列出市场上现存的新旧图书，最后一册刊载出版社相关信息。

Books in Print Supplement. New Providence, NJ: R. R. Bowker. 年刊，每年四月出版。为 *Books in Print* 补充资料。

Books Out-of-Print. New Providence, NJ: R. R. Bowker. 年刊，每年十一月出版，列出该年出版社宣布绝版的书名。

British Books in Print: The Reference Catalogue of Current Literature. London: J. Whitaker & Sons. 年刊，*Books in Print* 的英国版，第一卷刊载相关出版社的地址。

Business and Economics Books and Serials in Print. New Providence, NJ: R. R. Bowker. 不定期出版。

Chapman, Robert L., ed. *Roget's International Thesaurus*. 5th ed. New York: HarperCollins, 1992. 一部教你寻找更恰当用词的经典之作。

Chicago Guide to Preparing Electronic Manuscripts for Authors and Publishers. Chicago: University of Chicago Press, 1987. 一本实用的参考书，内容涉及电脑种类说明、投稿注意事项、出版电子稿的注意事项等，并详细解释了组稿编辑、文字编辑、设计师、制作人等的工作内容。

The Chicago Manual of Style. 13th ed. Prepared by the editorial staff of the University of Chicago Press. Chicago: University of Chicago Press, 1982. 副标题是“写给作者、编辑和校对人员”，一部权威参考书，是编校过程中遇到争议性文法时的主要参考依据。

Children's Books in Print. New Providence, NJ: R. R. Bowker. 每年十一月出版，列出为中小学生出版的所有精装版和平装版童书，以作者姓名、书名、插画家姓名为索引。

Commins, Dorothy. *What Is an Editor? Saxe Commins at Work*. Chicago: University of Chicago Press, 1978. 一部研究编辑工作方式的经典著作。

Computer Books and Serials in Print. New Providence, NJ: R. R. Bowker. 年刊，每年五月出版。

Contemporary Authors: A Bio-bibliographical Guide to Current Writers in Fiction, Non-Fiction, Poetry, Journalism, Drama, Motion Pictures, Television, and Other Fields. Detroit: Gale Research. 一本能让组稿编辑了解市场竞争动态的参考书。

Current Biography. Bronx, NY: H. W. Wilson. 月刊，介绍世界知名人物的事迹，每年出版合订本。

Dolan, Edward F., Jr. *How to Sell Your Book before You Write It: Writing Book Proposals, Chapter Outlines, Synopses*. San Rafael, CA: A Writer's Press, 1985. 能为新作家或编辑提供巨大帮助的入门参考书。

Downey, Bill. *Right Brain... Write On! Overcoming Writer's Block and Achieving Your Creative Potential*. Englewood Cliffs, NJ: Prentice-Hall, 1984. 作家、编辑、经纪人的必读书目，一部经典之作。

Eakle, Arlene, and Johni Cerny, ed. *The Source: A Guidebook of American Genealogy*. Salt Lake City, UT: Ancestry Publishing, 1984. 关于美国各种记录文献的综合指南，严格按照地点、特定时期的适用性、所提供信息的自然属性进行分析。

Ehrens, Cheryl R. *Cumulative Book Index*. Bronx, NY: H. W. Wilson. 除八月外，每月发行，每年出版合订本，刊登英文图书的国际出版书目，附有作者姓名、书名和主题索引。

Flesch, Rudolf. *The A B C of Style: A Guide to Plain English*. New York: HarperCollins. 1964. 英文基本用法词典。

Forthcoming Books. New Providence, NJ: R. R. Bowker. 双月刊，列出即将出版的新书书目和每年七月后出版的书目。

Fowler, Henry W. *A Dictionary of Modern English Usage*. 2nd ed. Revised and edited by Sir Ernest Gowers. New York: Oxford University Press, 1987. 为文体和文法问题提供解答的优质参考书。

Gage, Diane, and Marcia Hibsch Coppess. *Get Published: Editors from the Nation's Top Magazines Tell You What They Want*. New York: Henry Holt, 1986. 无须多言，书名已说明一切！

Goldberg, Natalie. *Writing Down the Bones: Freeing the Writer Within*, Boston: Shambhala Publications, 1986. 一本写给编辑和作者的好书。

Grafton, Sue, ed. *Writing Mysteries: A Handbook by the Mystery Writers of America*. Cincinnati, OH: Writer's Digest Books, 1992. 对编辑而言，这本书的价值在于透露了作者构思和完成推理小说的背景信息。

Gross, Gerald, ed. *Editors on Editing*. 3rd ed. New York: Grove Press, 1993. 一部由多位业界精英撰写的评论文集，以幽默、深刻的笔触，探讨编辑工作的各个层面（包括组织架构、理论、实务等）。

Hodges, John C., and Mary E. Whitten. *Harbrace College Handbook*. 11th ed. New York: Harcourt Brace Jovanovich, 1990. 关于文法和文字使用规范的基本参考书。

Howell, John Bruce. *Style Manuals of the English-Speaking World: A Guide*. Phoenix, AZ. : Oryx Press, 1983. 对世界二百三十一部英文文体写作技巧手册的简注。

Jordan, Lewis, ed. *New York Times Manual of Style and Usage: A Desk Book of Guidelines for Writers and Editors*. New York: Times Books.《纽约时报》编辑用的参考书，非图书出版界最重要、最常用的一本参考书。

Judd, Karen. *Copyediting: A Practical Guide*. 2nd ed. Los Altos, CA: Crisp Publications, 1989. 为刚入行的文字编辑提供翔实的背景资料与指导，概括介绍了整个行业和文字编辑的角色、定位，内容涉及从学习意识到参考书目、编辑符号和表格等各方面。

Kunitz, Stanley, and Howard Haycraft. *Twentieth Century Authors: A Biographical Dictionary of Modern Literature*. Bronx, NY: H. W. Wilson. 一部标准的编辑参考用书。

La Beau, Dennis. *Author Biographies Master Index*. Detroit: Gale Research. 传记辞典所收录作者生平资料的索引。

Large Type Books in Print. New Providence, NJ: R. R. Bowker. 每两年出版一次。

Larsen, Michael. *How to Write a Book Proposal*. Cincinnati, OH: Writer's Digest Books, 1990. 作者是位成功的经纪人。本书详述了撰

写非虚构类图书出版提案的步骤，还附有样本指导。

Longyear, Marie, ed. *The McGraw-Hill Style Manual: A Concise Guide for Writers and Editors*. New York: McGraw-Hill, 1989. 麦格劳－希尔出版公司（McGraw-Hill）的综合性写作指导。内容包括出版社内部的写作指南和具体要求，特别是排版方面的规范。

McCabe, James Patrick. *Critical Guide to Catholic Reference Books*. Littleton, CO: Libraries Unlimited, 1980. 天主教图书的书目及简单批注。按主题排序，附有作者姓名和书名索引。

McNeil, Barbara, and Miranda Herbert. *Author Biographies Master Index Supplement*. Detroit: Gale Research. 为 *Author Biographies Master Index* 补充资料。

Marek, Richard. *Works of Genius*. New York: Atheneum, 1987. 一位美国著名编辑写的关于出版业的书。

Medical Books and Serials in Print: An Index to Literature in the Health Sciences. New Providence, NJ: R. R. Bowker. 每年五月出版的两卷本参考书。

Microcomputer Market Place. New Providence, NJ: R. R. Bowker. 和其他以图书市场为主题的书类似。

Miller, Mara. *Where to Go for What: How to Research, Organize, and Present Your Ideas*. Englewood Cliffs, NJ: Prentice-Hall, 1981. 一部独特的原始资料性读物，内容包括如何使用图书馆、参考书、政府信息系统，以及如何进行面对面采访或电话访谈。

Murphey, Robert W. *How and Where to Look It Up: A Guide to Standard Sources of Information*. New York: McGraw-Hill, 1958. 为指导外行使用参考资料而设计的参考书，书中列出了各领域的实用参考书目。

Paperbound Books in Print. New Providence, NJ: R. R. Bowker. 每年春秋两季出版，多卷本，以作者、书名和主题编列索引，最后一册包含出版社信息和重要缩写说明。

Pitzer, Sara. *How to Write a Cookbook and Get It Published*. Cincinnati, OH: Writer's Digest Books, 1984. 分步教你如何寻找、检验食谱，设计、写作、出版、发行烹饪类图书的指南。

Platt, Suzy, ed. *Respectfully Quoted: A Dictionary of Quotations Requested from the Congressional Research Service*. Washington, DC: Library of Congress, 1989. 包含两千一百则“关于现实世界政治肉搏战的”名言警句——幽默的、庄重的、严肃的、怨怼的、嘲讽的等等，对美国政治词典有重大贡献。

The Reader's Adviser. New Providence, NJ: R. R. Bowker. 简单介绍目前尚在发行的书目，对组稿编辑和新手特别有用。

Religious Books and Serials in Print: An Index to Religious Literature Including Philosophy. New Providence, NJ：R. R. Bowker. 每两年发行一次，于秋季出版。

Scientific and Technical Books and Serials in Print. New Providence, NJ: R. R. Bowker. 每年十二月出版的两卷本参考书。

Sheehy, Eugene P. *Guide to Reference Books*. 10th ed. Chicago: American Library Association, 1986. 想了解全世界有哪些实用的参考书目，你应该先读这本带批注的参考书指南。

Skillin, Marjorie E., and Robert M. Gay. *Words into Type*. 3rd ed. Englewood Cliffs, NJ: Prentice-Hall, 1986. 出版界公认的文体标准指南之一。

Solotaroff, Ted. *A Few Good Voices in My Head: Occasional Pieces on Writing, Editing, and Reading My Contemporaries*. New York:

HarperCollins. 1987. 作者在书中强烈批评了出版界——特别是“公司制思想方法”。

Strunk, William, Jr., and E. B. White. *The Elements of Style*. 3rd ed. New York: Macmillan, 1979. 几乎每个人都会用到的写作指南。

Subject Guide to Books in Print. New Providence, NJ: R. R. Bowker. 以国会图书馆出版书目为索引的参考书，每年十月出版。另有同样在每年十月出版的 *Subject Guide to Children's Books in Print,* 和逢双月出版的 *Subject Guide to Forthcoming Books*。

Tompkins, Jane. *West of Everything: The Inner Life of Westerns*. New York: Oxford University Press, 1992. 优秀的类型小说元素查验参考书，所有西部小说编辑必读。

United States Government Printing Office Style Manual. Washington, DC: U. S. Government Printing Office. 详细列出了所有给政府出版物部门投稿时需要注意的写作格式标准，包括形式、风格、装订、文法、字体等方面的要求。每隔几年修订一次。

Wakeman, John, ed. *World Authors, 1950－1970*. Bronx, NY: H. W. Wilson, 1975. *Twentieth Century Authors* 姊妹篇，另一部编辑标准参考书。

Webster's Ninth New Collegiate Dictionary. Springfield, MA: Merriam-Webster, 1983. *Third New International Dictionary* 的浓缩版。

Webster's Third New International Dictionary of the English Language, Unabridged. Edited by Philip Babcock Gove. Springfield, MA: Merriam-Webster. 处理美式英语的主要参考资料。

Writer's Market: Where to Sell, What to Write. Cincinnati, OH: Writer's Digest Books. 针对美国出版市场（主要是杂志）的作者实用指南。以编辑、出版商和项目执行者问答录的方式编纂，罗列了包括该与谁联系，谁购买了自由撰稿人信息，编辑有何倾向、焦点或

特殊需求、赔付率是多少等基本信息。对作者来说，这是一本用途广泛的参考书。

图书在版编目（CIP）数据

编辑人的世界 / （美）杰拉尔德·格罗斯主编；齐若兰译．-- 北京：北京十月文艺出版社，2019.6
书名原文：Editors on Editing
ISBN 978-7-5302-1941-6

Ⅰ．①编… Ⅱ．①杰…②齐… Ⅲ．①编辑学－文集 Ⅳ．①G232-53

中国版本图书馆 CIP 数据核字（2019）第 067850 号

著作权合同登记图字：01-2019-1702

编辑人的世界
BIANJIREN DE SHIJIE
[美] 杰拉尔德·格罗斯 主编
齐若兰 译

出　版　北京出版集团公司
　　　　北京十月文艺出版社
地　址　北京北三环中路 6 号
邮　编　100120
网　址　www.bph.com.cn
发　行　新经典发行有限公司
　　　　电话 (010)68423599
经　销　新华书店
印　刷　北京盛通印刷股份有限公司
版　次　2019 年 6 月第 1 版
　　　　2019 年 6 月第 1 次印刷
开　本　960 毫米 ×1230 毫米　1/32
印　张　16.5
字　数　398 千字
书　号　ISBN 978-7-5302-1941-6
定　价　128.00 元
质量监督电话　010-58572393
如有印装质量问题，由本社负责调换